ULRIKE HEIDER
»VÖGELN IST SCHÖN«

Ulrike Heider

VÖGELN IST SCHÖN

Die Sexrevolte von 1968
und was von ihr bleibt

Rotbuch Verlag

Besonderer Dank für ihre Hilfe gilt meinen Freunden
Sophinette Becker, Dieter Bott, Jutta Ditfurth
und Gottfried Ensslin (†)

ISBN 978-3-86789-196-7

1. Auflage
© 2014 by BEBUG mbH / Rotbuch Verlag, Berlin
Umschlaggestaltung: fuxbux, Berlin
Druck und Bindung: CPI Moravia Books GmbH

Ein Verlagsverzeichnis schicken wir Ihnen gern:
Rotbuch Verlag
Alexanderstraße 1
10178 Berlin
Tel. 01805/30 99 99
(0,14 Euro/Min., Mobil max. 0,42 Euro/Min.)

www.rotbuch.de

Inhaltsverzeichnis

Vorwort 7

I. Die Erotisierung des ganzen Lebens 14

Jugendschützer, Moralprediger und Wüstlinge 19

Herbert Marcuse, Oswalt Kolle
und die Rebellion der Minderjährigen 30

Wilhelm Reich, die Freie Liebe und die *Sexfront* 51

Kommune I, ihr Todfeind und der Klassenkampf 75

Weiberrevolte und die Sorge um die Kinder 91

II. Vom Kuschelsex zur Schmerzlust 110

Schwuler und feministischer Neubeginn 112

Verena Stefan, der »Schwanzfick« und Klaus Theweleit 138

Pornographie, Michel Foucault und der Geschlechterkrieg 151

Georges Bataille, erotische Gewalt und Mutterkult 174

Aids und die Abrechnung mit der Sexrevolte 197

III. Gender, Missbrauch und »Porn« 205

Madonna, der böse Sex und der Krieg 207

Judith Butler, Gender, Queer und Transgender 220

Der Siegeszug des Sadomasochismus, *Shades of Grey* 251

Kontrasexualität, *Feuchtgebiete* und *Axolotl Roadkill* 271

Missbrauch, Homophobie und die Unschuld der Kinder 282

Ausblick 310

Vorwort

SEXUALITÄT IST GEFÄHRLICH UND SCHMUTZIG. Sexualität ist gut und sorgt für Frieden. Sexualität ist weiblich. Sexualität ist Identität. Sexualität ist Macht und kommt vom Verbot. Sexualität ist Verhandlungssache. Dies und mehr ist in den letzten fünfzig Jahren behauptet, verworfen und wiederholt worden. Fasziniert von der Widersprüchlichkeit der Zuschreibungen bin ich der Frage nachgegangen, was die Menschen während meiner eigenen Lebenszeit mit Sexualität verbanden und verbinden. Ich habe mich dafür an die wichtigsten sexualpolitischen Ereignisse und Entwicklungen erinnert und versucht, ihre Bedeutung mit dem heutigen Abstand zu verstehen. Ich habe philosophische Klassiker, andere zeittypische Texte und Filme zum Thema Sexualität analysiert, sie miteinander verglichen und im historischen Zusammenhang interpretiert. Manchmal konnte ich es beim Schreiben nicht lassen, mich selbst als Person einzubringen, die Geschichte erlebt, Erfahrungen sammelt und sich dazu Gedanken macht.

»Vögeln ist schön«, um es gleich zu verraten, stand 1968 als Graffito weit sichtbar an einem Schulhaus in der hessischen Provinz. Es stand da nur eine halbe Stunde, denn der Direktor holte sofort die Maler, um die Parole zu überpinseln. Lokalreporter sprachen von einer »nicht wiederzugebenden unflätigen Bemerkung«[1]. Und das Provinzstädtchen erlebte einen Sittenskandal, von dem die Presse landesweit berichtete. Was damals noch geschah, wird der Leser später erfahren.

Mein Versuch, die sich wandelnden und wiederholenden Vorstellungen von Sexualität zu beschreiben, beginnt mit einem zornigen Blick zurück auf die 1950er und 1960er Jahre. Für anständige Bürger und Eheleute war Sex damals etwas, worüber man nicht sprach, für dessen Äußerungen man sich schämte und dessen Funktionen es vor Kindern und Jugendlichen zu verbergen galt. Kunstzensoren und Sittengesetzgeber versuchten die »Unschuld« der Kinder zu hüten und die Jungfräulichkeit der Mädchen zu bewahren. Außerehelicher Geschlechtsverkehr glich der Prostitution, war etwas Niedriges und Schmutziges. Eine Frau, die abtrieb, galt als Verbrecherin, eine schuldig Geschiedene als Hure, ein Schwuler als einer, der notorisch Minderjährige verführt.

Angst vor moralischem Verderben und tierischer Triebhaftigkeit bestimmte das offizielle Bild von der Sexualität. Scheinbar einziges Kontrastprogramm für Nonkonformisten war ein – meist nur theoretischer – Antimoralismus, angeregt von sexuellen Großsprechern wie Henry Miller oder der Affinität des französischen Existentialismus zu de Sade. Unter vorgehaltener Hand prahlte so mancher meiner Schulfreunde damit, die Schriften des grausamen Marquis gelesen zu haben. Sexualität war für solche Möchtegern-Libertins etwas Gefährliches, Abgründiges und Asoziales, verwandt mit Prostitution, Gewaltverbrechen und Unterwelt. Sexuellen Genuss im Sinne unbeschwerter Lebensfreude konnten sie sich ebenso wenig vorstellen wie die Biedermänner.

Die Machthaber der Adenauer-Ära hatten versucht, die Menschen mit strikter Arbeits- und Sexualmoral zu disziplinieren, um Antikommunismus und Wiederaufrüstung durchzusetzen. Ihren Nachfolgern schien es opportun, den inzwischen vom Wohlstand geprägten Bundesdeutschen etwas mehr Genuss zu gönnen. Die Zensoren verloren an Einfluss. Stimmen erhoben sich, die für Enttabuisierung der Sexualität und Aufklärung plädierten, und Oswalt Kolle schrieb sein erstes Buch für Eheleute. Kritische Gymnasiasten griffen diese reformerischen Befreiungsbemühungen auf und forderten Sexualkundeunterricht in der Schule. Die mutigsten von ihnen gingen weiter, verlangten die Antibabypille und freie Sexualität für Jugendliche. Als sie ihren Schuldirektor persönlich kritisierten, mussten sie sich vor Gericht verantworten.

Die Sexuelle Revolution, wie sie von antiautoritären Schülern und Studenten verstanden wurde, war als Teil einer sozialen Revolution gedacht, die die Gesellschaft in allen Bereichen verändern sollte. Die Opposition gegen Krieg, Imperialismus und soziale Ungerechtigkeit auf der ganzen Welt sollte sich mit der Entwicklung neuer, menschlicherer Beziehungen, neuer Liebesformen und Sexualbegegnungen der Oppositionellen untereinander verbinden. Dem politischen Optimismus dieser Jahre, genährt von den Erfolgen der Befreiungsbewegungen der Dritten und dem Einfluss der Studentenbewegungen der Ersten Welt, entsprach ein optimistisches Menschenbild, oft verbunden mit dem Glauben an eine ursprünglich gute Menschennatur. Dazu gehörte ein ebensolches Bild von der Sexualität, deren Befreiung die Rebellen bald zu idealisieren und romantisieren begannen. Sexualität, solange sie nicht unterdrückt würde, galt als etwas grundsätzlich Positives, das geeignet war, Frieden, Harmonie, Gleichheit und Glück zu schaffen. Wilhelm Reich und Herbert Marcuse, beide von Marx und Freud, Marcuse auch von dem hedonistischen Frühsozialisten Charles Fourier beeinflusst, standen für solches Denken. Reichs Rousseau'sches Menschenbild förderte politische und sexualpolitische Illusionen. Marcuses Skeptizismus gegenüber der Befreiung unter unfreien Bedingungen wurde oft überlesen. Ein überwältigender Hedonismus prägte die Einstellung zur Sexualität, bei Männern nicht minder als bei Frauen.

Zu Sexualreformern und Sexualrevolutionären gesellten sich als dritte Befreiungsfraktion all jene, denen es ums Geld verdienen ging. Eine breite Front von Illustriertenmachern, Filmproduzenten und Werbefotografen trotzte der Zensur in der zweiten Hälfte der 1960er Jahre mehr und mehr Sexualtoleranz ab. Oberflächliche Sexartikel, schlechte Sexfilme, verführerische Fotos dümmlich dreinblickender »Mädchen«, (teil)entblößte Beine, Busen und Ärsche brachten glänzende Profite ein. Sexwelle hieß das damals und speiste sich aus anderen Quellen als die Sexuelle

Revolution, obwohl sie diese bisweilen zu korrumpieren drohte.

Kritik an solch sexistischer Korrumpierung und am uneingelösten Versprechen von Geschlechtergleichheit in der Studentenbewegung erhob sich schon seit 1968 unter den ihr angehörenden Frauen. Erst gegen Mitte der 1970er Jahre allerdings begann sich die Neue Frauenbewegung auf Sexualität zu konzentrieren und diese in weibliche und männliche aufzuspalten. Als Fortsetzung des idealisierten Bildes aus der Sexuellen Revolution entstand schließlich die Vorstellung von der ursprünglich sanften, zärtlichen und friedensstiftenden Frauenlust mit der Klitoris als einzigem, nur dem Genuss dienendem Organ. Dem entgegen stand die böse, destruktive und kriegerische Männersexualität mit der Waffe Penis als patriarchalischem Herrschaftsinstrument. Feministinnen verweigerten den »Schwanzfick«, feministische Männer versuchten, ohne diesen auszukommen, und die neue Schwulenbewegung propagierte ein androgynes Männerbild. Anstelle der befreiten Sexualität als Hoffnungsträgerin trat das »weibliche Prinzip«, weniger dem Lustgewinn als der Identität verpflichtet.

Es kamen die 1980er Jahre und mit ihnen ökonomische Unsicherheit, Verschärfung der sozialen Gegensätze und die große Angst vor dem Atomkrieg. Helmut Kohl ermahnte die Deutschen, den Gürtel enger zu schnallen, und rief die »geistig moralische Wende« aus. Kein Zufall dürfte es gewesen sein, dass es zu dieser Zeit in Bezug auf Sexualität zu einem drastischen Paradigmenwechsel kam, der der Lust ihre hedonistische Leichtigkeit absprach, sie verdüsterte und dramatisierte. Als Vorreiter eines neuen Libertinismus profilierten sich weibliche und männliche Angehörige der zerfallenden linken Bewegung. Im Namen der Sinnlichkeit rehabilitierten sie Pornographie und Bordellerotik, bezichtigten die Frauenbewegung der Prüderie und feierten die Femme fatale. »Geilheit« und »Lüsternheit« hießen die entsprechenden Identifikationsbegriffe. Zum Ideal erhoben und einmal mehr als Natur erklärt wurde eben die von Macht und Gewalt geprägte Sexualität, die die Feministinnen als männlich definiert und verteufelt hatten. Zärtlichkeit, Friedfertigkeit und Altruismus galten neuerdings als Feinde der Lust. Geschlechterkampf statt Partnerschaft war angesagt, und ein Geschlechterpolarismus, der den des essentialistischen Feminismus übertraf.

Lieblingsautoren der neuen ideologischen Avantgarde waren die Nietzsche- und de-Sade-Interpreten Michel Foucault und Georges Bataille. Foucault, der die Sexualbefreier verlacht, die Sexualität der Macht verschreibt und die Lust desexualisieren will. Bataille, dessen Eros obszön, gefährlich, schmutzig und gewalttätig ist, und der das Verbot zur Quelle der Lust erhebt. Die Philosophie Friedrich Nietzsches samt Elitarismus und Schmerzverherrlichung erlebte ein Comeback, ein sozialdarwinistisches und antihumanistisches Menschenbild gewann an Einfluss. Der sich zum Negativen wandelnden Vorstellung von der Natur des Menschen folgte die von seiner angeblich atavistisch-bösen Sexualität. Aids tat ein Übriges, um diese mit Risiko, Gefahr und Tod zu verbinden.

In den 1990er Jahren, während derer sich die Deutschen wieder kriegsbereit zeigten, etablierte sich der neue Libertinismus auf breiterer kultureller Basis. Die amerikanische Pop-Ikone Madonna kam im gerade erst wiedervereinigten Land als Peitschendomina ebenso gut an wie der Erotik-Thriller *Basic Instinct* mit seiner lustmordenden Protagonistin. Das Buch einer Deutschen, das weiblichen Masochismus zu einem höheren Lebensstil erklärt, wurde zur Geburtshelferin der SM-Befreiungsbewegung. Sadomasochismus als Ideologie und Sexualpraxis gewann an Akzeptanz.

Auch die 2000er Jahre brachten bis auf das große Interesse an den angeblich sexuell uninteressierten Geschlechtswechslern wenig Neues. Keine der inzwischen entstandenen Emanzipationsbewegungen, von den Transsexuellen über die Sexarbeiterinnen bis hin zu den Polyamorösen, änderte etwas an dem bis heute vom Libertinismus geprägten Bild der Sexualität, das sich stattdessen weiterer Bestätigung in gedruckter Form und auf der Leinwand erfreut bis hin zum SM-Schmachtfetzen *Shades of Grey*. Die darin propagierte Vorstellung von Sexualität, die Genuss nur um den

Preis von Schmerz, Stress und Macht/Ohnmacht-Verhältnissen zulässt, entspricht dem enormen Druck, unter dem die Menschen im krisengeschüttelten Spätkapitalismus leiden.

In starkem Kontrast zum moralischen Relativismus gegenüber Pornographie, erotischer Gewaltdarstellung und -ausübung steht derzeit die rigorose Verurteilung jeglicher Sexualität oder Erotik zwischen Kindern und Erwachsenen. In diesem scheinbar letzten Tabu, das dem allübergreifenden Vermarktungsgebot des entfesselten Kapitalismus die Stirn bietet, keimt unübersehbar Konservatismus althergebrachter Art. Die hysterischen Reaktionen auf Daniel Cohn-Bendits Berichte von kleinen Kindern, die sich für sein Genital interessierten, ergänzt durch seine eigene Leugnung solch harmloser Äußerungen infantiler Wissbegierde, reproduzieren die Ideologie von der Asexualität oder der »Unschuld« der Kinder. Der Vorschlag, von schwulen Lehrern, die sich für die Odenwaldschule bewerben, ein psychiatrisches Gutachten zu verlangen, das Pädophilie ausschließt, erinnert an die traditionelle Stigmatisierung des Homosexuellen.

Libertinismus und Sexualkonservatismus sind die beiden Seiten einer Medaille in einer Welt, in der die immer größer werdende Kluft zwischen Arm und Reich sich in jener zwischen den Geschlechtern, das heißt im Frauen- und Männerideal, spiegelt. Zarte Prinzessinnen mit Glitzerkrönchen und kleine Machos mit dicken Plastikschwertern und Cyberwaffen wachsen heran. Evolutionsbiologen leiten männliches und weibliches Verhalten aus der Steinzeit ab. Bücher zum Thema Mars und Venus überschwemmen den Markt. Das Familienministerium propagiert das Hausfrauenideal, und Frauen, die keine Kinder wollen, haben wieder einen schweren Stand. Dem entgegen wirken auf progressiver Seite die Anhänger der Gender- und Queer-Theorie, die Mann und Frau als solche Lügen strafen. Judith Butlers radikale Kampfansage an Geschlechterrollendualismus und Zweigeschlechtlichkeit ist ein Hoffnungsschimmer in finsteren Zeiten. Von Sexualität allerdings haben auch sie und ihre Schüler bisher nur in identitären oder libertinen Kategorien gesprochen.

Ich hoffe, der Leser wird mich auf meiner ideologiekritischen Zeitreise begleiten, die drei verschiedene Ziele hat. Als Erstes habe ich mir vorgenommen, die Sexrevolte der linksradikalen Schüler und Studenten gegen ihre nimmermüden Kritiker zu verteidigen. Die 68er-Männer, hieß es schon vor über dreißig Jahren, hätten die beteiligten Frauen sexuell unterworfen und geknechtet. Ihre Sexuelle Revolution sei ein Nährboden für sadistische Pornographie gewesen. Mit ihrem sexuellen Pazifismus und dem Bemühen, die Geschlechterunterschiede aufzuheben, hätten die 68er für erotische Langeweile und Lustlosigkeit gesorgt, lautete ein Vorwurf von anderer Seite. Zu solchen und ähnlichen Anschuldigungen tritt in jüngerer Vergangenheit die Behauptung, die Sexuelle Revolution sei eine Brutstätte für Kindesmissbrauch, Inzest und Pädophilie gewesen. All das verstellt den Blick für die humanen und emanzipatorischen Elemente, die diese Bewegung in sich barg. Gleichzeitig lenkt die Verteufelung der Sexuellen Revolution oder Sexrevolte von ihren wirklichen Schwächen und Fehlern ab, die späteren konservativen Entwicklungen Vorschub geleistet haben.

Beim zweiten Ziel meiner Wanderung durch die Jahrzehnte geht es um den neuen Sexualkonservatismus. Dieser erhob sein hässliches Haupt nicht, wie die meisten annehmen, in den 1990er Jahren, sondern schon zu Beginn der 1980er. Vielen entging das, weil der Backlash in emanzipatorischer Verkleidung einherkam, im Namen angeblicher Befreiung der Lust. Daran hat sich bis heute wenig geändert, wie die Begeisterung vieler Kritiker für *Shades of Grey* beweist.

Das dritte Ziel, das ich in diesem Buch verfolge, ist der Versuch, die Befreiung der Sexualität unter kapitalistischen Bedingungen von ihrer möglichen Emanzipation in einer anderen Gesellschaft zu unterscheiden. Sozialrevolutionäre verschiedener Epochen, einschließlich der von 1968, haben versucht, sich eine solche Befreiung vorzustellen und sie in den eigenen Reihen zu antizipieren. Etwas, an das, wie ich hoffe, künftige Gesellschaftskritiker wieder anknüpfen werden.

I
Die Erotisierung des ganzen Lebens

»**DU WIRST NOCH EIN SCHÖNES FLITTCHEN WERDEN**«, sagte meine Mutter mit verzerrtem Gesicht. Sie saß am Esstisch im Salon unseres schönen Hauses mit Garten, dem goldenen Käfig, in dem ich aufgewachsen war. Ich stand ein paar Schritte entfernt von der Zornigen mit dem Rücken zur Wand und sagte nichts. »Hätten wir dich nur eingesperrt«, stieß sie hervor. »Jetzt ist es ja wohl zu spät«. Das war 1967 in Frankfurt am Main. Ich war damals 20 Jahre alt und hatte in der Nacht davor zum ersten Mal mit meinem ersten Freund geschlafen, in seinem nicht abschließbaren Zimmer, das er als Untermieter im Haus einer befreundeten Familie bewohnte. Als ich weiter schwieg, stürzte meine Mutter zum Telefon und rief dort an. »Dass das unter ihrem Dach geschieht, Frau Schneider«, schleuderte sie der Vermieterin meines Freundes ohne Begrüßung und Erklärung entgegen, während ich die Gelegenheit nutzte, in mein Zimmer zu flüchten. »Sie machen sich strafbar, wir könnten Sie anzeigen«, hörte ich die Mutter noch schreien und schämte mich für sie, auch wenn sie recht hatte. Tatsächlich galt der im Kaiserreich erlassene sogenannte Kuppeleiparagraph, der Vermietern, Eltern und Verwandten untersagte, unverheiratete Paare in einem Zimmer schlafen zu lassen, noch bis 1969.

Meine Eltern waren weder Reaktionäre noch typische Spießer. Im Gegenteil, sie sympathisierten mit der Friedensbewegung, lasen avantgardistische Literatur und umgaben sich mit Intellektuellen, Künstlern und Schauspielern. Mit Menschen zum Teil, die in »wilden Ehen« lebten und sogar offen von ihren Affären sprachen. Der beste Freund meiner Mutter las mit Begeisterung Henry Millers Skandalbücher *Wendekreis des Krebses*, *Sexus* und *Nexus* und durfte sich sogar vor uns Kindern darüber auslassen. Er tat dies mit wichtiger Miene und in ebenso bedeutungsvollen wie unklaren Andeutungen, aus denen ich schloss, dass das, wovon die Rede war, der Sexus wahrscheinlich, etwas nicht nur Verbotenes und Aufregendes, sondern auch Anstrengendes und Unangenehmes sein müsse. Meine Mutter war eine charmante, modern wirkende Frau, die sich ebenso elegant wie gewagt kleidete. Eine Lederjacke trug sie zum Beispiel zu einer Zeit, als dies an Frauen noch als obszön galt. Nie hätte ich eine solch hysterische Reaktion auf den Beginn meines Liebeslebens von ihr erwartet.

Als die Rede in Anwesenheit des Vaters noch einmal auf meine verlorene Unschuld kam, sorgte sich dieser – er war Arzt – um das »verdächtige Hüsteln« meines Freundes, der oft erkältet war, und warnte vor einer Ansteckung mit Tuberkulose. Auf die Idee, mich über Verhütungsmittel zu informieren, kam er nicht, und die Mutter erging sich weiter in Moral: »Das wäre nicht nötig gewesen, das ist nicht deine große Liebe. Das weiß ich«. Ich war sehr in meinen Freund verliebt, war vorher in andere verliebt gewesen, unerfüllt und schmerzhaft. Nur mit der großen Liebe war ich mir nicht so sicher. Diese nämlich wurde in meiner Teenagerzeit so hochgehalten, dass sie den Jugendlichen zum Halse herauszuhängen begann. In den Heimat- und Kitschfilmen der Adenauer-Jahre ins Unendliche glorifiziert, war die Liebe auch ein wichtiger Bestandteil der Geräuschkulisse dieser Zeit. »Ohohoho, I Love You Baby. Ich liebe Dich. Du bist am Tage der Sonnenschein für mich. Du bist der Stern in der Nacht und lässt mir keine Ruh, denn Ihihi Love You«. Das war der Ohrwurm von Peter Kraus, dem größten Schmalzer im Lande. »Steig in das Traumboot der Liebe / fahre mit mir nach Hawaii / dort auf der Insel der Schönheit / wartet das Glück auf uns Zwei«, sang Caterina Valente. Und Roy Black, der eigentlich als Rockmusiker Karriere machen wollte, wurde von seinem Manager noch 1968 zu einem der schlimmsten Schmachtfetzen der Nachkriegszeit gezwungen. »Ganz in Weiß mit einem Blumenstrauß. / So siehst du in meinen schönsten Träumen aus. / Ganz verliebt schaust du mich strahlend an. / Es gibt nichts mehr, was uns beide trennen kann.« Kein Wunder, denn die Scheidung war nicht nur ein böses Stigma, sondern auch eine schwierige Prozedur, notwendig verbunden mit einem Gerichtsverfahren, das den einen für schuldig, den anderen für unschuldig erklärte.

Nach der Entjungferung und den Szenen, die mir meine Eltern gemacht hatten, ging ich, statt meine Liebe zu hinterfragen, schleunigst zu einem sogenannten »Nuttendoktor« und ließ mir die Antibabypille verschreiben. Bis auf wenige Ausnahmen gönnten die Ärzte das bahnbrechende Verhütungsmittel nur Volljährigen und Verheirateten. Viele warnten auch vor Krebs und anderen Gefahren als Preis für die folgenfreie Lust. Die Abtreibung wiederum war verboten und galt als moralisches Verbrechen, von dem eine Frau lebenslang gezeichnet sei. »Sie hat eine Abtreibung hinter sich«, wurde hinter dem Rücken der Glücklichen gemunkelt, die einen Arzt gefunden hatten, der sie vor der Schande eines unehelichen Kindes bewahrte. Tatsächlich gab es Mädchen, die von der Polizei aus der Schule abgeführt wurden, weil ihr schwangerer Bauch die Mitschüler hätte verderben können. Andere, vor allem aus den Unterschichten, griffen zur Selbsthilfe mit Stricknadel und Kleiderbügel oder riskierten ihr Leben beim Kurpfuscher.

Eine Umfrage von 1966 ergab, dass 66 Prozent der Studentinnen noch Jungfrauen waren und zu Hause lebten. Das zeigt, wie erfolgreich sie von ihren Eltern behütet wurden, und wie groß die Angst vor einer ungewollten Schwangerschaft war. Ebenso schwer lastete die Angst, nicht zur rechten Zeit einen Mann zu finden und als »alte Jungfer« zu enden. Meine Mutter zum Beispiel stellte sich vor, dass ich bis zur Eheschließung im Elternhaus bleiben, vielleicht ein paar Semester Kunstgeschichte studieren oder ein Examen als Volksschullehrerin ablegen würde. Alles nur, um spätestens mit Mitte zwanzig einen Arzt oder Rechtsanwalt zu heiraten, Kinder zu bekommen und ein komfortables Haus zu pflegen so wie sie. Als ein nicht mehr ganz junger Arzt mich mit unerwünschten Telefonanrufen belästigte, bedrängte mich die Mutter, seine Werbungen zu erhören. »Wär doch eine gute Partie«, höre ich sie noch heute sagen.

Was sich in anderen Elternhäusern abgespielt haben mag, kann man in Gisela Elsners Roman *Das Berührungsverbot* nachlesen. Eine Mutter hat den »Richtigen«, einen Mann aus gutem Hause mit angehender Karriere, für ihre Tochter gefunden und tut alles, um eine Heirat herbeizuführen. Sie schmückt das Mädchen, so gut sie kann und gibt detaillierte Anweisungen zur schrittweisen Preisgabe des Körpers bei jedem »Stelldichein«[2]. Vor der Verlobung war nach Theater- und Konzertbesuchen nur das Streicheln und später das Halten der Hand erlaubt, dann das Küssen auf die Wange, dann erst der Kuss auf den Mund mit »zusammengepressten Lippen«. Nach dem ersten Zungenkuss schließlich, während dessen der junge Mann seiner sich ekelnden Freundin erstmals »überm Kleiderstoff« an die Brust gegriffen hatte, muss sich diese eine Woche lang verleugnen lassen. »Wenn wir jetzt nicht eine kleine Pause machen« so die Mutter, »hat er nächstes Wochenende unsere nackte Brust in seiner Hand und am übernächsten seine Finger über unserem Schlüpfer und am überübernächsten darunter«[3]. Noch immer nicht zur Verlobung breitgeschlagen, versucht der Heiratskandidat immer penetranter, der sich wehrenden Unschuld zwischen die Beine zu greifen. Die Mutter lässt sich das Vorgefallene jeweils in allen Einzelheiten erzählen. Dann legt sie tröstend den Arm um ihre Tochter und meint seufzend: »Liebes Kind, wohl oder übel werden wir ein wenig weitergehen müssen.«[4]

Kaum besser ging es den Söhnen der kleinbürgerlichen und bürgerlichen Familien in den 1950er und 1960er Jahren. Sie sollten auf keinen Fall zu früh heiraten, sondern erst, wenn sie es »zu etwas gebracht« hatten. Denn dann erst, so die gängige Vorstellung, könnten sie sich eine hübsche Frau aus gutem Hause »leisten«. Vorher warnte man die hoffnungsvollen jungen Männer vor dem bösen, unmoralischen Weib, das Leben und Karriere zerstören könnte, wenn sie auf dessen Tricks hereinfielen. Väter und Mütter rieten auch ihnen zur Enthaltsamkeit und gemahnten an die Achtung vor den ehrbaren unter den Frauen. Die Doppelmoral aber triumphierte und der Frauenhass blühte im Nährboden solcher Ideologien. Scheinbar abgeklärt wie verbitterte Greise trugen frustrierte Gymnasiasten und Studenten ihre Überzeugung von der Minderwertigkeit des anderen Geschlechts zur Schau. Kluge und intellektuell ehrgeizige Frauen galten ihnen als »Intelligenzbestien« oder »Blaustrümpfe«, Brillenträgerinnen als »Brillenschlangen«. Gleichzeitig schwelgten diese Nietzsche und Heidegger lesenden Jünglinge in einem männerbündelnden Kulturelitarismus, dessen schamlose Wiederkehr man seit den 1980er Jahren beobachten kann. Mutigere gingen ins Bordell oder schliefen mit Mädchen aus der Arbeiterklasse, denen die Unschuld erfahrungsgemäß weniger wert war als den Töchtern aus Mittel- und Oberschicht.

Die Kluft zwischen den Geschlechtern dieser Generation war groß und früh erlernt. In den meisten Grundschulen setzten die Lehrer die weiblichen Kinder auf die eine Seite des Schulzimmers, die männlichen auf die andere. Mädchen und Jungen sprachen und spielten nicht miteinander. Neugierige, oft verliebte Blicke und verhalten verbale Feindseligkeiten bildeten meist die einzige Kommunikation. Jungen, die sich mit Mädchen abgaben, galten als Weichlinge, Mädchen, die mit den Jungen rannten und tobten, als garstig. Und wehe, wenn sie nach der Schule bei Doktorspielen erwischt wurden. Dann drohte die Einsperrung ins Erziehungsheim. Später auf dem Gymnasium gab es kaum geschlechterübergreifende Freundschaften. Die wenigen, die mit einem Mädchen oder einem Jungen aus der gleichen Schule »gingen«, trafen sich am Nachmittag. In der Schule konnten sich solche Paare kaum zusammen auf dem Pausenhof zeigen, ohne den Spott der Mitschüler und Verdächtigungen der Lehrer auf sich zu ziehen. Niemals schließlich durften sich Mädchen und Jungen ohne Aufsicht in einem Raum aufhalten. Die Pädagogen schienen anzunehmen, dass bei solcher Gelegenheit vor allem die Älteren in angestauter Geilheit übereinander herfallen würden.

Sie taten das nicht. Das bewiesen die Partys, die wenige liberale Eltern ihren Teenagerkindern bisweilen im eigenen Partykeller gönnten. Wenn kein Erwachsener dabei war wurde dort nicht mehr Cha-Cha-Cha oder Boogie-Woogie, sondern »Knutschblues« getanzt. Mädchen und Jungen traten eng aneinandergepresst von einem Bein aufs andere. Auf Sofas und in Sitzecken gruben ungeschickte Jungenhände unter Büstenhaltern und Strumpfgürteln nach dem ersehnten nackten Fleisch. Die Mädchen, stets um ihre kunstvoll toupierten Frisuren bangend, ließen es sich eine Weile gefallen, um sich dann bald im Stil der Unschuldigen aus den Heimatfilmen beleidigt zu entziehen.

Das schließlich, was über die Frustration der frühen Jahre hinwegtröstete, das, was Menschen tun, wenn sie sich einsam fühlen, das war seit Kindertagen unter strengsten Strafandrohungen verboten. Gisela Elsners Protagonistin grub als kleines Mädchen heimlich kleine Gräber mit selbstgebastelten Kreuzen und verzierten Schachteln als Särgen. Darin wollte sie die Hand begraben, von der man ihr prophezeit hatte, dass sie bald abfallen würde. Die Hand, mit der sie eine ganz bestimmte Stelle ihres Körpers berührt hatte. Jahrelang traute sie sich nicht mehr, diese Stelle zu betasten oder anzuschauen. Allzu oft waren die Eltern in Wut ausgebrochen, wenn sie es tat, hatten sie mit dem Stock auf die Hand geschlagen oder ihr beide Hände an die Lehne eines Stuhls gebunden. »So als wäre diese Stelle nicht allein ein winzig kleines Stück des Körpers, sondern als bestände dieser ganze Körper durch das Handanlegen nur aus der besagten Stelle ...«[5] Jungen, die beim Onanieren erwischt worden waren, und solche, die man der Selbstbefleckung verdächtigte, drohten Großväter, Väter und Kirchenmänner noch bis in die 1970er Jahre hinein mit fürchterlichen Folgen: Impotenz, Rückenmarkschwund, Gehirnaufweichung oder Schwachsinn.

Jugendschützer, Moralprediger und Wüstlinge

Die antifaschistischen und antikapitalistischen Strömungen der frühen BRD waren durch den alles überschattenden Antikommunismus der Adenauer-Ära abgelöst. Die KPD war verboten, unzählige Ex-Nazis waren wieder in Amt und Würden. Der Marshallplan schließlich hatte den Westdeutschen Geld und Ansehen gebracht, und die Wiederbewaffnung war schon im Gange. Diese Errungenschaften galt es moralisch abzusichern. Noch musste viel gearbeitet werden, so dass jedes Zuviel an Freizügigkeit das bisher so gut gelungene Werk der Restauration hätte zerstören können. Vor allem um die Heranwachsenden sorgten sich Politiker und Gesetzgeber dieser Zeit.

1951 wurde das Gesetz zum Schutz der Jugend in der Öffentlichkeit verabschiedet: ein Verbot für Minderjährige, sich an Orten aufzuhalten, an denen ihnen sittliche Gefahr drohte, wie zum Beispiel in Gaststätten oder bei Tanzveranstaltungen. Der Wortlaut erinnerte unübersehbar an eine 1943 von Heinrich Himmler erlassene Polizeiverordnung. 1953 trat das Gesetz über die Verbreitung jugendgefährdender Schriften in Kraft. Eine Bundesprüfstelle mit Vertretern aus Politik, Kultur, Pädagogik und den Kirchen hatte für dessen Durchführung zu sorgen. Als jugendgefährdend eingeschätzte Texte und Bilder durften nicht mehr beworben und nicht an Jugendliche unter 18 Jahren verkauft werden. Noch bis 1971 galten deshalb Darstellungen nackter Körper als eine Gefahr für Jugendliche. 1959 schließlich wurden Verkauf und Werbung von Kondomen verboten.

Um das Wohl der Jugend kümmerten sich nicht nur bundesrepublikanische Gesetzgeber – in vielen Fällen einstige Nazi-Beamte, die in der BRD eine zweite Karriere begonnen hatten –, sondern auch eine konservative Elite moralischer Ideologen, allen voran die Vertreter beider Kirchen. Hauptanliegen dieser Männer war die Warnung vor dem Verlust kindlicher und jugendlicher »Unschuld«: »Je weniger die Jugend vom Sexuellen im eigentlichen Sinne weiß, davon bewegt und umgetrieben wird, desto besser für sie und für uns als Erzieher.«[6] Das lehrte Pfarrer Heinz Hunger, ein Spezialist auf diesem Gebiet im Jahr 1954. Hunger war, bevor er sich nach 1945 zum Sexualpädagogen mauserte, ein strammer Rassenbiologe und als solcher Geschäftsführer des 1938 gegründeten »Instituts zur Entfernung und Beseitigung jüdischen Einflusses« auf das deutsche kirchliche Leben, eines mitgliederstarken und einflussreichen Vereins von Pfarrern und Akademikern.

Davon, was während der Adenauer-Ära als Sexualerziehung galt, zeugt eine von der Gesellschaft zur Bekämpfung der Geschlechtskrankheiten herausgegebene Broschüre aus dem Jahr 1954, die damals, im Vergleich zu entsprechenden kirchlichen Ratgebern, fast liberal gewesen sein dürfte. Mehrere Medizinprofessoren, zwei Obermedizinalräte, ein Pfarrer und ein Theologieprofessor ermahnen darin Eltern und Lehrer, die Kinder zur Ehrfurcht »vor sich selbst und vor dem anderen« sowie »vor der Natur und vor Gott«[7] zu erziehen. Viel wird vor unnötig früher Sexualaufklärung gewarnt, die zu »frühzeitiger Sexualisierung«[8] oder der gefürchteten Frühreife führen könnte. Immer wieder wird der Verzicht, die »Selbstzucht«[9] oder die »Selbsterziehung zum Triebverzicht«[10] gepriesen. Oberstes Ziel einer gelungenen Sexualerziehung ist es demnach, den Jungen davor zu bewahren, den »Verführungskünsten ... gefälliger Mädchen« zu verfallen und das Mädchen davor zu behüten, sich »leichtfertig einem Irgendwer an den Hals zu werfen«[11].

Zu den Autoren gehört der evangelische Theologieprofessor Dr. Hans-Joachim Thilo, wie Hunger, einst Mitglied des besagten rassistischen Instituts. Deutlicher noch als die anderen selbsternannten Jugendschützer definiert Thilo die menschliche Sexualität, indem er sie vom tierischen Trieb unterscheidet. Nur dem Menschen nämlich sei »über die Sexualität hinaus« in der »Erotik ein notwendiges Mittel zum Ausdruck leiblicher und seelischer Einheit gegeben.« Und da der Mensch im Gegensatz zum Tier nicht an bestimmte »Begattungszeiten« gebunden ist, sondern sich jederzeit sexuell oder erotisch betätigen kann, »wächst er soweit über das Tier hinaus, wie er sich dieses Geschenkes und der damit notwendig werdenden Begrenzung bewusst ist«[12]. Sexualität ohne verzichtende Einschränkung und leibseelische Einheit wäre demnach tierisch oder sogar noch übler, weil solch ungehemmte Menschen es dann wahrscheinlich schlimmer als die Karnickel treiben würden.

Thilo wendet sich gegen jede Schwangerschaftsverhütung einschließlich der Knaus-Ogino-Methode und warnt vor »eine(m) Aufklärungsrummel, der die Bande frommer Scheu und damit die den Menschen anvertrauten Geheimnisse zerstört«. Umso mehr besteht er auf Enthaltsamkeit vor der Ehe. Vor allem für Mädchen, bei denen »durch unterdrückte Angst und Scham sehr viel mehr zerbricht, als der Augenblick ahnen lässt«. Scham- und Angstgefühle wiederum, gelten dem Theologen als »Urphänomene« des Lebens, die der Mensch nur mit Hilfe Gottes überwinden darf. »Intime Beziehungen« werden deshalb »durch das Schamgefühl nicht gefährdet, sondern vielmehr geschützt.« Unzählige Ehen, so der Kirchenmann, seien unglücklich, weil »voreheliche Beziehungen die völlige Hingabe eines der beiden Partner innerhalb der Ehe hemmen«[13].

Ebenso eindringlich wie Thilo warnt der als grundsätzlicher Befürworter von Sexualaufklärung etwas zeitgemäßere Obermedizinalrat Wilhelm Brandt vor dem Liebesleben der Jugendlichen. Frühsexualität und Kriminalität gingen oft Hand in Hand, behauptet er und spricht von der großen Gefahr des frühen Sexualverkehrs, »auf der Stufe reiner Sexualbefriedigung zu verbleiben«[14]. Eine solche Sexualität sei »des romantischen Schimmers entblößt«, die Liebe damit »entzaubert und nur noch eine Lustquelle«. Vor allem Mädchen, warnt der Mediziner, sollen »die Dinge nicht so leicht nehmen«, denn »wenn die erste Scheu überwunden ist, verliert das Geschlechtsleben oft den Charakter des Besonderen und Geheimnisvollen«[15]. Am Schluss seines Artikels ermahnt er den Sexualpädagogen, »in den Mädeln die freudige Bejahung ihrer hohen Berufung zur Mutterschaft wachzurufen«[16].

Die sich hier offenbarende Vorstellung von Sexualität, ob von Pfarrern oder Ärzten, früheren Nazis oder unbelasteten und liberaleren Zeitgenossen geäußert, ist unabdingbar verbunden mit Verzicht, Angst, Scham, Geheimnis und einer nur unter solchen Voraussetzungen versprochenen Romantik, vor deren Zerstörung gewarnt wird. Eine Romantik, die für die Ehe aufgehoben werden soll, so wie es sich Roy Black in seinem Traum vom Mädchen ganz in Weiß vorzustellen hatte. Nicht zuletzt Pfarrer Hunger propagierte ganz ungeniert den »Reiz des Verbotenen«, durch dessen Verlust die Sexualität »viel von ihrem Zauber einbüßt«[17].

»Schau mal das Weib«, sagte meine Mutter in einer Mischung aus Bewunderung und Verachtung. Dass ich kaum zehn Jahre alt war, schien sie vergessen zu haben. »Schau mal der Hut. Todschick ist die immer.« Wir standen vor Frankfurts Eschenheimer Turm an einer Ampel, neben uns in einem schwarzen Luxuswagen mit offenem Verdeck, Ledersitzen und Weißwandreifen eine Frau von atemberaubender Eleganz. Sie hielt ihren hellen breitkrempigen Sommerhut mit der weiß behandschuhten Hand fest und blickte suchend um sich. »Das ist sie, die Nitribit«, sagte meine Mutter ganz aufgeregt. Gern hätte ich gefragt, was das denn für eine Frau sei, die ein so auffälliges Auto fuhr und die noch schöner angezogen war, als meine sonst an Garderobe kaum zu schlagende Mutter. Die jedenfalls konnte sich vom faszinierenden Anblick der ganz langsam fahrenden Dame kaum losreißen und fuhr ihr noch eine Weile hinterher. Das muss nicht lang vor dem Mord an Rosemarie Nitribit gewesen sein, der »Edelhure«, die am helllichten Tag in der Frankfurter Innenstadt nach Freiern suchte. Diese Tatsache und, dass sie nicht jeden nahm, sondern sich mit prominenten Geldsäcken wie Harald von Bohlen und Halbach aus der Krupp-Familie und dem damals noch blutjungen Playboy Gunther Sachs eingelassen hatte, provozierte nach ihrem Tod von 1957 den ersten Sittenskandal in der postfaschistischen Republik der Biedermänner.

Nur ein Jahr nach Nitribits Tod legten der Regisseur Rolf Thiele und der Pazifist, Gesellschaftskritiker und Drehbuchautor Erich Kuby mit ihrem Film *Das Mädchen Rosemarie* den Finger mitten in diese Wunde. Der heute noch sehenswerte Schwarzweißfilm mit Nadja Tiller und Mario Adorf mischt Satire, Kabarett und Moritat mit Elementen des damals in der BRD noch kaum akzeptierten Brecht'schen Theaters. Rosemarie Nitribit wird als ärmliche Nachkriegsschönheit gezeigt, die mit zwei musizierenden

Kleinganoven auf Frankfurts Straßen herumzieht und Groschen und Pfennige aufliest, die die Leute aus dem Fenster werfen. Ein solcher Groschen ist in ein Briefchen an Rosemarie eingewickelt, das die Einladung eines Großindustriellen zu einem Rendezvous im Nobelhotel *Frankfurter Hof* enthält. Rosemarie wird vom Portier aus der Lobby verbannt und läuft auf der Suche nach ihrem Verehrer einem anderen gehobenen Herrn mit Adelstitel in die Arme. Der macht sie zu seiner Mätresse, richtet ihr eine schöne Wohnung in der Frankfurter Innenstadt ein und schenkt ihr den legendären Mercedes.

Geblendet vom süßen Leben der Privilegierten tut sich Rosemarie mit einem französischen Lebemann zusammen, der als Industriespion reich geworden ist. Der Franzose versorgt sie mit einem Tonbandgerät und spielt ihr weitere gehobene Herren zu, deren schmutzige Geheimnisse sie damit aufzeichnet, wenn sie vor oder nach dem Beischlaf gesprächig werden. Diese Männer gehören zu ein- und demselben Industriekartell, stehen der Rüstungsindustrie nahe und sind alle in Waffengeschäfte verwickelt. Wirtschaftswunder und Wiederaufrüstung der BRD erscheinen als zwei Seiten einer Medaille, ebenso wie die Ehebrüche der Großverdiener als Pendant zu ihrer konservativ-moralischen Fassade. Der Film endet mit dem Mord an der Nitribit und lässt offen, ob die Kleinganoven ihrer ersten Karriere als Straßensängerin oder die kriminellen Industriekapitäne ihrer zweiten Karriere in höheren Kreisen dafür verantwortlich waren.

Als der Film zur Biennale in Venedig eingeladen wurde, drohte das Auswärtige Amt mit dem Boykott des Festivals. Wirtschaftlicher Aufstieg und politischer Werdegang der BRD, hieß es in einer Stellungnahme, verbänden sich in dem Film mit moralischem Niedergang. *Das Mädchen Rosemarie* wurde trotzdem gezeigt, und die Freiwillige Selbstkontrolle der Filmwirtschaft (FSK) gab den Film frei. Mit Ausnahme allerdings von zwei Szenen, die die Bundeswehr zeigen, und nur unter der Bedingung, ein Porträt des Wirtschaftsministers Ludwig Erhard über dem Bett der Nitribit unkenntlich zu machen. Die Kritiker im Lande jedoch ließen es sich nicht verdrießen. Der Song »Wir ham den Kanal, wir ham den Kanal, wir ham den Kanal noch lange nicht voll«[18], der zur Melodie des Königgrätzer Marsches eine Parole damaliger Friedensdemonstrationen ins satirische Gegenteil verkehrt, wurde ein Gassenhauer. In der unzensierten Filmfassung wurde das Lied mit den Stiefeln und Helmen der marschierenden Bundeswehr illustriert.

Fünf Jahre später kam Ingmar Bergmanns *Das Schweigen* in die Kinos. Mit erspartem oder von der Oma erbetteltem Taschengeld sahen sich meine Schulfreundinnen den »Film ab 18« an und sprachen oder flüsterten wochenlang von diesem Erlebnis. Nur mit mir wollte keine reingehen, denn ich sah so jung aus, dass ich kaum als 18-Jährige hätte durchgehen können. Wenn ich die Mitschülerinnen fragte, was sie denn gesehen hätten, sahen sie sich wissend an oder kicherten verhalten, wie wenn es sich um Unsagbares handele. Erst viele Jahre später sah ich den deprimierenden und eher moralisierenden als aufreizenden Film mit der berüchtigten Szene einer onanierenden Frau im Schlafanzug. Dass die FSK *Das Schweigen* im Jahr 1963 freigab, war zunächst kaum zu erwarten, denn Ingmar Bergmann war damit in ein moralisches Wespennest getreten. Die Frage nach Kunst oder Pornographie wurde bis in die Feuilletons der Tageszeitungen hinein diskutiert, eifrige Pfarrer und andere Tugendbolde empörten sich. Die zuständige Staatsanwaltschaft erhielt über hundert Anzeigen gegen das »unzüchtige« Machwerk. Als der Film trotzdem von den meisten Filmkritikern positiv besprochen wurde, platzte den neudeutschen Sittenwächtern der Kragen.

Im bayerischen Schweinfurt gründete sich im Oktober 1964 die »Aktion saubere Leinwand«, die sich in einer Unterschriftenaktion für »sittlich saubere und moralische Filme« und gegen die Unmoral »unter dem Deckmantel der Kunst«[19] aussprach. Über 2000 Schweinfurter Bürger unterschrieben den Aufruf, und Bundespräsident Heinrich Lübke, dem dieser überreicht wurde, soll stark damit sympathisiert haben. Davon ermutigt, gründeten sich in mehreren Städten Ableger der Schweinfurter Aktion unter gleichem Namen. Sie forderten die FSK zur Verschärfung ihrer moralischen Kriterien auf, riefen nach strengeren Sittengesetzen und wünschten sich die Heraufsetzung des Jugendschutzalters von 18 auf 21 Jahre. Hauptvertreter der »Aktion saubere Leinwand« war der Staatsrechtler und CDU-Mitbegründer Adolf Süsterhenn. Er entwarf eine Gesetzesinitiative zur Einschränkung der künstlerischen Freiheit, die das Grundgesetz ändern sollte. Kunst, Wissenschaft, Forschung und Lehre sollten demnach nur noch »im Rahmen der allgemeinen sittlichen Ordnung«[20] frei sein. Süsterhenn hatte diese Idee zusammen mit mehreren erzkonservativen Professoren ausgebrütet. Darunter der Verfassungsrechtler Theodor Maunz, zu diesem Zeitpunkt bayerischer Kultusminister und bis zu seinem Tod 1993 Professor für öffentliches Recht in München. Maunz, SA-Mann und NSDAP-Mitglied der ersten Stunde, gilt als einer der führenden Juristen des Nationalsozialismus. Zu solch illustrer Unterstützung kam die mehrheitliche Zustimmung der CDU- und CSU Bundestagsabgeordneten und eine über eine Million zählende Unterschriftenliste, auf der knapp sechzig Bundestagsmitglieder und Landtagsabgeordnete standen. Trotzdem scheiterte Süsterhenns Vorstoß gegen die sich abzeichnende sexualmoralische Liberalisierung in den Medien.

Die Aura von Verbot, Angst, Geheimnis und Verbrechen, die das Sexuelle in den 1950er und 1960er Jahren umgab, und die dazugehörige, alles durchdringende Frauenfeindlichkeit und Doppelmoral passten gut zu jenem verdrückten Libertinismus, den ich schon als Kind an dem für Henry Miller schwärmenden Freund meiner Eltern beobachten konnte. Etwas später fand ich Henry de Montherlants *Erbarmen mit den Frauen* auf dem Sofatisch, las darin herum und hielt es danach für ein großes Unglück, als Mädchen geboren zu sein. Tatsächlich erfreuten sich übermenschenverdächtige Weiberhasser wie de Montherlant, Henry Miller und Norman Mailer, in Künstler- und Intellektuellenkreisen großer Beliebtheit. Sogar Julius Evola, Mussolini-Faschist, Antisemit, SS-Kollaborateur und bis heute Lieblingsphilosoph italienischer Neofaschisten, fand Beachtung. In seinem irrationalistischen, gegen die Psychoanalyse gerichteten Buch *Die Metaphysik des Sexus* definiert er die »Ursprünglichkeit des Geschlechtlichen« als eine, die von »Wollust und Schmerz«, »Liebe-Tod« und den »Phänomenen des Sadismus, Masochismus und Fetischismus«[21] bestimmt ist. Der »Metaphysische Sexus« – Gegenmodell zu der angeblich vom Sozialismus zum Animalischen herabgewürdigten und von der Psychoanalyse intellektualisierten Sexualität – wird dabei zum »tödlichen Delirium der Liebe als Begierde in der Ekstase zu zerstören und zerstört zu werden«.[22] Evolas postfaschistisches Werk wurde 1962 bei Klett-Cotta neu aufgelegt und wohlwollend in den als progressiv geltenden *Frankfurter Heften* besprochen. Nicht zuletzt Marquis de Sade wurde in den Jahren zwischen 1959 und 1965 mit kommentierenden Büchern und Neuauflagen seiner Werke gewürdigt. Mancher Oberschüler kaufte sich einen Band des großen Antimoralisten und verschlang ihn heimlich, meist allerdings nur, um sich gelangweilt von solch anstrengender Lektüre abzuwenden.

Aufregender war für junge unterdrückte Menschen eher das, was man sonst aus Frankreich hörte. Das Leben der Pariser Existentialisten zum Beispiel, die – so meine persönliche Phantasie davon – sich in dunklen Kellerlokalen herumdrückten und der Libertinage frönten, immer nur sich selbst und ihre Freiheit im Sinn. Zu Idolen wurden Sartre und de Beauvoir, das nicht verheiratete, kinderlose, frei liebende Paar, Inbegriff der Unmoral für deutsche Spießer, oder die geheimnisvolle Juliette Gréco im langen schwarzen Kleid, mit langem schwarzem Haar. Stundenlang stand ich 16-jährig früh morgens an der Theaterkasse Schlange, als diese Muse der Außenseiter in der Frankfurter Oper auftrat, barfuß und ohne Büstenhalter, sogar das noch eine Provokation im Jahr 1963.

Paris, für mich nur ein ferner Traum, wurde für manch jungen Rebellen der BRD zum wirklichen Ziel seiner Sehnsucht. Geflohen aus dem Land ihrer Naziväter, Nazilehrer und -professoren suchten solch Mutige dort Freiheit, Liebe und Leidenschaft, fern von der Moral der weißgewaschenen Deutschen, ihrer Sittenstrenge, ihrer Doppelmoral und ihrem Hass auf alles, was anders war. Eine davon war Inga Buhmann, frühe Sympathisantin der Studentenbewegung, Aktivistin des Sozialistischen Deutschen Studentenbundes (SDS) und Feministin. In ihrer unvergesslichen Autobiographie *Ich habe mir eine Geschichte geschrieben* kann man unter anderem nachlesen, was sie in Paris erlebte. Buhmann war die Tochter niedersächsischer Großbauern. Sie besuchte eine Privatschule, deren Lehrer den Kindern die Ideologien des Kalten Krieges zusammen mit der Sehnsucht der Heimatvertriebenen nach dem verlorenen Osten vermittelten. Sexuell tabuisiert und intellektuell im Konservatismus ihres Umkreises gefangen, begegnete Buhmann kurz vor dem Abitur einem französischen Mitschüler, der Bewegung in ihr Leben brachte. Sie begann Nietzsche, Camus, Gide und Baudelaire zu verschlingen, und ihr Lieblingsbuch wurde André Gides *L'immoraliste*. Nicht viel später als Studentin in München bewegte sich das Mädchen vom Lande im Umkreis der linksradikalen »Subversiven Aktion«, der Gruppe um den späteren Kommune-I-Gründer Dieter Kunzelmann. Hervorgegangen aus der vom situationistischen Anarchismus beeinflussten Künstlergruppe SPUR, war die »Subversive Aktion« vom Surrealismus, der Frankfurter Schule aber auch noch stark vom Existentialismus geprägt, mit dem sich Buhmann weiter identifizierte. Der Weg nach Paris war von da nicht weit.

Buhmann, deren Autobiographie Pariser Tagebucheintragungen aus dem Jahr 1965 enthält, durchlebte in der Stadt ihrer Sehnsucht eine Amour fou, die sie so beschreibt: »Vor der Kraft, die du in dir spürst, könntest du erschrecken. Sie sollen es büßen, das Raubtier in dir zu wecken. ... ein Mann, leidenschaftlich (tierisch) ... bei dir dieselben wilden Blicke, äußerste Abwehr, Spannung und Hass.«[23] Immer mehr verfällt sie der Faszination des »Liebeskampfes«[24] zwischen Mann und Frau, aus dem sie nur einen befriedigenden Ausgang sieht, ihre Unterwerfung. Nein, sie wolle keine Partnerschaft, keine gemeinsamen Interessen. Ein paar Wochen später bekennt die junge Libertine ihre vermeintliche Inkonsequenz: »Jetzt, wo du die ›Freiheit‹ hast, alles zu tun oder zu lassen, was du willst ... legst du dir Beschränkungen auf, ...verkaufst dich nicht, beschränkst die Frivolität auf natürliche Zuneigung.« Sie schwelgt in düsterer Romantik und einem verzweifelt über alle Stränge schlagenden Antimoralismus. Von »Brutalität« und »grenzenloser Zärtlichkeit«[25] ist die Rede, vom »sexuellen Akt als Opferhandlung«[26], vom Grenzen überschreiten, von Schmerzlust und »süß-bitterer Leidenschaft«[27]. Das, wie mir die Autorin versicherte, ebenso schöne wie schreckliche Pariser Liebesleben der jungen BRD-Flüchtigen gipfelt in der Begegnung mit einem sadomasochistischen Psychopathen. Dieser sperrte sie in einer Dachkammer ein, drohte ihr mit dem Tod, schleppte sie nach einem Fluchtversuch zurück und teilte ihr mit, seine Mutter wolle sie beim »Ficken« beobachten. Es gelang ihr, den Verrückten zu beruhigen. Nie erfuhr sie, ob seine Morddrohungen echt oder nur gespielt waren.

Buhmann las damals Sartres *Saint Genet, Komödiant und Märtyrer* und entwickelte unter diesem Einfluss die Phantasie, in ein Bordell einzutreten wie in ein Kloster. Bordell und Kloster – auch ich erinnere mich an diese damals gern benutzte Gleichsetzung – Ausschweifung und Verzicht ganz nah nebeneinander, wie wenn das eine mit dem anderen bezahlt werden müsse. Sie beschuldigt sich an dieser Stelle noch einmal der Inkonsequenz und Feigheit, meint, so zu sein »wie all die kleinbürgerlichen Intellektuellen, die davon träumen, in ein Bordell einzutreten, aber brav ihre Lehrerausbildung fortführen«.[28]

Zu solchen Bekenntnissen treten allmählich selbstkritische Einsichten zur eigenen Entwicklung, die in eine ganz andere Richtung weisen. »Diese Gedanken sind nicht neu für dich: der Leidenskult, Kreislauf von Schuld und Sühne, Genuss mit gleichzeitiger Bestrafung, also verbotener Genuss.«[29] Bald fragt sich Buhmann, ob der Mensch von Natur aus leiden und sexuell leiden will, oder ob die Gesellschaft ihn so verformt, dass er nicht anders kann. Sie vermutet, der Wunsch, in ein Bordell zu gehen, entspringe ihrem Todeswunsch und entspräche einem symbolischen Selbstmord. Die Kombination von Sadomasochismus und Libertinage sei abscheulich, so ein späterer Eintrag, sie müsse diesem Kreislauf entrinnen. Ihren wirklichen Bewusstseinsumschwung aber verdankte Buhmann der Lektüre von Herbert Marcuses *Triebstruktur und Gesellschaft*. Unter dem Einfluss dieses Buches wandte sie sich von der Leidenschaft, deren Akzent auf dem Leiden liegt, ab und damit von der romantischen Überhöhung des frauenverachtenden Verbrechers und des antimoralischen Individualisten. Eindrucksvoll bekräftigt sie dies in der Paraphrasierung eines oft zitierten Statements des Philosophen der Kritischen Theorie: »Dort, wo Ordnung Schönheit und Arbeit Spiel ist, dort, wo Vernunft sinnlich und Sinnlichkeit vernünftig ist, nur dort, wo Intellekt und Sinne sich begegnen, wo der Mensch frei ist, mit seinen Fähigkeiten und Möglichkeiten und denen der Natur zu spielen, läß's sich leben«[30]. »Die Linke« habe sie »gerettet«, erzählte mir Buhmann, und sprach vom »Menschlichen« bei Marcuse.

Herbert Marcuse, Oswalt Kolle und die Rebellion der Minderjährigen

Herbert Marcuse war mit 17 Jahren schon ein Linker und einer der frühen Kritiker der SPD nach ihrem Sündenfall mit den Morden an Liebknecht und Luxemburg. Vom Schüler des den Nazis nach dem Mund redenden Martin Heidegger wurde er bald zu dessen Kritiker. Er war Emigrant der ersten Stunde, Kritiker des real existierenden Sozialismus und Verbündeter der Neuen Linken in Amerika und Europa und sprach schließlich auf dem 1967 vom SDS einberufenen Berliner Vietnamkongress. Seine Biographie allein prädestinierte den unprätentiösen Philosophen zum Mentor aufbegehrender junger Menschen in der BRD. Was an seiner Philosophie am meisten fasziniert haben dürfte, – ich entnehme das unter anderem meinen damaligen Anstreichungen seiner Bücher – ist Marcuses überwältigender Hedonismus im allgemeinen wie im sexuellen Sinn. Seine Utopie einer sozialistischen Gesellschaft, deren »qualitative Differenz … von der bestehenden Gesellschaft« in ihrer »ästhetisch-erotischen Dimension«[31] am deutlichsten zum

Ausdruck kommt. Das war Marcuses wichtigste Botschaft in Berlin an die beim Vietnamkongress versammelten links engagierten Studenten.

Meistzitierter und breitgetretenster Begriff des Lieblingsphilosophen der Studentenbewegung ist das »Leistungsprinzip«, definiert als »die vorherrschende historische Form des Realitätsprinzips«[32] in der gegebenen Gesellschaftsform des Spätkapitalismus. Marcuse, der sich wie Horkheimer, Adorno und andere Kritische Theoretiker auf Karl Marx und Sigmund Freud beruft, beschreibt diesen Kapitalismus als eine sich ständig ausdehnende, auf »Erwerb und Wettstreit« ausgerichtete Gesellschaft, die die Menschen ihrer ökonomischen Leistung entsprechend in Konkurrenz zueinander setzt und hierarchisiert. Im Sinne des frühen Marx definiert er die dazugehörige Form der Arbeit als »einen Apparat«, über den die Individuen keine Kontrolle haben, der ihnen vielmehr als selbständige Macht entgegentritt. »Während sie arbeiten, befriedigen sie damit nicht ihre eigenen Bedürfnisse und Fähigkeiten, sondern arbeiten entfremdet.«[33] Sie tun dies im Dienst des Realitätsprinzips, wie es Freud beschreibt und postuliert.

Anders als konservative und revisionistische Interpreten des Gründers der Psychoanalyse versteht Marcuse das Realitätsprinzip nicht als ewige, sondern historisch bedingte Notwendigkeit. Der unzivilisierte ebenso wie der unfertige Mensch als Kind, der unter der Herrschaft des ursprünglichen Lustprinzips »kaum mehr als ein Bündel tierischer Triebe«[34] ist, kommt zur traumatischen Einsicht, dass er bei voller Befriedigung seiner Bedürfnisse nicht überleben kann. Die Lebensnot zwingt ihn, seine Wünsche dem Realitätsprinzip zu opfern und das organisierte Ich zu entwickeln, das zur Vernunft führt. Das Glück, nach dem der Mensch noch immer strebt, muss der Arbeitsdisziplin Raum geben und den Gesetzen der Gesellschaft. Die Sexualität muss, eingedämmt durch die Sublimierung großer Teile ihrer selbst, in den Dienst der »monogamen Fortpflanzung« treten. Kultur und Zivilisation fordern diese Opfer, denn ohne die »permanente Unterjochung der Triebe«[35] sind sie nicht zu haben.

Freud zweifelt, ob das dieser Unterjochung entspringende Leid die Vorteile der Kultur aufwiegt, und Marcuse nimmt ihn in diesem Punkt beim Wort. Er sieht in der scheinbar pessimistischen Konzeption des großen Skeptikers eine darüber hinausweisende, utopische Dimension. »Freuds Werk zeichnet sich durch das kompromißlose Bestreben aus, den repressiven Gehalt der höchsten Kulturwerte und Errungenschaften nachzuweisen. Soweit er das tut, verleugnet er die Gleichstellung von Vernunft und Unterdrückung, auf der die Ideologie der Kultur sich aufbaut.«[36] Die Chance für eine andere Kultur, in der Lustprinzip und Realitätsprinzip keine Gegensätze mehr sind, sieht Marcuse in einer Gesellschaft, deren technologische Errungenschaften die Lebensnot überwunden haben. Umfassende Automatisierung bei gerechter Verteilung der Güter würde eine wesentliche Verkürzung der Arbeitszeit aller Menschen ermöglichen und so das Leistungsprinzip überflüssig machen. Zeit wäre freie Zeit, nicht Freizeit, Arbeit dürfte Spiel sein. Der unter den Bedingungen entfremdeter Arbeit desexualisierte Körper könnte seine Sinnlichkeit wiedererlangen bis hin zur Erotisierung des ganzen Lebens.

Auch in Bezug auf die Sexualität als solche folgt Marcuse Freud, übernimmt dessen Annahme, dass der menschliche Körper ursprünglich pansexuell beziehungsweise polymorph pervers sei. Erst nachdem die Triebe im Laufe der narzisstischen, oralen, analen und phallischen Phase kindlicher Sexualentwicklung dem »Genitalprimat« unterworfen sind, wird menschliche Lust auf die Geschlechtsorgane fokussiert. Und erst so kann sie fast ganz in den Dienst der Fortpflanzung treten. Die Partialtriebe, wie sie den einzelnen prägenitalen Phasen entsprechen, werden dabei so zurechtgestutzt, dass sie nur noch in den sogenannten Perversionen ein untergründiges Dasein führen können. Denn nur ihre Sublimierung oder Umlenkung garantiert eine Gesellschaft wie die vom Leistungsprinzip regierte. Die Sexualität büßt dabei ihr »eigentliches Wesen« ein. »Von einem autonomen ›Prinzip‹, das den gesamten Organismus beherrscht, wird es in eine spezialisierte, zeitlich beschränkte Funktion verwandelt, in ein Mittel zum

Zweck.«[37] Das Lustprinzip, so Marcuse, wurde in der Geschichte nicht nur wegen seiner scheinbaren Nutzlosigkeit, sondern auch wegen seiner Tendenz zur Auflehnung gegen die Mächtigen entthront. In einer von Not, entfremdeter Arbeit und Herrschaft befreiten Gesellschaft würde es zurückkehren. Sexualität würde dann weder abgeleitet noch gehemmt, sondern könnte sich transzendieren, »auf der Suche nach voller Befriedigung zu weiteren Zielen«[38].

Marcuses überwältigender Optimismus gipfelt in seinem fast vermessenen Nein zum Tod. Er macht sich über den Leidenskult zeitgenössischer Theologen und Philosophen lustig, die den Tod als existentielle Kategorie verherrlichen. Er lässt den dem Orkus trotzenden Orpheus zur Identifikationsfigur werden und bezichtigt die »herrschenden Mächte« einer »tiefen Affinität zum Tod«[39]. Balsam war all das auf die Wunden junger Menschen der 1960er Jahre, die weder verzichten, noch leiden oder sterben wollten, sondern endlich leben. Eine große Befreiung war das Versprechen von Lust ohne Angst, ohne Schuldgefühl, puritanische Moral und dem Zwang zur Familiengründung. Ohne die religiös oder blasphemisch aufgeladene Schwere des Libertinismus auch, mit seiner Phantasiewelt der Selbstzerstörer, Wüstlinge, Schmerzensmütter und Femme fatales. Marcuse war der Verkünder einer friedlichen, harmonischen und lustvollen Welt, die greifbar nahe schien, wenn man ihm vollen Glauben schenkte.

Und dennoch, wer die Texte des scheinbaren Utopisten genauer nahm, war gegen allzu großen Optimismus gefeit. Der Wohlstand der Industrienationen, liest man schließlich, zwingt die, die das Sagen haben, zur Lockerung der Sexualtabus und zur scheinbaren Befriedigung bestimmter Bedürfnisse. Im Zeitalter des Minirocks und enger Jeans darf man sexuelle Reize bedenkenlos im Alltag und bei der Arbeit zeigen und vielleicht etwas Spaß daran haben. Der Körper aber bleibt, so Marcuse, ein Arbeitsinstrument, das unter den Bedingungen des Leistungsprinzips von seiner möglichen Veränderung hin zu wahrer Genussfähigkeit weit entfernt ist. Ebenso geht es den Menschen mit dem erotischen Augenschmaus der allgegenwärtigen Produktewerbung. Geblendet vom Anblick der schönen und glücklichen Frauen und Männer, die es dort zu sehen gibt, vergessen sie ihre eigentlichen Bedürfnisse und verharren weiter in der Frustration. Weder die libidinös aufgeladene Warenproduktion noch die scheinbar fallenden Tabus der Großvätergeneration bedeuten Freiheit, sondern garantieren vielmehr die Erhaltung des gesellschaftlichen Status quo. Sie befriedigen »auf eine Weise, die Unterwerfung hervorbringt und die Rationalität des Protestes schwächt«.[40]

Die von Marcuse in den USA wohl schon früher beobachtete Lockerung der Sexualtabus war seit Beginn der 1960er Jahre in der BRD überfällig. Die Wirtschaft wuchs von 1951 bis 1960 jährlich um circa acht Prozent, so dass sich das Sozialprodukt verdoppelte. Nach der »Fresswelle« der 1950er Jahre, einer Zeit, zu der nach den »Hungerjahren« fast jeder BRD-Bürger einen kleineren oder größeren Bauch ansetzte, rollte die »Reisewelle« übers Land. Westdeutsche Bürger und Kleinbürger konnten sich Urlaubsaufenthalte in Rimini, am Lido di Jesolo oder gar in Venedig leisten. Eisschränke, Autos und Waschmaschinen füllten Wohnungen und neu errichtete Eigenheime. Wohlanständigkeit und Sittenstrenge um jeden Preis passten nicht mehr ins Bild, so dass die »Sexwelle« nur folgerichtig war.

Seit Beginn der 1960er Jahre erkämpften sich die Massenmedien in zähem Ringen mit Saubermännern und Zensoren Zentimeter um Zentimeter nackter Haut, Verkaufszahlen und Einschaltquoten stiegen stetig. Die Werbebranche entdeckte den Sex als idealen Verkaufssteigerer, und auch die Pornographie gedieh prächtig in diesem Klima. Dazu kam das damals neue Geschäft mit Sexspielzeug und anderen Konsumartikeln, die größere Potenz und Steigerung der Lust versprechen. Als Pionierin dieser Branche imponierte die einstige Pilotin und Hauptmännin der Luftwaffe Beate Uhse, die schon in den 1950er Jahren Broschüren und Bücher zur Ehehygiene und Kondome vertrieben hatte. 1962 eröffnete sie ihren ersten Sexshop in Flensburg. Es hagelte Anzeigen, und der Börsenverein des deutschen Buchhandels boykottierte ihren Verlag. Trotzdem war Uhses zweite Karriere als Geschäftsfrau ebenso wenig zu bremsen wie der reissende Absatz dessen, was sie verkaufte.

Zur sexuellen Liberalisierung trug auf kulturell gehobener Ebene die Debatte um den amerikanischen Sexualforscher Alfred Kinsey bei. Dessen behavioristische Untersuchungen über die Sexualität von Mann und Frau – 1953 und 1954 in der BRD veröffentlicht – lösten zunächst heftige Empörungsstürme konservativer Akademiker und Politiker aus. Mehr und mehr liberale und progressive Intellektuelle aber identifizierten sich mit dem moralischen Pluralismus Kinseys, der es ablehnte, normale von abnormaler Sexualität zu unterscheiden und die Homosexualität rehabilitierte. Das fiel insofern leicht, als Kinsey, was das Gesellschaftliche anging, nur ein gemäßigter Reformer war. Er stellte weder Gesellschaftsordnung noch Ehe- und Familienmoral in Frage und teilte nicht einmal Freuds Unbehagen der Kultur gegenüber. Unter Kinseys Einfluss begannen sich die Illustrierten seit Beginn der 1960er Jahre mit vorsichtigen Sex-Artikeln zu schmücken, und die (sexuelle) Aufklärung der Jugendlichen wurde zum Schlagwort.

Trotzdem verfuhr man in den Schulen bis Ende der 1960er Jahre noch im Sinne der Moralapostel der 1950er Jahre, und auch das nur, um der sogenannten »Aufklärung durch die Straße« vorzubeugen. Gemeint war eine angeblich pornographische Form von Sexualaufklärung, mit der frühreife »Gassenkinder« die besser behüteten Kleinen zu verderben drohten. Moralisch korrekte Aufklärung besorgten dann Pfarrer oder Psychologen, die eigens zu diesem Zweck in die Schule bestellt wurden. Sie trennten die Jungen von den Mädchen und begannen mit ernster Miene von der Befruchtung der Blumen zu sprechen. Von da kamen sie auf den Menschen, verwarfen das Märchen vom Klapperstorch und informierten stattdessen über die menschliche Befruchtung durch das Zusammenkommen von Sperma und Ei. Beharrlich verschwiegen diese Aufklärer, wie das tatsächlich vor sich geht. Dafür warnten sie die Kinder vor den grauenhaften Folgen der

– damals längst mit Penizillin besiegten – Geschlechtskrankheiten und zeigten abstoßende Fotos dieser Krankheiten im fortgeschrittenen Stadium. Sie endeten meist mit einer Gegenüberstellung der geistig-seelischen Liebe und der rohen Fleischeslust. Die Berliner Psychologin Hildegard Lange-Undeutsch, die schon 1965 praktische Sexualberatung für Studenten leistete und über Verhütung informierte, wurde von der *Bildzeitung* als kinderverderbende Hexe hingestellt.

Dass all das nicht haltbar war, sahen neben linken und linksliberalen Intellektuellen inzwischen auch politisch konservative Zeitgenossen. Allen voran der Journalist und Filmproduzent Oswalt Kolle, der zeitlebens Mitglied der FDP beziehungsweise deren holländischer Schwesterpartei war. Bereits vor 1960 hatte er gemäßigte Aufklärungsartikel in den Illustrierten *Quick* und *Revue* veröffentlicht. 1964 eckte er mit seiner Serie »Dein Kind das unbekannte Wesen« an, weil er es gewagt hatte, von kindlicher Sexualität zu sprechen. Der Familienminister Bruno Heck drohte *Quick* sogar mit einem Verkaufsverbot. Ins volle Rampenlicht trat Kolle in der BRD allerdings erst 1967 mit seinem Aufklärungsbuch *Das Wunder der Liebe*, das zuerst als Serie in der *Neuen Revue* erschien und gleichzeitig als Film herauskam. Seinerzeit nur knapp der Zensur entgangen, verkaufte sich *Das Wunder der Liebe* bis heute millionenfach und wurde in zwölf Sprachen übersetzt. Auch die Verfilmung war ein Riesenerfolg.

Staunend las ich das Buch kürzlich zum ersten Mal und fragte mich dabei immer wieder, wie ich wohl 1967 darauf reagiert hätte. Aufklärung hätte ich damals dringend nötig gehabt, obwohl ich im Vergleich zu anderen fast privilegiert war. Dank der Pille musste ich keine Angst vor einem ungewollten Baby haben. Und mein Freund gehörte nicht zu den Männern, die sich unzärtlich und rücksichtslos über die Frau wälzen, um so schnell wie möglich auf ihre Kosten zu kommen. Die Verachtung meiner Mutter aber, das Zimmer ohne Schloss, in dem die Begegnungen mit meiner ersten Liebe stattfanden, die noch immer allgegenwärtige Prüderie und unser beider Ahnungslosigkeit versagten mir und meist auch ihm die Lust. Sex machte nicht nur keinen Spaß, sondern war für mich sogar schmerzhaft, so dass wir eine Zeitlang ernsthaft glaubten, sein Penis sei zu groß für meine Vagina. Als ich vorschlug, einen Test mit einem kleiner ausgestatteten Mann zu unternehmen, war mein Freund zuerst einverstanden, lieferte aber, als ich damit Ernst machen wollte, grässliche Eifersuchtsszenen. Dass wir beide als Studenten nicht auf die Idee kamen, nach Büchern zu suchen, die unser Problem vielleicht behandelten, und dass es niemanden gab, der uns ein paar Tipps hätte geben können, kann ich heute nur schwer begreifen. Die einzige Freundin, der ich mich nach langem Zögern anvertraute, gab mir den Rat, meinem Liebsten ein besonders gutes Essen zu kochen und mich danach »sanft wie eine Taube« ins Bett zu legen. Ob Kolle mir damals geholfen hätte?

Das Wunder der Liebe zeigt auf der Erstausgabe das Profil einer blonden Frau, die mit sanftem Gesichtsausdruck und geschlossenen Augen das Ohr eines dunkelhaarigen Mannes küsst. Das Buch richtet sich ausschließlich an heterosexuelle Verheiratete oder Verlobte. Singles, Lesben und Schwule kommen nicht vor. Auch die Ehescheidung wird nur ein einziges Mal erwähnt, interessanterweise im Kapitel zur »Untreue der Frau«. Kolles Ziel ist die »Befreiung der modernen Ehe aus den Fesseln von Konvention und Vorurteil«[41]. Nicht mehr nur Kinderaufzucht und ökonomische Versorgung, betont er, wird heute von der Ehe erwartet, sondern auch »Liebe und erfüllende Sexualität«[42]. Trotzdem versteht er die Ehe als »lebenslangen Vertrag«[43], der die Partner darauf verpflichtet, ihr Zusammensein so angenehm oder erträglich wie möglich zu gestalten. Das ist nicht immer einfach. Wie das »Wirtschaftsleben«[44] nämlich kennt jede Ehe gute und schlechte Konjunkturen, Flauten oder Krisen und ist vom Crash bedroht. Und ganz wie im Kapitalismus kann es von Nutzen sein, sich auf gewagte Spekulationen einzulassen: »Wirf dein Herz über die Hürde und spring nach. Und was immer dir dabei auf der andern Seite … begegnet, nimm es als Abenteuer.«[45] Auch mit einer »abenteuerlichen Wanderschaft über Klippen und Klüfte«[46] vergleicht Kolle die Ehe, so dass einem angst und bange werden kann.

Was man von den Ehen durchschnittlicher Mittelständler der späten 1960er Jahre erfährt, in denen der Mann arbeiten geht, während die Frau sich um Haushalt und Kinder kümmert, ist weder abenteuerlich noch gefährlich, sondern eher abstoßend. Er kenne viele Ehen, verrät Kolle beispielsweise, in denen sich die Partner wie »zusammengekettete Sträflinge«[47] fühlen. Am deprimierendsten klingt das, wovor der Aufklärer Kolle am eindringlichsten warnt. Die innere Krise, die jeder Ehe drohe, wenn die Alltagsroutine über die Verliebtheit gesiegt habe, wenn Langeweile und Abstumpfung ihr Zerstörungswerk begonnen hätten, und wenn die sexuellen Freuden zur »ehelichen Pflichtübung«[48] verkommen seien. Dem gelte es auf allen Ebenen und mit allen Kräften entgegenzuwirken.

Kolle ermahnt die Frauen, sich ihren Ernährern immer wieder neu als Geliebte zu präsentieren und rät den Männern, die Gattin manchmal mit einem Blumenstrauß zu überraschen. Er empfiehlt die Änderung des sexuellen Vorspiels, neue Stellungen beim Akt, einen Liebesfilm oder die gemeinsame Lektüre eines erotischen Buches. Auch ein Ortswechsel kann Wunder wirken, erfahren die Gelangweilten, und wenn es nur ein bescheidenes Hotel sein sollte. Denn, so Kolle beschwörend, »ein Sparkonto ist schneller wieder aufgefüllt als ein leidenschaftsloses Ehekonto«[49]. Von ehelichen Höllen der Lieblosigkeit und Verständnislosigkeit las ich im *Wunder der Liebe*, ebenso wie von Frauen, die ihrer sexuellen ›Wochenendmänner‹ überdrüssig oder verzweifelt an eigener Unlust waren. Schließlich ist von einem Mann die Rede, der das Gefühl hat, für seine Frau nur noch »ein großer Haufen Dreck« zu sein, »der die Teppiche beschmutzt, die Aschenbecher füllt, die Handtücher naß macht«[50]. Dieses »Stück Dreck«, so der Beklagenswerte, erträgt seine Frau nur noch, weil es das Geld verdient. Noch einmal pries ich mich beim Lesen glücklich, als junge Frau die Erwartungen meiner Eltern nicht erfüllt zu haben.

Oswalt Kolle war nicht nur ausgezogen, um solch traurige Ehen zu retten, sondern auch – und das ist sein unbestrittener Verdienst –, um die Sexualität zu rehabilitieren und die von der Adenauer-Ära geprägten Menschen von Vorurteilen, Scham- und Schuldgefühlen zu befreien. Bei der Definition von Sexualität selbst schöpft der Aufklärer der Nation, wie man ihn später nannte, im Jahr 1967 noch aus höchst konservativen Quellen. Alle Menschen, heißt es ganz im Predigerton der 1950er Jahre, wünschen sich, dass »in der Ehe die Erotik ... als geistig-seelische Verbundenheit harmonisch zum Gleichklang der sexuellen Begegnung führt«[51]. Sogar dann, wenn Kolle die Sexualität vom Geist-Seele-Dualismus und vom Stigma des Unanständigen losspricht, muss der konservative Prof. Hans-Joachim Bochnik, Schüler des nazibelasteten Psychiaters Hans Bürger-Prinz, zur Rechtfertigung herhalten: »In der liebenden Ergriffenheit von Leib und Seele ist Sexualität die Brücke der lebendigen Vereinigung zweier Menschen, der vitale Untergrund von Entzücken, Glück, Begeisterung, Beseligung, mit denen man, sich selbst vergessend, sich im anderen wiederfindet.«[52]

In erfrischendem Gegensatz dazu steht Kolles bei Alfred Kinsey und William Masters entlehnte Rationalität, sobald es um die Praxis geht. Sexualität will er als Liebeskunst vermitteln. Als Kunst im Sinne eines Handwerks, das man erlernen kann, wenn man über die notwendigen Informationen verfügt. Kinsey und Masters, so Kolle, hätten in ihren Untersuchungen zum Sexualverhalten von Mann und Frau der Menschheit einen so großen Dienst erwiesen, dass vor allem Masters den Nobelpreis verdient habe. Als ersten Schritt hin zu einer so verstandenen praktischen Sexualaufklärung vermittelt Kolle den Männern, dass es den Frauen weniger um männliche Potenz als um die Erfüllung individueller körperlicher Bedürfnisse geht. Die Frauen wiederum sollen »ihre geschichtlich bedingte und durch Erziehung häufig heute noch bestätigte Rolle der Inaktivität aufgeben«[53]. Das zu lesen, hätte mir und meinem Freund 1967 sicher gutgetan. Wenn wir erfahren hätten, dass die Scheide sich der Größe des Gliedes anpasst, oder auf die Idee gebracht worden wären, der »Ausscheidung eines schleimigen Sekrets durch die Bartholinischen Drüsen«[54] mit Speichel nachzuhelfen, dann wäre das von großem Wert gewesen. Von der Empfehlung an den Mann, seine Geliebte mit dem sanften Reiben ihrer Klitoris oder mit intimen Küssen zu beglücken, ganz zu schweigen. Zu wissen, dass Selbstbefriedigung der Sexualentwicklung junger Frauen dienlich sein kann, hätte mir so manches ersparen können. Die Beschreibung eines weiblichen Orgasmus schließlich nach William Masters, verbunden mit der Absage an den »uralten Irrtum der Frau, das Erreichen des Orgasmus vortäuschen zu müssen«[55], hätte mir und meinem Freund vielleicht geholfen.

Kein Zweifel, als praktischer Ratgeber in Sachen Sexualität war der Oswalt Kolle der späten 1960er Jahre ebenso liberal wie human. Er predigte keine Moral und setzte keine Normen. Er kritisierte Jungfräulichkeitswahn und dogmatisches Beharren auf ehelicher Treue. Er rehabilitierte die Masturbation und räumte mit der Angst vor der Pille auf. Indem er darauf hinwies, dass repressive Sexualmoral und Erziehung oft Ursachen sexueller Probleme sind, nahm er vielen das Gefühl, selbst schuld zu sein. Darüber hinaus enthielt seine Botschaft die Möglichkeit der Veränderung, wenn auch nur individuell und im strikten Rahmen der herrschenden gesellschaftlichen Normen. Ehe und Familie mögen der Reform bedürfen, bleiben aber grundsätzlich ebenso unhinterfragt wie die traditionellen Geschlechterrollen und -unterschiede. Alle Frauen, über die Kolle in *Das Wunder der Liebe* schreibt, werden von ihren Ehemännern versorgt und haben entsprechende Pflichten im Haus, obwohl damals schon viele Frauen berufstätig waren. Der Autor ermahnt die Männer zwar zur Anerkennung der Hausarbeit als Arbeit, dass diese aber auch von Männern getan werden kann, liegt jenseits seines Horizonts. Für Frauen dagegen scheint die propagierte moderne Ehe zusätzlich zu ihren traditionellen Pflichten eine neue Aufgabe mit sich zu bringen. Schon bei den Ratschlägen für die Flitterwochen erwähnt Kolle das »entzückende Nachthemdchen« mit dem die Frischvermählte »kokettieren«[56] darf. Im Folgenden wird der Autor über 300 Seiten nicht müde, den Frauen zu raten, sich für den Gatten zu schmücken und ihren Sexappeal zu bewahren, gipfelnd im Kapitel zur Potenz des Mannes. Hier nämlich liege »die Hauptaufgabe« bei der Frau.

Sie sei es, die »den Geschlechtstrieb des Mannes«[57] immer wieder aktivieren müsse.

Man hat den Linksradikalen der 68er-Bewegung vorgeworfen, vom Sex besessen zu sein und Sexualität zum Allheilmittel zu erklären. Sie wurden dafür verteufelt, während Oswalt Kolle für seine Verdienste im Nachhinein mit Preisen und Ehrungen überschüttet wurde. Beim Lesen seines ersten Bestsellers aber kommt mir Kolle sexbesessener vor als alle sexualrevolutionären Schüler und Studenten der späten 1960er Jahre, die ich gekannt habe. Da die Gesellschaft in seinem Universum ausgeblendet wird, existieren die Ehen, die er zu retten versucht, in einer Art luftleerem Raum, der von Sexualität allein gefüllt ist. Weder gemeinsame Interessen, Lebensziele noch intellektueller Austausch prädestinieren die Partner füreinander und sorgen für eine beständige Beziehung. Nein, einzig die Sexualität ist der Kitt, der alles zusammenhält und rettet oder zerstört. Eine Sexualität, an der es zu arbeiten gilt, um sie in den Dienst des ehelichen Glücks zu stellen, wie einst in den der Fortpflanzung. Nichts für die Jugendlichen der damaligen Zeit, die sich gegen ihre Eltern und Lehrer erhoben, war Kolles Aufklärungsbuch. Nichts für kritische Schüler oder junge Studenten, die weder eine Hochzeit in Weiß noch ein Familienidyll anstrebten, weil sie die Welt, in der sie lebten, nicht für die beste hielten. Ein paar von ihnen jedoch wussten sich alsbald selbst Gehör zu verschaffen.

»13jährige Mädchen mußten Sex-Fragebogen beantworten«[58], polterte die *Bildzeitung* im März 1967. Zehn Tage vorher hatten Schülerinnen der Frankfurter Bettinaschule und Schüler des Liebig-Gymnasiums auf dem Schulhof einen Fragebogen zum Thema Sexualaufklärung an die Klassen 9 bis 13 beider Schulen verteilt. Sie waren Redakteure der Schülerzeitschrift *Bienenkorb-Gazette*, eine kleine Elite überdurchschnittlich belesener Schülerinnen und Schüler, die sich politisierten, nachdem ihnen die Auschwitzprozesse seit 1964 die Augen für die Verbrechen ihrer Elterngeneration geöffnet hatten. Seither griffen sie in ihrer Zeitschrift die Themen der sogenannten Linksintellektuellen auf. Das waren westdeutsche Anhänger der alten wie der Neuen Linken und der frühen Außerparlamentarischen Opposition (APO). Ganz in deren Sinn verglich die *Bienenkorb-Gazette* den hysterischen Antikommunismus der BRD mit dem Judenhass der Nationalsozialisten, missbilligte die Wiederaufrüstung, kritisierte den Vietnamkrieg und die geplanten Notstandsgesetze. Im Gegensatz zu den meisten anderen Gymnasien dieser Zeit waren beide Schulen mit liberalen Direktoren und Lehrern gesegnet, die solche Kritik tolerierten und stolz auf ihre klugen Ausnahmeschüler waren.

Vorbild des »Sex-Fragebogens« war der Kinsey-Report. Die, die ihn verteilten, hofften mit dem Ergebnis die Forderungen nach pragmatischer statt moralischer Sexualaufklärung der Jugendlichen zu unterstützen. Gefragt wurde unter anderem, ob ein junger Mann die Mutter eines unehelichen Kindes heiraten dürfe, ob ein Mädchen ihrem Freund Treue schulde, ob Abtreibung und Homosexualität straffrei sein sollten, und ob das Thema Sexualität in der Schule zu behandeln sei. Beide Schuldirektoren hatten all das gebilligt. Anders die *Bildzeitung*, die die Frage »Wünschst du dir Intimverkehr?«[59] für unsittlich hielt. Nicht viel später empörte sich auch die *Frankfurter Allgemeine Zeitung*: »Was wird dabei herauskommen? Wie wird sich das auf die Schülerinnen auswirken, wenn sie in *Gazette-Bienenkorb* etwa lesen, vielleicht die Hälfte wünsche Intimverkehr, ein Drittel halte ihn spätestens vom 14. Lebensjahr an für angemessen ... Wer weiß, wie viele hätten gern die Antibabypille?«[60] Ein Sturm konservativer Entrüstung fegte daraufhin durch das als liberal verschriene Frankfurt. Die beiden verantwortlichen Schülerinnen wurden in Schmähbriefen und erbosten Anrufen als »Sie Sau« oder »Sie Hure«[61] bezeichnet und von skandallüsternen *Bild*-Reportern gejagt. Ihre Mutter, erzählte mir die spätere Sprecherin der Schülerprotestbewegung Christa Appel, sei aus Angst vor dem heraufbeschworenen Volkszorn eine Woche lang nicht mehr Einkaufen gegangen. Die Frankfurter CDU stellte eine parlamentarische Anfrage an den Kultusminister, der sich die NPD anschloss, und der »Familienbund deutscher Katholiken« forderte die Abschaffung der Pressefreiheit für Schülerzeitungen.

In der nächsten Ausgabe der *Bienenkorb-Gazette* forderten Schülerinnen und Schüler die Freigabe der Antibabypille, freie Sexualbetätigung von Jugendlichen ab dem 16. Lebensjahr unter der Voraussetzung gegenseitiger Liebe und einen sachlichen Sexualkundeunterricht. Etwas weiter ging lediglich ein Artikel, dessen Autor für jugendliches Sexualerleben auch ohne romantische Bindung plädierte. Während die Saubermänner weiter Kopf standen entwickelte der SPD-Kultusminister Ernst Schütte eine gegenteilige Strategie. Er begegnete den Unbequemen gütlich, indem er sie zusammen mit allen hessischen Schülerzeitungsredakteuren zu einer Arbeitstagung in die Landeshauptstadt Wiesbaden einlud.

In Nordhessen, ungefähr 180 Kilometer von Frankfurt entfernt, liegt Homberg an der Efze, eine Kleinstadt mit Burg, romanischer Kirche und Kirchhoflinde. Im Herbst 1966 planten die Schüler des dortigen Gymnasiums, ihre Zeitschrift *Homberger Schulecho* mit Versen aus dem Hohelied Salomons zu schmücken. »Dein Schoß ist wie ein runder Becher, dem nimmer Getränke mangelt. Deine zwei Brüste sind wie zwei junge Rehzwillinge«.[62] Diese und mehr der heiligen Worte sollte auf dem Cover stehen. Ähnlich wie die *Bienenkorb-Gazette* galt das *Homberger Schulecho* seit Mitte der 1960er Jahre als linksintellektuell und enthielt Artikel zu entsprechenden Themen. Auch der dortige Schuldirektor war ein liberaler Mann. Sogar eine Nummer der Schülerzeitung gegen die Notstandsgesetzgebung hatte er gegen Angriffe von rechts verteidigt. Seit dem geplanten Abdruck der erotischen Bibelverse jedoch war es mit der Toleranz vorbei.

Den ersten Stein warf ein Homberger Drucker, indem er sich weigerte, seinen Job zu tun. Der Text sei pornographisch und könne die Sextaner verderben. Diesem Boykottaufruf folgten die Homberger Geschäftsleute, indem sie ihre Werbeinserate zurückzogen. Das *Homberger Schulecho* aber erschien ein paar Wochen später mit einer Beilage, die nicht nur die Bibelverse, sondern auch mehrere Artikel zum Thema Sexualkundeunterricht enthielt. Der Verband der Kriegsdienstverweigerer, der gemäß der Parole »Make love, not war« mit der Sexuellen Revolution sympathisierte, hatte den Druck mit einer Werbeanzeige finanziert.

Was den Sexualkundeunterricht anging, forderten die Autoren der Schülerzeitung jetzt Informationen über die biologischen Sexualvorgänge, luststeigernde Koituspraktiken, Aufklärung über und Empfehlung von Verhütungsmitteln, Informationen über Homosexualität und die sogenannten Perversionen. Zur herkömmlichen Aufklärung hieß es: »Meinst du, ein Biologielehrer hätte einen Penis an die Tafel gemalt und drangeschrieben, wie die Einzelteile bezeichnet werden, welche Funktionen ihnen zukommen. Da lernt man stumpfsinnig, wie die Einzeller alle heißen, und weiß noch nicht einmal, wie ein weibliches Geschlechtsteil aussieht, bevor man nicht selber nachgesehen hat.«[63] Das war nicht mehr der gemäßigte Stil politisch sensibilisierter Schüler vor ihrer Revolte, es war schonungslose Kritik, verschärft durch das Ausdrucksmittel satirischer Provokation. Jener Provokation, die nicht viel später zum Purgatorium all derer werden sollte, die im Klima der Restauration zu ersticken drohten. Nach Erscheinen der Skandalnummer, deren Verkauf auf dem Homberger Schulgelände verboten wurde, beschimpften Lehrer die Schülerzeitungsmacher als Schweine. Elternbeirat und Ehemaligenverein erregten sich, und drei erboste Privatpersonen stellten Strafanzeige.

Der Kultusminister wiederum lud auch die kriminalisierten Jugendlichen aus Homberg zu seiner Arbeitstagung ein. Unterstützt von der Staatssekretärin Hildegard Hamm-Brücher (FDP), die auf »die Grenzen des guten Geschmacks«[64] verwies, ermunterte Schütte die Schüler, weiter heiße Eisen anzufassen, gemahnte gleichzeitig zur Mäßigung und drohte indirekt mit künftiger Nichtduldung. Die Homberger Rebellen ihrerseits forderten, an den Schulen mehr zur Liebe zu erziehen, anstatt den Krieg zu verherrlichen. Im November 1967 profilierte sich der SPD-Minister dann mit einem Erlass zur Sexualerziehung, der den gemäßigteren Forderungen der Schüler entsprach. Deren Unmut allerdings war nicht mehr zu bremsen. In Frankfurt war inzwischen mit Unterstützung des SDS das »Aktionszentrum Unabhängiger und Sozialistischer Schüler« (AUSS) gegründet worden. Das war eine linksradikale Organisation, die in den folgenden zwei Jahren bundesweit die Schulbürokratie in Frage stellte, zur Kriegsdienstverweigerung aufforderte und für massive Unterrichtskritik und -störung sorgte. Es kam zu weiteren Sex-Skandalen an Gymnasien bis hin zu Nacktdemonstrationen auf dem Schulhof.

»Lakritzen, Lakritzen / die Mädchen haben Ritzen / die Jungen haben 'n Hampelmann / da ziehn die Mädchen gerne dran.« – »In der Nacht, in der Nacht / wenn der Büstenhalter kracht / und der Bauch explodiert / kommt das Kind herausmarschiert.«[65] Diese und noch mehr »obszöne« Kinderverse konnte man im Juli 1967 im *Homburger Schulecho* lesen. Sie waren Teil eines Artikels zum Thema Sexualaufklärung. Dieter Bott, ein ehemaliger Schüler des Homberger Gymnasiums, der inzwischen in Frankfurt Soziologie studierte und dem SDS beigetreten war, hatte sie aus Peter Rühmkorfs Essayband *Über das Volksvermögen* zitiert. – Rühmkorf, oft mit Heinrich Heine verglichen, galt als Aufklärer. Marcel Reich-Ranicki nannte ihn einen »Dichter der Gasse und Masse«, der sich nicht schämt, »das Drastische, das Vulgäre zu schätzen«[66]. Dieser Schamlose hatte die Versuche kindlich sexueller Selbstaufklärung gesammelt und veröffentlicht. Das war sie also, die gefürchtete Aufklärung durch die Straße. Ein Schlag ins Gesicht all derer, die Freuds Erkenntnisse zum kindlichen Sexualleben leugneten und glaubten, die unschuldigen Kleinen vor dem Wissen über Sexualität bewahren zu müssen. – Dieter Bott, der die Kinderreime zitiert hatte, beschrieb in seinem Artikel, wie er selbst als Kind Zucker vors Fenster legen musste, um den Storch zu bewegen, ihm einen kleinen Bruder zu bringen, und kommentierte so: »Wer nicht merkt, daß diese Verse meilenweit von den Stammtischsauereien unserer Lateinlehrer entfernt sind, der soll sich ruhig darüber entrüsten.«[67]

Die Entrüstung der Homberger Biedermänner war grenzenlos. Direktor und Lehrer liefen aufgeregt in den Klassen herum und suchten auf und unter Schulbänken nach schon verkauften Exemplaren der inzwischen konfiszierten Schülerzeitschrift. Zusätzlich geschürt wurde ihr Zorn von der Homberger Version des Frankfurter Sex-Fragbogens. Da dessen Verteilung auf dem Schulhof untersagt worden war, erschien ein Abdruck davon in der neuen Skandalnummer. Gleichzeitig distanzierten sich die Schüler von ihrer ursprünglich liberalen Forderung nach schulischer Sexualaufklärung. Die Lehrer, vermuteten sie, würden ja doch nur Sexualangst verbreiten, die Enthaltsamkeit preisen und die Antibabypille verteufeln. Sie verzichteten darauf, zu »bürgerlichen Eheleuten« erzogen zu werden, verkündeten die Aufbegehrenden: »Kleine Kinder für den nächsten vaterländischen Krieg werden wir auch nicht in die Welt setzen. Wir wollen keine Aufklärung. Wir wollen nicht wissen, woher die kleinen Kinder kommen. Wir wollen keine kleinen Kinder mehr.«[68]

Diese Haltung hatten sie als Teilnehmer ihrer »Gegenschule« entwickelt, die sie im Februar 1968 in Zusammenarbeit mit Dieter Bott und einem zweiten Ex-Schüler gegründet hatten. Etwa 30 Schüler trafen sich seither zweimal in der Woche im Homberger Gasthof *Bürgerstuben*. In der als Flugblatt verteilten Ankündigung hieß es: »Da die traditionelle Schule die schönsten und wichtigsten Sachen unterschlägt, machen wir eine eigene Schule auf. Da unsere Lehrer für die Themen nicht ausgebildet werden, die uns wirklich interessieren, suchen wir uns eigene Lehrer.«[69] Eine längere Leseliste empfahl Texte von Sigmund Freud, Theodor W. Adorno, Karl Kraus, Peter Rühmkorf, Wilhelm Reich und Karl Marx.

Der 24-jährige Adorno-Schüler Dieter Bott hatte das Referat zur Einführung gehalten. Es begann mit dem bekannten Zitat aus Hitlers *Mein Kampf*: »Unser gesamtes öffentliches Leben gleicht heute einem Treibhaus sexueller Vorstellungen und Reize … Das Ergebnis dieser Art von Erziehung kann man an der heutigen Jugend in nicht gerade erfreulicher Weise studieren. Sie ist frühreif geworden. Das öffentliche Leben muß von dem erstickenden Parfüm unserer modernen Erotik befreit werden.«[70] Hitlers Worten fügte der Sexualrevolutionär das Statement des protestantischen

Sittenvereins »Sorge um Deutschland« hinzu, in dem von der Verlockung zum »hemmungslosen Genuß« die Rede ist und von einer »Flut dämonischer Kräfte«, die »unser Volk überschwemmt«[71], angeblich vor allem in Filmen und Illustrierten. Bott kommentierte: »Der Sex ist das bescheidene Vergnügen von Kinogängern und Illustriertenlesern an Dingen, welche sie nicht kriegen«. Wenn sie erst einmal ihre eigenen Sexualgeschichten lebten, dann wäre all das überflüssig.

Den Orgienphantasien der Moralschützer stellte der Soziologie-Student das tatsächlich »brave und spießige«[72] Verhalten der Jugend gegenüber, wie es sich in der doppelmoralischen Sexualpraxis des Pettings zwecks Erhaltung der Jungfräulichkeit zeige. Die Befreiung der Sexualität, argumentierte er mit Adorno, sei »bloßer Schein«[73], wie es nicht zuletzt die Unterdrückung derer beweise, deren Sexualität sich der Fortpflanzung widersetze, sprich der Homosexuellen. Den Hass auf diese, die damals generell als Kinderverführer galten, erklärte Bott aus der Ideologie von der kindlichen Asexualität, die wiederum die Unterdrückung kindlicher und jugendlicher Sexualität und das Onanieverbot rechtfertige. Dem hessischen Sexualkundeerlass von 1967, in dem von »geordnetem geschlechtlichem Verhalten« und von der »gesunden Entwicklung des Einzelnen«[74] die Rede ist, unterstellte er die Absicht der »Einordnung in die Gesellschaft«[75]. Der Vortrag endete mit der Forderung nach freier Sexualität für Jugendliche, der Freigabe der Antibabypille und der Gründung unbevormundeter Jugendhotels für die, die noch zu Hause wohnen.

Der konfiszierten Ausgabe des *Homburger Schulecho* mit den Kinderversen und dem Sex-Fragebogen folgten weitere Anzeigen gegen Minderjährige, und Horst Brühmann, der Redakteur der Zeitung, wurde vom Direktor zum Rücktritt gezwungen. Als sich der Exponierte nicht viel später mit einer Ärztin anlegte, die in der Schule einen konservativ-aufklärerischen Vortrag hielt, wurde ihm mit Schulverweis gedroht. Eine Vergeltungsaktion dafür, die bewusst an die infantil-antiautoritäre Tradition der Schülerstreiche anknüpfte, erschütterte die Schule am 18. April 1968. *Vögeln ist schön* stand an diesem Morgen in großen Buchstaben weit sichtbar am Schulhaus. Die Turnhalle war, ebenfalls mittels eines Graffito, in *Free Love Center* umbenannt.

In der Unterrichtspause erschienen Dieter Bott und der zweite Mentor der Homberger Gegenschule, Hanspeter Bernhard, die aus Frankfurt angereist waren. Sie beschallten den Schulhof mit der Musik aus dem Beatles-Film *Magical Mystery Tour* und verteilten Flugblätter mit satirischen, bewusst kindlichen Kommentaren zur Einschränkung der Freiheit der Homberger Schülerpresse und zu den jüngsten Schulereignissen. In einem davon wurde vorgeschlagen, fünf Homberger Studienräte »als Musterexemplare für den unsterblichen deutschen Untertanen«[76] auf die Couch zu legen, um sie einer Psychoanalyse zu unterziehen. Auch der Direktor wurde nicht nur namentlich genannt, sondern auf einer Skizze im Stil von Kinderzeichnungen nackt am Reck gezeigt, das heißt bei sportlicher Betätigung, mittels derer er seine sexuellen Bedürfnisse niederkämpft. Der Verhöhnte erschien persönlich, um die beiden Ehemaligen, die sich selbst zu den »größten Schmierfinken aller Zeiten« ernannten, vom Schulgelände zu verweisen. Als daraufhin die Gegenschule in den *Bürgerstuben* tagen wollte, nahm der Wirt die Gäste nicht auf, so dass der Unterricht im Freien auf dem Homberger Schlossberg stattfinden musste.

Dieter Bott und Hanspeter Bernhard erhielten nach dem Verteilen der »obszönen« Flugblätter insgesamt 194 Strafanzeigen, unter anderem vom Schuldirektor, einigen Lehrern und dem Regierungspräsidenten. Horst Brühmann flog von der Schule und hatte große Mühe ein Gymnasium zu finden, das ihm die Möglichkeit gab, das Abitur zu machen. Ein Schöffengericht verurteilte Bott und Bernhard wegen Verbreitung unzüchtiger Schriften und Beleidigung zu drei Monaten Gefängnis auf Bewährung. Sie legten Berufung gegen das Urteil ein, und zur Verhandlung im März 1969 hatten sie sich wieder etwas Satirisches ausgedacht. Sie erschienen als Richter und Staatsanwalt verkleidet, mit Robe und Barett. Dieter Bott erklärte: »Nicht wir sind die Angeklagten – wir klagen an! Nicht wir sind Kindesverderber – sondern ein Schuldirektor und ein Schulsystem, das die Aufklärung verweigert und zensiert!«[77] Die Studenten wurden zu einer Ordnungsstrafe verurteilt und in Handschellen abgeführt. Zum nächsten Gerichtstermin erschienen sie als Häftlinge mit Handschellen und in Sträflingskleidung, woran sich das Gericht diesmal aber nicht störte. Auf der Straße jedoch stand eine Hundertschaft von Polizisten mit einem Wasserwerfer.

Johannes Riemann, ein bekannter Anwalt der Studentenbewegung, legte zur Entlastung der Angeklagten ein Gutachten des links engagierten Professors Peter Brückner aus Hannover vor, aus dem hervorging, dass die Flugblätter keine »unzüchtigen Schriften« seien. Zusätzlich beantragte Riemann, Professor Theodor W. Adorno als literaturwissenschaftlichen Sachverständigen zu laden, um zu klären, ob es sich bei den Flugblättern um Kunstwerke handele. Der erste Anklagepunkt wurde daraufhin fallengelassen. Dieter Bott wurde wegen Beleidigung des Schuldirektors zu drei Monaten Gefängnis auf zwei Jahre Bewährung verurteilt, der noch nicht volljährige Bernhard zu einer entsprechenden Jugendstrafe.

Die Aktivisten der frühen Schülerprotestbewegung hatten zur Sexualität ein noch weitgehend theoretisches Verhältnis. Nur ganz wenige auch der provokantesten von ihnen begannen ihr Sexualleben vor dem Abitur. Trotzdem radikalisierte sich ihre Bewegung bis 1968 im Sinne einer Sexrevolte. Von der Forderung nach sachlicher Information zum menschlichen Geschlechtsleben über die nach der Freigabe der Antibabypille für Jugendliche und der Akzeptanz ihres Liebeslebens war es nicht weit zu der nach Aufhebung aller Sexualverbote und nach der Erotisierung des Alltagslebens in naiver Interpretation der marcusianischen Utopie. »Wir wollen nicht länger das theoretische Faseln unserer Pauker hören, sondern wir wollen zur Praxis schreiten. Wir wollen jederzeit und überall vögeln, auch in der Schule. Mitschüler!! Im Direktorzimmer liegen Teppiche.«[78] So die Schüler eines der konservativsten Gymnasien Frankfurts im Jahr 1968. Das war, wie mir einer der damaligen Aktivisten erzählte, »halb ernst« gemeint.

Provokation, Satire, spielerische Aktionsformen, Hedonismus und auf die Spitze getriebener Antiautoritarismus, Sympathie mit Hippies, Provos und Anarchisten. All das waren Kennzeichen rebellierender Gymnasiasten, historisch verwandt mit früheren deutschen Jugendrevolten. Man denke an die zornigen jungen Männer des Sturm und Drang oder an die Studenten des frühen 19. Jahrhunderts, die gegen Feudalautorität und Vatertyrannen aufmuckten, oder an den schulrevolutionären linken Flügel der Wandervogelbewegung. Noch einmal trugen die Schülerevolutionäre der späten 1960er Jahre den Generationskonflikt deutscher Söhne und Väter aus. Im Land, das nie eine bürgerliche Revolution erleben durfte, hatten die ökonomisch längst obsoleten Vatertyrannen Feudalismus, Kaiserreich und Faschismus überlebt und waren auch in der BRD der 1950er und 1960er Jahre noch in besonders unangenehmen Exemplaren vertreten. Verbitterte, von Nationalsozialismus, Krieg und (beobachteten wie selbst begangenen) Kriegsverbrechen zerstörte und brutalisierte Männer, die als Väter nach oben buckelten und nach unten traten. Lehrer, die ihre Schüler stramm stehen ließen, sie unbeherrscht anbrüllten, beleidigten, angeprangt in der Ecke stehen ließen und oft auch schlugen. Väter, die ihre Kinder mit dem Ochsenziemer verdroschen, in den Keller sperrten und unter Hausarrest stellten.

Der Vater einer mir bekannten linksliberalen Familie schlug nicht nur Frau und Söhne, sondern drohte seiner Tochter, die abgetrieben hatte, mit einer Anzeige. »Der Krieg«, hieß es dann, und alles war entschuldigt. Sogar mein Vater, der kein Nazi war und im Krieg das Glück hatte, nur als Arzt zu dienen, mein humanistisch gebildeter und gesinnter Vater hatte etwas vom Vatertyrannen. Er schrie oder polterte oft beim kleinsten Anlass, suchte die Schuld für eigene Fehler stets bei Frau und Kindern und duldete keinerlei Kritik. Kaum besser war eine bestimmte Sorte verhärmter Nachkriegsmütter, die ihre Kleinkinder ans Töpfchen fesselten, um sie trocken zu kriegen, oder sie mit dem Zwangsessen verhasster Speisen quälten. Ein weiterer Alptraum war in vielen Fällen das Elternpaar, das nur der Kinder wegen an der Ehe festhielt, oder weil beide nicht den Mut hatten, das Kainszeichen der Geschiedenen zu tragen. Ständiges Streiten der sich Hassenden, heimliche Puffbesuche und Affären mit Putzfrau oder Sekretärin der Väter, stumm vorwurfsvolles Leiden, Migräne oder hysterische Anfälle der Mütter waren die Folgen.

Seit 1964 wussten die Nachkriegsjugendlichen, was ihnen ihre ebenso moraltriefenden wie herrschsüchtigen Väter und Lehrer einschließlich der offiziellen Vatergestalten aus Politik, Wirtschaft und von der Sittenfront verschwiegen hatten: Die, die ihre Söhne militärischer Disziplin unterwarfen, die Unschuld der Töchter hüteten, kleine, beim Onanieren erwischte Kinder züchtigten, aber über Sexualität nicht sprechen konnten. Die, denen der Anblick nackter Frauenbrüste in Filmen und Zeitschriften unerträglich war. Die, die sich mit jener stickigen Aura von Doppelmoral, Heuchelei, von Verschweigen und Vertuschen umgaben. Eine Mörderbande waren sie einst gewesen, nichts anderes als ein Haufen Schwerverbrecher.

Wilhelm Reich, die Freie Liebe und die *Sexfront*

Kein Wunder also, dass der schärfste moderne Kritiker von Vaterautorität, Kleinfamilie und traditioneller Sexualmoral ein so riesiges Revival erlebte. Wilhelm Reich, dessen *Massenpsychologie des Faschismus* 1965 zum ersten Mal als Raubdruck erschien, zog in seinem posthumen Siegeszug unzählige in seinen Bann, mehr sogar als Marcuse, der noch lebende Mentor und Verbündete. Wilhelm Reich war der politisch konsequenteste, mutigste und radikalste linke Psychoanalytiker der ersten Generation. Im Wien des Jahres 1927 beteiligte er sich als einziger seiner Kollegen an den sogenannten Juli-Unruhen. Das waren Demonstrationen gegen die Freisprüche einer Gruppe von Militaristen, die bei einer Massenveranstaltung wahllos in die Menge geschossen hatten. Die auf Konfliktvermeidung bedachten Sozialdemokraten ignorierten den Protest, während die Polizei aufs brutalste gegen die unbewaffneten Demonstranten vorging und hundert Menschen tötete. Abgestoßen von der Feigheit der Sozialdemokratie trat Reich der Kommunistischen Partei bei.

Als Psychoanalytiker nicht minder engagiert, knüpfte er an Freuds frühe Kritik der bürgerlichen Sexualmoral an und spezialisierte sich auf Neurosenprophylaxe, Erziehung und Sexualreform. Sein Ziel war es, dem Marxismus mit der Psychoanalyse ein Mittel an die Hand zu geben, um das rational nicht verständliche Verhalten der Massen zu deuten und zu beeinflussen. »Nicht, dass der Hungernde stiehlt oder dass der Ausgebeutete streikt, ist zu erklären«, heißt es in der *Massenpsychologie des Faschismus*, »sondern warum die Mehrheit der Hungernden nicht stiehlt und die Mehrheit der Ausgebeuteten nicht streikt«[79]. Seit 1929 betrieb Reich eine Klinik, in der kostenlose Beratung zur Kindererziehung, Sexualerziehung und Geburtenkontrolle angeboten wurde. Er ermöglichte ungewollt schwangeren Frauen die Abtreibung, beriet Jugendliche, auch wenn sie erst 14 Jahre alt waren, und versorgte sie mit Verhütungsmitteln.

Im gleichen Jahr folgte Reich einer Einladung sowjetrussischer Kollegen nach Moskau. Es war die Zeit der russischen Kulturrevolution, als die Sowjetunion die liberalsten Ehe- und Sexualgesetze der Welt erlassen hatte, und man empfing den Gast aus Wien mit offenen Armen. Er besuchte ein Kollektiv junger Arbeiter, deren Wohn- und Arbeitsgemeinschaft als Alternative zu Ehe und Familie gedacht war. Reich hielt das Experiment für zukunftsträchtig, obwohl die Beteiligten noch mit organisatorischen und emotionalen Problemen zu kämpfen hatten. Ein weiterer Besuch, der den sozial engagierten Psychoanalytiker tief beeindruckte, galt dem Kinderheim der Psychoanalytikerin Vera Schmidt, das seit 1921 bestand. Es gab dort weder Strafen noch moralische Beurteilung der Kinder, die Reinlichkeitserziehung wurde ohne Zwang gehandhabt, und die Erzieher begegneten den Äußerungen kindlicher Sexualität bejahend. Nur wenig später, als die russische Kulturrevolution zurückgepfiffen wurde, musste das Kinderheim schließen. Empört kritisierte Reich in *Die Sexuelle Revolution* die sowjetische »Bremsung der Sexualrevolution«[80] seit 1923. Ehe und Familie wurden damals rehabilitiert, die Abtreibung erschwert, der Homosexuellenparagraph wieder eingeführt und die Jugendlichen wieder zur Askese aufgefordert.

Schon in den 1920er Jahren war Reich als KP-Angehöriger ein unbequemes Mitglied der »Psychoanalytischen Vereinigung«, deren Mehrheit ihre stark umstrittene Disziplin vor Angriffen von rechts bewahren wollte. Der sich isoliert fühlende Reich ging nach Berlin. 1930 trat er der KPD bei und gründete mit deren Zustimmung den »Deutschen Reichsverband für Proletarische Sexualpolitik«, eine Organisation, die es binnen kurzer Zeit auf 40 000 Mitglieder brachte. Strategisch stand dahinter die Idee, unpolitische oder den Nazis zugeneigte Jugendliche bei einem ihrer Hauptprobleme zu fassen, ihnen den Zusammenhang zwischen ökonomischen und persönlichen Problemen zu vermitteln und sie so für den antifaschistischen und antikapitalistischen Kampf zu gewinnen. Psychologisch war »Sex-Pol«, wie das Projekt bald genannt wurde, Reichs praktische Antwort auf die, auch von anderen Psychoanalytikern gestellte Frage der Neurosenprophylaxe. Er traf Jugendgruppen im ganzen Land, hielt Vorträge und half beim Aufbau von Beratungsstellen.

Das auf seinem ersten Kongress von 1931 in Düsseldorf verabschiedete Programm des Verbandes forderte: »Kostenlose Ausgabe von Verhütungsmitteln«, »Aufhebung der bestehenden Abtreibungsverbote«, »kostenlose Schwangerschaftsunterbrechung in öffentlichen Krankenhäusern«, »Abschaffung der Unterscheidung zwischen Verheirateten und Ledigen«, »Abschaffung des Tatbestands Ehebruch«, »Scheidungsfreiheit«, »Verhinderung von Neurosen und sexuellen Problemen durch eine lebensbejahende Erziehung«, »Ersetzung der Strafen für sexuelle Vergehen durch therapeutische Behandlung«, »Vorbeugung gegen Sexualverbrechen durch verbesserte Erziehungsmethoden«, »Schutz von Kindern und Jugendlichen vor Verführung durch Erwachsene«[81]. Die Beratungsstellen der Sex-Pol-Bewegung florierten, und Reich veröffentlichte Aufklärungsbücher für Eltern, Kinder und Jugendliche. Nur neun Monate später begann sich die KPD von diesen Schriften zu distanzieren und verurteilte Reichs Positionen als konterrevolutionär.

Zwei Monate nach der Machtergreifung erschien in der Nazi-Presse ein scharfer Angriff auf diese Aufklärungsbücher, so dass Reich mit seiner Verhaftung rechnen und fliehen musste. 1933, als der politisch Exponierte schon im dänischen Exil war, erschien *Die Massenpsychologie des Faschismus*, eine Analyse faschistischer Ideologie, deren Vorrede so beginnt: »Die deutsche Arbeiterklasse hat eine schwere Niederlage erlitten ... Der Faschismus hat gesiegt und baut seine Position ... stündlich aus.«[82] Dieser Satz allein galt der KPD als konterrevolutionäre Hetze. Die stalinistische Führung glaubte damals noch, der Sieg der Nazis sei ein temporärer, und der Kommunismus könne sich bald selbst durchsetzen. Drei Monate später wurde Reich aus der Kommunistischen Partei ausgeschlossen und kurz danach aus Dänemark ausgewiesen. 1934 folgte sein Ausschluss aus der »Internationalen Psychoanalytischen Vereinigung«, der sein Sex-Pol-Konzept inzwischen untragbar erschien.

In Oslo fand der allseits Geächtete endlich Asyl und gründete das »Institut für Sexualökonomie und Lebensforschung«, an dem er seine bald ins Phantastische abgleitenden biologischen Studien betrieb. In der von Reich gegründeten *Zeitschrift für Sexualökonomie und politische Psychologie* allerdings erschienen kritische Berichte über Nazideutschland, das besetzte Frankreich, den Spanischen Bürgerkrieg und die Moskauer Schauprozesse von 1936. Die naziflüchtigen Autoren sympathisierten mit undogmatisch linken Organisationen wie der rätekommunistischen Partido Obrero de Unification Marxista (POUM) und der Federación Anarquista Ibérica (FAI-CNT) und versuchten Marxismus mit Anarchismus zu verbinden. Eine Position, die bei antiautoritären Linken der späten 1960er und frühen 1970er Jahren ein Comeback erlebte.

1939 verließ der nach all seinen Verfolgungen mehr und mehr an Verfolgungswahn leidende Wilhelm Reich Europa, um sich in den USA – zunächst in New York, dann auf einer Farm in Oregon – seiner (pseudo-)naturwissenschaftlichen Forschung zu widmen. Er schwor dem Kommunismus ab und ließ die Psychoanalyse als solche hinter sich. Stattdessen verfiel er der romantischen Vorstellung vom »Lebendigen« als dem Motor alles Geschehens und dessen inniger Verquickung mit dem Sexuellen. Bald meinte Reich, eine messbare Energie des Lebens gefunden zu haben. Er nannte diese Kraft, deren Farbe er als blau angab, Orgon und versuchte sie in Holzkästen einzufangen. Wer daran glaubte, konnte einen solchen Kasten erwerben, sich hineinsetzen und die Lebensenergie auf sich wirken lassen. Der einst so pragmatische und rationale Schüler von Marx und Freud glaubte am Ende seines Lebens, Krebs heilen und Regen machen zu können und phantasierte sich als Menschheitsretter. Die letzte Institution, die den inzwischen ebenso verrückt wie harmlos gewordenen Wilhelm Reich verfolgte, war die amerikanische Food and Drug Administration (FDA), die Gebrauch und Verkauf seiner Orgon-Kästen untersagte. Alles, was sich in Reichs New Yorker Institut für Orgonforschung fand, wurde wegen Nichtbeachtung des Verbots konfisziert und, einschließlich aller Bücher, verbrannt. Der Erfinder selbst landete im Gefängnis und starb 1957 während der Haft.

Nicht nur die Biographie dieses großen Autoritätsverächters und kompromisslosen Verteidigers der Jugendlichen gegen familiäre und pädagogische Unterdrückung prädestinierte ihn zur Identifikationsfigur der antiautoritären Schüler- und Studentenrevolte, sondern auch die erstaunliche Aktualität seiner Texte. Wie schön waren Reichs vernichtende Verrisse der Kleinfamilie, jener »Fabrik autoritärer Ideologien und konservativer Strukturen«[83] mit dem Vater als einem feigen Duckmäuser, der in der Familie seine »Feldwebelnatur« auslebt. Mit großem Genuss lasen ich und andere von der Vertuschung familiären Unglücks durch Familiensentimentalität im angeblich »trauten Heim«[84]. Dass die Kinder, auf die sich die unausgetragenen Ehekonflikte der Eltern ergießen, für ihre Mutter oft nichts Besseres als »Haushunde« sind, »die man lieben aber auch beliebig quälen kann«[85], sprach vielen aus der Seele.

In Anknüpfung an den frühen und Abgrenzung vom späten Freud geißelt Reich die sexuelle Zurichtung der Kinder in der Familie, leitet Denkhemmung, Kritikunfähigkeit und »die passive, hörige Haltung der kleinbürgerlichen Menschen zu Führergestalten«[86] daraus ab. Jene Untertanenmentalität, die er als »ein Gemisch aus sexueller Impotenz, Hilflosigkeit, Anlehnungsbedürftigkeit, Führersehnsucht, Autoritätsfurcht, Lebensängstlichkeit und Mystizismus« beschreibt. Ein so strukturierter Mensch neigt laut Reichs Analyse zu jener fatalen Mischung aus Rebellentum und Hörigkeit, derer sich die Nazis so erfolgreich zu bedienen wussten. »Die Sexualscheu und Sexualheuchelei«, heißt es in diesem Zusammenhang, »bildet den Kern dessen, was man Spießertum nennt. Derartig strukturierte Menschen sind demokratieunfähig«[87]. Viele erkannten in diesen Spießern die erbärmlichen Angehörigen der eigenen Elterngeneration, die nichts aus der Geschichte gelernt hatten, sondern sich abermals anschickten, ihre Kinder durch preußische Autorität und Sexualverzichtsideologien klein zu halten und zu verdummen, bereit für den nächsten politischen Rattenfänger. So zumindest die Interpretation der zornigen Nachgeborenen.

Die damals vielen so verhasste Kleinfamilie, lernte meine Generation bei Wilhelm Reich, sei kein Schicksal, existierte nicht immer und sei durch etwas anderes zu ersetzen. In Berufung auf Johann Jakob Bachofens *Das Mutterrecht* und Friedrich Engels' *Der Ursprung des Privateigentums, der Familie und des Staates* – ein zur 68er Zeit vielgelesener Text – leitet Reich die patriarchalische Sexualordnung aus dem Niedergang der matriarchalischen Gesellschaft ab. Einziger Zweck von Keuschheits- und Monogamieforderung (vor allem für Frauen), las ich einst staunend bei Engels und Reich, sei die Erhaltung und Vererbung ökonomischen Besitzes, nicht etwa die angeblich höheren Werte, für die die Gatten einander am Altar ewige Treue schwören.

Die These von der Eifersucht als Folge des Besitzdenkens schließlich, geäußert schon im Frühsozialismus, übernommen von Marx/Engels und schließlich Wilhelm Reich, war für viele, die in den späten 1960er Jahren jung waren, herausfordernd und einleuchtend zugleich. Politisch falsch sollte man liegen, wenn man, von Freund oder Freundin betrogen, wütend wurde und auf dem eigenen Vorrecht beharrte? Und trotzdem machte es Sinn, dass »die vom Besitzdenken durchtränkte Sexualmoral es zur Selbstverständlichkeit gemacht« hat, dass der Mann die Frau »besitzt«, während die Frau sich dem Mann »hingibt«. Das Besitzen, heißt es bei Reich weiter, gelte als Ehre, das Sichhingeben als Erniedrigung, eine Moral, bestens geeignet, den Frauen die Lust an der Lust zu verderben: »Und da für die meisten Männer das Besitzen der Frau mehr ein Beweis ihrer Männlichkeit als ein Liebeserlebnis wird, da das Erobern vorher das Lieben nachher übertönt, bekommt diese Scheu der Frauen eine tragische Berechtigung.«[88] Auch das leuchtete ein, vor allem den Frauen.

Einem verbreiteten Missverständnis zuwider hat Reich nie zur Promiskuität aufgefordert. Als Alternative zu Ehe und Monogamie schlug er vielmehr das vor, was er die »sexuelle Dauerbeziehung« nannte. Gesellschaftliche Voraussetzung dafür sei die ökonomische Selbständigkeit der Frau und die Versorgung und Aufzucht der Kinder durch die Gesellschaft. Nur dann könne eine Liebesbeziehung auf freiwilliger Basis monogam sein, lehrte Reich, allerdings nur so lange »wie die sexuelle Übereinstimmung und Befriedigung anhält«[89]. Als beste Voraussetzung für solche Beziehungen nennt er die in der Sowjetunion schon praktizierte »Familienform des Kollektivs nicht blutsverwandter Menschen«[90]. Die kollektive Lebensweise, meinte Reich, eliminiert die zwanghafte Angst vor Liebesverlust, wie sie in der Kleinfamilie durch neurotische Bindung der Kinder an die Eltern entsteht. Eine Idee, die von vielen Familiengeschädigten der späten 1960er Jahre dankbar aufgegriffen wurde.

Den jungen Anhängern der Sex-Pol-Bewegung empfahl deren Gründer auch jene »lockeren, zunächst noch kurz dauernden Sexualbeziehungen«, wie er sie bei proletarischen Jugendlichen beobachtet hatte. Nicht die »lüsterne Gier« erwachsener Lebemänner und Don Juans sei dafür typisch, sondern das »Übersprudeln der reif gewordenen Sinnlichkeit«[91]. Ein utopisches Steckenpferd des Wilhelm Reich war der Südseestamm der Trobriander, deren Leben der Sozialanthropologe Bronisław Malinowski in seinem Werk *Das Geschlechtsleben der Wilden in Nordwestmelanesien* beschrieben hatte. Reich fand darin seine eigene These vom Ödipuskomplex als einem nicht universalen, sondern sozial bedingten Phänomen bestätigt. Er benutzte Malinowskis Feldforschungsmaterial, um eine matriarchalische Gesellschaft zu beschreiben, die, so seine Hypothese, der Sexualunterdrückung noch nicht bedarf. Die Jugendlichen wohnen in einem »Ledigenhaus«, das ihnen Gelegenheit zum Austausch von Zärtlichkeiten und zum sexuellen Experimentieren mit Gleichaltrigen gibt, während die Erwachsenen sich zur sogenannten Paarungsehe auf Zeit zusammen tun. Reich sah darin ein Pendant zur »sexuellen Dauerbeziehung«. Das Trobriander-Idyll bot während der späten 1960er Jahre vor allem politisierten Gymnasiasten reichlich Stoff für schöne Phantasien, mit denen sie ihre sexuelle Unerfahrenheit kompensieren konnten. Artikel über die Trobriander mit Fotos von Südsee-Jugendlichen erschienen in vielen Schülerzeitungen.

Ziel der sozialen Revolution ist für Reich ausdrücklich nicht die Arbeit, sondern »das sexuelle Spiel und Leben in allen seinen Formen vom grob Sinnlichen bis zu den höchsten Sublimationen der Sexualität«[92]. Wie aber müsste dieses sexuelle Spiel aussehen? Reichs drastische Bemerkungen darüber, wie es nicht aussieht, oder wie es in der bürgerlichen Gesellschaft oft zu einer »Fratze«[93] seiner selbst verkommt, imponieren bis heute durch ihre tiefe Menschlichkeit. Dann zum Beispiel, wenn von jenen Männern die Rede ist, die den Penis »als Durchbohrungsorgan« benutzen. Typisch dafür sind laut Reich Offiziere, nationalistische Verbindungsstudenten, zwanghafte Verführer und Männer mit übersteigertem Selbstbewusstsein. Für diese ist der Sexualakt nichts als eine Entleerung, nach deren Vollzug sie sich ekeln. »Solche Typen umarmen nicht die Frau, sie ›vögeln‹ sie. ... Die Frauen wollen nicht ›gevögelt‹ werden.«[94] (Anders als seine Schüler von 1968 war Reich kein Freund der sexuellen Vulgärsprache.)

Was nicht neurotische Frauen und Männer Reichs klinischen Beobachtungen zufolge gleichermaßen als sexuelles Glück erfahren, beschreibt er in *Die Funktion des Orgasmus* so: Der zärtlichen Vorlust folgt das Bedürfnis zum eingesogen werden beim Mann und dem zum einsaugen der Frau. Dieses steigert sich zum Drang des Mannes, »recht tief einzudringen«, ohne Durchbohrungsphantasien allerdings. Dann kommt es zu »linden Friktionen«[95] und gesteigerter, nicht mehr zu regulierender Erregung bis hin zu dem »süßlichen Empfinden«, dem »Abströmen der Erregung vom Genitale«, den »lebhaften Zuckungen der gesamten Körpermuskulatur« und »wohliger körperlicher und seelischer Entspannung«[96]. Einen solchen Orgasmus haben laut Reich nur Menschen, die dank nicht repressiver Erziehung oder geglückter Psychoanalyse zum »genitalen Charakter« gereift sind. Freuds Phasenmodell versteht sein Schüler als so zwingend, dass am Ende nichts anderes als die letzte, die Stufe der Genitalität übrigbleibt. Nur diese reife Genitalität, die alles Prägenitale hinter sich gelassen hat, garantiert dann eine seelische Gesundheit, die durch »soziale Leistungs- und Einordnungsfähigkeit sowie durch vorwiegendes subjektives Wohlbefinden charakterisiert ist«[97].

Dass diese scheinbar so harmonische Lehre von der Sexualität in ihrer strikten Unterscheidung zwischen natürlich und unnatürlich oder gesund und krank Homophobie und Ächtung unkonventioneller Formen von Lust provozieren kann, übersahen die meisten Leser der späten 1960er Jahre. Einer der größten Reichianer Frankfurts beispielsweise war gleichzeitig einer der ersten offen schwulen Männer, lange bevor die neue Schwulenbewegung entstand. Kritik am Paragraphen 175 und Verteidigung der Homosexuellen gegen Schwulenhasser schien, ähnlich wie bei Reich selbst, seiner Vorstellung von der gesunden (Hetero-)Sexualität nicht zu widersprechen. Die große Beliebtheit des beschriebenen Sexualmodells aber scheint mir an seiner Einbettung in Reichs Rousseau'schen Glauben an die ursprüngliche Güte der menschlichen Natur zu liegen: »In der Tiefe des neurotischen Mechanismus, hinter all den gefährlichen, grotesken, vernunftlosen Phantasien und Impulsen fand ich ein Stück einfacher, selbstverständlicher, anständiger Natur. Ich fand sie ausnahmslos bei jedem Kranken, bei dem ich genügend tief vorgedrungen war.«[98]

Anders als der Skeptizismus von Marx, Freud und der Kritischen Theorie war Reichs Glaube an die ursprüngliche Güte von Mensch und Sexualität etwas, woran man sich halten konnte. Umso mehr, als daran eine Moral gekoppelt war, die man der Prüderie und Doppelmoral der 1950er Jahre entgegensetzen konnte, ohne sich als Schwein zu fühlen. Reichs gesunde, schöne, gute und zärtliche Sexualität, die man bei sich selbst und anderen zu finden trachtete, wurde Bestandteil konkreter wie erhoffter Utopie. Manchmal glaubte man das Ideal schon zu erleben. Aber auch, wenn das nicht gelang, konnte man es romantisch idealisieren und sich danach sehnen, ähnlich wie nach der wahren romantischen Liebe sogar, die alles adelt und heilt, und deren Macht man sich getrost überlassen kann.

Als ich im Revoltejahr 1968 noch immer zu Hause wohnte, noch immer nicht wusste, warum ich eigentlich mit meinem Freund schlief, noch immer fürchtete, vielleicht nicht ganz normal zu sein und unsere Beziehung schon stark darunter gelitten hatte, beschloss ich, etwas zu unternehmen. Seit 1967 war ich Zaungast der allsamstäglichen Mitgliederversammlungen des Frankfurter SDS im »Kolbheim«, einem Studentenwohnheim im Frankfurter Westend. Dort trafen sich jene mich tief beeindruckenden jungen Revolutionäre, die glaubten, dass soziale Veränderung hin zu einer egalitären basisdemokratischen Gesellschaft überall gleichzeitig ansetzen müsse, bei sämtlichen Institutionen der Welt, in der man lebte, bis hin zur eigenen Liebesbeziehung. Obwohl bei den Versammlungen mehr vom Krieg in Vietnam und den Notstandsgesetzen die Rede war, wusste ich, dass die SDSler die Trauscheinehe ablehnten und frei liebten, so wie die französischen Existentialisten.

Nach einer SDS-Versammlung sprach ich eine etwas ältere Studentin an, die im Ruf großer sexueller Erfahrung stand. Ich erzählte ihr von meinem sexuellen Problem und bat sie, mir einen Rat zu geben. Die Gefragte, der ich noch heute dankbar bin, informierte mich ausführlich über Sexualtechniken und riet mir, mein Recht auf Genuss einzufordern. Nicht, was mein Freund begehre, solle ich im Bett machen, sondern herausfinden, was mir selbst gefiel. Das sei die Voraussetzung zur Lösung meines Problems. Auf Eifersuchtsdramen könne ich verzichten. Außerdem riet sie, nicht auf einen Mann »fixiert« zu bleiben, sondern mich anderweitig umzutun und Erfahrungen zu sammeln. Am Ende empfahl sie sogar einige SDSler als zärtliche und technisch versierte Liebhaber zum Ausprobieren. Ich verließ meinen Freund und mein Elternhaus, schloss mich einer antiautoritären Universitätsgruppe an, las Adorno, Marcuse, Reich und Marx und begann ein neues Leben.

Das von antiautoritären Linken geprägte Kolbheim, in dem ich jetzt ein Zimmer bewohnte, schien mir etwas von jener Kollektivität und Solidarität zu bieten, die laut Wilhelm Reich oder Friedrich Engels Ehe und Familie ersetzten und schließlich überflüssig machen würde. Man begegnete einander mit einer mir bisher unbekannten Großzügigkeit, Hilfsbereitschaft und Offenheit. Über alles konnte man mit jedem sprechen, über Philosophie, Geschichte und Politik ebenso wie über Probleme mit den Eltern, über Krankheiten oder Depressionen und über Sex. Das stand in starkem Kontrast zu den Gepflogenheiten meiner Familie, in der man nur Verwandten oder Leuten half, denen man »verpflichtet« war und über Persönliches und Problematisches am besten schwieg. Endlich den Heiratserwartungen und latenten Vorwürfen meiner Mutter und meines Freundes entkommen, empfand ich das Leben unter radikalen Linken als große Befreiung. Auch das – im Vergleich zu allem, was ich bisher erlebt hatte – unverkrampfte Verhältnis der Geschlechter zueinander war eine Erleichterung. Die verklemmt erotische Spannung zwischen Mädchen und Jungen, die meine Freundschaften mit Schulkameraden getrübt hatte, war dank der Aufhebung des Sexualverbots und angesichts gemeinsamer politischer Ziele wie weggeblasen. Männer machten keine dreckigen Witze. Frauen untereinander sprachen nicht mehr zwanghaft von ihren heimlichen Lieben oder den reichen Männern, die sie einmal heiraten wollten. Kein Mann schließlich nannte eine Frau einen »Blaustrumpf« oder behauptete, dass Politik nichts für Frauen sei.

Staunend beobachtete ich das freie Sexualleben meiner neuen Freunde. Nach den SDS-Versammlungen begaben sich Mitglieder und Zuhörer einen Stock tiefer in einen engen, fensterlosen Keller, den »Kolbkeller« dessen Wände mit zeitgemäßen Graffiti bedeckt waren. Es gab eine Bar, an der Bier verkauft wurde und Musik von den Beatles, den Stones, den Doors usw. Dort wurde weiter diskutiert, getrunken, Haschisch geraucht und wild getanzt. Dort fanden sich die Paare der Freien Liebe in immer neuen Variationen. Das Grapschen unter den Büstenhalter und der obszöne Männergriff unter den Frauenrock hatten sich erübrigt. Wer vögeln wollte, tat es, wer nicht wollte, musste nicht. Im Morgengrauen standen die, die noch allein waren und es nicht bleiben wollten am Ausgang, wo oft noch schnelle Entscheidungen für eine Liebesnacht getroffen wurden.

Die optimistischen Worte meiner Aufklärerin in den Ohren, startete ich nun mein eigenes Sex-Experiment. Jeden Samstag im »Kolbkeller« fragte ich einen Mann meiner Wahl, ob er mit mir schlafen wolle. Fast alle waren einverstanden, mit den meisten war es besser, als mit meinem Exfreund, und ich erfuhr viel Wissenswertes nicht nur über Sexualität, sondern auch über Menschen. Obwohl ich nicht die unbeschwerte Lust fand, die ich mir erhofft hatte, konnte ich doch zumindest einen Teil der Hemmungen überwinden, mit denen ich geschlagen war und genoss die Freiheit, die ich mir nahm. Immer wieder das zu tun, was meine Mutter am schlimmsten finden würde, welch wohltuend kathartische Erfahrung. Ein gründliches Aufräumen mit den Sexualtabus ebenso wie mit dem Liebesschmalz, dem Zuckerbrot, das man den Frauen gab, um sie in ein traditionelles Hausfrauendasein zu locken. Auch wenn es später immer wieder geleugnet wurde: Viele junge Frauen kämpften damals mit radikalsten Mitteln gegen diese Falle an. In der Tradition von Sozialrevolutionärinnen und Feministinnen wie Alexandra Kollontai und Emma Goldman erklärten sie die Freie Liebe zum Frauenrecht und versuchten, Sexualität zu leben, wie es sonst nur Männer tun. Weder ich noch andere, die das probierten, fühlten sich dabei wie das, was meine Mutter ein Flittchen nannte. Eher verstanden wir uns als Pionierinnen einer anderen Moral, als Botschafterinnen in Sachen Freie Liebe, einer Idee, die ja nicht vom Himmel gefallen war, sondern historische Vorbilder im Frühsozialismus, in bürgerlichen Emanzipationsbewegungen und in der Geschichte der Arbeiterbewegung hatte.

Eine meiner neuen Freundinnen, eine engagierte und hochgebildete Trotzkistin, hatte drei Liebesverhältnisse gleichzeitig. Sie erzählte mir von Alexandra Kollontai, lang bevor Lenins Weggefährtin und Kritikerin mit ihrem großen Einfluss auf die russische Kulturrevolution von linken und feministischen Verlagen ausgegraben wurde. Als ich Kollontais Texte später las, meinte ich, sie schon zu kennen, so einsichtig waren mir die Argumente, mit denen sie die herkömmliche Vorstellung weiblicher Bestimmung verurteilt. Im »Namen der Liebe«, heißt es, werde die Persönlichkeit der Frau vernichtet, um sie ganz auf die ausschließliche Liebe zu Mann und Kindern festzulegen.

Besonders gefiel mir der Begriff »Liebesgefangenschaft«[99], mit dem die emotionale Abhängigkeit von einem Mann mit der dazugehörigen quälenden Eifersucht gemeint ist. Dem gegenüber stehen für Kollontai Beziehungen inmitten der Kämpfe für die Revolution, als Genossinnen und Genossen »ohne große Gefühle« zusammenkamen und sich ohne »Schmerz und Tränen«[100] trennten. Von der »Vielschichtigkeit«[101] nicht monogamer Liebe in der Zeit nach der Revolution spricht sie auch und räumt ein, dass eine Frau sich aus verschiedenen Gründen zu verschiedenen Männern hingezogen fühlen und mit ihnen schlafen kann. Sie müsse sich nicht für einen entscheiden. Und zur Beziehung der Zukunft heißt es fast so verheißungsvoll wie bei Marcuse: »Den Platz der Gefangenschaft der Liebe wird eine beflügelte Lebensfreude einnehmen, die auf gegenseitiger Anerkennung gründet, auf kameradschaftlicher Rücksichtnahme.«[102] Damit wird sich das »Liebespotential« vergrößern, und »Liebe als Solidarität wird als jener Motor wirken, der als Konkurrenz und Eigenliebe die bürgerliche Gesellschaft antrieb«[103].

Wahrscheinlich von solchen Einflüssen beflügelt, überredete meine Freundin mich und ihren Lieblingsliebhaber zu einer Affäre, die wir, wie sie es vorausgesagt hatte, beide genossen. Dies war einer jener unvergesslichen Momente großer Menschlichkeit aus dieser Zeit, denn keiner war und wurde tatsächlich eifersüchtig. Eher selten klappten solche Experimente. Es gab stattdessen Leute, die sich zwangen, vom Nebenzimmer aus die Freundin oder den Freund mit einem oder einer anderen im Bett zu belauschen. Unsäglich litten sie bei solchen Versuchen, sich die Eifersucht abzugewöhnen. Manchmal kam es vor, dass die Freie Liebe der Frauen von unpolitischen, liberalen oder konservativen Männern als Möglichkeit zur kostenlosen Prostitution missverstanden wurde. Oder in unsere Szene verirrte Spießer glaubten, dass eine nicht monogam liebende Frau, wahllos jeden nehmen würde. Sogar ein Student, den ich für ein Wohngemeinschaftsprojekt gewinnen wollte, glaubte, später in der WG ein Recht auf Sex mit allen Mitbewohnerinnen zu haben. Trotzdem ist mir persönlich nie das passiert, was später von feministischer Seite als der große Schandfleck auf der Weste links engagierter Männer angeprangert wurde. Vielleicht hatten bei den Anarchisten, mit denen ich mich bald umgab, die Frauen einen höheren Status als in anderen Kreisen. Vielleicht hatte die Weiberrevolte im SDS, von der es später zu berichten gilt, schon auf das Leben der Linksradikalen Frankfurts eingewirkt, als ich zu ihnen stieß. Nie jedenfalls hat ein politisch bewusster Mann mich sexuell unter Druck gesetzt, nie einer etwas gesagt wie: »Wenn du nicht mit mir schläfst, bist du nicht emanzipiert«. Zwang war ebenso verpönt wie Abhängigkeit und Unterordnung. Nur auf dem Boden vollständiger Freiwilligkeit, glaubte man, könne das Glück einer besseren Zukunft entstehen.

Da konsequente Antiautoritäre Friedrich Engels *Ursprung der Familie* so ernst nahmen wie einst Wilhelm Reich und Alexandra

Kollontai, hielt man die bürgerliche Ehe für obsolet, glaubte, dass sie sich wie die Familie in einer sozialistischen Gesellschaft erübrigen werde. Nicht zu heiraten, weder kirchlicher noch staatlicher Autorität Einfluss auf persönliche Entscheidungen zu erlauben und sich zu trennen, wenn man nicht mehr glücklich miteinander war, waren die einzigen Grundsätze in Bezug auf Liebesbeziehungen. Über deren erstrebenswerte Form allerdings konnte man nächtelang streiten. Sich selbstgenügende, offene oder halb offene Beziehungen, Dreiecks- und Vierecksverhältnisse, Phasen von Promiskuität oder Gruppensex-Experimente, nichts wurde verurteilt. Die Parole »Wer zweimal mit derselben pennt, gehört schon zum Establishment« war eher eine Sache der *Bildzeitung*, als ein Credo radikaler Linker. Und das »Rudelbumsen« im Kommunebett, nach dem geile Biedermänner, wenn sie einmal mit Unsereinem redeten, zwanghaft fragten, entsprach mehr deren Phantasie als dem Alltag überzeugter Kulturrevolutionäre. Promiskuität galt nicht als Langzeitlösung, und überhaupt ging es nicht so karnickelmäßig zu, wie es sich Außenstehende oft vorstellten.

Ich glaube auch nicht, dass wie in letzter Zeit oft behauptet, junge BRD-Deutsche verbissener oder gar wütender herumgevögelt haben als junge Tabubrecher anderer Länder. Sie mögen als Kinder der Nazigeneration mehr auf die Familie eingeschlagen haben, ihre generelle und sexualunterdrückerische Bedeutung bei der Entstehung des Faschismus überschätzt und dämonisiert haben. Die Freie Liebe aber und das dazugehörige positiv besetzte Bild frei ausgelebter Sexualität war in diesen Jahren ein internationales Phänomen. In Paris begann die Mai-Revolte bekanntlich mit der Besetzung des Studentinnenhauses zwecks Aufhebung der Geschlechtertrennung. Vorausgegangen war eine Kampagne sexueller Aufklärung unter Berufung auf Wilhelm Reich. In Italien gab es reichianisch orientierte Gruppen und Wohngemeinschaften, und in London trieben es die Hippies bekanntlich am liebsten im Park. Vorläufer der Woodstock-Blumenkinder, wie sie auf dem unvergesslichen Rasenfoto mit dem in eine Decke gehüllten Liebespaar zu sehen waren. Und welcher auch nur liberal gesinnte junge Mensch der 1960er und 1970er Jahre hätte sich nicht mit der 1967 bei einer der großen amerikanischen Demonstrationen gegen den Vietnamkrieg geprägten Parole »Make love, not war« identifizieren können?

All das entsprach einer Zeit, begünstigt noch immer vom ökonomischen Wohlstand der Industrienationen, aber gleichzeitig inspiriert von sozialem Aufbruch und politischer Hoffnung. Mehr und mehr Ländern der Dritten Welt gelang die Befreiung vom Kolonialismus. Beeindruckt von der Zähigkeit ihrer Befreiungsbewegungen, der Disziplin und dem revolutionären Elan ihrer siegreichen Kämpfer, erhoffte sich die Neue Linke davon eine Erneuerung, die der sozialen Revolution im Westen wieder eine Chance geben könnte. Die amerikanischen Gegner des Krieges in Vietnam hatten, obwohl ihre Aktionen jahrelang von den Medien totgeschwiegen wurden, eine der größten Friedensbewegungen der Geschichte geschaffen. Studenten demonstrierten weltweit gegen diesen Krieg und die Missstände ihrer eigenen Länder. In Japan hielten sie monatelang mehrere Universitäten besetzt. In Frankreich wäre im Zuge der Mai-Revolte von 1968 fast de Gaulle gestürzt worden. Und in der BRD reichte der Protest gegen die Notstandsgesetze bis weit in bürgerliche Kreise und mobilisierte die Gewerkschaften. CDU und CSU verloren an Boden. Viel hatte sich in kurzer Zeit verändert, mehr würde sich bald ändern, konnte man glauben. Zeitgefühl und Menschenbild waren optimistisch und oft von jener Illusion verschönt, die leicht zur Annahme einer ursprünglich anständigen Natur des Menschen führt, wie sie Wilhelm Reich bei seinen Patienten gefunden zu haben glaubte. Zur Ideologie von der guten Natur des Menschen gehört die von der Natur seiner Sexualität: Der unverdorbene »gute Wilde« muss demnach auch sexuell gut sein. Vergewaltigung und Sexualverbrechen sind ihm fremd. Der Revolutionär für eine bessere Gesellschaft ist auf dem besten Weg, sich so zu entwickeln. Und der Mensch einer neuen, besseren Welt der Zukunft wird die allgemeine und sexuelle Güte des Naturmenschen noch übertreffen.

Diesem Zeitgefühl vorauseilend drehten Louis Malle und Jean-

Claude Carrière ihre Westernsatire *Viva Maria!*, die 1966 in die bundesdeutschen Kinos kam. Ein Film, der in der BRD unzählige Linke inspirierte, vom Berliner Studentenpolitiker Rudi Dutschke über den Kommune-Gründer Dieter Kunzelmann bis hin zu Dieter Bott, der die Sexuelle Revolution nach Homberg an der Efze gebracht hatte. Der Film zeigt die damals berühmtesten Filmschauspielerinnen Frankreichs, Brigitte Bardot und Jeanne Moreau, in einem fiktiven lateinamerikanischen Land des Jahres 1907. Sie sind beide auf dem Höhepunkt ihrer Schönheit, tragen märchenhaft schöne Kostüme und heißen beide Maria. Maria I ist die Tochter eines irischen Nationalrevolutionärs, der sie als Scharfschützin und Sprengmeisterin ausgebildet hat. Nach dem Tod des Vaters in einer Schießerei mit den Engländern flieht sie nach Zentralamerika, findet Unterschlupf und Arbeit bei einem französischen Zirkus. Zusammen mit Maria II, einer Schauspielerin, tritt sie als Sängerin und Striptease-Tänzerin auf.

Die Freiheit des Zirkuslebens lässt Maria I zur hemmungslosen Genießerin werden. In jeder Stadt, in der der Zirkus halt macht, sucht sie sich Liebhaber, schläft mit jedem, der ihr gefällt, und schreibt seinen Namen an eine Wand des Zirkuswagens, die sie mit einem Vorhang verdeckt hält. Verblüfft starrte ich auf Marias Liste, als ich den Film unlängst zum ersten Mal sah. Tatsächlich hatte auch ich während meiner promiskuösen Phase eine »Fickliste« angelegt und in der Schreibtischschublade aufbewahrt. Die Zirkuskünstler geraten zwischen die Fronten der Revolution des Phantasielandes und werden zusammen mit aufständischen Landarbeitern verhaftet. Maria II verliebt sich in deren Anführer, der an ein Joch gekettet und eingesperrt wird. Der stärkste der Zirkusakrobaten, ein Deutscher, verbiegt die Gitterstäbe des Kerkers, so dass Maria den Revolutionär küssen und oral befriedigen kann.

Dank der Schieß- und Sprengkünste der Maria I können sich die Gefangenen befreien. Der Liebhaber von Maria II wird auf der Flucht verwundet und sterbend in sein Dorf gebracht. Sie schwört, an seiner Stelle für die Revolution zu kämpfen und agitiert in einer flammenden Rede die Dorfbewohner. Angeführt von den beiden Marias, die vom einfachen Volk als eine Art Doppelmadonna verehrt werden, zieht die Truppe weiter. Am Ende siegen die Guten gegen die Bösen und mit ihnen die Revolution. Der Film vermittelt eine überwältigende Sinnlichkeit und Lebensfreude, die, verbunden mit der Revolutionsromantik, seinerzeit wie Sprengstoff gewirkt haben muss. Zitate aus Darstellungen der Französischen Revolution, die scheinbare Überweiblichkeit der Protagonistinnen – Lügen gestraft durch ihre (männliche) Kompetenz und Stärke –, und vor allem die Leichtigkeit und Ironie, mit der Revolution, Liebe und Sex verschmolzen werden, boten reichliches Identifikationsmaterial.

Während Dieter Kunzelmann, wenn man seinen Memoiren glauben darf, sich nach dem *Viva-Maria!*-Kinobesuch zur Unterstützung der Guerillabewegungen der Drittweltländer motiviert fühlte, verdankte Dieter Bott dem Kultfilm eher Anregungen für seine ironisch-satirischen Aktionen und Initiativen. Der Kulturrevolutionär mit seinem Hang zu Happening und Provokation war im SDS ein Außenseiter. Er exponierte sich nicht nur als bedingungsloser Antiautoritärer und erklärter Gegner der Traditionalisten und entstehenden K-Gruppen, sondern auch als nicht militanter, pazifistisch gesinnter »Feigling« und Verächter aller Männertugenden. Trotzdem genoss Bott, nicht zuletzt wegen der Medienwirksamkeit seiner Aktionen, einiges Ansehen.

Im April 1968 hatte Frankfurt die ersten gewalttätigen Zusammenstöße von Demonstranten mit der Polizei erlebt. Studenten hatten die Societäts-Druckerei in der Mainzer Landstraße belagert, weil man der *Bildzeitung*, die dort produziert wurde, die Schuld am Attentat auf Rudi Dutschke gab. Die Polizei hatte mit bislang ungekannter Brutalität reagiert. Nicht viel später fuhr Dieter Bott nach Mühlheim bei Offenbach, um in der dortigen Polizeischule mit einer Gruppe künftiger Staatsschützer zu diskutieren. Er glaubte, dass die auszubildenden Jungpolizisten, eingesperrt in die zu ihrer Schule gehörende Kaserne, keine Möglichkeiten hätten, ungestört mit ihren Freundinnen zu schlafen. »Ein

Polizeibeamter, der kaserniert und in Abstinenz lebt, muß ja bei seinen Einsätzen die angestaute Kraft entladen. Die Polizeibeamten verlieren bei Demonstrationen die Nerven, weil sie sexuell nicht ausgeglichen sind.«[104] Bott erntete damit einen Lacherfolg, und ein Polizeikommissar klärte ihn darüber auf, dass die jungen Kollegen nach Dienstschluss tun und lassen könnten, was sie wollten. Erst am Morgen müssten sie wieder in der Kaserne sein. Ein Polizeischüler kam später auf den SDS-Vertreter zu und erzählte ihm stolz von einem SDS-Arbeitskreis, den er mit gleichgesinnten Kollegen eingerichtet habe.

Anknüpfend an die schon in der Homberger Graffiti-Aktion und in den Sitzungen der Gegenschule formulierte Kritik am schulischen Sportunterricht gründete Dieter Bott ein Jahr später in Frankfurt das Anti-Olympia-Komitee (AOK). »Lust statt Leistung« und »Vögeln statt turnen« waren die Leitsprüche. Heftige Abneigung gegen Sport jeglicher Art war für meine Generation typisch. Viele unserer Sportlehrer gestalteten ihren Unterricht in ungebrochen preußischer beziehungsweise faschistischer Tradition. Paramilitärisches in der Reihe stehen, Appelle an Mut und Körperdisziplin, Durchhalteparolen und das Ausspielen der »Sportskanonen« gegen »Hänflinge« und »Drückeberger« gehörten dazu. Die kritische Jugend reagierte darauf mit einer oft extremen Gegenhaltung. Fußballspiele zu verfolgen oder die Sportschau im Fernsehen zu sehen war unter Linken bis zur Mitte der 1970er Jahre verpönt, und individuelle Sportbetätigung stand unter dem Verdacht nazihafter Körperertüchtigung und sexueller Ersatzbefriedigung. Einen im Sportstudio trainierten Körper hätte man als lächerlich empfunden.

Das AOK verglich die zu erwartende Olympiade in München mit der von 1936 in Berlin und plante als Alternative ein internationales Gammler-und-Faulenzer-Festival in der Lüneburger Heide. Zeitgleich mit den Münchener Jugendspielen sollte sich auch dort die Jugend der Welt treffen, nicht um Wettkämpfe auszutragen, sondern um des schieren Vergnügens willen, in lustvoller Opposition gegen das Konkurrenzdenken. Sackhüpfen und »Wettpennen« hätten die olympischen Disziplinen ersetzt, wenn es zu dem geplanten Festival gekommen wäre. Bis auf die satirische Aktion eines Wettpennens in der Kasseler Innenstadt als Parodie auf den Hochleistungswahn aber blieb das AOK eine ideologiekritische Kampagne gegen Leistungsprinzip und Sexualunterdrückung. »Sowohl im Leistungssport als auch bei sportlichen Jedermannsübungen erfährt der Körper eine Interpretation, die auf Zurückweisung unerwünschter Triebregungen abzielt ... Triebregungen, die sich nicht umstandslos den Ansprüchen nach Disziplin und Leistung einfügen lassen.«[105] Anders als eine Londoner Provo-Initiative von 1967, die vorgeschlagen hatte, den Geschlechtsakt zur olympischen Disziplin zu erklären, verwahrte sich das AOK gegen jeden sexuellen Leistungsdruck. »Vögeln statt Turnen« werde erst dann zur Alternative, erklärte Dieter Bott, »wenn Sexualität sich vom Leistungsprinzip befreit«. Um das zu erreichen, bedürfe es der »revolutionären Anstrengung«[106], nicht etwa der sexuellen.

Ein Sympathisant des Anti-Olympischen Komitees war Günter Amendt, ein SDSler mit Prominentenstatus. Er war seit Anfang der 1960er Jahre bei den Kriegsdienstverweigerern engagiert. Antimilitarismus und sexuelle Emanzipation gehörten für ihn zusammen, und auch er war ein Anti-Macho. Mit langen, stets gutgepflegten Haaren und einer entfernt an Bob Dylan erinnernden Erscheinung glich Amendt mehr einem Dandy oder Rock-Musiker als einem typischen SDSler. Zwei in Kalifornien verbrachte Jahre hatten in ihm die Begeisterung für Pop- und Undergroundkultur geweckt, und Bob Dylan war sein persönlicher Freund geworden. Amendt war schwul und machte keinen Hehl daraus. Seit 1969 sah man ihn jeden Abend mit seiner partyfreudigen Clique, zu der auch der bekannte Pop-Künstler Alfred von Meysenbug gehörte, in einer Frankfurter Kneipe mit Tanzraum namens *Aquarius*. Dieses Lokal, dessen Betreiber als letztes Lied immer den friedensverheißenden »Aquarius«-Song aus dem Musical *Hair* spielte, galt als Paradies der Freien Liebe. Sex-Avantgardisten der politischen oder hippiegeprägten Art verkehrten dort und auch die ersten offen schwulen Männer der Stadt.

1970 veröffentlichte Amendt *Sexfront*, das erste links orientierte Aufklärungsbuch der BRD. Dieses Buch, ausdrücklich für unverheiratete junge Menschen geschrieben, war für die noch immer einflussreichen Moralapostel und Jugendschützer eine der größten Provokationen dieser Jahre. Übergroß prangt das Wort *Sexfront* auf dem Cover. Das erste Kapitel beginnt mit einer Satire auf einen katholischen Leitfaden zur sexuellen Aufklärung in altdeutscher Schrift mit Ratschlägen wie folgendem: »Es kommt jetzt darauf an, dem jugendlichen Drängen möglichst lockere Zügel zu lassen, Knaben und Mädchen selbst der Entdeckerfreude teilhaftig werden zu lassen.«[107] Der Band ist reichlich und farbenfroh illustriert mit kindlich-pornographischen Zeichnungen, Fotos erigierter Penisse, Pop-Comics und erotisch-psychodelischen Graphiken. Als Gipfel der Unmoral galt den Kritikern das ganzseitige Farbfoto einer nackten jungen Schönheit mit leicht gespreizten Beinen, das von einem ebenso großen Detailfoto ihrer »Möse« ergänzt wird. Nicht von Vagina und Penis ist in der *Sexfront* mehr die Rede, sondern von Möse und Schwanz, vom Vögeln und vom Ficken. Die »schweinischen« Wörter der »Gossensprache«, von der antiautoritären Linken rehabilitiert, erschienen zum ersten Mal in gedruckter Form, und einer der wenigen nicht empörten Rezensenten feierte Amendt dafür als einen »neuen Luther«.

Das einstige Skandalbuch beginnt mit Informationen zur kindlichen Sexualität, von der Säuglingsonanie bis zu den »Doktorspielen«. Letztere werden ungeniert realistisch beschrieben und mit einem Foto dreier nackter Kinder illustriert, eines davon mit deutlich sichtbarer Erektion. Danach behandelt Amendt die Phänomene der Pubertät, landet einen Vernichtungsschlag gegen die Masturbationsverbieter und empfiehlt den Jungen, es so oft zu tun, wie es gefällt. Den Mädchen rät er, ihnen in nichts nachzustehen, erklärt wo an der »Möse«, was sitzt und was man damit selbst machen kann. »Mädchen müssen ... lernen, daß Ihr Körper nicht zu begreifen ist als Gegenstand für die Begierde des Mannes, sondern zunächst als Quelle eigener Lust.«[108] In diesem Zusammenhang wird auch die Erziehung der Mädchen zu genereller und sexueller

Passivität und Unterordnung an den Pranger gestellt, ebenso wie die des Jungen zum Eroberer und »sexuellen Aktivisten«. Über das Verhältnis der beiden zueinander heißt es kategorisch: »Einen Kampf der Geschlechter, von dem oft geredet wird, hat es bisher nicht gegeben. Es waren immer nur Scheingefechte, bei denen der Sieger und der Unterlegene von Anfang an feststanden. Unterlegen war immer die Frau. Deshalb liegt sie auch unten.«[109]

Amendt war weder Reichianer noch Marcusianer. Bei ihm gab es weder reife Genitalität noch die Feier der Partialtriebe. Vielmehr bezieht er sich wie Kolle vor allem auf den Kinsey-Report. Praktische Ratschläge zum Sexualgenuss und zur Schwangerschaftsverhütung unterscheiden sich oft nicht allzu sehr von dem, was das *Wunder der Liebe* vermittelt. Herangehensweise und Sprache aber sind – himmelweit entfernt von Kolles Mischung aus Predigerton und Übersachlichkeit – provokant und hedonistisch zugleich. Satire, Ironie und Humor geben dem Buch jene Leichtigkeit, die für den verbalen Umgang mit Sexualität in der antiautoritären Linken typisch war. »Mit der Zunge den Kitzler lecken? Sich festsaugen zwischen den Beinen des Mädchens? Den Schwanz in den Mund nehmen? Lutschen, Blasen, Suckeln? Natürlich! … Und Schlucken? Klar, wer Durst hat!«[110]

Wie Kolle warnt Amendt vor dem Coitus interruptus, erklärt, wie man Kondome benutzt und empfiehlt als bestes Verhütungsmittel die Pille. Minderjährigen und Unverheirateten rät er, sich beim ASTA der nächsten Universität oder einer SDS-Gruppe Adressen toleranter Ärzte fürs Verschreiben der Pille zu holen. Und immer wieder warnt er vor dem Risiko versäumter Verhütung: »Wäre Gretchens Tragödie zu vermeiden gewesen, wenn der geile Faust anstatt mit einem Zaubertrunk mit Verhütungsmitteln experimentiert hätte?«[111] Anders als bei Kolle erfährt man bei Amendt, was es im Fall einer erworbenen Geschlechtskrankheit zu tun gilt, und wie Jugendliche mit kleinen Notlügen unangenehme Fragen der Eltern vermeiden können. Erst bei den Themen Impotenz und Frigidität offenbart sich die Diskrepanz zwischen Sexualreform und Sexueller Revolution. Als mögliche Ursache nämlich gilt in beiden Fällen eine Ehe, die Menschen zusammenhält, obwohl sie sexuell nicht zueinander passen.

Er gehe davon aus, schreibt Amendt, dass sich die Leser der *Sexfront* »einen Dreck um Ehe, Standesamt und Traualtar kümmern, wenn sie sich entschließen, es miteinander zu treiben.« Die verhasste Institution selbst nennt er einen »unauflösbaren Teufelskreis sexueller Verelendung« oder eine »freiwillige Amputation sexueller Bedürfnisse«[112]. In sozialistischer Tradition geht er von der ursprünglich utilitaristischen Natur des Monogamieversprechens aus, als einem Vertrag zur Klärung von Besitzverhältnissen, der die beteiligten Individuen entmündigt: »In der Ehe übernimmt niemand Verantwortung, der Vertrag nimmt sie ab.«[113] Drastisch schildert Amendt dann, was sich die Partner bei der Scheidung antun: wie beide versuchen, den anderen ins Unrecht zu setzen, wie sie ihr Wissen über ihre jeweiligen Schwächen gegeneinander verwenden und wie »jetzt alles ausgetratscht, öffentlich und lächerlich gemacht« wird, zur »großen Zeit der Auf- und Endabrechnung«[114].

Amendts Endabrechnung mit der Ehe gipfelt in der Schelte seiner Konkurrenten, der bürgerlichen Sexualbefreier, die auf der Sexwelle schwimmen. Er spricht von einer »breiten Front« vom Familienministerium über bestimmte Trend-Zeitschriften bis hin zu Kolles Büchern und Filmen und Beate Uhses »Institut für Ehehygiene«. Eine Front, »die keine andere Aufgabe hat, als die Einrichtung der Ehe zu rechtfertigen und zu retten«[115]. Vernichtend ist die Kritik an Uhses konsumeristischer Propagierung ziselierter oder gezackter Präservative, teurer Intimsprays, von Büchern zur »ungezügelten Genusssucht der Orientalen« oder dem »ausschweifenden Geschlechtsleben der Mohammedaner«[116]. All das, unter Ausschluss von Jugendlichen natürlich, »für Männer, die gern siegen und Frauen, die sich gern besiegen lassen«[117]. Die entsprechende Reizwäsche stammt, so Amendt, aus den Bordellen des 19. Jahrhunderts, so dass »die Verführungskünste der mittelständischen Ehefrau aufs Nuttenniveau gehoben«[118] werden. Ein zynischer Fotoroman über ein junges Vorstadtpaar illustriert diese Polemik.

Man sieht ihn – Anzug, Schlips und Scheitelfrisur – zur Arbeit gehen, während sie verbissen die Wohnung putzt, mit Raumspray auffrischt, ihre Schlankheitspillen schluckt und das Intimspray anwendet. Nach Feierabend wird das Paar beim konsumabhängigen Sex mit Hilfsmitteln aus den Beate-Uhse-Läden gezeigt, vom brustwarzenfreien BH bis zu Dildos verschiedenster Machart.

Alternative zur Ehe ist bei Amendt die freiwillige Bindung auf Zeit. Aber auch »kurzfristige Bedürfnisse sexueller Lust« sollen nicht »als lieblos verleumdet«[119] werden. Nicht besser als die Ehe kommt die Familie weg, deren Entstehen Amendt frei nach Engels aus den kapitalistischen Notwendigkeiten ableitet. Wie Wilhelm Reich, Erich Fromm und andere beschreibt auch Amendt den ewigen Kreislauf des Weitergebens autoritärer Abhängigkeit. Der Familienvater gibt sie vom Vorgesetzten an seine Familie weiter und diese an die nächste Generation. Dagegen stehen Wohngemeinschaften oder Kommunen. Lebensformen, die laut Amendt »den sexuellen Bedürfnissen entsprechen«, indem sie »Ausschließlichkeit und nestbauende Zweisamkeit«[120] der Ehe überwinden und die Frau von ihrer »traditionellen Dienstmädchenfunktion«[121] befreien.

Trotz ihrer radikalen Ablehnung von Ehe und Familie provozierte *Sexfront* Kritik von links. Der Adornos Warnung gegen ein richtiges Leben im falschen verpflichtete Dieter Bott zum Beispiel warf Amendt verkappten Reformismus und »falsche Unmittelbarkeit« vor. Er versäume es, so Bott, »die Illusion zu zerbrechen, spontane Beziehungen wären in einer warenproduzierenden Gesellschaft möglich«[122]. Amendt selbst relativierte den Wert seines Buches schon kurz nach dem Erscheinen. Es solle nicht zu den Texten gehören, sagte er auf einer politischen Veranstaltung in Frankfurt, die man proletarischen Jugendlichen zur Schulung geben sollte. Es sei nur ein »ganz simples Mittel zur Regulierung von Grundbedürfnissen«[123].

Beim heutigen Lesen des einstigen Sexschockers gefallen mir am besten die acht Seiten über Homosexualität, ein damals selbst in der Linken noch ziemlich unterbelichtetes Thema. Der Abschnitt beginnt mit der lapidaren Feststellung, dass die Schwierigkeiten, auf die jeder nach freier Sexualbetätigung strebende Jugendliche stößt, für den schwulen noch weit größer sind. Pragmatisch informiert der Autor dann zunächst über »einschlägige« Bars im »Homosexuellen-Untergrund«, deren Adressen man an jedem Taxistand erfahren könne. Trotzdem mag er diese Orte nicht empfehlen, sondern vergleicht sie mit einem »Liebesmarkt«, auf dem es hektisch wie an der Börse zugeht, wo »die Zeichen auf Kampf gestellt«[124] sind, und wo sich schon 17-Jährige vor dem Alter fürchten. Jungen Schwulen rät Amendt eher, in Discotheken oder Beatclubs Anschluss zu suchen. Wahrscheinlich hat er dabei an das Frankfurter »Aquarius« gedacht, wo das tatsächlich möglich war.

Amendt warnt vor dem naiven Glauben, dass sich mit der Teilabschaffung des Paragraphen 175 im Jahr 1969 alles geändert habe. Das gesunde Volksempfinden, fürchtet er, werde auch ohne Gesetz weiter sein Unwesen treiben und benennt eins der übelsten Gerüchte über Schwule: Das Schreckgespenst von der homosexuellen »Verführung«, die ein älterer Mann an einem Knaben begeht. Der Verführte, so glaubten damals viele, würde dadurch schwul werden, sich anstecken sozusagen, und für immer schwul bleiben. Wenn ein erwachsener Mann mit einem jüngeren ins Bett gehe, kontert Amendt, dann könne der jüngere, wenn er dabei bleiben wolle, froh sein, den richtigen Weg gefunden zu haben. Falls er, wie im häufigeren Fall, nicht dabei bleibe, entstehe kein Schaden, sondern die gleichgeschlechtliche Erfahrung erweitere seine »sinnlich-sexuellen Möglichkeiten«[125].

Kommune I, ihr Todfeind und der Klassenkampf

Die, die es mit der Erweiterung der sinnlich-sexuellen Möglichkeiten am ernstesten meinten, die ungeduldigsten der Revolutionäre im Lande sahen sich im Jahr 1966 zusammen den *Viva Maria!*-Film an. Es waren die künftigen Gründer der Berliner Kommune I, ursprünglich nicht dem SDS, sondern der anarchistisch beeinflussten »Subversiven Aktion« entstammend. »Wie betäubt«, seien sie aus dem Kino gekommen, erinnert sich Dieter Kunzelmann, jeder mit derselben »Erleuchtung«. In dieser Stimmung gingen sie in ihre Lieblingskneipe, das *Aschinger* und gründeten die »Gruppe Viva Maria« nach dem Motto »Revolution muß Spaß machen«. Eine Provokation nicht nur für den Spießer, sondern auch für die traditionellen Linken im SDS, die »Krawattenmarxisten und Gewerkschaftsberater«[126], wie Dieter Kunzelmann sie in seinen Memoiren nennt.

Die Kommune-Idee lag in der Luft. Nicht viel später bei einer von Kunzelmann einberufenen Konferenz mit SDS-Prominenten referierte Rudi Dutschke über die Pariser Kommune. Deren radikalste Mitglieder wollten, so seine Interpretation, über die »Selbstverwaltung der Stadt« hinaus zur »Selbstverwaltung der Menschen« schreiten. Bernd Rabehl sprach über linksabweichlerische russische Revolutionäre wie Alexandra Kollontai. Kunzelmann selbst plädierte für die »Entwurzelung« der Revolutionäre aus ihren bürgerlichen Sicherheitszusammenhängen einschließlich ihrer Zweierbeziehungen. Stattdessen schlug er die Kommune oder – einem frühsozialistischen Wortgebrauch folgend – die Kohorte, als »neue Form des Zusammenlebens, Zusammenarbeitens und politischen Einmischens«[127] vor. Kunzelmann berief sich damit auf den Utopisten Charles Fourier, einem Philosophen des Frühsozialismus, für den sich schon die surrealistischen und situationistischen Vorläufer des Antiautoritarismus interessiert hatten. *Die neue Liebeswelt* hieß eines seiner Bücher.

Fourier, der radikalste und gleichzeitig phantastischste der sozialen Visionäre des 19. Jahrhunderts, geht von der »leidenschaftlichen Anziehung« der Menschen als dem Movens einer künftigen Gesellschaft aus, in der universelle soziale und individuelle Harmonie herrschen werde. Er hält die sexuelle Befreiung für eine Voraussetzung für soziale Veränderung, und in seiner Utopie wird die sinnliche Freude der Menschen Hauptziel des Lebens und Hauptbeschäftigung sein. Täglich finden erotische Feste und zärtliche sexuelle Orgien statt, und sogar der Arbeitsprozess wird in den Pausen durch sexuellen Genuss versüßt. Es gibt unterschiedlichste Beziehungsformen und Sexualpraktiken, die, wenn richtig eingesetzt, dem Wohle aller dienen werden. Eine davon ist die gleichgeschlechtliche Liebe. Fourier, selbst schwul, bekannte sich zu einer Vorliebe für Lesbierinnen. Lange vor Magnus Hirschfeld sprach er von einem dritten, hermaphroditischen Geschlecht. Sogar an die Hässlichen und Alten denkt der Utopist, denn in der künftigen Gesellschaft wird keiner leer ausgehen. Die »barmherzigen Schwestern«, eine Art sozialer Sexarbeiterinnen, sollen dafür sorgen.

Als Apologet aller sexuellen Bedürfnisse und Eigenheiten antizipierte Fourier Freud. Als Verkünder einer auf erotischen Genuss ausgerichteten Gesellschaft ging er Reich und Marcuse voraus. Als Kritiker der herkömmlichen Geschlechterrollen war er der Erste, der Freiheit und Rechte der Frauen zum Gradmesser des sozialen Fortschritts erklärte und die Ehe zu einer die Frauen entwürdigenden Institution. Alle frühen Feministinnen bis hin zur russisch-amerikanischen Anarchistin Emma Goldman, die die Ehe als legale Form der Prostitution betrachteten, folgten mit diesem Ketzergedanken Charles Fourier. Der hatte das zu verheiratende Mädchen als eine »Ware« bezeichnet, »jedem feilgeboten, der ihren Erwerb und Alleinbesitz aushandeln will«[128]. Vernichtender noch als zur Ehe äußerte sich der Utopist über die Familie, die er als Instanz sozialer Isolation für eines der Hauptübel der Gesellschaft seiner Zeit hielt. Als größter Optimist aller Frühsozialisten schließlich verhieß er für die radikale Umgestaltung der Gesellschaft eine große Belohnung. Die Natur selbst, verkündete er, werde dem Menschen dafür danken, indem sie das salzige Meer in köstliche Limonade verwandeln werde und gefährliche Tiger und Löwen in menschenfreundliche, schnelle Reittiere.

Tatsächlich war Fourier eine Quelle der Inspiration für alle Sozialisten, die individuelle und politische Emanzipationsziele miteinander verbanden. Diese Ahnenreihe beginnt mit Fouriers eigenen Schülern und denen seines Konkurrenten Henri de Saint-

Simon. Über die russischen Nihilisten, die Anarchisten des 19. und frühen 20. Jahrhunderts und die Gestalter der russischen Kulturrevolution führt sie bis hin zur Neuen Linken. Nicht zufällig hatte Marcuse Fouriers Namen beim Vietnamkongress genannt, als er auf die Möglichkeit einer Annäherung von Arbeit und Spiel verwies. Adorno, der 1966 Fouriers *Theorie der vier Bewegungen* herausgegeben hatte, erwähnte den Utopisten in seinem Aufsatz zur »Erziehung nach Auschwitz«. Er sprach darin von jener wahrscheinlich noch nie da gewesenen menschlichen »Wärme«, die erst möglich werde, »wenn die Triebe der Menschen nicht länger unterdrückt sind, sondern erfüllt und freigegeben«[129]. Kunzelmanns Erstformulierung seiner eigenen Glücksutopie schließlich lässt keinen Zweifel an ihrer Herkunft: »Da in der Gesellschaft der Kohorten als Frevler angesehen wird, wer Lust, Klarheit oder Glück seiner selbst oder des anderen trübt, gilt das Hauptgebot der zärtlichen Liebe.«[130]

Vor 1967 gab es in der BRD keine Wohngemeinschaften, das Zusammenleben einer nicht familiären Menschengruppe war undenkbar. Nicht einmal unverheiratete Paare oder gleichgeschlechtliche Freundespaare konnten eine Wohnung finden, wenn sie zusammenziehen wollten. Studenten lebten mit den Eltern oder zur Untermiete bei schnüffelnden Zimmerwirtinnen, die Damen- oder Herrenbesuch untersagten, oder in Wohnheimen mit winzigen Zimmern. Noch Mitte der 1970er Jahre unterschrieb ich zusammen mit einem schwulen Freund einen Mietvertrag, der uns darauf verpflichten sollte, binnen eines halben Jahres zu heiraten. Den dritten Mitbewohner hatten wir unterschlagen, um ihn später als Gast auszugeben. Eine andere Dreier-WG konnte erst dann eine Wohnung mieten, als das verheiratete Paar die mit einziehende Freundin zum Dienstmädchen erklärte. Die erste selbstgemietete Wohnung der KI (Kommune I), der ersten Wohngemeinschaft im Lande, fand sich also nicht zufällig im Berliner Rotlichtbezirk, in einem Haus mit mehreren Bordellen. Und gleich nach Unterzeichnung des Mietvertrags begann die Polizei wegen Verdachts auf Kuppelei gegen alle Kommune-Mitglieder zu ermitteln.

Kurz bevor die KI zur Praxis schritt betonte ihr intellektueller Sprecher Dieter Kunzelmann noch einmal die Doppelfunktion des avantgardistischen Wohnmodells. Nur dann könne die Kommune »systemsprengende Praxis nach außen initiieren«, wenn sie nach innen vorwegnähme, »was Menschsein in emanzipierter Gesellschaft beinhalten könnte«[131]. Ganz ähnlich hatte Michail Bakunin, der Gründer des sozialen Anarchismus, von der Internationale der Arbeiter erwartet, als »Embryo« der künftigen Gesellschaft, »schon von jetzt an das treue Bild unserer Grundsätze von Freiheit und Föderation zu sein«[132]. Er stieß damit bei den marxistischen Genossen auf ebenso viel Misstrauen wie die Berliner KI-Gründer bei denen, die im SDS damals das Sagen hatten.

Im Februar 1967 zogen drei junge Frauen, fünf Männer und ein Kind zusammen. In wechselnder Besetzung lebte die Kommune I getaufte Gruppe zunächst im Atelier des Schriftstellers Uwe Johnson, später in einer Wohnung am Stuttgarter Platz und gegen Ende ihres Bestehens in einer Fabrik in Berlin-Moabit. Der KI-Augenzeuge und Chronist Ulrich Enzensberger berichtet, die Mitglieder hätten sich von der »Aufhebung familiärer Bindungen, herkömmlicher Moralvorstellungen und ausschließlicher Liebesverhältnisse« keineswegs nur sinnlichen Genuss erhofft. Es sei ihnen vielmehr um eine »lebendige Alternative«[133] zu den noch immer vom Faschismus gezeichneten gesellschaftlichen Verhältnissen in der BRD gegangen. Wenn auch nicht Fouriers Limonadenmeer, so erwartete man doch einen lohnenden Preis für das gewagte revolutionäre Unterfangen in nicht allzu ferner Zukunft.

Anders als die Aktivisten der Schülerbewegung und ihre studentischen Sympathisanten hat die viel geschmähte Liebeskommune keine Sex-Pol-Arbeit geleistet und über ihre programmatischen Statements hinaus fast nichts zum Thema Sexualität verlauten lassen. Allein der Name Kommune, die schiere Tatsache, dass junge Menschen zusammenlebten, in ihrer Wohnung das Privateigentum und angeblich gar die Zweierbeziehungen abgeschafft hatten und dies öffentlich verkündeten, sorgte für ausufernde sexuelle

Phantasien und landesweites Grausen. Ein Fressen für die Skandalpresse und auch für die Polizei.

Was sich in der KI zwischenmenschlich und sexuell tatsächlich abspielte, mag dem geglichen haben, was ich selbst in verschiedenen politisch motivierten Wohngemeinschaften erfahren und beobachtet habe. Man lebte mehr oder weniger friedlich zusammen, besser meist als in den Familien, aus denen die Mitglieder geflohen waren, solange es nicht zu Rückfällen in die alten Autoritätsstrukturen kam. Man kam mit wenig Geld aus, so dass das Teilen nicht allzu schwerfiel, ob es eine gemeinsame Kasse gab oder nicht. Unfrieden herrschte oft in Bezug auf die Hausarbeit, zu der die meisten Männer nicht bereit waren. Da, wo eine neue Liebeswelt zum Programm gehörte, wurde der Mund meist zu voll genommen. Immer gab es Paare, einen dauerhaft kollektiven Sexualzusammenhang habe ich nirgendwo gesehen. »Irgendwie wollte die Verwandlung der Gruppe in eine zärtliche Kohorte nicht glücken«[134], meint auch Ulrich Enzensberger im Nachhinein. Was die KI und viele andere Wohnkollektive zusammenhielt, war die gemeinsame Arbeit: das Herstellen politischer Orientierungstexte oder Flugblätter, organisatorische Vorbereitungen gemeinsamer Aktionen wie Plakate malen und Pressekonferenzen einberufen, oder das Übersetzen von Texten für linke Verlage zum Broterwerb und das Verkaufen von Raubdrucken.

Beim Berliner Ostermarsch von 1967 verteilte die KI ein von Fritz Teufel verfasstes oder vielmehr gedichtetes Flugblatt mit dem provokanten Auftakt: »Ostermarschierer, Ostermärtyrer, / Ihr demonstriert für die Zukunft. / In der Gegenwart paßt ihr euch an. / Ihr protestiert gegen die Bombe. / Selber wollt ihr keine legen. / Die Bombe steckt im Detail! / « Am Schluss heißt es: »Wer den Spießer nicht enteignet, / Bleibt es selbst, auch wenn er's leugnet.«[135] Kunzelmann wurde beim Besprühen eines Polizeiautos festgenommen, und auch Dagrun, die Exfrau des Publizisten Hans Magnus Enzensberger, landete auf der Wache, während Fritz Teufel erfolglos versuchte, Demonstranten zur Besetzung eines Cafés zu überreden. Angeregt und frustriert von den ersten gemeinsamen Aktionsversuchen begann die KI, eine großangelegte happeningartige Aktion zum Besuch des amerikanischen Vizepräsidenten Hubert Humphrey zu planen. Mit Rauchbomben, hochspringenden Bällen, Mehl, Schlagsahne und Mohrenköpfen sollte der für den Vietnamkrieg Mitverantwortliche empfangen werden. Die Kommunarden kauften ein paar harmlose Chemikalien und begannen, mit einem Besenstil Papphülsen zu drehen.

Nicht minder aktiv war die Polizei, die die Wohnung der KI und ihre Druckerei monatelang observierte, unter anderem wegen des Verdachts der Unterhaltung landesverräterischer Beziehungen. Es kam zu einer ersten Razzia und der Verhaftung sämtlicher Mitglieder. Strafanzeigen wegen geplanter Sprengstoffverbrechen wurden vorbereitet. Und der Rektor der Freien Universität, Hans-Joachim Lieber, erhielt eine schwarze Liste verdächtiger Studenten, auf der sämtliche Namen der KI-Bewohner standen. Er erwog daraufhin ein SDS-Verbot und erzwang eine Urabstimmung für oder gegen diese Organisation. Nach einem Sit-in im Auditorium maximum ergingen Disziplinarverfahren gegen mehrere SDS- und KI-Mitglieder. Nach der Abstimmung, auf die sich der SDS eingelassen und die er knapp gewonnen hatte, verteilte die KI ein zweites satirisches Flugblatt von Fritz Teufel, das den Verband für sein halbherziges Verhalten kritisierte, zugleich aber mit SDS unterschrieben war: »Studenten, Lahmärsche und Karrieremacher, / ALLE MAL AUFPASSEN! / Ihr sitzt ja doch am kürzeren Hebel! / Kein Mensch hat was dagegen, wenn ihr bei Konventswahlen und Urabstimmungen Demokratiepflicht erfüllt ... / Politische Aktionen an der FU überlasst doch Lieber CIA und Verfassungsschutz.« ... »Hört, was die Funktionäre sagen! / Vögelt nicht im Audimax! / Denkt immer daran, dass das Fernsehen kommen und eure Großmutter euch beobachten könnte! / Tretet euch die Schuhe ab, / TRETET LIEBER LEISE! / Aber tretet!« ... »Nieder mit dem Faschismus (den es nie gegeben hat), nieder mit dem Kommunismus, nieder mit der Kommune, nieder mit dem Asta, nieder mit den Studenten! / Nieder!«[136]

Dieses und andere satirisch-künstlerische Flugblätter der KI in der Tradition des Surrealismus unterliefen die Hochschulpolitik des SDS, der hoffte, an der Universität weiter Fuß zu fassen. Die als Lahmärsche und Karrieremacher Beschimpften ärgerten sich so sehr, dass es auf einer SDS-Vollversammlung zum Ausschluss der KI kam. Inhaltlich bezichtigte man die Missliebigen des »falschen Anarchismus«[137], des »politischen Zynismus« und des »existentialistischen Voluntarismus«[138]. Formal warf man ihnen das Unterzeichnen ihrer Flugblätter im Namen des SDS vor. Letzterer war 1946 als sozialdemokratische Jugendorganisation gegründet worden. Schon 1959 aber schloss die SPD ihren SDS aus, weil er zu weit nach links gerückt war. Tragischerweise wiederholten die einstigen Schmuddelkinder der SPD nur acht Jahre später das Verhalten ihrer Mutterpartei, indem sie sich ihres eigenen Enfant terrible, der KI, entledigten und damit die Dämonisierung der ersten Wohngemeinschaft der BRD durch Presse und öffentliche Meinung reproduzierten.

Scheinbar unentrinnbar wiederholt sich die Geschichte. Man denke an Marxens erste Internationale, die im Jahr 1872 den lebenslustigen Bohemien Michail Bakunin zusammen mit der ganzen antiautoritären Fraktion der damaligen Arbeiterbewegung ausschloss. Darunter war die amerikanische Feministin und Verfechterin der Freien Liebe Victoria Woodhull, Gründerin der New Yorker Sektion der Internationale, die mit ihrer offensiven Kritik der bürgerlichen Moral auch bei den Frauenrechtlerinnen ihrer Zeit auf wenig Gegenliebe stieß. Eine frühe Schwester im Schicksal von Wilhelm Reich, dessen Sex-Pol-Bewegung die Kommunisten seiner Zeit nicht ertragen konnten. Der Ausschluss der schwarzen Schafe tat diesen nicht gut, wie die Entpolitisierung des Anarchismus in den 1880er und 1890er Jahren, das traurige Ende der Victoria Woodhull als Verfechterin der Zuchtwahl, Wilhelm Reichs Abgleiten ins Sektierertum und die sexistischen Pressestatements der niedergehenden KI zeigen. Den Ausschließern wiederum hätte etwas vom Geist der Ausgeschlossenen nicht schlecht getan, der sich dogmatisierenden Internationale ebenso wie der stalinistischen KPD der 1930er Jahre oder dem SDS, aus dessen Schoß schon bald die neoleninistischen und -stalinistischen K-Gruppen kriechen sollten.

Hauptverantwortlich für den Ausschluss der KI war der Soziologe Reimut Reiche, der damals im SDS-Vorstand saß. Mit Günter Amendt und Dieter Bott gehörte er zu denen, die sich mit Sexualität befassten. Er tat dies mit einem akademischen Ernst, den die beiden anderen nicht aufbrachten. Ihm wiederum fehlte es am spielerisch humoristischen Umgang mit der menschlichen Lust, die Amendt und Bott mit der KI teilten. Der ebenso fleißige wie ehrgeizige Reimut Reiche veröffentlichte schon 1968 sein schwerverständliches, aber vielgelesenes und in mehrere Sprachen übersetztes Buch *Sexualität und Klassenkampf – Zur Abwehr repressiver Entsublimierung*. Was den Klassenkampf angeht, stellt Reiche klar, dass es in den spätkapitalistischen Ländern keine »sozial relevante Gruppe« der Unterschicht gibt, die die oberste klassenkämpferische Forderung nach Enteignung der Ausbeuter erhebt. Stellvertretend für eine solche Gruppe und ihre Klassenidentität handeln Intellektuelle, Studenten und Jugendliche, die »heute objektiv die Avantgarde der beherrschten Klasse« sind. Sie müssen »gegen das falsche Bewusstsein, d.h. die psychologische und intellektuelle Zurückgebliebenheit der gesamten Klasse kämpfen«[139]. Auf diesen Kampf, an anderer Stelle »unser eigener sexueller Kampf«[140] genannt, will das Buch vorbereiten. Der oft widersprüchlich argumentierende Autor vermischt Marcuses Theorie vom revolutionären Potential der Randgruppen (rebellierende proletarische Jugendliche, Schüler und Studenten) mit Lenins Revolutionskonzept, in dem eine Avantgarde intellektueller Klassenverräter sich zur Führung des Proletariats aufschwingt.

Als Haupthindernis in diesem stellvertretenden Klassenkampf nennt der damals 27-jährige Reiche die raffiniert integrierten Anleihen, die die Machthaber des Spätkapitalismus bei der Sexuellen Revolution gemacht haben, so dass die einst »selbsttätig befreiende Kraft der Sexualität«[141] verlorengeht. Es ist Reiches Verdienst, diese Erkenntnis der Kritischen Theorie aufgegriffen zu haben, um den weitverbreiteten naiv-optimistischen Sexualitätsbegriff der späten 1960er Jahre zu relativieren und entsprechenden Illusionen vorzubeugen. Nicht alles Sexuelle sei subversiv, mahnt Reiche eindringlich und verweist auf die warenförmige Vermarktung von Sexualität, die Scheinsexualisierung des Körpers und der menschlichen Beziehungen in der alles durchdringenden Produktwerbung.

Marcuses Begriff der »repressiven Entsublimierung« definiert der Autor als »die herrschende Form der Sozialisation« oder »die herrschende Form der sozialen Triebnutzung«[142]. Um zu erklären, wie es zu solcher Nutzung kommt, beginnt er beim Freudschen Stufenmodell menschlicher Triebentwicklung. Dogmatischer noch als Wilhelm Reich interpretiert Reiche dieses Modell mit einer Buchstabentreue, die sowohl Freuds eigenen Skeptizismus als auch Marcuses Erweiterung der Freudschen Theorie vergessen lässt. Die Überwindung des Ödipuskomplexes, Merkmal aller differenziert entwickelten Kulturen, gilt ihm unhinterfragt als Voraussetzung zur »Bildung des autonomen Individuums«. Dieses ist mit einsetzender Pubertät in der Lage, »seine genitale Ausbildung richtig zu organisieren«, das heißt »unter dem Primat der Genitalität«[143]. Ausschließlich diesem Individuum ordnet Reiche die Eigenschaften Treue, Liebe, Selbständigkeit, Willensfreiheit, Selbstdisziplin, Kreativität und soziale Erkenntnisfähigkeit zu.

Dem beschriebenen Ich-starken Optimalfall eines bürgerlichen Charakters stehen laut Reiche zwei ödipal fehlentwickelte Typen gegenüber, die jeweils systemgerecht genutzt werden können. Erstens: der sich starker Sexualunterdrückung verdankende Zwangscharakter bzw. autoritär-masochistische Charakter. Den Anforderungen des Frühkapitalismus entsprechend handeln solche Individuen aus einem inneren Zwang heraus, statt den Urteilen des eigenen Ichs zu folgen. Zweitens: der angeblich für den späten Kapitalismus typische »scheingenitale« Charakter, der sein Defizit an korrekter Trieborganisation hinter einer »genitalen Fassade« versteckt. Während Wilhelm Reich, dem beide Begriffe entlehnt sind, den scheingenitalen Charakter einem ganz bestimmten phallisch narzisstischen Potenzprotzer zuschreibt, scheinen bei

Reimut Reiche ein Großteil seiner eigenen Zeitgenossen damit geschlagen zu sein. Hier das vernichtende Urteil des Genitaldogmatikers über diese Unglücklichen: »Gleichermaßen zu schwach, die gesellschaftlichen Normen zu erfüllen und zu schwach, sich gegen sie aufzulehnen, müssen sie ihre nichtintegrierten Partialtriebe zwanghaft von jeder Manifestation fernhalten und sich darum ein scheingenitales Verhalten auferlegen.«[144]

An anderer Stelle erscheint der Scheingenitale in Anlehnung an Alexander Mitscherlichs konservative Passagen aus *Die Unfähigkeit zu trauern* als ein Jugendlicher, dem »schrankenlose Befriedigung« gewährt wird, um ihn manipulierbar zu machen, und der deshalb Sexualität als »Suchtmittel«[145] erlebt. Mit einer Triebstruktur, so Reiche, die nicht auf das Genitalprimat vorbereitet ist, tendieren diese jungen Menschen dazu, »unter dem ihnen kulturell aufgezwungenen ›genitalen Primat‹ zusammenzubrechen«[146]. Es ist mir schleierhaft, wo man in der BRD des Jahres 1968 diese sexsüchtigen Jugendlichen finden konnte, die angeblich oft und »wie unter Zwang genital miteinander verkehr(t)en«[147]. Oder sollte Reiche jene von der Prüderie der 1950er Jahre gezeichneten jungen Frauen und Männer wie mich gemeint haben, die zeitweise mit der Promiskuität experimentierten, um ihre Hemmungen zu überwinden?

Um die herrschende Form der sozialen Triebnutzung zu bekämpfen und das immer mehr gefährdete Ich der Menschen zu retten, muss, so Reiche, die Elite der Klassenkämpfer die repressiven Entsublimierungstendenzen des kollektiven Über-Ichs abwehren. Repräsentiert zum Beispiel in der »Sexualisierung durch scheingenitale Normen«[148]. Solche Normen findet der Klassenkämpfer in Beate Uhses manipulativen Ratschlägen zur Eheerhaltung, bei den amerikanischen Regeln für das »Dating« und, schlimmer noch, in den vom konservativen britischen Journalisten Michael Leigh in seinem Buch *The Velvet Underground* beschriebenen Formen des Partnertausches bis hin zu deren sadomasochistischer Variante. Am allerschlimmsten findet Reiche die Toleranz gegenüber sexuellen Perversionen, wie sie der Schwede

Lars Ullerstam in seinem 1965 erschienenen Buch *Die sexuellen Minderheiten* propagierte, das die Queer-Bewegung mehrere Jahrzehnte später wiederentdeckte. Ullerstam, so der entsetzte Kritiker, schlage vor, »daß alle manifest perversen ... Individuen sich durch ein pluralistisch geregeltes System von Befriedigungsmöglichkeiten ihrer ›abartigen‹ Triebe entäußern und so maximal glücklich werden sollen«[149].

»Scheingenitale Normen« findet der strenge Reimut Reiche nicht nur als Folgeerscheinungen der Sexwelle, sondern auch in den eigenen Reihen. Da sind zunächst jene »gutwilligen, aber zu kurz denkenden Sozialisten«, die, mit der Abschaffung des Privateigentums argumentierend, angeblich Promiskuität im Sinne »zwanghafter Regellosigkeit und Unterschiedslosigkeit« für die angemessene Liebespraxis halten. Etwas so Abstoßendes, dass das, was Reiche als Alternative dagegen ausspielt, tatsächlich das kleinere Übel zu sein scheint. »Formen des Besitzes« nämlich, die als »autonome und bewusste Objektbeziehungen«[150] legitim sind. Während unklar bleibt, gegen welche gutwilligen Sozialisten sich das richtet, wird die nächste Gruppe, die ihr Fett abkriegt, beim Namen genannt. Es geht um Schüler aus dem AUSS, die das Aufstellen von Antibabypille-Automaten in ihren Schulen verlangten. Durch solche Forderungen, meint Reiche, würden Jugendliche »zur Befolgung genitaler Normen aufgerufen ..., die zu einem genitalen Verhalten seelisch noch gar nicht fähig sind.« Das könne vor allem den Mädchen schaden, die, »wenn einmal die Pille offen auf der Schulbank liegt«[151], von skrupellosen AUSSlern zum Koitus überredet werden könnten. Haben, frage ich mich, die Warner gegen die »Frühsexualität« vergangener Jahrzehnte nicht Ähnliches befürchtet?

Am härtesten trifft die Kritik des Kämpfers gegen falsche Emanzipation seine politische Hauptfeindin, die KI. Ohne Genaueres anzuführen, wirft er dieser unzählige »politische und seelische Untaten« vor, die ihre »revolutionäre Intention«[152] disqualifizieren. Darüber hinaus beschuldigt er sie, den jungen Linken mit ihrem anarchistisch putschistischem Modell der Gesellschaftsveränderung so viele Illusionen gemacht zu haben, dass es in den Nachbildungen zu »chaotischen persönlichen Zusammenbrüchen« oder »tief resignativen Haltungen«[153] kam. Bedenkenlos in den Chor der Kommunefresser einstimmend vergleicht er die KI-Mitglieder mit den von Michael Leigh beschriebenen sexsüchtigen Partnertauschern und übernimmt sogar dessen Furcht vor dem Untergang der westlichen Kultur. Dem Abbau der Kultur von oben mittels repressiver Entsublimierung, so Reiche, entspricht die »maschinenstürmerische Zerschlagung dieser Kultur«[154] von unten.

Tatsächlich warnt der SDS-Funktionär zu einer Zeit, als es noch kaum Wohngemeinschaften gab, vor deren Gründung, vor allem, wenn Kinder mit einziehen sollen. Niemals nämlich, erfährt der Leser, kann diese Lebensform die Familie ersetzen und kaum leisten, was der Autor an dieser retten will: den »Schutz gegen die Außenwelt«[155], »gesicherte ökonomische Existenz«, »Rollenverteilung der Eltern« und »Zeit, die die Mutter dem Kind zur Verfügung stellen kann«[156]. Dass die Mutter ihre Zeit für die Kinder zu opfern hat, bleibt dabei unhinterfragt. Und so ist es wenig verwunderlich, wenn Reiche an anderer Stelle die »Nivellierung der Geschlechterspannung«[157] durch Angleichung männlicher und weiblicher Kleidermode beklagt und gar Forderungen nach Aufhebung von »sozialer und sexueller Unterdrückung«[158] der Frau durch den Mann als reformistisch abtut.

Als ich jung war, habe ich Reiches Buch nicht gelesen, bin aber sicher, dass es mir missfallen hätte. Schon deshalb, weil mich das darin entwickelte Avantgarde-Modell des stellvertretenden Klassenkampfes angewidert hätte. Ich-starke, wahrscheinlich männliche Genitalcharaktere, die diszipliniert und verantwortungsbewusst falsches Bewusstsein verdummter Arbeiter und antiautoritärer Schüler und Studenten bekämpfen. Strenge Revolutionäre, die gegen sexuellen Hedonismus, utopische Antizipationsversuche und jugendlichen Übermut ins Feld ziehen. Für eine Antiautoritäre wie mich damals eine furchtbare Vorstellung. Von heute aus gesehen muss ich zugeben, dass Reiche mit seinem Pessimismus in Bezug auf kulturrevolutionäre Experimente in der Privatsphäre Weitsicht bewiesen hat. Dennoch schlägt mir aus diesem Zeitdokument mit dem vollmundig revolutionären Titel der Geruch nicht nur der K-Gruppen, sondern auch der des Konservatismus und der Familienwerte entgegen. Zumal dann, wenn Reiche am Schluss Liebe und Treue gegen sexuelle Befreiung ausspielt.

Nach einer berechtigten Hinterfragung von Wilhelm Reichs sexueller Dauerbeziehung zitiert Reiche Adornos Aphorismus »Constanze« aus *Minima Moralia*: »Der Befehl zur Treue«, schrieb Adorno in den späten 1940er Jahren, sei zwar ein »Mittel der Unfreiheit«. Nur durch Treue aber könne Freiheit sich »gegen den Befehl der Gesellschaft« auflehnen. »Nur der liebt, der die Kraft hat, an der Liebe festzuhalten.«[159] Diese Stelle motiviert den sonst so erbitterten Utopiekritiker zum Entwurf seiner eigenen Zukunftsvision. Eine sexuelle Liebe, die ohne abzustumpfen für immer währt, so dass sich Trauschein-Ehe und Monogamie erübrigen: »Nicht die Ehe gilt es abzuschaffen, sondern die Eheinstitution; nicht die Liebe und Eifersucht gilt es abzuschaffen, sondern die Bedingungen des psychischen und physischen Mordes aus Eifersucht und des psychischen und physischen Selbstmordes aus mangelnder oder gekränkter Liebe.«[160] Schöne Worte für die Zukunft, nicht minder illusionär als das Versprechen unmittelbarer Bedürfnisbefriedigung der dem Verfasser so verhassten Kommune I.

Diese aber war nach ihrem Ausschluss aus dem SDS und der Veröffentlichung des Reiche'schen Totalverrisses noch lange nicht am Ende. Wegen des Ostermarschflugblatts von der Presse als Bomben werfende Attentäter und potentielle Mörder hingestellt, produzierten die Wohngenossen weiter satirisch-provokative Flugblätter, die zu einem Prozess wegen menschengefährdender Brandstiftung führten. Sie forderten zum Klauen von Lebensmitteln auf und veranstalteten Happenings. Sie veröffentlichten aber auch ein Plakat zum Besuch des Schahs von Persien in Berlin am 2. Juni 1967, das den iranischen Herrscher der Folter und des Mordes an Oppositionellen und der Ausplünderung seines Volkes bezichtigte. Das Plakat wurde als »Hetzpropaganda« konfisziert, und Fritz Teufel noch am gleichen Tag, als der Polizist Karl-Heinz Kurras den Demonstranten Benno Ohnesorg schon erschossen hatte, grundlos festgenommen. Teufel saß monatelang in Untersuchungshaft. Die KI, der man die Schuld an Ohnesorgs Tod zuschob, wurde zum Sündenbock für die antiautoritäre Linke, und Teufel musste sich vor Gericht wegen Landesfriedensbruchs verantworten.

Dank des großen Interesses der Medien kehrte Teufel als Promi aus dem Gefängnis in seine WG zurück. Danach aber fiel Fritz, wie Ulrich Enzensberger berichtet, durch unsoziales Verhalten auf. Das begann schon damit, dass er beim Frühstück, während dessen sich die Mitglieder der Analyse des Tagesgeschehens und Archivierens von Zeitungsausschnitten widmeten, fehlte, weil er noch im Bett beschäftigt war. Er soll sich mit allen willigen Verehrerinnen – von Schulmädchen über Schriftstellerinnen bis zu Politfunktionärinnen – vergnügt haben, ohne je an mögliche emotionale Folgen zu denken. Oft, so Enzensberger, saßen die, die mehr als einen One-Night-Stand erwartet hatten, dann weinend in der Wohnung und wurden von anderen Mitgliedern »verspottet oder hartherzig zum Archivieren oder... Spülen des Geschirrs«[161] angehalten.

Frustriert von den Zerfallserscheinungen des eigenen Projekts, aus dem doch eine »zärtliche Kohorte« hätte werden sollen, erschöpft von den politischen Aktionen und Provokationen und zum Zerreißen angespannt durch Kriminalisierung und Polizeiverfolgung, beschlossen die, die jetzt zur KI gehörten, noch einmal von vorn anzufangen. Sie besannen sich auf den ursprünglichen Anspruch und die dazugehörigen »Phantasien von einem neuen Geschlechterverhältnis in der Kommune«[162]. Hatte Herbert Marcuse bei seinem Besuch aus Solidarität mit dem inhaftierten Fritz Teufel nicht von einer »dem Waren- und Tauschverhältnis entzogenen Zärtlichkeit«[163] gesprochen? Noch immer glaubte man an die heilende Kraft befreiter Sexualität.

Eine kleine heruntergekommene Fabrik in Moabit wurde angemietet, selbst renoviert und gestrichen, finanziert vom Erlös des KI-Buches *Klau mich*. Ein »Zentrum« sollte dort entstehen, »ein Treffpunkt, wo man sich wohlfühlt, wie zu Hause, wo man Leute kennenlernt und was mit ihnen machen kann«[164]. Sogar eine Disco war geplant. Nach dem Scheitern eines abermaligen Versuchs kollektiver Sexualität probierten es die Bewohner der Fabrik mit dem Lebensstil der sogenannten Subkultur. Der Frankfurter Psychodeliker Hayadulla Hübsch zog ein, und auf einem großen Monitor liefen die damals bei Künstlern und Subkulturisten sehr beliebten Softpornos. Rainer Langhans verliebte sich in das Groupie der Krautrock-Band Amon Düül und holte die junge Schöne namens Uschi Obermaier nach Moabit. Mit deren Karriere als Fotomodell ging es dank ihrer Verbindung mit der Kommune jetzt erst richtig los, so dass ihre Honorare der Wohngemeinschaft einen vergleichbar luxuriösen Lebensstil erlaubten.

Den Höhepunkt ihrer Presseberühmtheit erreichte die Gruppe dann mit Jimi Hendrix' Besuch in der Fabrikkommune und Uschi Obermaiers Liebesnacht mit ihm in seinem Hotel, von der die Klatschblätter genüsslich berichteten. Dem *Stern* gegenüber ließ Langhans verlauten, er habe über den »politischen Auseinandersetzungen« die »sinnliche Seite des Lebens« vergessen. Erst Uschi, die er als »wandelnden Lustautomaten« bezeichnete, habe ihn daran erinnert. Obermaier ihrerseits bekannte, dass sie den Kommunarden zuliebe Marx und Mao lesen wollte: »Aber über die Einleitung bin ich nie hinausgekommen ... Buchstaben sind mir zu unattraktiv.«[165] Der *Stern* erschien mit dem bekannten Oben-ohne-Gruppenfoto, auf dem Uschis werbewirksame Schönheit alles überstrahlt. Es war der letzte Bericht über die KI, der Vorreiterin unzähliger Wohngemeinschaften, ob mit oder ohne politischen Anspruch, mit oder ohne Kinder, ob für Frauen oder Männer, für Lesben, Schwule, Senioren oder schwer erziehbare Jugendliche.

Das Ende der KI fiel in den Herbst 1969. Theodor W. Adorno starb in diesen Tagen, und die politisch engagierten Studenten wurden von »wilden Streiks« der Fabrikarbeiter überrascht, die sie gern selbst organisiert hätten. Die Linke spaltete sich jetzt in mehrere Fraktionen. Rainer Langhans wurde das, was die Politischen seither einen »Haschdeppen« nannten. Dieter Kunzelmann machte sich als Sympathisant der Fatah in den Nahen Osten auf, Fritz Teufel ging in den Untergrund, und Ulrich Enzensberger schloss sich zeitweise einer K-Gruppe an. Günter Amendt wurde Mitglied der DKP, Dieter Bott blieb ein antiautoritärer Außenseiter. Reimut Reiche trat dem RK (Revolutionärer Kampf) bei, einer undogmatischen Politgruppe, die später durch ihre prominenten Mitglieder Daniel Cohn-Bendit und Joschka Fischer in die Geschichte eingehen sollte. Wie diese beiden arbeitete er in einer Fabrik, um das Bewusstsein der Arbeiter zu erforschen.

Weiberrevolte und die Sorge um die Kinder

Die Sexuelle Revolution oder, was von ihr übrig war, wurde bald unübersehbar von der Sexwelle überschwemmt, wie man es vor allem am Frauenbild ablesen konnte. Enttäuschend, denn eigentlich waren die Voraussetzungen zum Abbau der traditionellen Geschlechterrollen günstig. Die wirtschaftlich expandierende BRD hatte, vor allem nachdem mit dem Mauerbau im Jahr 1961 der Menschenzustrom aus der DDR versiegt war, großen Bedarf an Arbeitskräften. Mehr und mehr verheiratete Frauen wurden trotz bleibender ideologischer Festlegung auf Haus und Herd erwerbstätig. Schlechter ausgebildet, unverhältnismäßig schlechter bezahlt als Männer und mit Haushalt und Kinderaufzucht doppelbelastet, waren vor allem die Mütter unter ihnen chronisch überarbeitet und unzufrieden. Umso mehr, als es kaum Kinderkrippenplätze gab.

Ebenso widersprüchlich ging es an den Universitäten zu. Mit der Ausrufung des Bildungsnotstandes seit 1964 und der sozialen Öffnung der Hochschulen wurden Frauen zum Studieren ermutigt. Die, die es wagten, sahen sich dann den unausrottbaren Vorurteilen bezüglich des weiblichen Intellekts und mit überwältigender Dominanz und Arroganz vor allem der konservativen männlichen Kommilitonen konfrontiert. Diese krassen Widersprüche zwischen ökonomischen Bedürfnissen und ideologischem Konservatismus glichen all jenen Widersprüchen der jungen BRD, die APO und Studentenrevolte auf den Plan gerufen hatten. Verständlich war es also, dass die privilegiertesten der Unzufriedenen, kritische Studentinnen, sich dem SDS und anderen Gruppen der Neuen Linken zuwandten, wo das Klima ungleich besser war als unter Konservativen.

Sämtliche Mentoren und Lehrer der Studentenbewegung gingen in marxistischer Tradition von der Geschlechtergleichheit aus. Auf populärwissenschaftlicher Ebene prophezeite der vielzitierte Pop-Philosoph Marshall McLuhan die allmähliche Angleichung von Mann und Frau und eine »neue Menschlichkeit«, die anstelle von Weiblichkeit und Männlichkeit treten werde. Kaum ein links engagierter Mann der späten 1960er Jahre hätte es gewagt, weibliche Kompetenz grundsätzlich in Frage zu stellen oder Frauen auf Eigenschaften wie Mütterlichkeit, intuitives Fühlen oder aufopfernde Selbstlosigkeit festzulegen. Zum ersten Mal seit den 1920er Jahren hatten die Frauen wieder eine Chance, zumal sie die Männer an deren eigenem Anspruch messen konnten. Dass trotzdem vieles empörend war, versteht sich im historischen Kontext von selbst.

Ich war nicht im SDS. Aber sicher stimmt es, dass die Flugblätter von Frauen getippt wurden. Schon deshalb weil Männer dieser Generation, wenn überhaupt, eine Schreibmaschine nur mit einem oder höchstens zwei Fingern bedienen konnten und die Flugblätter so nie fertig geworden wären. Es ist richtig, dass auf Versammlungen nur wenige Frauen das Wort erhoben, und wahrscheinlich auch, dass viele Männer die Ideologie von der weiblichen Unterlegenheit nur ansatzweise überwunden hatten. Dass jedoch linke Männer schlimmere Machos als konservative gewesen seien, dass sie ihre Genossinnen gewohnheitsmäßig zum Sex gezwungen und auf jede erdenkliche Art ausgenutzt hätten, ist eine Lüge und eine Beleidigung jener mutigen Frauen, die sich der antiautoritären Linken angeschlossen hatten.

Unterstützt wurde die sich ankündigende Morgenröte eines neuen Zeitalters unter Progressiven durch die Trends in Filmindustrie und Popkultur. Die herb humorlose Männlichkeit der Kinohelden vergangener Jahrzehnte bekam Konkurrenz durch sensible oder gar intellektuelle Männeridole wie Woody Allen oder Jean-Pierre Léaud. Weder Bärenstärke noch Baumlänge oder markiges Auftreten waren nunmehr das Wichtigste an einem Mann. Che Guevara wie Mick Jagger waren klein, Jimmy Hendrix gar schmächtig. Dem entsprach der Sturz der überweiblichen Busenköniginnen durch Gegentypen wie Twiggy oder Vanessa Redgrave. Korsette, Büstenhalter und Strapse fielen, Brustfülle und Wespentaille waren nicht mehr zwingend, Jungfrauenwahn und Gebärzwang machten sich aus dem Staube.

Und dennoch, wie Kletten hafteten am Frauenbild zwei Charakteristika der 1950er Jahre. Es waren Kindlichkeit und Dämlichkeit. Besonders die im Zuge der Sexwelle betriebene Infantilisierung der ausschließlich Mädchen genannten Frauen, reichte bis in die Linke hinein. Und sogar dort reproduzierte sie nicht selten das unkritisch an Vladimir Nabokovs *Lolita* orientierte, sexuell überfrachtete Frauenbild der Massenmedien. Eine besonders treffende Definition dieser Idealfrau aus männlicher Sicht lieferte ein *Konkret*-Reporter, der das schwedische Sexparadies bereist hatte: »Es war dieses langhaarige 14-jährige Gör, das kein Wort deutsch oder englisch zu können schien. Trotzdem verstand ich ganz genau, was sie meinte, als sie sagte, wir sollten ins Nebenzimmer gehen. So einfach ist das in Schweden.«[166] Die blöde und hilflos dreinblickenden Titelmiezen mit den halbgeöffneten Kindermündern des einstigen APO-Blattes passten dazu nur allzu gut. Sie sind typisch für den Schnittpunkt von Sexwelle und Sexueller Revolution, zumal Uschi Obermaier ihnen in nichts nachstand.

Mitten ins Revoltejahr 1968 fiel ein amerikanisches Ereignis, das in der BRD viel Aufsehen erregte: Am 3. Juni lauerte die 32-jährige Schriftstellerin Valerie Solanas Andy Warhol, dem Begründer der amerikanischen Pop Art, auf, schoss dreimal auf ihn und verletzte ihn schwer. Der schwule und keineswegs machohafte Warhol muss einer der wenigen Freunde der jungen Frau gewesen sein, die in ihrem satirischen *S.C.U.M. manifesto* (Manifest der Zerstückelung des Mannes) zur Abschaffung der Männer durch die Frauen aufforderte. Die Situation der Frauen sei so miserabel, heißt es in dieser Schrift, dass »aufgeklärten, verantwortungsbewussten und sensationsgierigen Frauen« nichts anderes übrigbleibe, als »die Regierung zu stürzen, das Geldsystem abzuschaffen, die umfassende Automation einzuführen und das männliche Geschlecht zu vernichten«[167]. Solanas, die nach einer bösen Kindheit ihr Studium mittels Prostitution finanziert hatte, konnte Warhols Interesse für ihr Theaterstück *Up Your Ass* (Leck mich) wecken, wurde zum Stammgast in seinem New Yorker Kunstzentrum »The Factory« und spielte in einem seiner Filme. Trotzdem fühlte sie sich nicht ernst genommen und begann Warhol zu hassen, bis hin zu dem Wunsch, ihn zu vernichten. Ich erinnere mich an viele Gespräche über Solanas, immer verbunden mit dem sich zäh haltenden Gerücht, sie habe Warhol mit Kastrationsabsicht ins Gemächt geschossen. Eine ältere Freundin aus Frankfurt erzählte mir später, die Kunde von der männerhassenden Rächerin habe großen Eindruck auf die Frauen im SDS gemacht.

Als diese dann drei Monate später selbst gegen die Männer aufbegehrten, taten sie das zunächst mit sachlichen Argumenten. Die spätere Filmemacherin Helke Sander – damals Studentin, SDS-Aktivistin und Mutter eines Kleinkindes – hatte in Berlin den »Aktionsrat zur Befreiung der Frau« gegründet, aus dem schon fünf antiautoritäre Kinderläden hervorgegangen waren. Öffentliche Kindergärten und die wenigen Kindertagesstätten, die es damals gab, litten unter Personalmangel und waren meist von konservativen oder religiösen Erziehungsmethoden geprägt. Ein rüder, von Befehlen bestimmter Umgangston war typisch, ebenso wie der erzwungene Mittagsschlaf und die Pflicht, zu essen, was auf den Tisch kommt. Wenn ein Kind dem anderen beim Pinkeln zusah wurde es gescholten, von Selbstbefriedigungsversuchen und Doktorspielen ganz zu schweigen. All dem wollten die antiautoritär politisierten Frauen ihre Kinder nicht aussetzen.

Mit großer Mühe war es Helke Sander gelungen, auf der in Frankfurt stattfindenden 23. Delegiertenkonferenz des schon von

Fraktionskämpfen und Zerfallserscheinungen gezeichneten SDS zur Frauenproblematik sprechen zu dürfen. Am Anfang ihres als »Rede« in die Geschichte eingegangenen Beitrags nannte Sander den SDS die einzig progressive Organisation, innerhalb derer sie und ihresgleichen eine Chance zur Kooperation sahen. Trotzdem stellte sie sich gegen Traditionalisten wie Antiautoritäre und vertrat selbst eine radikal antiautoritäre beziehungsweise kulturrevolutionäre Position. Leistungsprinzip und Konkurrenzkampf zu überwinden, war ihr Hauptanliegen, und sie forderte, ganz im Sinne Bakunins oder auch der KI, schon »innerhalb der bestehenden Gesellschaft Modelle einer utopischen Gesellschaft« zu entwickeln. Auf dem Weg zu einer solchen »Gegengesellschaft«[168], müsse die Trennung zwischen Privatleben und gesellschaftlichem Leben aufgehoben und die persönlichen Bedürfnisse thematisiert werden. Nur so könnten die noch immer für Familie und privates Glück erzogenen Frauen aus ihrer Isolation heraustreten. Dem SDS in seiner derzeitigen Form warf Sander vor, trotz gegenteiligen Anspruchs nichts als ein Spiegelbild der Gesamtgesellschaft zu sein, in der die Männer nicht bereit sind, ihre sich dem Patriarchat verdankende Rolle des familiären Ausbeuters aufzugeben.

Die Frauen, fuhr Sander fort, hätten zwar Redefreiheit, keiner jedoch stelle die Frage, warum sie meist im Hintergrund stünden. Die wenigen, die ihr »anerzogenes Minderwertigkeitsgefühl« überwinden konnten und es zu einer »bestimmten Position«[169] gebracht hätten, zahlten dafür den Preis der Anpassung an das Leistungsprinzip, dessen Abschaffung schließlich das Ziel auch der Männer im SDS sei. Frauenemanzipation im Rahmen von Konkurrenzkampf und Leistungsprinzip könne nur zur »Gleichheit in der Ungerechtigkeit« führen. Der »Weg zur Emanzipation« müsse diese selbst »schon in der Methode«[170] vorwegnehmen. Als Ziel dieser Emanzipation nannte Sander die Veränderung der Lebensbedingungen, die Konkurrenz zwischen Männern und Frauen hervorbringen. Voraussetzung dafür sei die »Umwandlung von Produktions- und Machtverhältnissen«[171]. »Genossen, eure Veranstaltungen sind unerträglich«, schleuderte sie den SDSlern entgegen und bezichtigte sie, »voller Hemmungen« zu sein und kaputt vom Stress unlustvoller politischer Aktionen. »Warum kauft ihr euch denn alle den Reich? Warum sprecht ihr denn hier vom Klassenkampf und zu Hause von Orgasmusschwierigkeiten? Ist das kein Thema für den SDS?«[172]

Sander ließ die Männer wissen, dass sich der »Aktionsrat zur Befreiung der Frau« angesichts enormen Zulaufs zunächst auf die Politisierung von Studentinnen mit Kindern konzentrieren wolle. Vorschläge von Männern, die in der Entwicklung begriffenen Konzepte kollektiver Erziehung möglichst bald in andere Bevölkerungsschichten zu tragen, seien verfrüht. Wenn die Genossen nicht bereit seien, das Gesagte zu diskutieren, so der Schlusssatz der Rede, dann sei der SDS nur noch als ein »aufgeblasener konterrevolutionärer Hefeteig«[173] zu betrachten.

Gleichgültig gegenüber Sanders Drohung, wollten die Männer auf dem Podium sofort zur Tagesordnung übergehen. Da erhob sich die hochschwangere Romanistikstudentin Sigrid Rüger, wie Sander eine Frau, die sich artikulieren konnte und es zu einer »bestimmten Position« gebracht hatte. Sie öffnete eine Tüte und schleuderte mehrere Tomaten in Richtung Podium. Nur eine traf, und zwar ausgerechnet den schwulen, mickerigen und sehbehinderten Hans-Jürgen Krahl, den wichtigsten Theoretiker der Frankfurter Linken. Wie Andy Warhol war er das Gegenteil eines Machos. Eine Quelle der Überlieferung besagt, Rüger habe ihren Angriff mit den Worten »Genosse Krahl, Du bist objektiv ein Konterrevolutionär und ein Agent des Klassenfeindes dazu«[174] begleitet. Daraufhin kam es zu einer kurzen Auseinandersetzung. Reimut Reiche, der Spezialist für Sex, ergriff das Wort und schlug den Genossinnen vor, doch einfach den Geschlechtsverkehr zu verweigern. Eine Frau soll daraufhin gerufen haben: »Und wer verschafft mir Lustgewinn?« In einer anderen Version soll sie gefragt haben, ob die Frauen sich dann mit Automaten verlustieren sollten. Sanders Rede und Rügers Tomaten jedenfalls hatten ihr Ziel erreicht. Die Delegiertenkonferenz konnte nicht wie geplant fortgesetzt werden. Einer über Nacht verabschiedeten Resolution folgend diskutierte man am nächsten Tag weiter über die Frauenproblematik. Danach entstanden in allen großen Städten weibliche Aktionsräte oder »Weiberräte«.

In der *Konkret*-Ausgabe Nummer 11 des Jahres 1968 kommentierte Ulrike Meinhof – Mutter zweier Kinder und Frau des schon damals als *male chauvinist* bekannten Klaus Rainer Röhl – den Eklat im SDS. »Wären sie doch erstickt, wenn sie nicht geplatzt wären«, schrieb sie über die Frauen in Frankfurt. »Ersticken doch täglich Millionen von Frauen an dem, was sie alle herunterschlucken ... oder schlagen ihre Kinder, werfen mit Kochlöffeln nach ihren Ehemännern, motzen und machen vorher die Fenster zu ... damit keiner hört, was alle wissen: daß es so wie es geht, nicht geht.«[175] Diese Privatsache sei keine Privatsache, schrieb sie und versicherte, nicht dem »permanenten Ehekrach« das Wort zu reden, sondern »der Öffentlichkeit des Krachs«. Reiches ebenso sexistischen wie sexualfeindlichen Vorschlag zur weiblichen Sexualverweigerung bezeichnete sie als einen Versuch, den Konflikt in jene Privatsphäre zurückzuverweisen, »aus der er eben erst durch Referat und Tomaten ausgebrochen war«[176].

Ein satirisches Gegenstück zu Reiches Idee folgte auf dem Fuße. Während der Fortsetzung der geplatzten SDS-Delegiertenkonferenz in Hannover verteilte der Frankfurter »Weiberrat« ihre als »Kastrationsflugblatt« in die Geschichte eingegangene Polemik. Unter dem Titel »RECHENSCHAFTSBERICHT des Weiberrats der Gruppe Frankfurt« eine obszöne Zeichnung: Sie zeigt eine hexenhaft hässliche, nackte Frau, die auf einem Kanapee lagert. Auf dem Kopf hat sie einen phallisch in die Luft ragenden Hut, in der sinkenden Hand ein Beil. Finster und zufrieden starrt das offensichtlich böse Weib vor sich hin, ruhend nach getaner Arbeit. Über ihr an der Wand hängen vier Jägertrophäen, deutlich erkennbar als übergroße erigierte Penisse. Darunter eine Liste von 1) bis 6) mit den Namen der SDSler Schauer, Gäng, Kunzelmann, Krahl, Rabehl und (unter Nummer 6) Reiche. Auf der Rückseite des Flugblatts wird die Liste bis Nummer 45 fortgesetzt, mit Namen wie Habermas, Freud, Adorno, Mao, Amendt, Marx, Lenin und

Enzensberger. Darunter der Einzeiler: »schwanzlos – schwanzlos – schwanzlos – schwanzlos«. Der kurze Text beginnt im Zorn: »wir machen das Maul nicht auf! wenn wir es doch aufmachen, kommt nichts raus! wenn wir es auflassen, wird es uns gestopft, mit kleinbürgerlichen schwänzen, sozialistischem bumszwang, sozialistischer kinderliebe ... sozialistischer potenter geilheit ... sexualrationellen argumenten, gesamtgesellschaftlichem orgasmus, sozialistischem emanzipationsgeseich – GELABER!« Am Schluss heißt es: »kotzen wir's öffentlich aus: sind wir penisneidisch, frustriert, hysterisch, verklemmt, asexuell, lesbisch, frigid, zukurzgekommen, irrational, penisneidisch, lustfeindlich, hart, viril, zickig, wir kompensieren, wir überkompensieren, sind penisneidisch, penisneidisch, penisneidisch, penisneidisch, penisneidisch – frauen sind anders! BEFREIT DIE SOZIALISTISCHEN EMINENZEN VON IHREN BÜRGERLICHEN SCHWÄNZEN«[177].

Ich fand das Flugblatt damals nicht besonders witzig. Im Nachhinein scheint es mir jenen Elitarismus des SDS und das dem eigenen Anspruch ins Gesicht schlagende Konkurrenzverhalten zu reflektieren, das mir als Zaungast-Beobachterin trotz aller Bewunderung nicht geheuer war. Eine gewisse ehrgeizige Spannung war für die Minderheit der artikulationsfähigen Frauen ebenso typisch wie für die dominanten unter den Männern. Das von Helke Sander beklagte »Konkurrenzverhältnis zwischen Männern und Frauen« mag die Folge gewesen sein. Das »female chauvinistische« Flugblatt wäre dann nicht als Wutausbruch der tatsächlich untergebutterten Weibchentypen in und um den SDS zu interpretieren, sondern vielmehr als unverhohlen konkurrente Kampfansage ihrer starken und ehrgeizigen Schwestern, die es später fast alle zu beachtlichen bürgerlichen Karrieren bringen sollten. Gleichzeitig kommt mir die Sexualsatire wie eine Vorwegnahme jener Strömung des Feminismus in der Mitte der 1970er Jahre vor, dessen Anhängerinnen nicht mehr Kapitalismus und Patriarchat, sondern den Mann als solchen und damit seinen zum Herrschaftsinstrument erklärten Phallus bekämpften. 1968 dagegen war das »Kastrationsflugblatt« ein Einzelfall. Die Weiberräte, einschließlich der Frankfurter Gruppe, befassten sich mit der Rolle der Frau in der Gesellschaft, lasen soziologische Texte, die marxistischen Klassiker und hinterfragten die Situation proletarischer Frauen. An den Sitten der Neuen Linken änderte sich zunächst wenig. Die Freie Liebe war auch bei Frauen noch angesagt, Paarbeziehungen währten meist nicht lange, Ehe und bürgerliche Familie galten als fragwürdig. Neu war nur die Beachtung, die seit Helke Sanders Rede den Kindern und ihrer Entwicklung geschenkt wurde.

Fast alle Menschen meiner Generation waren von ihren Vätern oder Müttern geschlagen, verschiedensten Strafprogrammen und unzähligen Verboten unterworfen worden. Unsereins wurde als Kind im harmlosesten Fall geohrfeigt, im schlimmsten so schwer verdroschen, dass danach der Arzt kommen musste. Die Prügelrituale enthielten fast immer sexualsadistische Elemente, begonnen mit dem Hose herunterziehen und übers Knie legen bis hin zur Züchtigung in völlig nacktem Zustand. Väter gab es, die sich nicht einmal schämten, ihre Töchter auf diese Weise zu demütigen. Als schwere, nicht körperliche Strafe war besonders das in den Keller sperren beliebt, eine Spezialfolter für Kinder, die sich im Dunkeln fürchteten. Verbote betrafen alles, was Spaß machte, von jeglicher Sexualbetätigung übers Lesen der Mickymaus-Hefte, Radio hören und ins Kino gehen bis hin zum Tragen moderner Kleider und Frisuren. Für antiautoritäre Linke, die spätestens mit den Auschwitzprozessen gelernt hatten, die Eltern nur zu ehren, wenn sie es verdienten, war der Blick zurück im Zorn oft so schmerzhaft, dass für die eigenen Kinder nur das radikale Gegenteil in Frage kam. Nicht Waldorfschule oder Montessori-Kindergarten, nein, unvergleichbar besser sollten es die Nachgeborenen haben, ganz ohne Strafen und Verbote sollten sie leben dürfen, ohne jede Autorität, ohne Sexualtabus und außerhalb erstickender Familienenge. Ernst nehmen sollte man sie und ihnen von Anfang an die Wahrheit sagen, über die Probleme der Erwachsenen, über Politik und Sexualität. Klapperstorch, Nikolaus und Christkind zusammen mit der ganzen heilen Kinderwelt und ihren »unschuldigen« kleinen Engelchen hatten ausgedient.

Anders als für die Idee der Freien Liebe gab es für eine solche Erziehung kaum historische Vorbilder. Die sozialistischen Klassiker waren sich zwar einig darin, dass nicht nur Mutter und Familie, sondern auch die Gesellschaft für die Kinderaufzucht verantwortlich sei. Keiner jedoch hatte einen entsprechenden praktischen Vorschlag geliefert. Und, was der real existierende Sozialismus zu bieten hatte, kam für antiautoritäre Linke nicht in Frage. Zwei brauchbare Quellen fanden sich schließlich, aus denen auch radikale Kulturrevolutionäre schöpfen konnten: das bereits erwähnte Moskauer Kinderheim der Vera Schmidt, sowie die Summerhill School von A. S. Neill in England.

Als Vera Schmidt 1921 ihr »Kinderheim-Laboratorium« eröffnete, wurde das Erziehungsprojekt vom Volkskommissariat für Aufklärung gefördert. Zwölf Kinder zwischen drei und fünf Jahren wohnten in einer alten Villa und wurden von mehreren Erzieherinnen den Erkenntnissen der Psychoanalyse folgend betreut. Die Aufgabe der Erzieher ist es, so Vera Schmidt, »das Kind allmählich die Bedeutung der realen Verhältnisse der Außenwelt verstehen zu lehren und es so zur Überwindung des Lustprinzips ... anzuregen«[178]. Statt das Kind für unbewusste Regungen zu verurteilen, sollten die Erzieherinnen es bei deren Bewältigung unterstützen. Ebenso in Bezug auf die Äußerungen ihres »reichhaltigen Sexuallebens« – ob oral, anal, urethral oder phallisch –, die weder unterbunden noch abgelehnt werden durften.

Die Kinder liefen an heißen Tagen nackt herum. Sie durften ihre Körper gegenseitig betrachten und untersuchen. Von den Erzieherinnen erwartete Schmidt ernsthafte Arbeit an der eigenen Psyche, um eine positive Übertragung im psychoanalytischen Sinn als Ersatz der erzieherischen Autorität zu entwickeln. Wenn es einer der Frauen schwerfiel, bestimmte Äußerungen eines Kindes zu akzeptieren, musste sie versuchen herauszufinden, was in ihrer eigenen Kindheit zu dieser Ablehnung geführt haben könnte. Es gab weder Strafen noch moralische Bewertungen für die Kinder, und man sprach nur freundlich mit ihnen. »Stürmische Liebesäußerungen« dagegen, »heiße Küsse, innige Umarmungen, die das Kind erregen und sein Selbstgefühl erniedrigen«[179] könnten, waren untersagt. Nicht lang nach der Gründung des Projekts entstanden bösartige Gerüchte. Die Erzieherinnen, so munkelte es, würden die Kinder sexuell stimulieren oder entsprechende Experimente mit ihnen anstellen. Bald wurde die staatliche Unterstützung gestrichen. Und so hätte Schmidt eigentlich aufhören müssen, wenn nicht ein Vertreter der deutschen Bergarbeiter bei einem Besuch so beeindruckt von ihrer Arbeit gewesen wäre, dass er die Finanzierung durch seine Gewerkschaft ermöglichte. Erst Stalin gelang es, das unbequeme Experiment für immer aus der Welt zu schaffen.

Vera Schmidts Schriften, die 1968 als Raubdruck erschienen, las man vor allem innerhalb der Neuen Linken. A. S. Neills Buch über sein ebenfalls seit 1921 entwickeltes Schulprojekt Summer Hill wiederum, das bis heute besteht, verkaufte sich weltweit in Rekordauflagen und stieß in den 1960er und 1970er Jahren auch bei liberalen Pädagogen auf großes Interesse. Wen rührte es nicht zu lesen, was Neill, der Sohn eines puritanischen Prügelpädagogen, der zunächst in den Fußstapfen seines Vaters wandelte, vom Wendepunkt seines Lebens berichtet. Er schlug einen Schüler, der unverschämt gewesen war, als ihm plötzlich klar wurde, was der kleine Junge wirklich getan hatte. Er war seinem Lehrer als Gleicher begegnet, hatte das hierarchische Gefälle zwischen Lehrer und Schüler, Kind und Erwachsenem missachtet. Neill prügelte nie wieder. Obwohl der Gründer der Reformschule den Begriff antiautoritär nicht auf Summerhill anwenden wollte und auch das Wort Leistungsprinzip nicht in den Mund nahm, war er fraglos ein Antiautoritärer. Eine basisdemokratisch organisierte Schule ohne Noten, Prüfungen und Strafen, in der Erwachsene und Heranwachsende gleiche Rechte besitzen und in der die Vollversammlung das oberste Entscheidungsgremium ist. Lehrer, denen Selbstbewusstsein, Selbstbestimmung und Glück des Schülers wichtiger sind, als messbare Leistungen. Schüler ohne Angst vor Lehrern, Prüfungen und Noten, die nicht einmal zum Unterricht kommen müssen, wenn sie keine Lust haben. All das war das

Gegenteil der preußischen Erziehungsmethoden, von denen das bundesdeutsche Erziehungssystem noch immer geprägt war. Es wunderte also wenig, dass Neill, der kein Revolutionär war und politische Erziehung generell ablehnte, dennoch zur Ikone der Studentenbewegung wurde.

Über seine Autoritäts- und Leistungsverachtung hinaus qualifizierte den Pädagogen für diese Rolle die Identifikation mit Freud und dessen Erkenntnissen über das kindliche Sexualleben. Freimütig schrieb er über seine eigene erste Erinnerung an sexuelles Handeln. Es waren die Doktorspiele, bei denen er sechsjährig mit seiner ein Jahr jüngeren Schwester erwischt wurde. Beide bezogen fürchterliche Prügel, mussten niederknien und Gott um Vergebung bitten. »Wie viel Impotenz und Frigidität mag auf das Eingreifen in eine frühkindliche Sexualbeziehung zurückgehen«, fragte sich das einstige Opfer solchen Eingreifens. »Sexspiele« stattdessen galten ihm als »Königsweg hin zu einem gesunden und ausgeglichenen Sexualleben im Erwachsenenalter«[180]. Als Neill im Jahr 1937 in Oslo einen Vortrag hielt, war Wilhelm Reich unter den Zuhörern. Die beiden wurden Freunde, und Neill, der schon von dem bekannten Freud-Schüler Wilhelm Stekel analysiert worden war, unterzog sich bei Reich einer Vegetotherapie. Was den Psychoanalytiker und den Pädagogen verband, war ihr Glaube an die ursprüngliche Güte des Menschen. Neill, der Summerhill als Beweis dafür wertete, dass »Freiheit Gutes hervorbringt«[181], nahm Reichs Botschaft von der sexuellen Unterdrückung als der schlimmsten Geißel der Menschheit dankbar auf: »Die Tabus und Ängste, die das Sexualverhalten prägen, sind die gleichen, die die Perversen hervorbringen, die im Park kleine Mädchen vergewaltigen und erdrosseln und die, die Juden und Neger foltern.«[182] Vielen Vätern, die die Gefängnisfolter ablehnten, so Neill, bleibe ihr eigener Minisadismus beim Züchtigen ihrer Kinder unbewusst. Denn ein Kind zu schlagen sei das Gleiche wie einen Juden im KZ zu quälen. Diese Botschaft mit ihren Stärken und Schwächen fiel bei den Eltern der in den späten 1960er Jahren Geborenen auf fruchtbaren Boden.

Der *Stern* vom Februar 1969 erschien mit dem Aufmacher »Deutschlands unartigste Kinder«. Von der Taille abwärts ist eine Frau im Minirock mit vier Kindern zu sehen. Das eine zerrt an ihrem Gürtel. Ein anderes beißt sie ins schlanke Bein. Ein drittes hat sich seinen Topf als Hut aufgesetzt, während es eine Puppe misshandelt. Das vierte hockt quengelnd unter der Geplagten. Der Artikel beschreibt die neu entstandenen Kinderläden als Orte von Schmutz, Regellosigkeit, Chaos und Libertinage. »Kleine Linke mit großen Rechten«[183] hieß es hämisch. Nicht viel anders, als die von bösartigen Gerüchten genährte Presseschelte, die knapp 50 Jahre vorher Vera Schmidts und A. S. Neills pädagogische Projekte getroffen hatten. Vergleichbar auch mit der Mischung aus Lügen, Halbwahrheiten und historischen Fehlinterpretationen, die heute im Zuge des »68er-Bashings« der Diffamierung der Kinderladenbewegung dient.

Schon 1967 war in Frankfurt der erste antiautoritäre Kindergarten der BRD entstanden, das Pionierprojekt einer Bewegung, die später das Erziehungssystem der Bundesrepublik äußerst positiv beeinflussen sollte. Gründerin war Monika Seifert, Tochter des Psychoanalytikers Alexander Mitscherlich, SDS-Mitglied seit 1958, Adorno-Schülerin und Reichianerin schon seit Beginn der 1960er Jahre. Zusammen mit vier Gleichgesinnten betreute sie in einem angemieteten Haus eine Gruppe drei- bis sechsjähriger Kinder, deren Eltern sich zu einem Elternkollektiv zusammentaten. Sie arbeiteten im Schatten der Frankfurter Studentenbewegung und äußerten sich erst 1969 öffentlich zu ihrem Projekt und dem dazugehörigen Erziehungskonzept. Dem Erlernen von Ordnung und Folgsamkeit des traditionellen Kindergartens stellt Seifert in einem *Konkret*-Artikel die Orientierung am Glück der Kinder gegenüber. Frei von Angst vor den Erwachsenen, schreibt sie, sollten diese ihre Bedürfnisse auf jeder Entwicklungsstufe äußern und regulieren dürfen. Unschwer erkennt man darin die Mentoren Vera Schmidt und A. S. Neill. Letzteren nennt sie den »Vorkämpfer für die Freiheit der Kinder«, distanziert sich aber von dessen politischer Abstinenz. Wie Helke Sander sah Monika Seifert ihren Kindergarten als »Teil der antiautoritären Bewegung«[184] und damit als »Keimzelle«[185] der neuen Gesellschaft in der alten.

Ein paar von Kritikern immer wieder Seifert persönlich zugesprochene Äußerungen zur kindlichen Sexualität stammen nicht von ihr, sondern aus dem Erfahrungsbericht des Elternkollektivs und werden meist verzerrt wiedergegeben. Die Eltern erklären darin, kindliche Onanie ebenso wie Exhibitionismus, Voyeurismus, analerotische Äußerungen und Doktorspiele nicht nur zu dulden, »sondern voll und ganz zu bejahen«. Außerdem fragen sie sich, ob eine solch positive Einstellung dazu führen könne, dass sich das kindliche Interesse »auf den Erwachsenen und evtl. auf dessen Genitalien« richtet. Mit dieser Möglichkeit müsse man rechnen, heißt es weiter, obwohl bisher nur indirekte Ansätze dafür zu beobachten waren. Entweder, so zwei Vermutungen, hätten die Kinder das nicht nötig gehabt, weil sie Sexualität in ihrem Kollektiv »realitätsgerecht mit Gleichaltrigen befriedigen« konnten. Oder »Hemmungen und Unsicherheiten«[186] der Erwachsenen hätten sie davon abgehalten.

Das Zitierte findet sich fast wörtlich in einem damals unter Linken sehr beliebten Buch mit dem Titel: *Kommune 2 – Versuch der Revolutionierung des bürgerlichen Individuums*. Es handelte sich um den im Kollektiv geschriebenen Erfahrungsbericht der fünf Monate nach der K1 gegründeten »K2«. Drei Frauen und vier Männer zwischen 19 und 29 Jahren, ein knapp drei Jahre altes Mädchen und ein knapp vier Jahre alter Junge bezogen im Februar 1967 eine Siebeneinhalb-Zimmer-Wohnung in Berlin-Charlottenburg. Sie waren fest entschlossen, der bürgerlichen Familie ein Kollektiv entgegenzuleben, in dem »eine befreiende soziale Kommunikation«[187] möglich sei. Einige der Mitglieder, darunter die beiden Kinder, hatten vorher in der wenig kinderfreundlichen K1 gewohnt, und die Erwachsenen hatten seit 1966 an den Kommune-Diskussionen im SDS teilgenommen. Das Experiment dauerte nicht länger als eineinhalb Jahre und scheiterte, wie die Beteiligten meinen, an ihrer einseitigen Konzentration auf die Arbeit an den eigenen psychischen Problemen, worüber die ursprünglich geplante Verbindung individueller und politischer Arbeit in Vergessenheit geraten war.

Fremd und vertraut zugleich ist mir die Lektüre dieses Buches heute, das mich, als ich es vor rund vierzig Jahren zum ersten Mal las, mit seinen nicht enden wollenden psychologischen Passagen eher langweilte. Fremd, aber imponierend erscheint mir das Engagement der Autoren, ihr bedingungsloser Wille zur Veränderung individueller, sozialer und politischer Verhältnisse und ihre Bereitschaft, dafür auf Karriere, Komfort und soziale Sicherheit zu verzichten. Noch immer vertraut ist mir die Motivation dafür: das Leiden an der Isolation derer, die sich mit dem Wertesystem der BRD der frühen 1960er Jahre nicht identifizieren konnten. Kritische junge Menschen hatten damals meist ein gespanntes Verhältnis zu Eltern und Geschwistern. Unter dem Zwang der bürgerlichen Verschwiegenheit mangelte es ihnen auch an Vertrauen in Freunde, so dass der »Wunsch nach humaneren Kommunikationsformen«[188] groß war. Ein Wunsch, zunächst nur schwer erfüllbar, weil es »fast nie möglich war, das persönliche Leid über seinen unmittelbaren Anlass hinaus mitzuteilen«[189]. Kaum mehr nachvollziehbar heute, wo dank der Popularisierung von Psychoanalyse das Sprechen über persönliche Probleme nicht einmal Fremden gegenüber noch etwas Besonderes ist. Schon vor der Gründung der KI hatten die Kommune-orientierten SDSler versucht, sich gegenseitig ihre Lebensgeschichten zu erzählen, waren daran aber immer wieder gescheitert. Erst, als man sich darauf einigte, von der politischen Motivation auszugehen, gelang der Durchbruch zur Offenheit, der dann zu »nächtelangen, rauschähnlichen Gesprächen«[190] führte. In der K2 versuchten die Mitglieder später, sich gegenseitig in einer von ihnen erfundenen »Reihenanalyse« zu erforschen und zu therapieren. Wilhelm Reichs *Die sexuelle Revolution* diente dabei als Leitfaden.

Anders als bei der KI und ihren Nachahmern führte die über allem schwebende »abstrakte Utopie von der befreiten Sexualität«[191] nicht zu holzhammermethodischen Beschlüssen wie der Auflösung von Zweierbeziehungen, dem Versuch zur Bildung eines sexuellen Kollektivs oder dem Abbau jeglicher Intimsphäre. Jeder hatte sein eigenes Zimmer und konnte wann immer er wollte die Tür schließen. Der Alltag war gut organisiert und sehr gewissenhaft an dem orientiert, was es für die Kinder, die tagsüber zunächst einen städtischen Kindergarten besuchten, zu tun galt. Reihum betreuten je zwei Kommune-Mitglieder ihre Jüngsten für je einen Tag. Sie brachten sie in den Kindergarten und später in einen Kinderladen, holten sie dort ab, kochten das Essen und brachten sie ins Bett. Grischas Mutter Marion und Nessims Vater Eike wurden dadurch von ihren alleinerziehenden Pflichten entlastet. Außerdem hoffe man, sie könnten dank des so gewonnenen Abstands und mit Hilfe der Beobachtungen der Mitbewohner Distanz zum eigenen Verhalten gegenüber dem Kind gewinnen.

Die Kinder selbst, hoffte und glaubte man, könnten ihre Fixierung auf den in der Kommune lebenden Elternteil teilweise abbauen, obwohl dieser die Hauptbezugsperson bleiben sollte. Alle Erwachsenen bemühten sich in den therapeutischen Gruppensitzungen, eigene auf traumatische Erlebnisse zurückgehende Verdrängungen aufzuheben und so einen Teil ihrer Kindheitserinnerung zurückzugewinnen. Dann, so die daran geknüpfte Erwartung, könnten sie die Kinder besser verstehen. Antiautoritär erziehen, heißt es am Schluss des Erfahrungsberichts, bedeute nicht, »die Kinder völlig sich selbst zu überlassen«. »Aufbauend auf eine weitgehende Triebbefriedigung« vielmehr, gehe es darum »eine Form der Realitätsbewältigung ohne Angst zu vermitteln«[192], unter anderem auch bei der Sexualerziehung.

Für Letztere galt der von Wilhelm Reich im Jahr 1935 formulierte Grundsatz, dass »das bloße Dulden oder ›Gestatten‹ des sexuellen Spiels« nicht genügt. »Die ausdrückliche und unmissverständliche Bejahung des kindlichen Geschlechtslebens seitens der Erzieher dagegen vermag auch dann die Grundlage sexualbejahender Ichstruktur-Bestandteile zu werden, wenn sie die gesellschaftlichen Einflüsse nicht zu entkräften vermag.«[193] Zwei, wie die K2-Leute dachten, besonders gute Beispiele ihrer daran orientierten Sexualerziehung wurden zur Zeit der Veröffentlichung des Buches weitgehend positiv aufgenommen. Heute werden sie von verschiedensten Autoren als abstoßende Beispiele unangebrachter Sexualisierung der Kinder, potentiellen Missbrauchs und Akzeptanz von Pädophilie gehandelt. Im ersten Fall bringt der Kommune-Bewohner Eike seinen Sohn Nessim zusammen mit dem Mädchen Grischa ins Bett. Er streichelt Nessim, ohne dabei vor seinem Penis halt zu machen. Grischa sagt, sie wolle auch einen Penis haben, und Eike erklärt ihr, sie habe eine Vagina, auch die zum Streicheln gut geeignet. Das entsprach dem Bemühen, den Kindern den Geschlechtsunterschied nicht wie üblich in Kategorien von haben oder nicht haben zu vermitteln und ihnen die Angst vor der Berührung ihrer Genitalien zu nehmen. Als Grischa noch immer einen Penis will, meint Eike, sie könne doch Nessims haben und streicheln. Der ist einverstanden, allerdings nur, wenn er dafür ihre Vagina anfassen darf. Die Kinder streicheln sich daraufhin an den Genitalien und »versuchen beide zu koitieren«[194].

Die zweite Szene des Anstoßes spielt sich zwischen dem Kommune-Mitglied Eberhard und Grischa ab: Das Mädchen bittet Eberhard, bei ihr zu schlafen. Obwohl er darauf wenig Lust hat, legt er sich angezogen neben sie aufs Bett, hoffend, sie würde einschlafen. Sie beginnt ihn stattdessen am ganzen Körper zu streicheln, zieht ihm die Unterhose aus und spielt mit seinem bald erigierten Penis. Das macht ihr großen Spaß, und sie bittet: »Penis in Vagina reinstecken.« Eberhard erklärt, dass sein Penis zu groß sei, streichelt dafür aber ihre Vagina, was sie »sehr zurückhaltend« zulässt. Noch immer will sie seinen Penis »reinstecken«, hält ihn schließlich an ihren Körper und verzichtet dann mit den Worten »zu groß«.[195] Im Kommentar wird Grischas Reaktion als gelungener Lernprozess gewertet, der ihr zeigte, »dass sie ihre genitale Sexualität realitätsgerechter mit Gleichaltrigen statt mit Erwachsenen«[196] befriedigen könne.

Dass damals viele so dachten, beweist ein Teilabdruck des Kommune-Buches im 1969 erschienenen *Kursbuch* Nummer 17, der die genannten Passagen enthält. Beigelegt war ein Bilderbogen, auf dem Grischa und Nessim nackt beim Betrachten und Zeigen ihrer Genitalien zu sehen sind. Keiner störte sich damals an den kindlichen Nackedeis, während 41 Jahre später in einem *Spiegel*-Artikel Gesichter und Teile der Körper unkenntlich gemacht sind, so dass aus den harmlosen Fotos Kinderpornos werden. Ein Abgrund trennt die damalige von der heutigen Einstellung zum Thema Kinder und Sexualität. Einst war es die Hauptsorge moderner Eltern und Erzieher, die Kinder vor psychischen Verkrüppelungen durch Sexualverbote zu bewahren. Heute steht die Angst vor Verletzung oder Traumatisierung durch verantwortungslose Erwachsene, der Pädophilen oder »Kinderschänder«, im Vordergrund.

Waren Eberhard und Eike von der K2 Pädophile? Wollten sie die Kinder sexualisieren, erregen oder ihre Neugierde gar in den Dienst der eigenen Befriedigung stellen? Ich glaube nicht, denke aber, dass sie in ihrem Wunsch, den Kindern die Schädigungen zu ersparen, an denen sie selbst noch litten, übers Ziel geschossen sind, begonnen mit dem Bemühen drei- bis sechsjährige als vollständig Gleiche zu betrachten. Die Berichte der K2 legen nahe, dass in bestimmten Situationen der Unterschied zwischen Kind und Erwachsenem verschwamm. So, wenn Eberhard Grischas Vagina streicheln wollte, weil sie seinen Penis betatscht hatte. Genau wie Nessim verhielt er sich in dieser Situation, als Grischa sein Geschlechtsteil berührte und er im Gegenzug verlangte, ihres anzufassen. Dass Vera Schmidt ihren Erzieherinnen alles untersagte, was das Kind »erregen und sein Selbstgefühl erniedrigen« könnte, hatte er offensichtlich überlesen.

An die Möglichkeit, dass Sexualtoleranz zum Schaden der Kinder ausgenutzt werden könnte, dachte damals kaum ein Linker. Der »Kinderschänder« galt als übles Feindbild vergangener Jahrzehnte, als Homosexuelle pauschal zu Knabenverführern oder »Kinderfickern« gebrandmarkt wurden. Noch 1967 hatte sich Volkes Stimme nach Rache brüllend gegen den schwulen Kindermörder Jürgen Bartsch erhoben, uneingedenk dessen, dass das Monster selbst ein gequältes und sexuell missbrauchtes Kind gewesen war. All das hatte man noch in schlechtester Erinnerung. An die

Nachtseiten der Sexualität zu denken, lag deshalb nicht im Trend. Das überließ man den Reaktionären. Selbst hoffte man, schon den Beginn einer besseren Epoche zu erleben, deren Früchte allerdings erst die jetzt noch Kleinen ernten könnten. Sinnlichkeit und Zärtlichkeit würden dann die Gesellschaft prägen, und die Lust könnte von allen ungetrübt genossen werden. Ehe und Familie wichen besseren, freiwilligen Formen des Zusammenlebens, Prostitution und Sexualverbrechen stürben aus. Zu schön war die Vision von der neuen Liebeswelt oder der Erotisierung des ganzen Lebens. Wer hätte sie zerstören wollen?

Die Sexuelle Revolution, der sich linksradikal gesinnte junge Menschen der späten 1960er Jahre verschrieben, hat ebenso wenig stattgefunden wie die gleichzeitig erhoffte Soziale Revolution. Der bloße Versuch aber, politische mit individueller und sexueller Emanzipation zu verbinden, dürfte der bis heute wirksame Sprengstoff gewesen sein, der der antiautoritären Protestbewegung so viele erbitterte Feinde einbrachte. Weniger, dass ihre Anhänger die bestehende Gesellschaft für ungerecht hielten, verübelte man ihnen, sondern vielmehr ihre hedonistische Utopie. Eine Welt wagten sie zu propagieren, in der nicht nur soziale Gerechtigkeit herrscht, sondern in welcher der Sinn des Lebens für alle im Genuss besteht.

Diese Utopie jedoch, die an den Frühsozialismus, die russische Kulturrevolution und Wilhelm Reichs Sex-Pol-Bewegung anknüpfte, verleitete die eifrigsten ihrer Anhänger auch zu einem großen Fehler. Weil sie dem negativen Bild von der körperlichen Liebe, mit dem sie aufgewachsen waren, etwas radikal anderes entgegensetzen wollten, verfielen sie ins gegenteilige Extrem, glorifizierten die Sexualität und schrieben ihr eine ursprünglich gute Natur zu. Obwohl sie es als Schüler von Marx, Freud, Adorno und Marcuse hätten besser wissen müssen, verfielen sie in diesem Punkt der Schwäche ihres Lieblingsautors Wilhelm Reich. Ein Fehler, der sich nicht viel später rächen sollte.

II
Vom Kuschelsex zur Schmerzlust

SPÄT IN EINER SOMMERNACHT DES JAHRES 1970 kam ich allein nach Hause. Im Flur des Studentenheims zwischen der ersten und zweiten Eingangstür, dort wo die Briefkästen und Klingeln waren, spürte ich jemanden hinter mir und dann den würgenden Griff von Händen an meinem Hals. Der Angreifer stieß mich nach vorn und verstärkte den Druck auf meine Kehle. Als ich den Kopf gerade noch ein Stück drehen konnte, sah ich das Halbprofil eines jungen Mannes. Er war konventionell gekleidet, graumäusig, nicht hässlich und scheinbar völlig harmlos. Offensichtlich hatte er vor, mich durch die zweite Tür ins Hausinnere zu drängen, um mich dann in einer Ecke zu vergewaltigen. Zu schreien, überlegte ich, so schnell wie man es nur in solchen Situationen kann, hätte keinen Sinn. Hier zwischen den beiden Türen würde mich keiner hören. Mit einem Mann, der mich schon im Würgegriff hatte, zu kämpfen kam ebenso wenig in Frage. Blieb nur eins, mit ihm zu sprechen, solange er mir nicht die Luft abdrehte. Sicher, dachte ich, hielt dieser Spießer die Frauen im SDS-Wohnheim für sittenlose Schlampen, die sowieso mit jedem ins Bett gehen. Wenn ich ihn davon abbringen könnte, würde er mich in Ruhe lassen.

»Ich verstehe sie«, sagte ich, »sie müssen als Kind Furchtbares erlebt haben. Sonst hätten sie eine Freundin und würden nicht so was machen.« Der Druck auf meine Kehle ließ nach. »Aber«, log ich, »ich habe auch Schlimmes hinter mir. Wenn sie mir etwas antun, dann nehm ich mir das Leben.« Der, der mich vergewaltigen wollte, stand bewegungslos, die Hände noch immer an meinem Hals. »Was war es, was hast du erlebt«, flüsterte er aufgeregt, »erzähl, erzähl«. »Nein«, sagte ich, »das ist zu schlimm zum Erzählen, wenn Sie mir etwas antun, dann bring ich mich um, und Sie werden für den Rest Ihres Lebens darunter leiden.« »Ich tu dir nichts, aber erzähl, erzähl«, bettelte der Mann. »Lassen Sie mich in Ruhe«, sagte ich, »Sie werden es sonst bereuen«. »Ich fass dich nicht an, ich tu dir nichts, aber darf ich dich anspritzen?«, fragte der Vergewaltiger fast verlegen. »Nein«, antwortete ich und genoss die Macht, die ich über ihn gewann. »Geh, dreh dich nicht um«, sagte der Mann entsagend und ließ mich los. Ich ging durch die zweite Eingangstür ins Haus und hörte wie er durch die erste Tür ins Freie huschte. Auf der Treppe begegnete ich jemandem, den ich nur verschwommen sah. Es war mein bester Freund Wolfgang, ein Psychologiestudent, den ich erst erkannte, als er mich am Arm packte und fragte, was los sei. »Da war gerade einer, der mich vergewaltigen wollte, und ich habe es ihm ausgeredet«, soll ich undramatisch mit etwas verlangsamter Stimme gesagt haben. »Hat er dir was getan?«, fragte Wolfgang erschrocken. Als ich versicherte, dass es mir gut gehe wollte er wissen, wo denn der Kerl jetzt sei. »Draußen« sagte ich, und der angehende Psychologe beschloss, den Möchtegern-Vergewaltiger zu suchen. »Ich wollte mit ihm reden, herausfinden, was in so einem Menschen vorgeht«, erklärte er später und war enttäuscht, den Mann nicht gefunden zu haben.

Ich habe die Geschichte oft erzählt. Aber spätestens seit den 1980er Jahren wurde sie mir nicht mehr geglaubt. Ein Vergewaltiger, der sich von seiner kalt geplanten Tat abbringen lässt. Und dann ein Freund, der den Bösewicht sucht, nicht etwa, um ihn zusammenzuschlagen, sondern um mit ihm zu reden. Das könne doch nicht sein, ich müsse es erfunden haben. Umso mehr meine ich, dass der Vorfall das Beste der damaligen Zeit widerspiegelt. Er vermittelt etwas von der Menschlichkeit und Toleranz der noch jungen Neuen Linken, ein Lebensgefühl von dem sogar der potentielle Vergewaltiger etwas mitbekommen haben könnte. Er zeigt auch die Wissbegierde und Rationalität der links engagierten Studenten. Wissen wollten wir damals, warum Menschen böse sind und warum Männer vergewaltigen, wissen, um verändern zu können.

Nur wenige Jahre später entging ich noch einmal einer Vergewaltigung, diesmal durch Flucht. Der Täter war ein Haschisch-Dealer, der sich in der linken Szene bewegte. Nur ein paar Tage vorher hatte er einer anderen Frau brutalste Gewalt angetan. Feministinnen planten, ihm gemeinsam aufzulauern, um ihn dann mit Frauenhänden zu verprügeln. Ich war gegen solche Selbstjustiz, die Feministinnen sahen von ihrem Vorhaben ab, und schließlich war es der allzeit kampfbereite Joschka Fischer, der den Bösewicht mit einigen Fausthieben abstrafte. 1970 dagegen war der Glaube an die Veränderungsfähigkeit von Gesellschaft, Mensch und menschlicher Sexualität in linken Kreisen noch weitgehend Konsens. Sexuelle Gewalt, glaubte man, kommt von sexueller Unterdrückung, von der Gewalt, die man der Sexualität angetan hat. Nicht auf das Bestrafen von Vergewaltigern und »Kinderschändern« – man sagte damals Sexualstraftäter – galt es sich zu konzentrieren, sondern auf die Errichtung einer Gesellschaft, die niemanden mehr dazu macht. Nicht einmal die neoleninistischen und -stalinistischen K-Gruppen, die inzwischen das politische Bild zu bestimmen begannen, hätten Gegenteiliges behauptet. Ihrer Überzeugung zufolge allerdings war, was mit Sexualität zu tun hat, nur ein Nebenwiderspruch, nicht anders als die »Frauenfrage«. Daraus entstehende Probleme würden sich mit dem Fall des Kapitalismus von selbst erledigen.

Schwuler und feministischer Neubeginn

Genau zu dieser Zeit, als mit dem Antiautoritarismus auch die kulturrevolutionären Ansprüche der linken Bewegung an den Rand gedrängt wurden, brachte eine Art zweiter Sexrevolte Leben in den langweilig werdenden politischen Alltag. Eine Gruppe schwuler Studenten, in Frankfurt vereint unter dem Namen Rotz-

Schwul (Rote Zelle Schwul), fiel seit 1971 durch Provokationen auf, wie man sie seit KI-Zeiten nicht mehr erlebt hatte. Sie outeten sich vor allen Freunden und berichteten von den bisher schamhaft verschwiegenen schwulen Sexualpraktiken und Ritualen. Mit dem gleichen Genuss wie vor ihnen die 68er-Sexrevolutionäre sprachen sie vom Ficken und Vögeln und von den Einzelheiten der eigenen Sexerlebnisse. Noch einmal wurde mit der Heimlichtuerei, dem Verschweigen und Verbergen aufgeräumt, drastischer als je zuvor. An der Universität, in linken Kneipen und auf Politveranstaltungen, überall waren die neuen Schwulen auf einmal zu sehen: Androgyn agierende Männer mit Henna gefärbten, langen Haaren, in engen, bunten Hosen zu Seidenhemden, in Frauenkleidern oft, Federboas schwingend, mit Lippenstift und Glitter im strahlenden Gesicht. Kreischend und tölend provozierten sie mit dem schlimmsten Klischee, mit dem Bild vom effeminierten Mann, von der geschmacklosen Schwuchtel, die bis ins eigene Lager hinein Ekel erregt und Homophobie auf sich zieht wie das Licht die Fliegen. Diese Tunte, so die Begründung für solches Gebaren, die unter den Nazis als Erste im KZ landete, weil sie nicht bereit war, sich zu verstecken, galt es zu rehabilitieren. »Tuntenstrategie« oder »Feminismus« nannte sich dieses politische Programm, dessen Vertreter mit der entstehenden Neuen Frauenbewegung sympathisierten.

24 Jahre hatte es gedauert, bis die Bundesrepublik endlich die Nazi-Version des Paragraphen 175 revidierte. Sex zwischen erwachsenen Homosexuellen führte seither nicht mehr wie einst ins KZ oder wie bis 1969 noch ins Gefängnis. Das allzu lang geübte Versteckspiel war obsolet, ebenso wie die traurigen, fensterlosen Homobars mit getarntem Eingang. Unzeitgemäß waren die unauffällig-überkorrekt gekleideten Anhänger der namenlosen Liebe und ihre chronische Angst vor Entdeckung. Tatsächlich meinten damals die meisten Menschen meiner Generation, einschließlich der links engagierten, noch nie einem schwulen Mann begegnet zu sein. Routinemäßig verschwiegen die einen, was die anderen nicht wissen wollten. Die Homosexualität des Hans-Jürgen Krahl

zum Beispiel war nicht nur der Tomatenwerferin aus der Weiberrevolte entgangen, sondern auch fast allen anderen SDSlern. Dieter Bott, Mentor der Schülerbewegung Nordhessens, sagte mir vor ein paar Jahren, dass er zu Zeiten der Studentenbewegung nicht einmal vom Schwulsein seines Kollegen Günter Amendt gewusst habe. Er, der Aufklärer, der vor den Homberger Gegenschülern die Homosexuellen verteidigt hatte, gestand mir, was er erwartet hatte als er sich Rosa von Praunheims Film *Nicht der Homosexuelle ist pervers, sondern die Situation, in der er lebt* ansehen wollte. In der Schlange vor der Kasse, so seine Befürchtung, müsste er die Belästigungen schwuler Männer abwehren. Groß war seine Erleichterung, als dort nur zivilisierte Menschen anstanden und keiner daran dachte, ihn anzugrapschen. Als ebenso erleichternd empfand er, was er später auf der Leinwand sah. Der Film, der zur Initialzündung der neuen Schwulenbewegung wurde, beginnt mit einer Szene, in der typische junge Spießer der damaligen Zeit von der großen Liebe träumen, wie sie vom deutschen Schlager propagiert wurde. »Das ist ja alles wie bei uns«, konnte Dieter Bott beruhigt feststellen, »wie die so verklemmt die Bettdecke über sich ziehen.«[197]

Ganz wie bei uns – ich meine den heterosexuellen Aktivisten der Studenten- und Sexrevolte – klingt Praunheims heute so seltsam anmutende Abrechnung mit dem, was er, sein theoretischer Berater Martin Dannecker und andere wütende Schwule im Jahr 1971 abschaffen wollten. »Die romantische Welt des Kitsches und der Ideale«, so der Kommentator aus dem Off, ist nur ein Reflex auf den Selbsthass derer, denen man »in Jahrhunderte langer christlicher Erziehung eingeprägt hat, was für Säue sie sind«[198]. Erbittert zieht Praunheim dann gegen die bürgerliche Ehe ins Feld und lässt kein gutes Haar an denen, deren »größtes Glück eine von Kirche und Staat erlaubte lebenslängliche Zweierbeziehung«[199] ist. Schwule, konstatiert er, haben sich alle sexuellen Freiheiten genommen, »von denen der Spießer nur träumen kann«. Trotzdem sind sie unfähig »diese Freiheiten für sich lustvoll auszunutzen«[200]. Gemeint ist zwar die Promiskuität, nicht aber die der »Parkficker«

oder »Pissbudenschwulen« aus dem Ghetto der homosexuellen Subkultur. Diese Mainstream-Schwulen werden ebenso verrissen wie die Romantiker vom Anfang des Films, ein paar lächerlich wirkende schöngeistige Päderasten oder die sorgfältig gestylten Konsum- und Mode-orientierten »Freizeitschwulen« und schließlich die mit Motorrädern gezeigten »Ledertypen«. Nichts im damaligen Leben typischer Schwuler findet Gnade vor Praunheims beißender Kritik des Bestehenden, in der sich der Wille zur radikalen Transformation ausdrückt. Alles bis hin zur Sexualität selbst, so das Credo der sich formierenden Schwulenbewegung, muss radikal verändert werden. Einzige, wenn auch negative, Heldin in der schwulen Misere ist die Tunte, »der Schrecken des Spießers und des angepassten Schwulen, der durch sie verraten werden könnte«[201].

Die letzte Szene des Films spielt in einer schwulen Wohngemeinschaft. Die Bewohner, alle nackt auf einem kommunetypischen Matratzenlager, vermitteln einem schüchternen Neuling die Grundsätze ihrer Bewegung. Ein etwas älterer, großer und starker Mann benimmt sich wie ein Anführer, obwohl das, was er wahrscheinlich sagt, programmatisch indoktrinierend aus dem fernen Off erklingt: »Das Wichtigste für uns ist, dass wir uns zu unserem Schwulsein bekennen ... Wir müssen den Mut haben, es jedem ins Gesicht zu sagen«. »Wir Schwule müssen aufhören, Schwule zu hassen«. ... »Wir müssen uns organisieren« ... »Lasst uns zusammen mit den Negern der Black Panther und der Frauenbewegung gegen die Unterdrückung der Minderheiten kämpfen.« ... »Werdet stolz auf eure Homosexualität! Raus aus den Toiletten, rein in die Straßen! Freiheit für die Schwulen!«[202] Die Kommune wird zur Partei mit einem Vorsitzenden und einem Programm mit Anspruch unumstößlicher Wahrheit. Praunheims Konzession an die K-Gruppen.

Als Reaktion auf diesen Film entstanden überall in der BRD schwule Gruppen mit unterschiedlichen politischen Präferenzen und Programmen. Alle kämpften mit einem zwiefältigen Anliegen. Sie wünschten sich einen Rückhalt für das persönliche

Coming-out und ein glücklicheres Sexualleben als bisher. Gleichzeitig wollten sie ihren Protest gegen Homophobie und Diskriminierung im Rahmen der linken Bewegung artikulieren. Da die Weiberräte mit Männern nichts zu tun haben wollten, boten sich als Bündnispartner nur die politischen Organisationen an, die aus der Studentenbewegung hervorgegangen waren. Da war die inzwischen legalisierte DKP (Deutsche Kommunistische Partei) mit ihrer Studentenorganisation und der Westberliner SEW (Sozialistische Einheitspartei Westberlin). Diese konkurrierte mit sektiererischen Miniparteien wie dem KBW (Kommunistischer Bund Westdeutschlands), der KPD/AO (Kommunistische Partei Deutschland Aufbauorganisation) und der KPDML (Kommunistische Partei Deutschland Marxisten Leninisten). Obwohl DKPler wie Maoisten und Neostalinisten die Befassung mit persönlichen Bedürfnissen, sexueller Identität oder Kritik der traditionellen Geschlechterrollen für kleinbürgerlich hielten, bemühten sich alle um die entstehende schwule Bewegung und versprachen deren Interessen zu vertreten. Nur für die Tuntenstrategie hatten die Funktionäre wenig Verständnis. Trotzdem ließ sich ein Teil der Schwulengruppen zunächst auf ein Bündnis mit verschiedenen K-Gruppen ein. In Berlin zum Beispiel gelang es der SEW, die Schwulenbewegung, die sich dort vorsichtig HAW (Homosexuelle Aktion Westberlin) nannte, ein paar Jahre lang zu vereinnahmen, bis sich die Feministen durchsetzen konnten.

Die Frankfurter RotzSchwul dagegen verbündete sich mit dem RK (Revolutionärer Kampf), in dem nicht nur die Sponti-Szene, sondern auch die autonome Frauenbewegung keimte. Wie im KBW, der KPD/AO und der KPDML versuchten die RK-Genossen, mit dem Proletariat in Kontakt zu treten und begannen mit der sogenannten Betriebsarbeit. Sie ließen sich als Hilfskräfte in den nahe Frankfurt gelegenen Opel-Werken anheuern und teilten den Alltag der Fabrikarbeiter. Anders als die K-Gruppler taten sie dies nicht, um Mitglieder für ihre Organisation zu gewinnen, sondern im Sinne der Feldforschung. Erst aus dem Studium des Arbeiteralltags, meinte man, könne eine Strategie zur Zusammenarbeit von Intellektuellen und Proletariern entstehen. Anders als bei den K-Gruppen war das Erbe der antiautoritären Revolte im RK noch nicht ganz vergessen. Der Anspruch, das Persönliche als das Politische und umgekehrt zu sehen, die Versuche der utopischen Antizipation und der sexuellen Befreiung im Hier und Jetzt und auch die Selbstdarstellung mittels Provokation, Satire und Phantasie wurden noch diskutiert, so dass die Tuntenstrategie willkommen war.

Die RotzSchwul-Mitglieder beteiligten sich an den vom RK organisierten Hausbesetzungen und gründeten eine schwule Wohngemeinschaft. Wie die RKler betrieben sie Theorie, bevor sie politisch aktiver wurden. Sie lasen Marcuse, den Streiter für die Partialtriebe, Fritz Morgenthalers psychoanalytische Homosexualitätstheorie und die Standardwerke des amerikanischen Feminismus. Von den K-beeinflussten Kollegen anderer Städte unterschieden sich die Frankfurter nicht nur durch ihr sexualisierendes Auftreten, sondern auch in der Einstellung zur schwulen Subkultur. Der bedingungslosen Ablehnung dieser zugunsten eines würdigeren Lebens im Rahmen der linken Bewegung setzten sie eine Strategie entgegen, die vom RK abgeschaut war. Wie die RK-Genossen sich in der Fabrik unters Proletariat mischten, um dort Feldforschung zu betreiben, so begaben sich die RotzSchwul-Mitglieder in die Subkultur, um dort das Leben angepasster Homosexueller zu beobachten und Strategien zu deren Politisierung zu entwerfen.

Im Juni 1973 verteilte die RotzSchwul auf dem Campus der Frankfurter Universität Flugblätter, die zu einem Fest vor der Herrentoilette eines nahe gelegenen Parks einluden. Vorausgegangen waren mehrere Razzien auf dieser und anderen sogenannten Klappen. »Schwule Säue raus« war der Schlachtruf der das Klo stürmenden Polizisten gewesen, erfuhr man aus dem Flugblatt. Im erklärenden Teil des Textes wird die Gespaltenheit der Bewegung in Bezug auf den herkömmlichen schwulen Sexalltag überdeutlich. »Bei Nacht und Dunkelheit schleichen wir uns mit schlechtem Gewissen hin«, heißt es zur Institution Klappe. »Abgedrängt aus der Gesellschaft haben wir keine Wahl, uns bessere Treffpunkte zu suchen ... Schwule Lust können wir nur als Schweinerei erleben.« Statt es bei der darin enthaltenen Forderung nach menschlicher anstelle von schweinischer Lust und nach »besseren Treffpunkten« zu belassen, wird das Recht auf sexuelle Öffentlichkeit eingeklagt. »WIR SOLLEN RAUS AUS DEN KLAPPEN – REIN INS GHETTO!!!«, heißt es am Schluss. »Wir werden auf der Klappe unterdrückt, weil wir dort öffentlich schwul sind. Wir feiern unser Park- und Klappenfest, ... weil wir uns nicht mehr verstecken wollen.«[203]

In Begleitung von Freunden ging ich zum Parkfest. Das Terrain um das alte Klohaus war mit Lampions geschmückt, man spielte Rockmusik und trank Bier. RotzSchwule sowie Subkultur-Schwule waren zahlreich erschienen, und auch ein paar Heterosexuelle gehörten zu den Gästen. Ein ständiges Kommen und Gehen zwischen dem Pissoir und dem Bereich davor verbreitete eine merkwürdig gedämpfte Atmosphäre. Zentrum der Kommunikation nämlich war das Innere der Klappe, ein Ort, an dem normalerweise Schweigen herrscht. So sah sie also aus die schwule Promiskuität, an deren unendlich viele Orgasmen kein Heterosexueller je herankommt. Eine Weile überlegte ich, selbst die Klappe zu betreten, um mit eigenen Augen zu sehen, was dort geschah. Der Gedanke aber als Voyeurin oder Nymphomanin missverstanden zu werden, hielt mich davon ab.

Vorreiter der wechselhaften Liebe, der damals unter Linken etwas heroisch Tabu-Niederreißendes anhaftete, waren die Schwulen, denn sie taten es am häufigsten. Auch bei der Absage an den Macho, der Ablehnung der Trauschein-Ehe und der bürgerlichen Kleinfamilie gingen sie allen anderen voran. Waren die Schwulen doch nie als richtige Männer anerkannt gewesen, durften weder heiraten noch Familie gründen. Aus den alten Nöten wurden jetzt neue Tugenden. Die Anhänger der beginnenden Schwulenbewegung konnten sich in jeder Hinsicht als sexuelle Avantgarde fühlen. Und die Euphorie, mit der sie ihr Sichtbarwerden genossen, war ansteckend. Ihre gerade erst legalisierte Lust – so lange als schmutzig oder gar krank diffamiert – erschien ihnen zur Stunde ihrer Befreiung als ebenso gut, schön und gesund wie der harmonische Geschlechtsverkehr im Sinne Wilhelm Reichs. Je mehr man davon bekam, desto besser. Während andere Aktivisten dieser Zeit politische Ernsthaftigkeit vor sich hertrugen, galt bei den organisierten Schwulen Frankfurts, die Regel »Sex geht vor«. Diese entband jeden, sobald er ein Sexualobjekt verfolgte, von allen momentanen Verpflichtungen.

Gleichzeitig mit der Schwulenbewegung schlug in der Bundesrepublik die Stunde der Neuen Frauenbewegung. Der Anstoß kam aus Frankreich, wo im April 1971 Das »Manifest 343«, die Selbstbezichtigung der Abtreibung von 343 Frauen, im *Nouvelle Observateur* erschien. Prominente wie Jeanne Moreau, Marguerite Duras und Françoise Sagan waren dabei, an der Spitze Simone de Beauvoir. Die Autorin des 1949 veröffentlichten Werks *Das andere Geschlecht* wurde in der BRD bisher nur von jenen intellektuellen Frauen verehrt und gelesen, die sich vor ihrer Hinwendung zur Neuen Linken für den französischen Existentialismus interessiert hatten. Jetzt aber wurde sie zur Galionsfigur des Feminismus, wie ihn die dem linksliberalen Milieu entstammende Journalistin Alice Schwarzer propagierte. Grund dafür war vor allem der politische Kurswechsel der Philosophin, die sich lange als Nicht-Feministin betrachtet hatte. Neuerdings redete sie dem Kampf um die konkrete Situation der Frau das Wort und warf der Sowjetunion vor, in der Herstellung von Geschlechtergleichheit versagt zu haben. Interviews mit der schönen Gefährtin Jean-Paul Sartres, die nie heiratete, bewusst nie Mutter wurde, nie mit ihrem Lebenspartner zusammenlebte und sich das Recht auf Beziehungen mit anderen Männern nahm, häuften sich. Alice Schwarzer, die damals in Paris lebte und dort zu de Beauvoirs Anhängerin und Freundin geworden war, griff die Idee der Selbstbezichtigung auf und organisierte eine ähnliche Aktion gegen das Abtreibungsverbot in der BRD.

374 Fotos von Frauen, die sich ihrer Leibesfrucht entledigt hatten, wurden im *Stern* veröffentlicht. Wieder fehlte es nicht an bekannten Namen wie Senta Berger, Romy Schneider oder Ve-

ruschka von Lehndorff, und die liberale Öffentlichkeit reagierte ausgesprochen positiv auf die Aktion. Von den aus der Studentenbewegung hervorgegangenen Frauengruppen schlossen sich zunächst nur wenige an, weil sie die Aktion für sensationsheischend und kleinbürgerlich hielten. Zu denen, die nach anfänglichem Zögern mitmachten, gehörte der Frankfurter Weiberrat. De Beauvoirs *Das andere Geschlecht* erreichte inzwischen auch jüngere Frauen und dürfte die Neue Frauenbewegung mehr als jedes andere Buch beeinflusst haben.

Beim heutigen Lesen fällt auf, wie negativ die kinderlose de Beauvoir Geburt und Kinderaufzucht gegenübersteht. Das war typisch für intellektuelle Frauen, gezeichnet vom Gebärzwang des deutschen und italienischen Faschismus und dem, was der Konservatismus der 1950er Jahre davon reproduziert hatte. Das Kapitel über die Mutterschaft beginnt bezeichnenderweise mit dem Thema Abtreibung. Empört benennt de Beauvoir die große »Heuchelei« die die »bürgerliche Gesellschaft« bei diesem Thema »entfaltet«.[204] Zum Beispiel dann, wenn sie das Eigentum der Eltern an den Kindern für selbstverständlich hält, das Eigentum der Frau an ihrem Fötus aber verneint. Denn Letzterer, meint de Beauvoir, sei doch nichts anderes als ein »Parasit«[205] am Körper der Frau. Die Schwangerschaft selbst beschreibt sie mit unverhohlener Abscheu: Die Frau »nimmt zu, ihre Brüste werden schwer und schmerzen sie, sie bekommt Schwindelanfälle, Erbrechen. Tag für Tag wird sich ein Polyp, der aus ihrem Körper geboren und ihrem Körper fremd ist, in ihr mästen. Sie wird zu einer Beute ihrer Gattung«[206].

Sich vom Fluch dieser Gattung zu befreien, ist laut de Beauvoir die moralische Verpflichtung jener existentialistischen Ethik, der sie selbst anhängt: Befreiung des Individuums in seiner Transzendenz zu immer neuen Freiheiten im Gegensatz zur Immanenz, dem Verharren im Gegebenen. Auflehnung gegen diese Immanenz ist der einzige Weg, »der denen offen steht, die keine Möglichkeiten haben, etwas aufzubauen«[207]. In der Welt der Männer zur Immanenz verurteilt, bleibt der Frau keine andere Wahl, als dagegen anzukämpfen. Haupthindernis ist dabei die Natur, wie sie sich in den Geschlechterunterschieden manifestiert. Deren Gebote wiederum kann der Mensch überwinden, weil er im Gegensatz zum Tier kein Gattungswesen ist, sondern eines, das sich selbst und seine Geschichte verändert. Es geht deshalb darum, herauszufinden, warum die Frau in der gegebenen Gesellschaft als »die Andere« begriffen wird, »zu wissen, was die Menschheit aus dem Weibe gemacht hat«[208] und was sie aus jeder einzelnen Frau immer wieder macht. »Man kommt nicht als Frau auf die Welt, man wird es.«[209]

De Beauvoirs ausführliche Beschreibung und Deutung der körperlichen Geschlechterunterschiede, die, wie sie denkt, am meisten zu dem beigetragen haben, was die Frau geworden ist, kommt konservativ einher. Nicht anders als alle patriarchalischen Apologeten der Ungleichheit von Mann und Frau beginnt die Existentialistin mit Beispielen solcher Unterschiede aus dem Tierreich. Bei den Insekten zunächst, unter denen das Männchen während der Befruchtung »mehr Initiative als das Weibchen«[210] beweist, es angreift und festhält, um ihm den Koitus aufzuzwingen. Mehr noch bei Vögeln und Säugetieren, heißt es, drängt sich das Männchen dem Weibchen auf, dringt in dieses ein und »versehrt« es »in seinem Inneren«. Das Organ, dessen es sich dabei bedient, erscheint als »Werkzeug«, das weibliche Pendant nur als »ein passives Gefäß«[211]. Das Weibchen wird bei der Befruchtung zunächst »verletzt« und dann durch das Eigenleben des befruchteten Eies »sich selber entfremdet«[212]. Von solch spitzfindigen Beobachtungen schlägt de Beauvoir den Bogen von den Säugetieren zum Menschen, bei dem der Geschlechterunterschied durch den unvergleichbaren Schmerz bei der Geburt am größten ist. Während das trotz der Fortschritte bei der Geburtshilfe bis heute unbestreitbar ist, sind viele der de Beauvoir'schen Schilderungen des Frauenkörpers und seiner Aktionen schwer nachvollziehbar. So, wenn sie den Penis als »sauber und einfach wie ein(en) Finger« beschreibt, die Vagina aber als »geheimnisvoll, versteckt, qualvoll, schleimig, feucht« und die Frau selbst als »eine fleischfressende Pflanze, an der Insekten kleben bleiben«[213].

Den menschlichen Sexualakt schildert de Beauvoir, die man als Vertreterin der Freien Liebe für eine Hedonistin halten sollte, als etwas Grobes und Gewalttätiges. Dem Mann mit seinem zur Waffe werdenden »Werkzeug« kommt dabei der aggressive Part zu, der Frau als »Beute der Gattung«[214], der passive. Die besondere Bedeutung, die die Kritikerin männlicher Suprematie in diesem Zusammenhang der Defloration zukommen lässt, steht, obwohl aus der Opferperspektive gesehen, den althergebrachten männlichen Zuschreibungen in nichts nach: »Das offensichtlichste und abscheulichste Merkmal des physischen Besitzes ist die Penetration durch den männlichen Geschlechtsteil. Das junge Mädchen hasst es, daß jemand ihren Körper ... perforieren kann, wie man ein Stück Leder durchsticht, daß er ihn zerreißen kann, wie man ein Stück Stoff zerreißt.«[215]

Es war Simone de Beauvoir, die – lange vor bestimmten männerhassenden Feministinnen der 1970er Jahre – die Penetration mit der Vergewaltigung verglich. Und sie war es, die – lange vor den Vertreterinnen und Vertretern des neuen Libertinismus – die Schmerzlust zum »normalen Bestandteil der erotischen Ekstase«[216] erklärte. »In der Erotik liegt ein Sich-Losreißen von seinem eigenen Ich, ein Überschwang, eine Ekstase. Auch das Leiden zerstört die Grenzen des Ich.«[217] Während sich die Existentialistin damit in der philosophischen Tradition des Irrationalismus bewegt, beruft sie sich gleichzeitig auf die den positiven Wissenschaften entstammenden Erkenntnisse des Alfred Kinsey. Sie übernimmt dessen These von der organzentrierten Lust des Mannes, die sich von der im ganzen Körper gefühlten Erregung der Frau unterscheidet. Ausführlich zitiert sie den Sexualbefreier der 1950er Jahre mit seiner These von der Unempfindlichkeit des Vagina-Inneren, stellt die Möglichkeit eines dort ausgelösten Orgasmus in Frage und verweist auf die entsprechende Kontroverse unter Wissenschaftlern und Psychoanalytikern.

Wie Sartre steht de Beauvoir der Psychoanalyse trotz offensichtlicher Faszination und Inspiration skeptisch gegenüber. Ihre Kritik an Freud, dessen Thesen sie oft großzügig mit denen seiner

Schüler C. G. Jung, Alfred Adler oder Helene Deutsch über einen Kamm schert, beginnt mit dem Begriff des Phallus. Einmal meine er tatsächlich das männliche Geschlechtsorgan, das sie selbst den »fleischigen Auswuchs«[218] nennt, ein andermal stehe er für den männlichen Charakter als solchen. Dieser Auswuchs, jener »dünne Fleischzipfel«[219], fragt sich de Beauvoir zum Amüsement unzähliger Frauen, ist er wirklich das unerreichbare Objekt des Begehrens kleiner Mädchen? Könnte er nicht ebenso Widerwillen auslösen? Der Elektrakomplex – ein Terminus von C. G. Jung, den de Beauvoir fälschlich Freud zuschreibt –, bleibe ebenso »nebelhaft« wie der Ödipuskomplex. Darüber hinaus habe Freud die weibliche Libido nie in ihrer Eigenart betrachtet, sondern ihr Geschlecht als männlich bestimmt. In Wirklichkeit ging Freud von einer geschlechtsübergreifenden Libido aus. De Beauvoirs Kritik zielt vor allem auf die Entdeckung des Unbewussten und die Bedeutung, die Freud dem Sexuellen zuschreibt. In seinem angeblich »sexuellen Monismus«[220] bestreitet er, wie sie meint, die Handlungsfähigkeit des Individuums. Sie selbst sieht Mensch und Frau »in einer Welt von Werten« und gesteht ihrem Handeln die »Dimension der Freiheit«[221] zu. Die Psychoanalyse scheint ihr »den Wert durch die Autorität« sowie »die Wahl durch den Trieb« zu ersetzen und in der Idee der Normalität einen »Ersatz für die Moral«[222] zu schaffen. Tatsächlich fragte Freud – in diesem Punkt de Beauvoir verwandt – nicht, »was das Weib ist«, sondern, »wie es wird, wie sich das Weib aus dem bisexuellen Kind entwickelt.«[223] Auch war es nicht Freud, der das »Normale« als Norm setzte, sondern seine Nachfolger, die wie de Beauvoir seine Beobachtungen als Handlungsanweisungen deuteten.

Ähnlich wie mit der Psychoanalyse verfährt die Existentialistin mit dem Marxismus, obwohl sie Marxens und Engels auf Gleichheit abzielende Äußerungen zum Geschlechterverhältnis würdigt. In vereinfachter Lesart unterstellt sie ihnen jenen »wirtschaftlichen Monismus«[224], der viel mehr für Lenin und dessen Nachfolger typisch ist.

Als differenzierter und überzeugender empfand ich beim Wiederlesen im Jahr 2011 de Beauvoirs Analysen des Frauenbilds in der Literatur des 19. und 20. Jahrhunderts. Ausnahmslos alle gefeierten Literaten, so de Beauvoirs vernichtendes Urteil, sehen die Frau nur im Hinblick auf ihr eigenes Lebensglück und erwarten von ihr bedingungslose Liebe. Der Nietzscheanische Kraftmensch und Nazisympathisant Henry de Montherlant in seiner offenen Frauenverachtung ebenso wie D. H. Lawrence, der phallusbesessene Faun in seiner scheinbar bewundernden Degradierung der Frau zum Naturwesen. Kaum besser André Breton in seiner romantischen Idealisierung der Frau als Erlöserin oder Stendhal, der Humanist, dem die Gefährtin zur Selbstverwirklichung verhilft: »Das einzige menschliche Geschick, ... das dem Weibchen vorbehalten ist, ist immer nur der Mann.«[225] Kein Wunder also, dass die Frau ihre Versklavung für ihre Freiheit hält, indem sie die Liebe zu ihrer Religion erhebt, bis hin zur Selbstaufgabe in der Verschmelzung mit dem Geliebten. All denen, die meinen, für die Liebe leben zu müssen, unterstellt de Beauvoir die Angst vor der Freiheit. »Selbst wenn sie die Möglichkeit haben, unabhängig zu bleiben, scheint dieser Weg den meisten Frauen noch am anziehendsten. Es ist beängstigend, das Leben in seine eigene Hand zu nehmen.«[226] Einfacher als Letzteres scheint noch immer die Ehe. Wie die Liebe für die feminine Frau zur Religion wird, so die Ehe zum Beruf. Am Erfolg oder Scheitern in der Ehe und der Meisterung ihrer Mutterpflichten wird sie gemessen, aus ihrer Wacht über die häusliche Gemeinschaft gewinnt sie Identität und soziale Rechtfertigung, während der Mann »zunächst Bürger, Erzeuger und erst in zweiter Linie Ehemann«[227] ist.

Scheinbar hoffnungslos und defätistisch lesen sich de Beauvoirs traurige Befunde zum Leben einer bürgerlichen Frau, wie es bis in die späten 1960er Jahre noch von vielen erwartet und verwirklicht wurde. Verzweifeln könnte man an ihrem Buch, wäre da nicht der utopische Ausblick auf ein neues Verhältnis der Geschlechter zueinander in einer Welt, in der sie sich als Gleiche gegenübertreten können. Es müsse, erklärt de Beauvoir, jene Welt sein, die die sowjetische Revolution versprochen hatte. Eine Gesellschaft, in der die Frau ihren Status eines Schmarotzers durch ökonomische Gleichstellung, das heißt selbstbestimmte Arbeit, überwunden hat und sich dank einer dem Mann ebenbürtigen Erziehung frei bewegen kann. Die Ehe würde dann »auf einer freien Vereinbarung beruhen«, sexuelle Freiheit wäre »von den Sitten gestattet«, der Geschlechtsakt würde »nicht mehr als Dienst angesehen«[228]. Verhütung und Abtreibung wären erlaubt, und das Kollektiv würde die Kinderbetreuung übernehmen. Als Kameraden, Freunde oder Partner könnten sich Männer und Frauen dann begegnen. Liebe würden sie als eine »Beziehung zwischen Gleichgestellten« und »das erotische Drama in Freundschaft«[229] erleben. Wie Fourier, Engels und Kollontai vor ihr erwartet de Beauvoir, dass eine künftige Menschheit neue Formen von Liebe und Sexualität entwickeln wird, die man sich vor der Revolution noch nicht vorstellen kann.

Als ich 1970 der Frankfurter Stadtteilgruppe »Roter Gallus« beitrat, die der als SDS-Vorstand prominent gewordene heutige Verleger KD Wolff gegründet hatte, schlug das Gruppenoberhaupt die Einrichtung einer Frauengruppe vor. Schnell vergessen waren die Tage der Weiberrevolte, als SDS-Genossen sich den Zugang zu Frauenversammlungen erzwingen wollten und von den Genossinnen aus dem Saal getragen wurden. Die Männer hatten sich vom ersten Schock erholt und sahen es inzwischen sogar gern, wenn »frau« sich mit ihresgleichen zurückzog. Wolffs damalige Freundin plädierte mit ihm für die Frauengruppe, und fast alle weiblichen und männlichen Mitglieder schlossen sich an.

Meine erste Reaktion darauf war ein Erschrecken, genährt von unangenehmen Erinnerungen. Schon als Kind und mehr noch als Jugendliche hatte ich unter dem gesellschaftlichen Gebot der Geschlechtertrennung gelitten. Alles ausschließlich Mädchen- oder Frauenbezogene war mir ein Graus. Ich hasste den Kaffeeklatsch meiner Mutter mit ihren hysterischen Freundinnen, ertrug Handarbeitsunterricht und Mädchenturnen in der Schule nur mit Mühe und verachtete die keusch-sittsame Jungmädchenkultur meiner

Freundinnen-Cliquen. Der Frauenfunk am Morgen und die Frauenecken in den Tageszeitungen erschienen mir als Fortsetzung all dessen. Ich meldete mich zu Wort und artikulierte meine Befürchtung des abermaligen Ausschlusses der Frauen aus der Politik. Weibliche Autoren würden wieder in der (Haus-)Frauenecke der Zeitung landen, prophezeite ich am Schluss meines Statements. Nach einem betroffenen Schweigen folgte der Beitrag einer der drei Männer, die dem dominanten Gruppengründer am nächsten standen. Der, ein zurückhaltender, wenig mackerhafter Charakter, wiederholte in etwas geschliffeneren Formulierungen alles, was ich vorgebracht hatte. Danach musste sich der Ziehsohn des Chefs von diesem einen kräftigen Zusammenschiss gefallen lassen, und die Frauengruppe wurde ohne weitere Diskussion gegründet.

Im Gegensatz zur Schwulenbewegung trat die Neue Frauenbewegung sexualskeptisch ins politische Rampenlicht. Die im »Kastrationsflugblatt« geäußerte Kritik an der Funktionalisierung der Frauen im SDS zu Sexualobjekten lastete spätestens seit 1968 auf der Beziehung zwischen den Geschlechtern. Hinzu kam ein oft geäußerter Überdruss an den sogenannten Orgasmuszwängen, einem unterschwelligen Druck, den Ansprüchen an emanzipierte Sexualität gerecht zu werden. Ich empfand das als wohltuenden Affront gegen die drohende Korrumpierung der Sexuellen Revolution durch die Sexwelle, misstraute aber einer verhaltenen Lustfeindlichkeit, die mir die Feministinnen auszustrahlen schienen. Vor allem konnte ich nicht verstehen, dass viele die Pille ablehnten. Diese, hieß es, beraube die Frau ihres einzigen »natürlichen« Mittels zur Verweigerung des Geschlechtsverkehrs. Woher dieses mir damals wie heute absurd erscheinende Argument kam, kann ich nicht rekonstruieren. Dass aber das feministische Misstrauen in die Sexualität etwas mit der amerikanischen Frauenbewegung zu tun hatte, deren Einfluss nun spürbar wurde, liegt auf der Hand. Vor allem das erste der aus den USA importierten feministischen Standardwerke dürfte dazu beigetragen haben.

Betty Friedans 1963 veröffentlichtes *The Feminine Mystique* erschien 1966 in der BRD unter dem Titel *Der Weiblichkeitswahn*, wurde aber erst in den 1970er Jahren von einem breiteren Publikum gelesen. Friedan, Journalistin und dreifache Mutter, war Gründerin der NOW (National Organization for Women), der größten bürgerlichen Frauenorganisation der USA. Es ist ihr Verdienst, das international wirksame Vorbild der mittelständischen US-Hausfrau der 1950er und 1960er Jahre in Grund und Boden verdammt zu haben. Den Traum von der wohlhabenden Frau mit schönem Eigenheim in einer gediegenen Wohngegend mit hochentwickelten, teuren Haushaltsgeräten. Einer Frau, die trotz technischer Ausrüstung idiotisch viel Zeit auf den Haushalt verschwendet, ganz in ihrer Rolle als Gattin und Mutter aufgeht, und das für ihre Bestimmung hält. Dieses Leitbild, so Friedan, diente nichts anderem als einer sich steigernden »Geistlosigkeit« der Frauen und ihrer konsumistischen Verdummung: »Als der Wahn von der weiblichen Erfüllung die Frauen wieder ins Haus trieb, musste die Hausarbeit zu einem Ganztagsberuf ausgedehnt werden. ... Und die Pflichten gegenüber der Familie mussten sich so ausdehnen, daß sie an die Stelle der Pflichten gegenüber der Gesellschaft traten.«[230]

Meine Generation hat Frauen, die in den 1950er und 1960er Jahren geheiratet hatten, in einer vergleichbaren Rolle gesehen. Das wichtigste Merkmal der in *Der Weiblichkeitswahn* beschriebenen amerikanischen (Haus-)Frauen aber traf dort, wo wir aufgewachsen waren, nicht zu. Denn dieses Merkmal ist laut Friedan die Integration sexueller Erfüllung in das Bild von der perfekten Ehefrau. Weil der amerikanische Mittelstand nach dem Zweiten Weltkrieg wesentlich wohlhabender war als in Europa, setzte die sexuelle Liberalisierung früher ein. Alfred Kinsey und die aus Nazideutschland geflüchteten Psychoanalytiker dürften dazu beigetragen haben, und Bücher wie Oswalt Kolles *Das Wunder der Liebe* kamen entsprechend früher auf den Markt. Inwieweit Friedan die Einstellung der amerikanischen Mittelständlerinnen zur Sexualität treffend darstellt oder in der Tradition der vom Puritanismus geprägten amerikanischen Frauenbewegung ihr eigenes Misstrauen in die körperliche Lust projiziert, sei dahingestellt. Mit

Abscheu jedenfalls schildert sie die verzweifelten Versuche mittelständischer Amerikanerinnen, ihre generelle Frustration als sexuelles Problem zu deuten und mit sexueller Aktivität zu kompensieren. Für die Frau, die dem Weiblichkeitswahn verfallen ist, gibt es »keinen anderen Weg zu Leistung, Status oder Identität als den sexuellen«[231].

Ganz anders die bundesdeutschen Ehefrauen der 1950er und 1960er Jahre. Die wollten gute Hausfrauen, Mütter und Gattinnen sein, waren aber prüde bis auf die Knochen und konnten über Sex kaum sprechen. Für ihre amerikanischen Kolleginnen wiederum, erfährt Friedans europäische Leserin erstaunt, war das Suchen nach dem Ehemann mit der Suche nach dem eigenen Orgasmus verbunden. Viele derer, die dabei unzufrieden blieben, suchten angeblich Liebe und sexuelle Erfüllung außerhalb der Ehe, wurden zu dem, was die Kritikerin die »Sexsucher der Vororte«[232] nennt. Von einer »zunehmende(n) sexuelle(n) Gier amerikanischer Frauen«[233] berichtet Friedan und von ihrem »unersättlichen Appetit auf Bücher, die den Geschlechtsverkehr behandeln[234]«. Sexuelles Desinteresse bei amerikanischen Männern, die Flucht in außereheliche Affären, Homosexualität und Feindseligkeit gegenüber Frauen seien die Folge. Schlimmer noch, der Weiblichkeitswahn glorifiziere eine »passive, kindliche Unreife[235]«, die sich in »Verweichlichung und Gelangweiltheit der Kinder«[236] niederschlägt und bei den Söhnen Homosexualität provoziere. Wie »ein dichter Nebel« habe sich die Homosexualität »auf die amerikanische Bühne«[237] gesenkt.

Friedan steigert sich bei der Beschreibung der Folgen des Weiblichkeitswahns nicht nur zu homophoben Tiraden, sondern auch zu einer Klage über die Jugend ihrer Zeit. Muskelverfall, körperliche Passivität, Frühsexualität, Drogenkonsum, Geschlechtskrankheiten und uneheliche Schwangerschaften bei mittelständischen Jugendlichen, erfährt man, seien Folge der Schwäche weiblichkeitsbesessenener und deshalb pädagogisch lascher Mütter. Die Kritik an der konventionellen Frauenrolle mündet in eine konservative Kulturkritik, vor der weder Sexualreform noch moderne

Kunst oder avantgardistisches Theater bestehen kann. Ganz zu schweigen von der »bärtig undisziplinierten«[238] Kultur der Beatniks. Geflissentlich überlasen und unterschlugen die Feministinnen meiner Generation solche Passagen.

Ebenso großen Anklang wie ihre Hausfrauenschelte fand hingegen Friedans Erklärung für den Erfolg des Weiblichkeitswahns aus dem Freud'schen Gedankengut heraus, das ihrer Meinung nach Generationen von Amerikanerinnen ins Unglück stürzte. Anders als de Beauvoir trennt sie Freuds Lehre von dem pseudofreudianischen Psychoboom, der tatsächlich dabei mitgeholfen haben mag, die amerikanischen Frauen nach dem Zweiten Weltkrieg an den Herd zurückzulocken, bemüht sich aber umso fleißiger, diese als veraltet und falsch hinzustellen. Freuds 1932 veröffentlichte Weiblichkeitstheorie gerät dabei zum Produkt einer angeblich viktorianischen Gesellschaft, und Freuds Leben zu dem eines Vaterpatriarchen vergangener Jahrhunderte: Gefangen nicht nur in der »Kultur des viktorianischen Europas«, sondern auch der »jüdischen Kultur«, wuchs der Begründer der Psychoanalyse demnach mit einem autokratischen Vater und einer ihm jeden Wunsch erfüllenden Mutter auf. Die Erinnerung an seine eigene Eifersucht auf den alles beherrschenden Vater wurde zur Grundlage des Ödipuskomplexes. Und die Unterwürfigkeit seiner Mutter machte Freud glauben, dass die Beherrschung der Frau durch den Mann »naturgegeben« sei.

Frauen, meint Friedan, seien für Freud »fremdartige, minderwertige und nicht eigentlich menschliche Geschöpfe« gewesen, »kindliche Puppen, die nur durch die Liebe des Mannes lebten«[239]. Freuds Tochter Anna, die es zu Weltruhm brachte, sein intellektueller Austausch mit Lou Andreas-Salomé und den Frauen unter seinen Schülern, die sich wie Sabina Spielrein ungehinderter Anerkennung erfreuten, werden ausgeblendet. Unterschlagen werden Freuds Hinweise auf die »sozial auferlegte Unterdrückung«[240] weiblicher Aggressivität oder seine selbst eingestandene Unsicherheit in Bezug auf das Verhältnis von »Sexualfunktion« und »sozialer Züchtigung«[241] der Frau.

Ähnlich wie de Beauvoir leugnet Friedan den Einfluss der Sexualität und des Unbewussten auf menschliches Handeln und verrät dabei immer wieder ihre eigene Aversion gegen Sexualität überhaupt. So, wenn sie von der »neuen psychologischen Religion« der Amerikaner sagt, dass diese »das Sexuelle zur Tugend erhob, das private Laster von jeder Sünde freisprach und hochgesteckte Ziele des Geistes und der Seele verdächtig fand«[242]. Sie selbst spielt, auch in diesem Punkt de Beauvoir verwandt, das freie Entscheidungsvermögen und den guten Willen des Menschen gegen die Freud'sche Erkenntnis von der Macht des Unbewussten aus. Als Vertreterin der Ich-Psychologie und des Behaviorismus postuliert sie »das Bedürfnis des Menschen, zu geistiger Reife zu gelangen«[243], und verdammt Freuds miesmacherischen Skeptizismus als Merkmal des Viktorianismus. Am Ende steht bei Friedan keine Utopie in einer veränderten Gesellschaft wie bei de Beauvoir und auch kein hohes Paar der Freien Liebe. Ihr Ziel ist vielmehr die »Erziehung und Umerziehung der Frauen zu ernster Zielstrebigkeit« und das Eintreten in den »Wettbewerb«[244] auf allen Gebieten der Gesellschaft bis hin zur Politik. Eine solche Position widersprach dem Kapitalismus nicht, sondern entband die, die für Geschlechtergleichheit eintraten, vom kritischen Blick auf die Welt und auf sich selbst. Zusammen mit Friedans Sexual- und Kulturkonservatismus war diese Botschaft geeignet, einen Keil zwischen Neue Frauenbewegung und Neue Linke zu treiben und soziale wie Sexuelle Revolution zu diskreditieren.

Drei Jahre nach Friedans international rezipiertem und insgesamt mehr als drei Millionen Mal verkauftem Buch folgte Kate Milletts ebenso einflussreiches *Sexus und Herrschaft*, das 1969 auf Deutsch erschien. Anders als Friedan ist die Literaturwissenschaftlerin und Bildhauerin eine radikale Denkerin, die die bestehende Gesellschaft als ganze in Frage stellt. Im Gegensatz zu Friedan ist sie weder prüde noch homophob, sondern verheißt eine Sexualrevolution, die Homosexualität, Illegitimität, vor- und außerehelichen Geschlechtsverkehr und die Sexualität der Jugendlichen ermöglichen wird. Bürgerliche Familie und monogame Ehe werden sich dabei auflösen, und die Frauen werden von der Bürde der »Zwangskinderpflege«[245] befreit sein.

Als Leserinnen prädestiniert waren Anhängerinnen der radikalen Linken. Denen wiederum liefert Millett nicht nur eine soziale und sexuelle Utopie, sondern auch Argumente gegen die Zusammenarbeit mit dem privilegierten Geschlecht. Sie tut dies, indem sie den Blick auf das lenkt, was sie mit allen anderen Frauen auf der Welt verbindet: die Beherrschtheit von der klassen-, kasten- und rassenübergreifenden Macht des Patriarchats, angesichts derer sich die Klassenherrschaft scheinbar geringfügig ausnimmt. »Diese Herrschaft ist haltbarer als jede Art erzwungener Segregation, unerbittlicher als Klassenschichtung, einheitlicher und zweifellos zeitüberdauernder.« Jeder »Zugang zur Macht«, heißt es, liegt bei den Männern. Das Patriarchat prägt als »soziale Konstante«[246] Kasten, Klassen und Religionsgemeinschaften. Es beschränkt die Frau auf Erfüllung häuslicher und mütterlicher Pflichten und lässt sie und ihre Beherrscher glauben, dass sie aus biologischen Gründen dafür bestimmt sei. Der Geschlechterunterschied wird überbetont und zur Formung jener sozialen Rolle der Frau benutzt, die dann wiederum als naturgegeben erscheint. In Abgrenzung zu de Beauvoir erklärt Millett das Leiden am weiblichen Körper und seinen Funktionen als Ergebnisse ideologischer Indoktrination mit dem Ziel der Machtausübung.

Die patriarchalische Macht selbst ist, so Millett, in unterschiedlichem Ausmaß mit Gewalt durchsetzt. Im Islam werde Ehebruch und Illegitimität mit der Todesstrafe geahndet. In der scheinbar ungleich humaneren Gesellschaft der USA aber finde sich ein indirektes Pendant im Abtreibungsverbot. Verbluten, fragt Millett, nicht unzählige ungewollt schwangere Frauen unter den Händen von Engelmacherinnen und Kurpfuschern, weil ihnen der legale Weg zur Abtreibung versperrt ist? Das dürfte Öl ins Feuer der vom Zorn über das Abtreibungsverbot ausgelösten Neuen Frauenbewegung gewesen sein. Hinzu kam, dass Millet, obwohl sie die Existenz ursprünglicher Matriarchate als unbewiesen abtut, sich für etwas Archaisches, für einen Mythos erwärmte und damit einen Nerv dieser Zeit traf. Es geht um die Sage von der Pandora, einer, so die Interpretation, ins Negative verkehrten Version der mediterranen Fruchtbarkeitsgöttin. Der Pandora-Mythos, erfährt man, sei »einer der beiden westlichen Archetypen, in denen die Frau für ihre Sexualität verdammt und ihre Lage als wohlverdiente Strafe für die Ursünde angesehen wird«[247]. Pandora gefiel den deutschen Feministinnen so sehr, dass sie und die Büchse vielfach ihre Broschüren zierten und sogar ein Frauenverlag nach ihr benannt wurde.

Wenn Pandora und Eva für ihre Sexualität bestraft wurden, dann musste diese der Lust der Männer überlegen sein. Zum Beweis dienen Millett die Studien von Masters und Johnson mit ihrer Annahme multipler Frauen-Orgasmen. Wie de Beauvoir bezweifelt sie die Möglichkeit des vaginalen Orgasmus. Feministischer als ihre Mentorin aber spielt sie männliches und weibliches Sexualorgan, Penis und Klitoris, gegeneinander aus und entscheidet zugunsten der Letzteren. Die Klitoris, heißt es, sei das einzige menschliche Organ, das ausschließlich der Lust diene. Deshalb sei das »sexuelle Potential« der Frau »biologisch beinahe unerschöpflich«, das des Mannes »begrenzt«[248]. Monogamie und Polygamie würden der weiblichen Sexualität am wenigsten gerecht, während die von Friedrich Engels vor dem Patriarchat angenommene Gruppenehe die adäquateste Sexualverbindung sei.

Millett identifiziert sich mit Engels' Interpretation der Familie als Keimzelle des Patriarchats, mit seiner Forderung nach Wiedereingliederung der Frau in den Arbeitsprozess und nach kollektiver Kinderaufzucht durch die Gesellschaft. Marxens Co-Autor ist für Millett der beste Vertreter dessen, was sie historisch unter Sexueller Revolution versteht. Während die erste Welle dieser von ihr angenommenen Revolution von der Frauenbewegung ausgelöst wurde und mit dem Gewinn des Wahlrechts im Reformismus endete, setzte um 1830 deren zweite Welle ein. Theoretiker wie John Stuart Mill, Nikolai Tschernyschewski, August Bebel und Friedrich Engels entwickelten eine historisch neue Empathie für die Frau, stellten Familie, Ehe und bürgerliche Sexualmoral in

Frage. Es folgte, so Millett, eine Phase der Reaktion oder der sexuellen Gegenrevolution. Die Nazis propagierten die patriarchalische Familie, gekoppelt an ein asexuell-mütterliches Frauenbild und unterwarfen die Sexualität der Produktion rassereinen Menschenmaterials. Die neuen Machthaber der UdSSR nahmen bis hin zum Verbot der Koedukation alles zurück, was die russische Kulturrevolution erkämpft hatte, so dass auch hier die patriarchalische Familie fröhliche Urstände feiern konnte.

Den literarischen Niederschlag dieser Gegenrevolution sieht Millett bei Schriftstellern wie D. H. Lawrence, Henry Miller und Norman Mailer, die trotz politisch linker Positionen ihrerseits versuchten, die ins Schwanken geratenen männlichen Privilegien zu sichern, vor allem auf sexuellem Gebiet. Dem Beispiel de Beauvoirs folgend und ebenso überzeugend analysiert und kritisiert Millett die Werke dieser Autoren, indem sie ihren Libertinismus als Ergebnis eingefleischten Geschlechterdualismus und nie überwundenen Puritanismus bloßstellt, so dass die Gleichsetzung von Sexualität und Gewalt nur folgerichtig ist. Bei D. H. Lawrence zum Beispiel, dessen scheinbarer Hedonismus sich in seinem letzten Roman *Die gefiederte Schlange* in einen archaisierend todessüchtigen Kult des weiblichen Menschenopfers verwandelt. Oder bei Lawrences Schüler Henry Miller, dessen Frauenideal die Prostituierte ist und dessen sexuelles Ideal der unpersönliche Fick, der die Frau auf ihr Geschlechtsorgan reduziert. Miller, der die Vagina als eine nie verheilende hässliche Wunde beschreibt, der Sexualität selbst für schmutzig hält und doch nicht davon lassen kann, und dessen Promiskuität mit Grausamkeit legiert ist. Nicht besser der ambivalente Kriegsgegner Norman Mailer – Soldat, Sportsmann, Jäger und Boxer –, der Sexualität mit Krieg und Grausamkeit gleichsetzt. Auch er erweist sich als Konservativer, wenn er meint, dass Sex dreckig ist und auf die Schuld als Anreiz nicht verzichten kann.

Der schlimmste aller reaktionär zurückschlagenden Männer aber ist laut Millett Sigmund Freud, dessen in der Lehre vom Penisneid manifestierte Misogynie ihr noch übler vorkommt als die der sadistisch-libertinen Romanciers. Wie bei vielen Feministinnen fußt Milletts Kritik vor allem auf dem moralisierenden Vorwurf an Freud, sich nicht Seite an Seite mit den Frauenrechtlerinnen seiner Zeit empört, sondern vielmehr im trüben Wasser des Unbewussten und der kindlichen Sexualphantasien gefischt zu haben: »Es ist äußerst bedauerlich, daß Freud die Hypothese der gesellschaftlichen Beeinflussung nicht näher untersuchte und sich stattdessen auf die Verzerrungen der kindlichen Subjektivität konzentrierte.«[249] Der Getadelte selbst hatte einst gesagt: »Flectere si nequeo superos, acheronta movebo.« (Wenn ich die Oberen nicht beugen kann, dann werde ich die dort unten aufwiegeln.) Eben das, die Befassung mit dem Unbewussten, mit der kindlichen Sexualität und den daraus entspringenden Phantasien, für die Freud keine »unumstößlichen Beweise«[250] erbringen kann, macht die Kritikerin ihm ausdrücklich zum Vorwurf. Sie wertet sie sogar als Ausdruck patriarchalischer Herrschaftsinteressen.

Sicher, die Beobachtungen, die aus der psychoanalytischen Praxis hervorgehen, können nicht als unumstößliche Beweise dienen. Sind aber die Experimente von Masters und Johnson tatsächlich so objektiv? Ist die Existenz des multiplen weiblichen Orgasmus endgültig bewiesen? Für die, die als Anhängerinnen des Positivismus nichts anderes als scheinbar unwiderlegbare Tatsachen gelten lassen und die Vernunft für das alleinige Movens menschlichen Handelns halten, wohl schon. Verständlich auch. Waren doch Träume, Phantasien und Gefühle, alles, was sich der angeblich männlichen Vernunft entzieht, lange Zeit das gewesen, mit dem Männer das sogenannte eigene Reich der Frauen angefüllt hatten. Was aber, wenn der Mensch, wie Freuds »empfindlichste Kränkung« besagt, »nicht Herr ist im eigenen Hause«[251], wenn er trotz weit fortgeschrittener Naturbeherrschung noch immer Kriege führt und Völkermorde begeht, wenn Frauen sich trotz aller Errungenschaften des 19. und 20. Jahrhunderts noch immer von Männern gängeln lassen? Die Psychoanalyse als aufklärerische Wissenschaft, die Licht ins Dunkel des Unbewussten bringt, will nichts weniger als auch unter diesen Voraussetzungen der Vernunft zu ihrem Recht verhelfen. Sogar dann, wenn es um Fragen geht, auf die sonst nur die Religion, der Glaube an eine immergleiche Natur des Menschen oder vielleicht der Mythos Antworten geben.

Der Weg hin zur Absage an die Vernunft zugunsten von Spiritualität, Weiblichkeitsmythen, weiblicher Religion und neuem Heidentum, auf den sich ein Teil der Frauenbewegung nur wenige Jahre später begeben sollte, war mit dem Patriarchat als dem Hauptfeind und dem Mythos als Identifikationsgrundlage vorgezeichnet. Zunächst jedoch tat vor allem Milletts Freud-Kritik ihr Werk. Sie fungierte als Affront gegen die von der Neuen Linken einst so idealisierte Emanzipation der Sexualität, die untrennbar mit den Popularisierungen des Freud-Interpreten Marcuse und des Freud-Schülers Wilhelm Reich verbunden war. Gehörte diese als heilsam, harmonisch und utopisch-zärtlich gedachte Lust beiden Geschlechtern, so begannen Frauen nun, ihre eigene geschlechtsspezifische Sexualität zu postulieren und sie von der männlichen abzugrenzen, welcher dabei sämtliche positiven Eigenschaften abgesprochen wurden.

Noch sollte es einige Jahre dauern bis bestimmte Teile der Frauenbewegung sich in die simplistischen Abgründe eines neuen Ungleichheitsdenkens stürzten. In der Zwischenzeit ließ der erstarkende neue Feminismus in linksliberalen Zusammenhängen, in Gewerkschaften und Parteien die Forderung nach Gleichstellung am Arbeitsplatz aufleben. Er sorgte im Kulturbetrieb für wohltuende Kritik am Sexismus vergangener Jahrzehnte und ermöglichte Frauen Zutritt zu einstigen Männerdomänen. Linksradikale Frauen verschiedener Fraktionen schließlich befassten sich mit dem Schicksal ihrer proletarischen Schwestern. Inga Buhmann zum Beispiel agierte in Berlin als Mitglied einer von der maoistisch-stalinistischen KPD/AO beeinflussten Basisgruppe. Sie traf sich mit Mädchen einer Berufsschule, versuchte ihnen ihre doppelte Unterprivilegierung als Proletarierinnen und Frauen klar zu machen und warnte sie vor den ideologischen Fallstricken der Frauenrolle. In Frankfurt ließen sich die Mitglieder der RK-Frauengruppe zunächst als Hilfsarbeiterinnen im Großraumbüro des Neckermann-Konzerns anheuern, um den Lebenszusammenhang der Arbeiterinnen zu erforschen.

In einem Diskussionspapier von 1973, das ganz im starren Stil der Politgruppen dieser Zeit gehalten ist, formulieren die Fabrik-Feldforscherinnen das Ergebnis ihrer Arbeit mit proletarischen Frauen. »Eine revolutionäre Frauenbewegung«, so die Hypothese, werde zur »vorantreibenden Kraft, die den Kampf gegen die Arbeitsorganisation und das Lohnsystem des Kapitalismus transzendiert und mit allen Lebensbedürfnissen perspektivisch verbindet.« Die spezifische Sozialisation, die auch die proletarische Frau für Familie und Privatleben konditioniert, heißt es weiter, führe einerseits zu Schwierigkeiten beim Durchschauen sozialer Zusammenhänge, prädestiniere sie aber gleichzeitig gerade dank ihres starken Bezugs zum Privaten zu dessen Politisierung. Das Schwanken zwischen der Ablehnung der traditionellen Frauenrolle und deren ins Positive verkehrten Umdeutung zieht sich durch die 70 Seiten dicke Broschüre und tendiert zu Letzterer. Von der »generellen Ungleichheit der emotionalen Fähigkeiten von Frau und Mann«[252] ist die Rede, von der »größeren Fähigkeit, weniger autoritäre entfremdete, menschenfreundlichere Verhältnisse«[253] zu entwickeln, von der Frage nach »unserer politischen Subjekthaftigkeit«[254] und einer »eigenen politischen Identität«[255]. Im Abschnitt über das Verhältnis zwischen Frauen und Männern im RK erklären die Frauengrupplerinnen, sie seien nicht mehr bereit, zwischen Intellekt und Emotionalität beziehungsweise dem Politischen und dem Privaten zu unterscheiden.

Aus der Not wird eine Tugend. Die Abschiebung ins Privatleben bewahrt die Frau vor der emotionalen Verarmung und autoritären Verknöcherung der Männer, so dass die Kulturrevolution zu ihrer eigentlichen Bestimmung wird. Was in Helke Sanders Rede vor dem SDS noch antidogmatischen Charakter hatte, war jetzt Vorzeichen genereller Entpolitisierung und begann zu jenem Geschlechterdualismus zu verkommen, der die Neue Frauenbewegung in eine verhängnisvolle Sackgasse treiben sollte. Bewusst oder unbewusst an das »Kastrationsflugblatt« aus dem Jahr 1968 anknüpfend tauchen jene sexistischen Parolen auf, mit denen das feministische Pferd später vom Schwanz aufgezäumt werden sollte. »SCHWANZ HIN SCHWANZ HER – SCHWÄNZE TRAGEN IST NICHT SCHWER! DIE HERRSCHAFT DER SCHWÄNZE HAT IHRE GRENZE – FRAUEN GEMEINSAM SIND STARK!!!«[256] Die Zeichnung eines Bärtigen, dessen Penis als Füllfederhalter Tinte auf ein Blatt Papier tropfen lässt, spricht für sich.

Nicht viel später wurde ich Zeugin eines RK-Plenums. Es muss um 1974 gewesen sein, als sich der Frankfurter RK schon in die Sponti-Szene aufzulösen begann und viele der Betriebs-Feldforscher ihre Energien auf Hausbesetzungen und alternative Projekte verlagert hatten. Die Mitglieder der RK-Frauengruppe, die »Spontifrauen«, saßen ganz hinten, legten sich die Arme um die Schultern, kuschelten und schmusten miteinander. Wissend und geheimnisvoll blickten sie dabei auf die Genossen, voll von einer Überlegenheit, die sie aus ihrem Frausein abzuleiten schienen. Für Betrieb, Proletariat und Politik überhaupt interessierten sie sich nur noch wenig. Das weibliche Selbst und die Selbsterfahrung waren stattdessen Trumpf. Im Frauenzentrum, das seine Pforten 1973 öffnete, trafen sich die Anhängerinnen der damit aus der Taufe gehobenen Autonomen Frauenbewegung nach amerikanischem Vorbild in kleinen Gruppen oder Freundinnenzirkeln. Sie erzählten einander aus ihrem Leben, von ihren Beziehungen zu Männern und problematisierten bestehende Liebesverhältnisse, die sogenannten Beziehungskisten, in denen es alsbald zu krachen begann.

Lesbengruppen entstanden zur gleichen Zeit und ermöglichten denen, die sich die Homosexualität bislang verkniffen hatten, ein befreiendes Coming-out. Gleichzeitig brachten sie das Phänomen der Bewegungs- oder Politlesben mit sich, Frauen, die neuerdings Frauen liebten, weil sie das männliche Geschlecht als solches abgeschrieben hatten. Viele davon kamen bei diesem Versuch nie über das Schmusen im RK-Plenum und ein paar kindliche Zärtlichkeiten hinaus. Die vom Feminismus favorisierte Verhaltenspsychologie, die sexuelle Lust auf Reizquelle und technischen Ablauf reduziert, so dass Homosexualität und Heterosexualität als austauschbare Größen erscheinen, konnte ihr Versprechen nicht halten. Frauen taugten nicht als Pawlow'sche Hunde. Nicht aus jeder konnte über Nacht eine Lesbe werden. Die Leere aber, die blieb, musste mit Weiblichem gefüllt werden. So entwickelte sich im aufblühenden Ghetto von Frauenzentren und Frauenwohngemeinschaften eine konventionell-kitschige Jungmädchenkultur, geprägt von der Ästhetik der Spitzendeckchen, Omablümchen, Engelsbildchen und Nostalgiekleidchen. Um die Wette strickend wisperten keusch wirkende Frauen zart von ihren schönen Gefühlen im Bauch, schrieben sich mit lila Tinte liebe Briefchen, die Weisheiten ihrer einstigen Poesiealben reproduzierend. Wenn sie über Männer sprachen, klangen dabei die Warnungen ihrer Mütter und Großmütter vor den bösen Buben an, die ein Mädchenleben doch so schnell zerstören könnten.

Verena Stefan, der »Schwanzfick« und Klaus Theweleit

Eben das war das Klima, in dem der erste Bestseller des ersten westdeutschen Frauenverlags, der Münchener »Frauenoffensive«, zur neuen Bibel wurde. Ich spreche von Verena Stefans *Häutungen*, jenem autobiographischen Roman, der mit einer Auflage von bis heute circa 500 000 Exemplaren als das meistgelesene Buch der neueren Frauenliteratur gilt. Die von Simone de Beauvoir, Kate Millett und Valerie Solanas beeinflusste Autorin kam als junge Frau nach Berlin, schloss sich zunächst der Studentenbewegung und dann der Frauengruppe »Brot und Rosen« an. *Häutungen* ist die bittere Bilanz der zehn Jahre, während derer sie versuchte, mit Männern zu leben und es Männern – oft um jeden Preis – recht zu machen. Es begann, als sie, noch Jungfrau, zum ersten Mal neben einem nackten Mann lag und sich ekelte: »Der penis wucherte fremd aus dem männlichen Körper heraus, mit nichts vergleichbar. ich ... war von dieser schlenkernden wucherung abgestossen.«[257]

Männer erscheinen im Kultbuch des Feminismus als emotionale Krüppel der einen oder anderen Art. Als grobe Liebhaber und egozentrische Lebenspartner auf der persönlichen Ebene, als geile Anmacher in der Anonymität des Alltags. Die Erfahrungen der meisten Frauen mit dem Koitus sind, so Stefan, »grauenvoll«, und »die zeit, in der der männliche körper sehnsüchte in uns auslösen könnte« ist »generationenweit entfernt«[258]. Fremde machen sich stattdessen auf der Straße über die Brüste der jungen Autorin lustig, folgen ihr und fassen sie an. Blicke springen sie an, »pfiffe und schnalzende rufe«[259] verfolgen sie. Nicht nur auf der Straße ist das so, sondern auch unter Freunden und Bekannten. »Immer ist dieses unbehagen da ..., dass ein mann etwas von mir will. ... weil er ein mann ist und ich eine frau bin – aus keinem anderen grund!«[260] Einmal beschreibt Stefan, wie sie von Ausländern belästigt wurde und fragt sich, ob deren soziale Unterprivilegierung sie etwas angeht. »jeder in- oder ausländische mann kann mich, ungeachtet seiner lebens- und arbeitsbedingungen, täglich und stündlich auf irgendeine weise missbrauchen ...habe ich bessere lebensbedingungen, weil ich eine schönere wohnung habe als mein vergewaltiger?«[261] Die Ausländer, von denen ihr einer in die Haare gegriffen hatte, werden automatisch zu Vergewaltigern, weil, so eine der Hauptaussagen des Buches, ausnahmslos alle Männer »bedrohlich« und ihre Körper »gefährlich«[262] sind. Das, so Stefan, ist so, weil in den Jahrtausenden der Männerherrschaft »penis und werkzeuge ... zu waffen geworden sind«. Das damit entstandene Geschlecht der Krieger und Vergewaltiger ist uneinsichtig und unverbesserlich, seine »haltung allem lebendigen gegenüber quälend und tödlich ...«[263]. Weil die Leidgeprüfte das für eine unverrückbare Tatsache hält und keinerlei Hoffnung auf Änderung hat, wirft sie die Forderung nach Gleichberechtigung über Bord. Tatsächlich will Stefan »neben keines mannes brutalität und verkümmerung gleichberechtigt sein.«

Was bleibt, ist der Rückzug aus »dieser welt«[264], die nicht die ihre ist. Die Erzählerin zieht aufs Land, flüchtet sich in die Natur, die Einsamkeit und in archaisierende Phantasien von Frauen, die einst in Bäumen, Flüssen und Seen lebten. Reale Beziehungen mit dem eigenen Geschlecht scheitern sowohl emotional als auch sexuell, und Stefan lernt, mit sich allein zu leben. Die Suche nach sich selbst und ihrem eigenen Körper, erkennt sie, hatte begonnen, als sie vom letzten Lebensgefährten Abschied nahm und »die Droge Sexualität« absetzte. Das war der Moment, als ihr »unter leib« langsam an ihren »ober leib anzuwachsen«[265] begann. Dieser zur Ganzheit reifende weibliche Körper aber ist nicht nur eine Projektionsfläche für romantische Träume, sondern vor allem auch eine Quelle von Leiden und Schmerzen. Stefan »schleppt« ihren Körper mit sich »herum«[266], sie leidet unter Menstruationsschmerzen, Gebärmutterkrämpfen und Juckreiz. Die »Spirale« macht sie krank, so dass die Empfängnisverhütung zum »unlösbaren problem«[267] wird. Warum nur, frage ich mich bei der Lektüre immer wieder, nimmt sie nicht die Antibabypille, warum nicht Schmerztabletten oder krampflösende Medikamente, wenn sie die Periode hat?

Die Antwort gibt Stefan mit der oft zitierten und gepriesenen Stelle, an der sie liebevoll beschreibt, wie sie ihren Uterus mit dem Spekulum entdeckt. Als sich Blutstropfen an der Wölbung des Muttermundes sammeln und zu einem »roten fluss« werden, da findet die Selbstbeschauerin zu ihrer weiblichen Identität und einem fiktiven Eigentum. »seit fünfzehn jahren jeden monat rote tage. Ich habe meine tage, sie gehören mir. unwohl sein war die einzige möglichkeit, bei mir zu sein.«[268] Am Ende ihres Selbstfindungsprozesses, als sich die Autorin nach der Erd- und Muttergöttin Cloe nennt und sich wegen der Rundformen von Gebärmutter und Busen als »Kürbisfrau« phantasiert, schmerzen ihre Brüste vor jeder Periode. Und auch das wird ihr zum Zeichen der Aneignung ihrer Weiblichkeit. »seit sie die brüste zu lieben begonnen hatte, kam leben in sie; so auch schmerz.«[269]

Die oft lästigen Besonderheiten des weiblichen Körpers wurden von den Konservativen aller Zeiten als Rechtfertigung der Geschlechterungleichheit ins Feld geführt. Simone de Beauvoir wertete sie als objektive biologische Benachteiligung, die es auf dem Weg zur Befreiung zu überwinden gilt. Betty Friedan und

Kate Millett interpretierten einen Großteil der körperlichen Frauenprobleme als Produkte einer Kultur, die Frauen klein halten will. Verena Stefan aber glorifiziert das Leiden am eigenen Körper, weil sie ihn nur unter der Bedingung von Schmerzen besitzen kann. Verzicht auf Sexualität zugunsten von Autoerotik mit dem Spekulum, Verzicht auf partnerschaftliche Liebe zugunsten von Selbstergründung, Isolation als Voraussetzung der Selbständigkeit und der schmerzende Körper als Identitätsstifter und fiktives Eigentum. Daraus setzt sich die misanthropische Botschaft eines Entwicklungsromans zusammen, an dessen Ende die Erkenntnis der geläuterten Protagonistin in dem Satz »der mensch meines lebens bin ich«[270] zusammengefasst wird. Die einst sozialistische und feministische Aktivistin meint eingesehen zu haben, dass ihr keiner hilft, wenn nicht sie selbst. Max Stirners Egoistenwelt des Einzigen und seines Eigentums samt dem dazugehörigen Echo des Sozialdarwinismus klingt an. Ahnte Stefan, wohin der zu ihrer Jugendzeit noch durch Reformen gezügelte Kapitalismus in den folgenden Jahrzehnten führen würde? Sollte ihre rückwärtsgewandte Rehabilitierung der Natur der Frau und ihr Sympathisieren mit dem Archaischen ein verzweifelter Versuch gewesen sein, den Folgen dieser Entwicklung zu entgehen?

Verena Stefan, deren Stil oft mit dem Begriff Neue Innerlichkeit charakterisiert wurde, war die Sanftheit in Person, eine kleine, zerbrechliche Frau mit träumerischem Blick. Ihr Rückzug aus der Politik in die Natur schien dem zu entsprechen. Aber wie so manche zarte Jungfer der 1970er Jahre hatte sie eine andere, eine dunkle Seite. So, wenn sie sich mit Valerie Solanas Manifest zur Vernichtung der Männer unter dem Arm beschreibt, ausgezogen, um die Welt zu erobern, in der sie immer wieder über Männer »stolperte«. »Ich kochte, ich wollte den sofortigen umsturz. Wenn männer das nicht einsahen, würden sie eben in einen inneren bürgerkrieg verwickelt werden.«[271] Der Gedanke an einen solchen Umsturz beschäftigte vor allem die, die von der radikalen Linken zum Feminismus gekommen waren. Nicht mehr Geschlechtergleichheit im Sozialismus, sondern die Macht der Frauen, über die Männer, war das Ziel. Eine Macht, von der auf einmal viele glaubten, sie in grauer Vorzeit besessen zu haben. Mythen von der Urmutter bis zum Amazonenstaat wurden bemüht, Männerhass, Männerausrottungsphantasien und finstere Drohungen wurden zum Trend.

Im selben Jahr wie *Häutungen* brachte der Verlag Frauenoffensive *Feminismus oder Tod* heraus, das vieldiskutierte Buch der französischen de-Sade-Interpretin Françoise d'Eaubonne, die Valerie Solanas zur einzig wirklichen Erbin des grausamen Marquis erklärt. D'Eaubonnes Vision vom Hinwegfegen des Mannes von dieser Erde gleicht der Misanthropie der amerikanischen Tiefenökologie. Derzufolge ist der Mensch nur eine Art Parasit am Körper der Natur, dessen Zahl es drastisch zu reduzieren gilt, um das Leben auf der Erde zu erhalten. Bei d'Eaubonne ist es nicht der Mensch, sondern der Mann von heute, dem der Planet entrissen werden muss, »denn wenn die männliche Gesellschaft weiterbesteht, gibt es morgen keine Menschheit mehr«[272]. Ähnliches konnte man bei der italienischen Feministin Carla Lonzi nachlesen, für die der Mann nur noch eine »Spezies« ist, dessen »biologischen Niedergang«[273] sie nicht nur prophezeit, sondern auch begrüßt.

Für die unter den Anhängerinnen der Verena Stefan, die auf Männer nicht ganz verzichten wollten und sich statt mit einstigem und künftigem Matriarchat lieber mit dem eigenen Körper im Hier und Jetzt befassten, wurde um die Mitte der 1970er Jahre noch einmal die Sexualität zum Dreh- und Angelpunkt aller Hoffnungen. Unter ganz anderen Prämissen allerdings als einst in der Schülerbewegung oder den Sex-Kommunen. Mit Aktionen zur Entkriminalisierung der Abtreibung, großen Informationsveranstaltungen, Demonstrationen und öffentlichen Busfahrten für schwangere Frauen, die sich in Holland legal einem Abort mit der damals neu entwickelten Absaugmethode unterzogen, hatte alles angefangen. Die dazugehörige Parole »Mein Bauch gehört mir« hatte Unzählige aufgerüttelt, so dass der Schritt zum Slogan »Mein Körper gehört mir« nicht weit war. Umso mehr als die Antibabypille verworfen war und die Feministinnen sich genötigt sahen, auf Verhütungsmethoden aus den 1920er Jahren zurückzugreifen.

Unter Schmerzen hatten sich viele die »Spirale« einsetzen und meist bald wieder entfernen lassen. Andere investierten viel Zeit ins Errechnen der fruchtbaren Tage im Menstruationszyklus, das eine genaue Fieberkurve erfordert. Wieder andere stülpten sich eine Art Gummilappen, genannt Diaphragma, über die Gebärmutter. Das war ein schwieriges Unterfangen bei dessen gemeinsamer Erlernung unter Anleitung von Krankenschwestern und Medizinerinnen viele einstige Politaktivistinnen Geschmack am Betrachten des eigenen Muttermundes fanden. In sogenannten Spekulumgruppen berauschten sie sich am Anblick ihres Körperinneren, das ihnen so schön und kostbar vorkam, dass sie es ganz für sich behalten wollten. Keines Mannes »fleischiger Auswuchs« sollte sich künftig dorthin verirren.

Hatte Alfred Kinsey nicht ein für allemal nachgewiesen, dass die Vagina empfindungslos sei, die Frau also keinen Spaß beim Koitus habe? Schon Simone de Beauvoir hatte sich darauf berufen. Und ihre Schülerin Alice Schwarzer, die an der Gleichheitsforderung festhielt und dafür von den Radikalen als Reformistin belächelt wurde, stieß ins gleiche Horn. »Nur der Mythos vom vaginalen Orgasmus (und damit von der Bedeutung der Penetration) sichert den Männern das Sexmonopol über die Frauen. Und nur das Sexmonopol sichert den Männern das private Monopol, das das Fundament des öffentlichen Monopols der Männergesellschaft über Frauen ist.«[274] Überzeugter noch als de Beauvoir interpretierte Schwarzer den Koitus als einen »in sich gewaltsamen«[275] Akt. Weiter als sie ging mit dieser Behauptung die Amerikanerin Susan Brownmiller in ihrem Standardwerk zum Thema Vergewaltigung, *Against Our Will*, das 1975 auf Deutsch erschien. In einer durch ihren Fatalismus mehr als konservativen Auslegung der de Beauvoir'schen Hypothese vom Mann als potentiellem Vergewaltiger lässt Brownmiller eine »gewalttätige Welt des primitiven Menschen« aufleben. In dieser angenommenen Steinzeitgesellschaft macht »die Waffe Penis« den Mann zum »natürlichen Verfolger des Weibes« und die Frau zu »seine(r) natürliche(n) Beute«[276].

Die unter den autonomen Feministinnen, die mehr zum Pragmatischen als zum Ideologischen neigten, bemühten sich seit der Mitte der 1970er Jahre, die alltägliche Gewalt von Männern gegen Frauen sichtbar zu machen und einzudämmen. Es begann 1976 mit der Gründung des ersten Frauenhauses zum Schutz geschlagener, missbrauchter und vergewaltigter Frauen, woraus sich eine bis heute bestehende Institution entwickelte. Seit 1977 demonstrierten Feministinnen nach amerikanischem Vorbild auf den »Take-Back-The-Night«-Demonstrationen für das Recht der Frauen, nachts gefahrlos allein nach Hause zu gehen. Groß angelegte Kampagnen gegen Vergewaltigung folgten. All das waren notwendige, längst fällige Maßnahmen und Einrichtungen, die dazu beitrugen, Sexismus und männliche Übergriffe an Frauen zu diskriminieren und einzudämmen.

Die zur gleichen Zeit einsetzende Dämonisierung männlicher Anatomie allerdings führte zu einer bisweilen grotesken Überschätzung der körperlichen Komponente patriarchalischer Herrschaftssicherung. In die Fußstapfen der naiven Vision von der Sexuellen Revolution als Voraussetzung gesellschaftlicher Veränderung trat ein ebenso naiver Glaube an die sexuelle Unterdrückung der Frau durch den Mann als Hauptursache für Patriarchat und Kapitalismus. Das Patriarchat selbst trat hinter seinem Symbol als dem endlich entdeckten Hauptteufel zurück, wobei der Unterschied zwischen Phallus und Penis schnell verlorenging. Der Schwanz war demnach schuld, der sinnlos stochernde, den die Männer irrtümlicher Weise für ein Lust spendendes Organ hielten. Da die Erkenntnis von der allgemein gesellschaftlich wirkenden Sexualrepression nicht mehr zählte und die individuelle Prägung des Menschen durch die Kindheit verworfen war, konnte nun der einfachste Schluss von der Welt gezogen werden: Die Männer hätten ihre dummglückliche Bumserei, den »Schwanzfick« – so das neue Schlagwort – aufzugeben, die Frauen ihre eigene Sexualität zu entdecken, das Verhütungsproblem wäre gelöst und das Patriarchat würde fallen.

Tatsächlich war der »Schwanzfick« in der sich ausbreitenden Sponti-Szene und auch darüber hinaus ein viel diskutiertes

Thema. Frauen verweigerten ihren Lebensgefährten den Koitus und bestanden auf der Alternative reiner Zärtlichkeit. Männer versuchten sich diese Sexualpraxis abzugewöhnen, oder taten zumindest so. Sprach man zu Revoltezeiten provokativ vom Vögeln oder Ficken, so war nun vor allem von der Zärtlichkeit, vom Streicheln, Kuscheln und Schmusen die Rede. Genitale Sexualität galt als überkommen. Lesbische Sexualpraktiken wurden dafür zum Wegweiser ins Reich der als originär weiblich erachteten Zärtlichkeit, in dem der Orgasmus seine Bedeutung zu verlieren schien. Sexualität oder Libido waren nicht mehr geschlechtslos oder geschlechterübergreifend wie bei Freud und Reich, sondern männlich und weiblich, wobei die weibliche, die »eigene« Sexualität der Frauen, den Vorrang hatte und zum Identitätsträger wurde.

Auf dem Weg zur sexuellen Eigenheit der Frauen wurde die Klitoris zum ideologischen Wegweiser. Und ein weiterer geschlechterdualistischer Umkehrschluss gab ihr den Rang, der dem Phallus bei seinen Verherrlichern wie D. H. Lawrence gebührt. Der Penis, so hieß es oft in Anlehnung an die von Alice Schwarzer in »Der kleine Unterschied« zitierte amerikanische Psychiaterin Mary Jane Sherfey, sei ursprünglich eine wuchernde Klitoris gewesen, der Hodensack eine überdimensionale Schamlippe. Am Anfang also war die Frau und mit ihr die Klitoris, das neuerdings idealisierte Geschlechtsorgan, das als Identitätsstifterin herhalten musste. Carla Lonzi scheute sich nicht, die Frau eine »kleine Klitoris auf ihrer Suche nach Befreiung«[277] zu nennen. Trotz dieser Bemühungen schien die Klitoris am Ende doch weniger repräsentativ zu sein als der zum Phallus erhobene Penis. So musste also das als Zeichen der Weiblichkeit fungieren, was bei der Frau anstelle des Penis zu sehen ist, und man einigte sich auf das Dreieck für die Darstellung der Scham. Der aus den USA stammende Frauengruß der Dreiecksbildung mit Daumen und Zeigefingern stieß auch in der BRD auf Nachahmerinnen.

Dem eigenen Bauch, der eigenen Gesundheit und dem eigenen Körper folgte in der zweiten Hälfte der 1970er Jahre die eigene Geschichte. Es begann zunächst mit einer lang versäumten Aufarbeitung der Hexenverfolgung und dem dazugehörigen Genozid vor allem an Frauen zwischen dem 13. und dem 18. Jahrhundert der europäischen Geschichte. Auf feministische Anregung hin wurde das Thema von Universitätsprofessoren aufgegriffen, Bücher und Dissertationen darüber verfasst. Das Frankfurter Frauenzentrum profilierte sich mit einer Ausstellung zu den Hexenprozessen. Schnell aber wurde die Hexe vom Forschungsobjekt zur feministischen Identifikationsfigur, ein entsprechender Kult bewegte die Szene und gebar Hexenästhetik und Hexenrituale verschiedenster Art.

Es war die Zeit der Frauenfeste, jener rauschenden Partys, von denen Männer ausgeschlossen waren. Im Frankfurter Studentenhaus oder in der Szenedisco *Batschkapp* trafen sich die Feministinnen, gekleidet in wallende, weiße Gewänder, mit weiß geschminkten Gesichtern und Henna gefärbten Haaren, so rot wie Teufel, Hölle und Fegefeuer. Ein Heer von Hexen, Schamaninnen und Muttergöttinnen. Sie tanzten leidenschaftlich, und die Atmosphäre glich ein wenig der mit Glitter und Federboas geschürten Euphorie der Schwulen kurz nach ihrem Sprung auf die Bühne des bundesrepublikanischen Politgeschehens. Nur waren die Frauenfeste nicht lesbisch, sondern eben weiblich, so dass die Lust an Tanz und Selbstdarstellung vor allem autoerotischen Charakter hatte. Vieles galt diesen Frauen als sexuell, der liebevolle Blick auf Brüste und Klitoris, die Offenbarungen des Spekulums, die Untersuchung der Vaginal-Schleim-Struktur, die dem Mond zu verdankenden »Menstruationserlebnisse« oder auch nur der Regen auf nackter Frauenhaut wie bei Verena Stefan, der Meisterin des weiblichen Selbst. Eine entsexualisierte Erotik trieb ihre Blüten in einer treibhausartig angeheizten Atmosphäre überschäumender Weiblichkeit. An die Stelle des Lustgewinns als Erwartung an die Sexualität war der Identitätsgewinn getreten.

Als Spontis und autonome Frauenbewegung den K-Gruppen den Rang abgelaufen hatten und ihr Einfluss Kunst- und Kultur-Szene erreichte, boomte alles Weibliche. Zu den Frauenbüchern kamen die Frauenfilme, eine weibliche Kunst, weibliche Ökologie, ein weiblicher Humor, die weibliche Spiritualität, die weibliche Theologie und die weibliche Religion. Auch die Frauenselbsterfahrungsgruppen wurden über ihre politische Quelle hinaus populär. Immer mehr Männer mussten sich mit dem Aufbruch ihrer Gefährtinnen zum weiblichen Selbst auseinandersetzen, Konflikte und Trennungen verkraften. Das zusammen mit dem oft verhängten Männer-Hausverbot in Frauenbuchläden, Frauenzentren und Frauenwohngemeinschaften oder dem Ausschluss von Männern aus so mancher kulturellen Veranstaltung provozierte männliche Nachahmung.

Profeministische Männer – man nannte sie die Softies – begannen sich ihrerseits in Kleingruppen zu treffen, um ihr Verhältnis zur Frauenbewegung, zu ihren feministischen Freundinnen und zur eigenen Männlichkeit zu diskutieren. In aktiver Solidarität mit den Frauen gelobten sie Verzicht auf die Privilegien des Patriarchats, propagierten frauengerechte Sexualpraktiken, Übernahme von Hausarbeit und Mutterpflichten. In Problematisierung der traditionellen Männerrolle bekannten sich die Softies zu Unsicherheit, Angst, dem Bedürfnis zu weinen, und der Sehnsucht nach Zärtlichkeit unter ihresgleichen. Auch sie rangen um sexuelle Identität wie zum Beispiel der Feminist Volker Elis Pilgrim, dessen *Manifest für den freien Mann* 1977 im Trikont-Verlag erschien. Pilgrim versprach, die »weiblichen« Eigenschaften zu erlernen, der Frau das Bewusstsein ihrer selbst mit dem ihrer Klitoris zurückzugeben und den Penis – im Patriarchat ein Synonym für Revolver oder Dolch – zu »beseelen«, um dann bedenkenlos auszurufen: »Mein Schwanz …, der bin ich.«[278]

In Frankfurt wurde es unter RK-Genossen, Hausbesetzern und Alternativ-Spontis Mode, sich bei der Begrüßung zu umarmen und zu küssen, was bislang nur unter Feministinnen üblich war. Etliche ließen sich sterilisieren, um den Frauen das Verhütungsproblem abzunehmen, so mancher benutzte Make-up wie die neuen Schwulen, einige lernten Nähen und Stricken. Politpromis schlugen sich an die Brust und bekannten ihre Sünden am weiblichen Geschlecht. Die konservative Vorstellung von der immerwährenden Gegensätzlichkeit des weiblichen und männlichen Prinzips, vom Yin und Yang, wie es Yoga-Spiritualisten und Neo-Buddhisten nannten, wurde kaum mehr hinterfragt.

Zu eben dieser Zeit, 1987/1988, erschien im Verlag Roter Stern ein dickes, zweibändiges Buch, das dem konventionellen (deutschen) Mann einen ebenso schwereren Schlag versetzte wie Simone de Beauvoirs Werk und alles, was bislang in ihrer Nachfolge geschrieben worden war. *Männerphantasien*, der Versuch des brillant schreibenden Literaturwissenschaftlers Klaus Theweleit, auf über 1000 Seiten zu erklären, wie der deutsche Faschismus entstand. Der von Wilhelm Reichs *Massenpsychologie des Faschismus*, der Kritischen Theorie und Deleuze/Guattaris *Anti-Ödipus* inspirierte Autor – selbst Sohn eines typisch deutschen Mannes – untersucht präfaschistische Autobiographien und Romane von Autoren wie dem späteren Auschwitz-Lagerleiter Rudolf Höß, dem Freikorps-Kämpfer und Filmemacher Ernst von Salomon, dem SA-Führer und Militärschriftsteller Manfred von Killinger und dem Barden des Fronterlebnisses Ernst Jünger. Wie Salomon erfreute sich Letzterer nach 1945 eines fragwürdigen Comebacks und war bislang nur wenig kritisiert worden.

Ebenso schrecklich wie aufschlussreich zu lesen, zumal mit furchterregenden Zitaten belegt und eindrucksvollen Bildern illustriert, zeigt *Männerphantasien*, wie Menschen zum Typ des »soldatischen Mannes« erzogen werden, zu einem, der sich nur im Krieg wohlfühlt und dessen einzige Freude das Töten des Gegners ist. Es beginnt mit der Marter von Kälte, Härte, Prügelstrafen und sadistischen Ritualen, vollzogen am noch jungen Körper zum Beispiel in der Kadettenanstalt. Das geht so lange, bis dieser Körper die »Schmerzeingriffe« als »Antwort auf sein Lustbegehren« empfindet, bis sein »umgedrillter« Leib dem »Lustprinzip« entrissen und dem »Schmerzprinzip«[279] unterworfen ist. So lange bis Männer entstanden sind, deren kadavergehorsame Selbstbeherrschung so weit geht, dass sie keine Triebe und nicht einmal mehr eine Psyche haben. Dem so zugerichteten Individuum erwächst dabei ein kontrollierender »Körperpanzer«, der es später befähigt,

»sich in größere Gebilde mit panzerartiger Peripherie bruchlos einzufügen«[280].

Ob man Theweleits Theorie vom Körperpanzer und seinen zum Teil problematischen Thesen zur Homosexualität Glauben schenkt oder nicht, seine Beschreibung des militaristisch entmenschten Mannes mit seiner grausamen »Utopie der Körpermaschine«[281] und mit Idealtypen, die Ernst Jünger »Stahlnaturen«, »Jongleure des Todes« oder »prächtige Raubtiere« nennt, übertrifft alles, was bisher darüber geschrieben wurde. Gleichzeitig straft sie all jene Lügen, die den deutschen Faschismus für einen Unfall in der Geschichte oder eine Folge ökonomischer und nationaler Degradierung seiner Gefolgsleute halten. »Sein (des Faschisten) Zwang zum Kampf sucht sich seine Felder, nicht umgekehrt.«[282]

Was, fragt Theweleit, geschieht mit der Libido solcher Männer? Sie wird zur tödlichen Bedrohung, zur Angst vor jeglichem Hedonismus oder wie Alfred Rosenberg es ausdrückte, »dem schmählichen Glauben, daß das Leben zur Lust da sei«, dieser »echt jüdischen Lustseuche«[283]. Die Syphilophobie der Nazis und deren Verschmelzung mit ihrer Angst vor der Herrschaft des vom Juden stammenden Kommunismus oder des gemeinen, vergnügungssüchtigen Volkes bezieht sich auf die Rote Armee oder den mit der Waffe kämpfenden Revolutionär. Die gleiche Bedrohung geht von dessen (sinnlichen) Frauen aus, von Flintenweibern, Kommunistenbräuten und den roten Krankenschwestern, die eigentlich Huren sind. Diesen roten Frauen gilt Theweleit zufolge der größte Hass des Faschisten, der dem Geschlechterkampf größere Bedeutung als dem Klassenkampf zumisst. Theweleit stützt diese Hypothese mit vielen grauenhaften Beispielen aus der Lanzerliteratur. Die Frauen des Kommunistenfeindes werden ins Gesicht geschlagen, in den Leib getreten, mit der Peitsche gezüchtigt oder zu Brei geschlagen, mit dem Gewehrkolben zerschmettert, durch einen Schuss in den Mund getötet oder mit Handgranaten zerrissen. Lustmorde werden stolz zu Protokoll gegeben. Wie wenn diese Rächer die bedrohliche Frau zur Kastrationswunde machen wollten, der Wunde, die sie, die stählernen Phallusnaturen, selbst am meisten fürchten. Die Frau aus den eigenen Reihen jedoch, die gute oder die weiße Frau, wie sie Theweleit nennt, die im Leben des soldatischen Mannes nur eine Randexistenz führt, sie wird »entlebendigt, leblos gemacht«[284] oder aufs Podest der Marmorstatue gehoben.

Während *Männerphantasien* den faschismusgeeigneten Mann als aktiven Zerstörer zeigt, kommt das andere Geschlecht nur als Opfer oder Projektion männlicher Phantasie vor, ist nicht Gegenstand der Untersuchung. Die sich aufdrängende Frage, ob die Naziherrschaft tatsächlich nur von Männern getragen wurde, die Frage nach der Mittäterschaft von Frauen, nach einer möglichen Zurichtung auch der weiblichen Psyche und Sexualität im Sinne des Faschismus bleibt offen. Oder sie beantwortet sich von selbst in Theweleits leidenschaftlicher Hommage an die Frauen, wenn er einer männlichen Projektionen des bürgerlichen Zeitalters, der Assoziation von Frau, Wasser, Strömen, Fließen und Sexualität nachgeht. Mit schönen Bildern illustriert und wohlgewählten Zitaten von Goethe, Mörike und Heine über Majakowski und Brecht bis zu Henry Miller verdeutlicht, zieht Theweleit auch dabei seine Leser in den Bann. »Es ist ein Fluß ohne Ende und riesig breit, der so durch die Literaturen fließt. Immer wieder: die Frau aus dem Wasser, die Frau als Wasser, als brausendes, spielendes, kühlendes Meer, als reißender Strom, als Wasserfall, als unbegrenztes Gewässer, durch das die Schiffe treiben, ... die Frau als lockende (oder gefährliche) Tiefe, als Becher, in dem der Saft sprudelt, die Vagina als Welle, als Schaum, als dunkler Ort ...«[285]

Kaum bremsen kann sich der faszinierte Autor, hält aber dennoch inne, um sich zu fragen, um was es da geht und nüchtern zu antworten: »Ich glaube es ist eine besondere (historisch relativ neue) Form der Unterdrückung der Frauen ... der Unterdrückung durch Überhöhung ...«[286] Nichtsdestotrotz endet das Kapitel »Was da fließt« romantisch mit einer Georg Büchner abgelauschten Utopie der Flut, der sich Mann und Frau gemeinsam hingeben und für die der Hedonist Danton zu sterben bereit ist. »Ich bin immer nur eins; ein ununterbrochenes Sehnen und Fassen, eine Glut, ein Strom«, sagt die Hure Marion zu Danton, und Theweleit hört aus ihr »das Lustprinzip selbst sprechen«[287]. Diesem Lustprinzip schließlich gilt »das Wasser als Gegensatz der männlichen Aggression«[288]. Auch für den Feministen Theweleit sind die Frauen die weniger zerstörten, die lebendigeren, sinnlicheren und friedlicheren unter den Menschen. Frauen machen Liebe, Männer Krieg. Gleich am Anfang seines Werkes fragt der Autor, ob es »eine wirkliche Grenze ist, die den ›faschistischen‹ vom ›nichtfaschistischen‹ Mann trennt«.[289] Der Leser kann diese Frage am Schluss nur mit Ja beantworten.

Pornographie, Michel Foucault und der Geschlechterkrieg

Am Ende der 1970er Jahre war es der Frauenbewegung gelungen, die Abtreibung zu legalisieren, die Ungleichbehandlung der Frauen am Arbeitsplatz anzuprangern und teilweise abzubauen, Problembewusstsein für die häusliche Ausbeutung von Frauenarbeit zu schaffen und dem Sexismus – zumindest im progressiven Umfeld – Einhalt zu gebieten. Die autonome Speerspitze der Bewegung aber fixierte sich, zusammen mit ihrem Ableger Männerbewegung, mehr und mehr auf die Verherrlichung fiktiver Weiblichkeit. So schien es in solchen Kreisen kaum mehr Menschen zu geben, sondern nur noch Frauen und Männer im Kampf gegen die Männerherrschaft oder auf der Suche nach entsprechender Identität. Sexualität als etwas, das allen gemeinsam ist, schien von gestern zu sein. An deren Stelle war die Ideologie von der zärtlichen und einzig erstrebenswerten Frauensinnlichkeit als Vorbotin einer vom weiblichen Prinzip bestimmten Utopie getreten. Dem entgegen stand die aggressive und vergewaltigende Männerbrunst im Zeichen des »Schwanzficks«, die es zu überwinden und langfristig abzuschaffen galt. Weder Zärtlichkeit mit Koitus noch Koitus ohne Gewalt waren mehr zu denken, so dass ein Umschlag ins Gegenteil solcher Vorstellungen zu erwarten war.

Den Auftakt lieferte schon 1977 ein Frankfurter Szenesponti

namens Siegfried Knittel im Szeneblatt *Pflasterstrand*, der dort seine Emanzipation als Mann beschrieb. Lustvoll sei es demnach gewesen, einer schwangeren Frau in den Bauch zu treten, nachdem seine Triebe jahrelang unter der feministischen Tyrannei geknebelt worden seien. Feministinnen stürmten daraufhin die Räume der *Pflasterstrand*-Redaktion, zerstörten die Druckplatten und drohten dem Provokateur mit dem Schlimmsten. Wochenlang soll sich Siegfried Knittel nicht mehr auf die Straße getraut haben. Keiner kam auf die Idee, ihn zu verteidigen. Nur drei Jahre später verlief der Skandal um Gernot Gailer, so das Pseudonym des zweiten Antifeministen der linken Szene, schon wesentlich ambivalenter. Unter der Parole »Lust, Sex und Politik gehören zusammen« präsentierte dieser, immerhin ein ehemaliger Redakteur der 1978 als linke Tageszeitung gegründeten *taz (Tageszeitung)*, einen Lobgesang auf Pornographie und Prostitution. Er, der Antipuritaner, liebe »Verbotenes offen«, zum Beispiel »eine klaffende Fotze«, ließ er ungeniert verlauten. Die Erfindung der Peepshow sei »geradezu sexualrevolutionär« und die »Peeperinnen« die »eigentlich Emanzipierten«[290] unter den Frauen. Auch Gailers Konfessionen wurden in unzähligen Leserbriefen kommentiert und verurteilt. Aber unter die empörten Kritikerinnen mischten sich die libertin gesinnten Apologeten und Apologetinnen als Stifter einer neu aufkommenden Diskussion um Sexualität und Erotik.

Man schrieb das Jahr 1980. Die K-Gruppen hatten abgewirtschaftet und mit ihnen jenes politische Puritanertum, das den Hedonismus der antiautoritären Bewegung abgelöst hatte. Auf der Suche nach verlorenem Selbst und verleugneter Sinnlichkeit liefen nicht wenige der einstigen Stalinisten den Spontis in die Arme. Diese wiederum hatten es endgültig aufgegeben, Gesellschaft und Individuum zu verändern, um ganz im Hier und Jetzt zu leben, im bunten Dasein ihrer bohemisch-alternativen Szene aufzugehen und sich neu entdeckten sinnlich-kulturellen Bedürfnissen zu widmen. Das Lesen theoretischer Bücher war aus der Mode gekommen, man lebte, fühlte und phantasierte lieber, handelte und entschied »aus dem Bauch heraus«. Die, die auf den »Kopfschrott«, wie es eine Zeitlang hieß, nicht verzichten konnten, brachen zu neuen Geistesufern auf und kamen über die Lektüre der postmodernen Philosophen zu dem, womit man sie vorher hätte jagen können. Nietzsche, Heidegger und die einst verpönte Lebensphilosophie kehrten auf dem französischen Umweg ins deutsche Ursprungsland zurück und mit ihnen jene Vernunftfeindlichkeit, gegen die sich Kritische Theorie und Neue Linke gleichermaßen gewandt hatten. Dass Sexualität dabei wieder eine Rolle spielen würde, lag in der Luft.

Noch bauchorientierter als bei Spontis und Spontifrauen ging es auf dem einst radikalen Flügel der Neuen Frauenbewegung zu. Dort blühten Spiritualität, Aberglauben, Magie und neues Heidentum. Rationales Denken und Handeln wurden als »männerspezifisch« verworfen. Dafür sprachen die Tarotkarten, schwangen die Pendel und orakelten Wahrsagerinnen. Von der Hexen-Folklore waren viele inzwischen zum Hexenglauben gekommen. Manch einstige Streiterin für das Recht auf Abtreibung oder gleichen Lohn für gleiche Arbeit glaubte ernsthaft, eine wiedergeborene Magierin oder Hexe zu sein. Erinnerungen an ihre einstige Macht, aber auch an Folterung oder Verbrennung kamen diesen Frauen im Trancezustand, sogenannte »Reinkarnationserlebisse«. Die einstige Politfeministin Judith Jannberg schreibt solchen mit der Natur in Einklang lebenden »Hexenfrauen« »fundamentale ursprüngliche, unverkrüppelte, unverstellte Kraft«, »Eigen-Sinnlichkeit« und »Eigenwilligkeit« zu und kommentiert: »Das sind allerdings die Frauen, die in der Marxismus-Diskussion passen müssen. Es sind die Frauen, die traumtänzerisch sicher und mondsüchtig ihren geraden Weg gehen.«[291] Die umfangreiche Literatur zur Frauenspiritualität der frühen 1980er Jahre beweist, wie verbreitet solches Denken oder vielmehr Fühlen war.

Auf der scheinbaren Gegenseite schimpfte Gernot Gailer hemmungslos auf die »schwanzamputierten Theoretiker«, die »Sexualwissenschaftler, Professoren oder Doktoren«[292] und holte seine Weisheit lieber aus der Peepshow. Diese wiederum hielt Einzug in die Sponti-Szene durch die Rehabilitierung der Pornographie, die neuerdings von vielen als befreiend hingestellt wurde. Das war das Gegenteil der Grundsätze aus der Sexuellen Revolution. Pornographie galt, zumindest denen, die Engels, Marcuse und Reich gelesen hatten, als Ausdruck unterdrückter Sexualität, als Kehrseite der puritanischen Medaille. Trotzdem hatte es unter Linken Pornographie gegeben. Man denke an die Softpornos in der späten KI, beliebt auch bei Künstlern, die mit der Linken sympathisierten. Außerdem gab es jene kleinen sexistisch-pornographischen Zeichnungen in vielen, zum Populistischen neigenden linken Blättern wie der anarchistischen *883*, die als Spießer-Provokation empfunden wurden.

Erst in den 1980er Jahren jedoch wurde daraus ein Thema. Auf einem Männergruppentreffen wurden Pornofilme gezeigt, und die Anwesenden sehnten sich nach »intensivem körperlichem Erleben« und einer »Geilheit der Frauen«, die den feministischen Gefährtinnen mit ihren »soften Bedürfnissen«[293] abginge. Mancher Softie kaufte sich den *Playboy*, und kein Geringerer als der linke Verleger Klaus Wagenbach antwortete in einem Promi-Fragebogen der *Frankfurter Allgemeinen Zeitung* auf die Frage, was er von Frauen erwarte mit dem neuen Reiz- und Modewort »Geilheit«. Intellektuelle Weihen bekam der Wunsch nach Obszönem schließlich, als anspruchsvolle Magazine wie *Ästhetik und Kommunikation*, Klaus Wagenbachs *Freibeuter* und der 1978 im Zeichen der Vernunftkritik gegründete konkursbuch Verlag sich damit zu schmücken begannen.

Allen voran schritt eine Frau, die Gründerin des konkursbuch Verlags Claudia Gehrke. Die *Nummer Sechs – Erotik* des gegen das *Kursbuch* gerichteten *Konkursbuches* von 1980 erschien mit Fotografien, die menschliche Finger oder Lippen so zeigen, dass man sie mit einer Vagina verwechseln könnte. Dazu kamen Zeichnungen von Pierre Klossowski und das Foto einer mit Ledermaske unkenntlich gemachten Frau. Von heute aus gesehen scheint das alles denkbar harmlos, damals aber war es eine große Provokation den Feministinnen gegenüber, deren donnernder Protest zunächst jedoch ausblieb.

1982 erschien ebenfalls im konkursbuch Verlag der erste alternative Porno *Mein Heimliches Auge*. Claudia Gehrke bekennt sich im Vorwort zu ihrer Lust an sexueller Heimlichkeit, zum Beispiel dann, wenn ihr ein Freund mitten im Café in die Bluse greift. Sie hat deshalb Publizisten, Künstler, Schriftsteller und Prominente der linken Szene aufgefordert, ihre geheimen erotischen Lieblingsbilder einzuschicken und zu kommentieren. Der Band strotzt dementsprechend von pornographischen Amateurfotos. Eher selten ist Professionelles wie ein Nazi-Porno, der einen Cunnilingus mit einem hakenkreuzgeschmücktem Pin-up-Girl verbindet. Am originellsten der Beitrag der Herausgeberin: das Selbstporträt der österreichischen Medienkünstlerin Vali Export mit Maschinengewehr zu gespreizten Beinen mit entblößtem Geschlecht, so dass Gernot Gailer seine Freude gehabt haben dürfte. Im zweiten *Heimlichen Auge*, das, nachdem das erste sich sehr gut verkauft hatte, 1985 erschien, outet sich Gehrke selbst mit einem Aktfoto im Stil der Softpornos als Exhibitionistin. Erläuternd spricht sie vom Voyeurismus und der Lust am Angeschautwerden als einer »spielerische(n) Freiheit der Lust«. Das Foto eines nackt gefesselten kleinen Mädchens kommentiert sie so: »Es geht nicht unbedingt um die Wirklichkeit, wenn mich dieses kleine Mädchen reizt, dann heißt das noch lange nicht, daß ich meine Tochter … so fesseln wollte, damit mich das erregt, und damit sie leidet, nein ich spiele, sie zu fesseln, und das Spiel ergibt ein Bild, und der Blick, ihr Blick, weiß um dieses Spiel, um diese Lust, die ein Bild macht, und ich bin es selbst, die sich fesseln lassen will, als Mädchen …«[294]

Unter den schriftlichen Beiträgen der Männer, die der Aufforderung der Verlegerin gefolgt waren, tun sich vor allem der des Künstlers Simon Traston und der des *Zeit*-Redakteurs Ulrich Greiner durch große Offenheit hervor. Der schon ältere Künstler, der seine erotischen Glanzzeiten in den 1950er Jahren gehabt haben dürfte, hat das Gefühl, seine Freundin beim Geschlechtsakt »zu pfählen« und gibt seinem Frauenbild folgenden Ausdruck: »Das Sichhinknien des Weibes zum Empfang des Schwanzes ist die Demut des Nichts vor der Kraft ... die reinste Form des Nurgeficktwerdenwollens, das äußerste weibliche Element.«[295] Während Traston zumindest noch zu wissen meint, was das Weib von ihm will, geht Ulrich Greiner – ein früher Neokonservativer, der den linksliberalen Fritz J. Raddatz im Feuilleton der *Zeit* ablöste – einen Schritt weiter. Er reichte kopf- und gesichtslose Teilausschnitte von Frauenakten aus Herrenmagazinen ein und kommentiert: »Was wir wollen ist das Sexualobjekt. Der reine Körper ist Gegenstand unserer Begierde. Daß er eine Seele hat, kümmert uns nicht. Denn wir wissen, was das Gefasel von der Einheit des Körperlichen und Seelischen von uns will: wir sollen die Lust an die Kandare der Vernunft nehmen.«[296]

Die Verachtung der Vernunft, der vernünftigen Diskussion, des ernsthaften Nachdenkens oder Sprechens im Zusammenhang mit Sexualität einschließlich der einst so hochgeschätzten Aufklärung war für die 1980er Jahre typisch. Theoretischer Auslöser dieser Tendenzwende war vor allem Michel Foucaults Buch *Sexualität und Wahrheit*. Der französische Autor der Postmoderne war in den 1970er Jahren noch ein Geheimtipp. Im Laufe der 1980er Jahre wurde er zum meistgelesenen Autor all derer, die sich von Marx, Freud, Adorno und Marcuse kommend, dem Poststrukturalismus zuwandten. Foucault, ursprünglich ein Linker aus dem Umfeld von Jean-Paul Sartre, wandte sich schon in den 1960er Jahren als strukturalistischer Kritiker vom Marxismus ab. Sartre rügte ihn wegen seiner Absage an den Humanismus und warf ihm ein defätistisches Weltbild vor. Jürgen Habermas kritisierte ihn als Vertreter des Irrationalismus. Foucault – selbst zeitlebens ein vielreisender Kosmopolit – hatte den Anspruch, politisch zu handeln und einzugreifen. Er sympathisierte mit der Antipsychiatriebewegung um Ronald D. Laing, deren Nachfolger sich bis heute auf ihn beziehen. 1978 begeisterte sich der Philosoph für die iranische Revolution des Ajatollah Chomeini und vier Jahre später für die polnische Gewerkschaft Solidarność. Foucault machte kein Hehl daraus, homosexuell zu sein, äußerte sich dazu aber erst in den 1980er Jahren. Ende der 1970er Jahre reiste er mehrmals nach San

Francisco, um in die dortige SM-Szene der schwulen Subkultur einzutauchen.

Der erste des auf sechs Bände angelegten Werkes über Sexualität erschien 1977 auf Deutsch. Foucaults aus Nietzsches Schriften abgeleitete Machtontologie prägt dieses wie alle anderen seiner Bücher. Die Wahrheit, erfährt der Leser, steht nicht, wie es sich der Humanist und der marxistische Revolutionär vorstellen, in einem »ursprünglichen Verhältnis zur Freiheit«. Sie ist vielmehr ebenso wenig frei wie der Irrtum unfrei ist. Vielmehr ist »ihre gesamte Produktion von Machtbeziehungen durchzogen«[297]. Die Macht, die wie bei Nietzsche als etwas Ursprüngliches, dem Menschen instinkthaft Eingegebenes erscheint, zieht sich wie ein Netz durch alle Bereiche der Gesellschaft. Ihre moderne, bürgerliche Form ist nicht wie einst repressiv, sondern produktiv, regelnd und manipulierend. Im Fall der Sexualität verschränkt sie sich mit dieser, dringt ganz in sie ein, so dass ein Entrinnen unmöglich ist und Widerstand nur im Rahmen der von ihr erzeugten Konstellationen entstehen kann. Keine Lust ohne Macht und Machtausübung. Davon geht Foucault aus und hat nur ein mildes Lächeln für die »humanistische Träumerei von einer vollkommenen, allseits entfalteten Sexualität«[298]. Nichts als eine große Predigt sei der sexuelle Befreiungskampf mit seinen »scharfsinnigen Theologen« und »populären Kanzelrednern«, die »das Recht des Unmittelbaren und des Wirklichen«[299] besängen und von einem neuen Jerusalem träumten.

Als Tabubrecher tritt Foucault seinerseits auf, wenn er das als Schattenboxerei hinstellt, was unverzichtbar zur Neuen Linken gehörte. Denn nicht Repression oder Restriktion sei der Sexualität in der neueren europäischen Geschichte widerfahren. Ganz im Gegenteil. Alle Bemühungen der Bourgeoisie um die Kontrolle der Sexualität, so die Hauptthese des Buches, hat diese keineswegs eingeschränkt. Sie hat stattdessen mehr und immer mehr davon produziert. Das Übermaß an Diskursen über Sexualität« hat zur »Intensivierung des Körpers«[300], zur »Sexualisierung des Kindes«[301], zur »Hysterisierung des weiblichen Körpers«[302], zur

»Einpflanzung von Perversionen« und zur »Wucherung der Lustarten«[303], geführt, so dass ein »unübersehbares und flimmerndes Lichtmeer des Sexuellen«[304] entstand. Das Bürgertum, erfährt man, hat sich selbst sexualisiert, hat seinen Körper der Sexualität gleichgesetzt und unterworfen. Wie sich die Identität des Adels über dessen blaues Blut herstellte, so die der Bourgeoisie mittels ihrer kostbaren Sexualität. Das aufsteigende Bürgertum vermutete darin »eine geheimnisvolle und unbegrenzte Macht«[305], mit der es sich unaufhörlich zu beschäftigen galt.

Nicht dem Verbot und dem Schweigen wurde die Sexualität unterworfen. Nein, einen großen Anreiz hat man ihr laut Foucault gegeben mittels ihrer tausendfältigen Diskursivierung, dem endlosen Sprechen über sie und dem Zwang, in der Tradition der christlichen Beichte die Wahrheit über sie zu sagen: »Was die hinter uns liegenden drei Jahrhunderte auszeichnet, ist weniger das ... Anliegen den Sex zu verbergen, weniger ... Schamhaftigkeit der Sprache, sondern vielmehr die breite Verstreuung von Apparaten, die erfunden wurden, um vom Sex zu sprechen oder sprechen zu lassen, um zu erreichen, daß er von sich selber spricht und um alles anzuhören, aufzuzeichnen, zu übertragen und neuzuverteilen, was er von sich sagt.«[306] Ebenso beredt wie all die, die er kritisiert, in vielen eleganten Formulierungen und schönen Metaphern legt Foucault dem Leser nahe, dass der moderne Mensch des Abendlandes ein »Geständnistier«[307] geworden ist. Er gesteht dem Pfarrer seine Sünden, dem Geliebten seine Liebe, dem Richter sein Verbrechen, dem Arzt seine Symptome, dem Psychoanalytiker seine Kindheit und seine Träume. Vom »tausendjährigen Joch des Geständnisses« schreibt Foucault und vom Sex, der seit Jahrhunderten unter der »nimmermüden Herrschaft des Geständnisses«[308] stehe. In dieser Tradition sieht er auch Sigmund Freud, der »der jahrhundertealten Einschärfung zur Erkennung und Diskursivierung des Sexes neuen Auftrieb gab«[309].

Trotz seiner desillusionierenden Grundaussage haftet dem meisterhaft geschriebenen Buch etwas Verführerisches auch für den Sexualrevolutionär oder -reformer der 1960er und 1970er

Jahre an. War dieser es doch gewohnt, seine eigenen Motivationen zur Rebellion genauso kritisch zu hinterfragen wie die des Gegners zur Repression. Durchaus einleuchtend war es für die Erben der Studentenrevolte, zu lesen, dass Sexualität im Europa des 18. Jahrhunderts zu einer Sache wurde, die es nicht nur zu unterdrücken, sondern vor allem zu verwalten und in »Nützlichkeitssysteme einzufügen« galt, so lange bis sie zu einer »Angelegenheit der Polizei«[310] geworden war. Ebenso aus der Seele spricht es einem Sexualrevolutionär, wenn Foucault konstatiert, dass von der Sexualität im Zuge ihrer Problematisierung durch das aufsteigende Bürgertum eine immer größere Gefahr auszugehen schien. Die davon geschürte Angst führte zu Kampagnen gegen die sogenannte Frühreife der Jugendlichen, beschwor den paranoischen »Krieg gegen die Onanie«[311] herauf und erdachte »Überwachungseinrichtungen und Fallen« gegen das »Laster des Kindes«[312]. All das ist so irrwitzig, dass man sich des Verdachts nicht erwehren kann, solche Maßnahmen hätten eher der Pflege und Vermehrung des vermeintlichen Übels als seiner Bekämpfung gedient.

Lehrreich ist es auch, demonstriert zu bekommen, wie von der staatlichen Kontrolle des Fortpflanzungsverhaltens in der Förderung oder Einschränkung der Fruchtbarkeit der Paare und entsprechender moralischer Kampagnen nur ein Schritt zur eugenischen Verplanung der Bevölkerung und damit zur Rechtfertigung des Völkermordes führte. Zustimmen konnte man als Vertreter der Neuen Linken auch Foucaults teilweiser Rettung der Psychoanalyse. Ihre »politische Ehre« lag, so Foucault, darin, dass sie der unaufhaltsam steigenden Verwaltung und Kontrolle der Sexualität misstraute und den Versuchungen der Eugenik widerstand. Das, erfährt man weiter, tat ihr Erfinder Freud allerdings nur, um in einem nostalgischen Bemühen zur Erhaltung feudaler Machtverhältnisse »das Gesetz des Vatersouveräns« und das »der verbotenen Blutschande« wieder einzuführen. Im gleichen Zuge nennt Foucault seine eigenen Mentoren, de Sade und den französischen Existentialisten und de-Sade-Interpreten Georges Bataille. Beide kritisiert er wegen ihres Festhaltens an der absoluten (sexuellen)

Macht als historisch überkommene Vertreter des Feudalismus. Trotzdem sind sie die einzigen, die ihm in Bezug auf Sexualität als »Bürgen für Subversion«[313] gelten.

Was also wünscht sich der Kritiker der Sexuellen Revolution selbst von der Sexualität? Gibt es etwas, was er von ihr retten möchte? Oder wäre das, was wir darunter verstehen, nur eine bürgerliche Erfindung? Hätten die Kinder des 19. Jahrhunderts nicht onaniert, wenn die Erwachsenen nicht so viel davon geredet hätten? Waren die Frauen in Freuds Praxis deshalb hysterisch, weil er und der Pariser Neurologe Jean-Martin Charcot die Hysterie erfunden haben? Kommen die Perversionen und die »Wucherung der Lustarten« tatsächlich von ihrer medizinischen und psychologischen Problematisierung? Müssten wir uns einfach aller Theorie darüber entledigen? Was bliebe dann?

Tatsächlich finden sich in *Sexualität und Wahrheit* Passagen, in denen der Autor von dem spricht, was er besser findet als das Kritisierte. Dann zum Beispiel, wenn er der »scientia sexualis« unserer eigenen Gesellschaft die »ars erotica« anderer Kulturen – sprich der alten Chinesen, Japaner, Inder, Römer und Araber – entgegenhält. In deren Kunst der Erotik wurde laut Foucault die Wahrheit aus der Lust selbst gewonnen. Sie wurde als Praktik verstanden, als Erfahrung gehandelt, als solche geheim gehalten und im Sinne der Initiation von der Autorität eines Meisters an seinen Schüler weitergegeben. Wie man sich das vorzustellen hat und was man daraus lernen könnte, deutet der Autor nur an. Von »gelehrten Einweihungen in die Lust mit ihrer Technik und Mystik« ist die Rede, vom »souveränen Willen eines Herrn« und von der »Weitergabe des Geheimnisses«, das »das schwierige Wissen vom Sex«[314] bewahrt. Von Spuren der »ars erotica« in der katholischen Gegenaufklärung erfährt man, von religiösen Phänomenen wie der Besessenheit und der Ekstase. Der Verdacht drängt sich auf, dass nicht nur de Sade und Bataille sich nach den Zeiten vor der Bourgeoisie sehnen, sondern auch Foucault. Nach Zeiten, zu denen die Herrschaft noch klar von oben kam, die Sexualität noch nicht von ihrer »diskursiven Gärung«[315] in Aufklärung und

Wissenschaft zersetzt war und ihr Geheimnis noch in den festen Händen eines religiösen Meisters lag.

Wie nahe Foucaults Ideal von der Sexualität der (christlichen) Religion und den von ihr bestimmten Zeiten ist, geht aus einem Text von 1963 hervor, in dem er sich gegen die Behauptung verwahrt, dass die zeitgenössische Sexualität die »Wahrheit ihrer Natur« wiedergefunden habe. »Doch niemals hatte die Sexualität eine unmittelbarere und natürlichere Bedeutung und ein größeres ›Glück des Ausdrucks‹ als in der christlichen Welt der gefallenen Körper und der Sünde.« Wann das genau gewesen sein soll, sagt er nicht, verweist aber auf Mystik und Spiritualität, die Begehren, Rausch, Ekstase und Gottesliebe miteinander verbanden. »All diese Bewegungen setzten sich ... bis ins Herz der göttlichen Liebe fort, deren letzte Ausweitung und wiederkehrende Quelle sie waren.«[316]

Auf den letzten Seiten von *Sexualität und Wahrheit* spricht Foucault von der Zukunft. Er vermutet, dass man sich eines Tages wundern wird, warum zu unseren Lebzeiten so viel Aufhebens von der Sexualität gemacht wurde, wie es geschehen konnte, dass wir uns »dieser kargen Alleinherrschaft des Sexes«[317] unterwerfen konnten. Verstehen würden unsere Nachfahren dann die, die Freud seinerzeit den Vorwurf des »Pansexualismus«[318] gemacht haben. Genau das war es, was die konservativen unter seinen Zeitgenossen dem Entdecker der kindlichen Sexualität vorwarfen, bis hin zur Veröffentlichung antisemitischer Karikaturen, die Freud als sexbesessenen Frauen- und Kinderschänder hinstellten. Foucault jedoch scheut die Gesellschaft der Konservativen wenig und formuliert die Schlussfolgerung aus seinem Verriss von Psychoanalyse und Sexueller Revolution wie eine Utopie. Frei machen, heißt es, solle man sich von der »Instanz des Sexes«, um den immer gleichen Mechanismen seiner Diskursivierung zu entgehen. »Stützpunkt des Gegenangriffs« könne dabei nicht etwa das »Sex-Begehren« sein, sondern »die Körper und die Lüste«[319]. Ob, warum und wie Körper und Lust im Plural eine Alternative zum sexuellen Bedürfnis im Freud'schen Sinn, das heißt zum Wunsch nach Triebbefriedigung, entwickeln können, bleibt ebenso offen wie die Frage nach der angedeuteten »ars erotica« und nach dem subversiven Potential von de Sade.

Konkrete Antworten darauf gab Foucault erst zwei Jahre vor seinem Tod in zwei Interviews für schwule Zeitschriften. Der erste Interviewer fragte nach der zunehmenden Verbreitung sadomasochistischer Sexualpraktiken unter schwulen Männern. Zu Zeiten, antwortete der Interviewte, in denen es für homosexuelle Männer allzu leicht sei, Sex zu haben, gehe es darum, den sexuellen Akt selbst mittels neuer Praktiken zu intensivieren. Die Verzweiflung der de Sade'schen Libertins, die, gelangweilt von ihren eigenen Ausschweifungen, immer neue und verbotenere Formen der Sexualausübung erfinden müssen, dürfte Foucault zu dieser Vermutung gebracht haben. Davon ausgehend kommt er auf die Subkulturen des schwulen Sadomasochismus von San Francisco und New York zu sprechen. »Laboratorien der sexuellen Erfahrung« seien das, in denen eine »ganz neue Kunst der sexuellen Praxis«[320] entstehe. Ähnlich wie bei der Minneliebe an den mittelalterlichen Höfen gehe es dabei um strikte Regeln von Schicklichkeit und Liebeswerbung. Was ihn am modernen Sadomasochismus fasziniert, sagt Foucault in diesem Zusammenhang, sei die Tatsache, dass sich – anders als bei den absolutistischen Libertins im 18. Jahrhundert – die Rollen von Herr und Sklave jederzeit ändern können wie in einem Schachspiel. Die strategischen Machtverhältnisse, im Rahmen derer sich die Spieler gegenüberstehen, seien die Quelle ihrer Lust. Die moderne Ars Amandi wäre demnach ein demokratisierter Sadomasochismus.

In dem zweiten Interview äußert Foucault die Ansicht, dass es beim Sadomasochismus nicht etwa um Gewalt, Aggression oder deren Befreiung gehe, sondern vielmehr um die Erfindung »neuer Möglichkeiten von Lust« und um die »Erotisierung« von Körpern. Er spricht von einem »kreativen Projekt«, das durch die »Desexualisierung der Lust« gekennzeichnet sei. »Die Vorstellung, dass körperliche Lust immer von sexueller Lust als Wurzel all unserer möglichen Lüste herrührt, halte ich für ziemlich falsch«, meint der Interviewte und betont, dass jeder Körperteil zum »sexuellen Instrument«[321] werden könne. Er fordert zum Erfinden neuer Lüste auf und wiederholt seinen Vergleich zur Minneliebe der Troubadoure, so dass die Sehnsucht nach einem Ersatz für das Sexuelle anklingt, im Phantasiebereich ritualisierter Rollenspiele etwa oder in dem, was die Religion dafür anbietet.

Mit Foucault wurde in der Bundesrepublik erstmals seit den Zeiten der Sexuellen Revolution ein Theoretiker populär, der auf de Sade, die Tradition des Libertinismus und die Ideologie von der Abnutzung der Lust bei Aufhebung ihres Verbots zurückgriff. Nur wenige Jahre dauerte der kurze Frühling des Hedonismus. Nicht viel länger waren diesseitige Glücksverkünder wie Herbert Marcuse und Wilhelm Reich gefragt, durften die Hippies für den Frieden vögeln, zärtliche Orgien wie in Fouriers neuer Liebeswelt propagieren und das Leben genießen. Dann kamen schon wieder die Schüler de Sades, um ihrem Herrn des sexuellen Schreckens mit seinen anstrengenden blasphemisch-religiösen Ritualen neues Leben einzuhauchen. Da kamen die Punks mit ihrer Schmerzkultur und Hippieverachtung und die neuen Konservativen mit ihren Restaurationsbemühungen. All die, die sich bis heute guter Konjunktur erfreuen. Die Wirkung von *Sexualität und Wahrheit* auf die linke Szene und den noch immer von dieser bestimmten Kulturbereich zeigte sich zunächst vor allem in der Behauptung, dass das Sprechen über Sexualität dieser geschadet habe. »Zerredet« – so das bis in die 1990er Jahre hinein wiedergekäute Schlagwort – habe man während der Studentenbewegung alles. Zauber und Geheimnis habe man zerstört, um das Feld der Psychoanalyse und ihrem trögen Zwang zur Beichte zu überlassen.

Mit der Absage an das Sprechen und Nachdenken über Sexualität ging das Lamentieren über eine angebliche Langeweile in den Betten und den Beziehungen zwischen Mann und Frau einher, die auf einen Mangel an Konflikten zurückgeführt wurde. Immer wieder fiel das Wort von der »sexuellen Friedensbewegung«, jener Erbin der Sexuellen Revolution, die uns unter dem Vorwand der Emanzipation um unsere Lust betrogen habe. Claudia Gehrke verwirft die Postulate von Partnerschaft, Harmonie und Solidarität sowie einer »allgemeine(n) Zärtlichkeit«, die »das böse Geheimnis Sexualität« in »Liebsein«[322] aufgelöst habe. Die Publizistin Barbara Sichtermann, deren Essays über Frauen und Sexualität in den 1980er Jahren als wichtiger Geheimtipp galten, spricht von einer »pazifistischen Trägheit«, als deren Folge ein »entschärfter Sex« zur »Mediatisierung aller Leidenschaften«[323] geführt habe. Sogar Alice Schwarzer meint, der »Kuschel-Sex« habe zur »Infantilisierung« weiblicher Sexualität geführt, so dass diese für bestimmte Feministinnen auf »Kuscheln und Liebhaben« reduziert werde. Sie vermutet dahinter »Anpassung« oder gar ein »Unterwerfungssignal«[324].

Der linksliberale Sexualforscher Eberhard Schorsch kritisiert ein Beziehungsideal, das »von Bedürfnissen nach Vertrautheit, Aufgehoben Sein, Solidarität« und »Sicht-Verlassen-Können« geprägt sei, und spricht von einer »Diktatur der Partnerschaftlichkeit und Mutualität«. Die Lust müsse dabei verkümmern, führt er aus und nennt »prägenitale Zahmformen, Zimmerpflanzen des Sexuellen in Form von Kuschel- und Soft-Sex« als fades Ergebnis der »geschwisterlichen Lebensbewältigungsgemeinschaft«, die »kaum noch etwas von einer grand passion«[325] habe. Der bekannte Literaturwissenschaftler Gert Mattenklott geht einen Schritt weiter, indem er »Gleichheit und Freiheit« als das »demokratische Gegenaufgebot« zur Leidenschaft erklärt und all die verlacht, die sich gegen deren autokratische und aristokratische Herrschaft auflehnen: »Es muß abgeschworen werden den Herrschafts- und Besitzansprüchen. … Fesseln werden losgeknüpft und Sklaven freigelassen. Lockerheit und freie Entfaltung heißen die Prinzipien des erotischen Reformliberalismus.«[326]

Die Passion oder *grand passion*, das Gegenteil von Freiheit, Freiwilligkeit und Gleichheit in der Liebe, erschien in Form verschiedenster Phantasien, die sich an Gewalt, Kampf, Macht, Schmerz und Tod entzündeten und einen tragisch-dämonischen Begriff von Sexualität transportierten. Claudia Gehrke, Meisterin im Verniedlichen und Verharmlosen, entsinnt sich einer Begebenheit aus Kindertagen. Sie dachte sich damals gern Abenteuergeschichten aus, in denen Schulbuben zu »feindlichen Indianern« wurden. Die wirkliche Begegnung mit einem solchen Feind beschreibt sie so: »Plötzlich steht der Knabe vor mir, voller Kraft in seinem kleinen stämmigen Körper, ein kurzer wilder Blick, der Überfall, der Ringkampf beginnt. Ich werde besiegt, ich siege. Schließlich lecke ich Blut von seiner Hand als Zeichen der geheimen Vereinigung.« Dieser Kampf, versichert sie, sei erotischer gewesen als alle späteren »Wohngemeinschaftsvögeleien«[327].

Barbara Sichtermann spricht im Zusammenhang mit der Wiederkehr der Femme fatale vom »Rachefeldzug der Göttin Venus«, die sich vor allem von Männern nicht ungestraft verhöhnen lasse. Besonders diesen wirft sie vor, der Sexualität nicht mehr den gebührenden Tribut zu zollen, sondern stattdessen in »peinliche(r) Duzfreundschaft« mit ihr zu verkehren wie mit einem »alten Saufkumpanen«. »Sie, die Sexualität, gilt als zähmbar, als immer schon gezähmt, als Roß am Zügel.«[328] Die Sexualität wäre demnach eine Macht, die außerhalb des Menschen liegt, die vom Himmel über ihm kommt wie Cupido mit dem vergifteten Pfeil oder Zeus, der Blitz-Gott in Tiergestalt. Die Nähe zur Religion ist auch hier unübersehbar.

Trotz des in Sichtermanns Venus-Metapher enthaltenen Vorwurfs an das herrschende Geschlecht distanziert sich die Autorin von der feministischen Männerfresserei und Sexualscheu, von der Dämonisierung des Penis und von der Fiktion einer friedlichen Frauensexualität. Sie spricht von der »Gleichwertigkeit der Geschlechter und ihrer Organe«[329], kritisiert den Rückzug der Feministinnen auf sich selbst und plädiert für sexuelle Aktivität. Solch berechtigte Kritik am feministischen Begriff von Sexualität geht allerdings mit einer ebenso dogmatischen Setzung dessen einher, was Sexualität sei oder zu sein habe.

So, wenn Sichtermann von einem militanten Frieden zwischen Mann und Frau spricht, dem Gewalt nicht mehr als Tabu gelten darf. Die Grenze zwischen Körperverletzung und Sexualität, heißt es in einem Essay unter dem Titel »Vergewaltigung und Sexualität«, sei zwar undeutlich, aber auf eben diese »Grenzlinie« komme es an. Die feministische Parole »Wenn eine Frau nein sagt, dann meint sie auch nein«[330], werde dem nicht gerecht, denn die »Lust am Zufügen und Erleiden von Schmerz«, die »Schmerz-Lust« gehöre, unabhängig vom Geschlecht, zur »normalen individuellen Sexualität«. Die »orgiastische Lust«, erklärt Sichtermann ebenso programmatisch wie die von ihr Kritisierten, gewährt dem davon geschleuderten Individuum nicht nur das Glück, sondern »verwundet« es auch. »Wir sind es gerade als Frauen, und als Angehörige einer ›sexualrevolutionären‹ Generation quasi gewohnt, von der Sexualität allein ›die Befriedigung‹, die Spannungslösung, das Glück, den Spaß zu erwarten – so daß wir das Bedrohliche … nicht sehen. … Eine sexuelle Beziehung ohne ›Militanz‹, ohne Schmerz-Lust, ist etwas Gekünsteltes, ein Unding.«[331] Nietzsches Verachtung der hedonistischen Sozialisten, die das Himmelreich auf Erden zu erwarten wagen, und sein Gemahnen an Schmerz und Tod dürften Pate gestanden haben, wenn Sichtermann die Frauen an den Ernst des Lebens erinnert und sie davor warnt, zu glauben, dass sie zum Vergnügen auf dieser Welt seien. Von »Eierkuchensexualität«[332] ist die Rede und von einer »Näscherei«, zu der die Lust verkomme, wenn man versuche »die Passion aus der Ekstase zu vertreiben«[333].

Ebenso beliebt wie Barbara Sichtermann war in den 1980er Jahren die Essayistin Cora Stephan, die später mit ihrer Verwandlung in Anne Chaplet und noch später mit einem Buch, das Angela Merkel von rechts kritisiert, Schlagzeilen machte. Noch strenger als Sichtermann geht sie mit ihren der Studentenbewegung entstammenden Zeitgenossen um, deren Latzhosenträger-Langeweile und Müsli-Pazifismus sie eine »verstohlenen Lust« auf weiße Manschetten, steife Herrenanzüge und -hemden entgegensetzt. Sie »imaginiert das Geräusch reißender Hemden und trüge gern das Pendant, ein möglichst teures und umso mehr zum Zerfetzen auffordderndes Abendkleid«[334]. Nach seidener Reizwäsche sehnt sich Stephan in diesen Tagen auch, nach verstohlenen Blicken, nach traditionellen Flirts, nach Geheimnis und Ritual anstelle von Diskussion.

Fast beschwörend postuliert sie den Wunsch nach Lüsternheit und Geilheit, nach lüsterner Differenz zwischen den Geschlechtern und nach jener Schärfe im Umgang, die ihrer Meinung nach »nötig ist, um scharf zu machen«[335]. Als Zeitzeichen sieht sie den »Wunsch nach einem verschärften Leben«[336] und fragt verzweifelt: »Was muß geschehen, damit Begegnungen der Geschlechter möglich sind, ohne daß sie um ihr Risiko betrogen werden.«[337] Voraussetzung für solche Begegnungen wäre die »Fähigkeit zur leidenschaftlichen, keine Grenzen achtenden sexuellen Ekstase«[338]. Eine Leidenschaft, die »die Komponenten des Riskanten, Gewaltigen, Gewalttätigen, des scharfen Gegensatzes«[339] enthält. Das damit verbundene Risiko besteht im Ausleben des Geschlechtergegensatzes und der Geschlechterdifferenz, auf die Stephan als Anhängerin der Postmoderne besonders großen Wert legt.

Scharfe Gegensätze in einem »verschärften Leben«, das war es in der Tat, was sich seit Beginn der 1980er Jahre abzuzeichnen begann. Weniger, soweit ich mich erinnere, in den Betten als im sozialen Leben. Die Jobs wurden knapper, die Reichen wurden deutlich reicher, die Armen ärmer. Der Sozialstaat ließ schon damals viele im Stich, und nur die Geschäfte der Tüchtigsten florierten. Die Angst vor dem sozialen Abstieg bestimmte das Leben und vergiftete das Verhältnis zu den Mitmenschen durch verstärktes Konkurrenzverhalten. Die sich in den alt-neuen Rollenmodellen überweiblicher Frauen und übermännlicher Männer zeigende Geschlechterdifferenzierung spiegelte die tiefer werdende Kluft zwischen Arm und Reich oder ging ihr sogar einen Schritt voraus. Wir wussten damals, dass es noch weit »schärfer« kommen würde, obwohl wir uns Hartz IV und Altersarmut im eigenen Milieu noch nicht so richtig vorstellen konnten.

Wie Sichtermann kritisiert Stephan das feministische Bild der friedfertigen, sanft liebenden Frau, der männliche Macht, Gewalt und sexuelle Gewalt grundsätzlich fremd sind und deren Natur im Mütterlichen aufgeht. Verabschieden, sagt sie, solle man sich von der Vorstellung, dass das Böse nur in einem Geschlecht zu suchen sei. Anstatt als Konsequenz daraus die Geschlechterpolarisierung selbst zu hinterfragen und für ein humaneres Menschenideal zu plädieren, propagiert Stephan die weibliche Aneignung von Aggressivität und Herrschsucht. Anknüpfend an die Phantasien radikalfeministischer oder spiritualistischer Frauen von einstiger matriarchalischer Macht und deren Rückeroberung singt sie das Loblied fraulicher Macht und Gewalt. »Weibliche Macht, sexuelle Macht, die Leidenschaft nach Macht ist tödlich.« Als Beispiel dienen die Weibsteufel der zeitgenössischen Film- und Bühnensaison und die Figur der Alexis aus der Fernsehserie *Denver-Clan*, die »ökonomische, politische und sexuelle Macht« bedient und der dafür »der Scheiterhaufen« droht.

Der männermordende Vamp und die Bosheitsverkörperung aus dem *Denver-Clan* als Vorbild weiblicher Befreiung und Machtausübung? Stephans Kokettieren mit einer Affinität zu Kindstöterinnen, Gattenmörderinnen und Vergifterinnen trifft den gleichen antimoralischen Nerv. Ihr Verdacht schließlich, dass die Begegnung der Geschlechter »ohne die zivilisatorischen Errungenschaften von Liebe und Zärtlichkeit« einem »Kampf der Giganten«[340] gleichen würde, verrät das Bild vom Menschen als dem eines ursprünglichen Gewalttäters, den die Zivilisation nur mühsam in Schach hält. Das ist Nietzsches schöne Bestie, die in jedem steckt, der Mensch, geboren zum Kampf mit seinesgleichen. Den Kampf, rät die militant gestimmte Cora Stephan ihren Geschlechtsgenossinnen, gelte es aufzunehmen. Verstehen müssten sie, »daß auch Frauen der Frage der Macht – ihrer Macht – nicht ausweichen können, daß der Geschlechterkampf nicht zu beenden ist«[341]. Was ursprünglich der Kampf der Frauen um Gleichberechtigung und später die Forderung nach weiblicher Macht im Sieg über das Patriarchat war, ist zum Selbstzweck verkommen. Um nichts anderes scheint es mehr zu gehen, als um die machtbesessene Identität von Frauen, die ausgezogen sind, um sich an Männern zu messen oder zu rächen.

Die Vorstellung von dem auf dieser Erde unvermeidlichen Kampf der Geschlechter erfreut sich einer langen Tradition. Am deutlichsten hat sich dazu der Historiker der Konservativen Revolution Oswald Spengler geäußert. Der Propagandist des preußischen Militarismus äußert sich in seinem Hauptwerk *Der Untergang des Abendlandes* zum Verhältnis der Geschlechter so: »Das ist der geheime Urkrieg der Geschlechter, der ewig dauert ... schweigend, erbittert, ohne Versöhnung, ohne Gnade ... Die Rassegefühle von Haß und Liebe ... herrschen zwischen den Geschlechtern unheimlicher noch als in der ... Geschichte zwischen Mann und Mann.«[342]

Cora Stephans Vision vom »Titanenkampf der Geschlechter« war nur eine von vielen Versionen des Spengler'schen Urkriegs, die die 1980er Jahre hervorbrachten. Jean Baudrillard, nach Foucault der zweite Lieblingsautor der Postmoderne, schlug mit seiner Idee vom Duell zwischen den Geschlechtern in eben diese Kerbe. Gegen die »Rituale der Durchsichtigkeit« einer in der Moderne durch ihre mediale Verwertung bis zur Selbstaufhebung trivialisierten Sexualität propagiert er die »Rituale der Grausamkeit und der Verführung«[343]. Solche glaubt er bei den Japanern gefunden zu haben, deren »Rasse« sich in seinen Augen durch »animalische Lebhaftigkeit und Gewaltsamkeit« auszeichnet. »Wenn eine ganze Rasse dieselben distinktiven Züge aufweist, dieselbe Ritualität, dasselbe künstliche Lächeln, dann gibt es hier etwas sexuell Außergewöhnliches.«[344] Spricht da nicht der bornierte Eurozentriker, für den alle Asiaten oder Schwarze gleich aussehen? Weil die Exoten und Exotinnen in seinem kolonialen Auge nichts Individuelles haben, schreibt er ihnen eine kollektive Psyche und Sexualität zu, von der er denkt, dass sie ganz anders sei als die der Herrenmenschen seiner Heimat. Mit dieser Einstellung muss Baudrillard sich auch den Butoh-Tanz angeschaut haben, dessen Akteure ihm »geschmeidige, unmenschliche, kannibalische Körper« zu haben scheinen, aus denen »die tragische Obszönität der Affen«[345] spricht.

Der Artikel, aus dem ich zitiere, wurde von Hermann L. Gremliza und Volkmar Sigusch in ihrer Zeitschrift *Konkret Sexualität* gedruckt. Kaum einem Leser dieses progressiven Blattes fiel es ein, die Gewaltverherrlichung und den rassistischen Exotismus des Modephilosophen zu kritisieren. Vorbei »Make love, not war«, vergessen Wilhelm Reichs allharmonischer Orgasmus, verachtet nur noch die Feier weiblicher Zärtlichkeit. Dem guten Wilden in der Sexualität folgte auf seinem ideologischen Fuße der böse Wilde. Verkörpert im frauenverachtenden Virilitätsprotz auf männlicher, in der männermordenden Femme fatale auf weiblicher Seite. Die bösen Hälften eines Paares, das mehr hasst als liebt, bis hin zum Mord.

Dass es das war, wonach sich die Zeitgenossen sehnten, bewies der Riesenerfolg eines eher schlechten Tanz- und Musikfilms. Carlos Sauras *Carmen*-Verfilmung, die das auslöste, was man damals das »Carmen-Fieber« nannte. Antonio, ein nicht mehr junger, erfolgreicher spanischer Choreograph will Bizets *Carmen* auf die Bühne bringen. Als Hauptdarstellerin wählt er eine sehr junge Tänzerin, die unter seiner Anleitung zur perfekten Carmen-Darstellerin wird. Gleichzeitig macht er sie zu seiner Geliebten. Die Zuneigung des Geschöpfes, das er sich herangezogen hat, erweist sich als ebenso ambivalent wie die der Opern-Carmen, eine Mischung aus Leidenschaft, Hass und Gleichgültigkeit. Die Tänzerin schläft mit anderen Männern, mobbt Kolleginnen und droht, eine Konkurrentin zu erstechen. Die Macht des Bühnendiktators und Lehrers schwindet in dem Maße, in dem seine Eifersucht zunimmt. Die skrupellose Femme fatale wächst ihm über den Kopf, und das Drama endet wie bei Mérimée und Bizet mit dem Mord an der Mörderischen.

Der Film lebt von einer gut in Szene gesetzten Mischung aus spanischer Folklore, den Evergreens aus Bizets Oper, Zitaten aus der Novelle von Mérimée und einer platten Handlung im zeitgenössischen Spanien. Keiner, so die ebenso platte Botschaft des Films, entgeht dem süßen, aber tödlichen Gift der mit Hass gewürzten Liebe. Es sei denn, er findet sich mit einer liebevollen, aber langweiligen Gefährtin wie Don Josés Micaëla ab. Die gebieterisch stampfenden Füße der Flamenco-Tänzer sind der Holzhammer, mit dem der Betrachter diese Lehre eingebläut bekommt. Ein Übriges tut die Habanera-Szene, die die starren Rituale des traditionellen Flamencos so perfekt reproduziert, dass unsere von glutäugigen Zigeunerinnen träumenden Großväter oder Urgroßväter im Grab zu seufzen scheinen.

Der Carmen-Film wurde von über 200 000 Zuschauern gesehen, die meist schon vor dem Ende in Standing Ovations ausbrachen. Die Filmkritiker überboten einander mit Elogen auf Spontaneität, Urwüchsigkeit und Tierhaftigkeit der Carmen, auf ihre perfekte Bauchorientiertheit. Die Gewissenlosigkeit der Femme fatale wurde zur Macht des Schicksals erklärt, Carmen selbst zur Frau an sich und gar zum Inbegriff der freien Frau. Ulrich Greiner, der trotz der Ehre im ersten alternativen Pornobuch veröffentlicht zu haben, sowieso nie zur Linken gehört hatte, holte in der *Zeit* zu einem Schlag gegen die 68er aus: »Daß ein Mann wirklich vom Wahnsinn der Liebe befallen wird, das wollte jenen, die nur Beziehungskisten kennen, nicht in den Kopf.«[346] Hellmuth Karasek, der Linksliberale, damals Leiter des Kulturressorts beim *Spiegel*, blies ebenso begeistert den gleichen Marsch: »Die Wiederkehr der Carmen ... überspült wie eine Gefühlswoge die Gemüter der Zeitgenossen, badet sie in Stimmungen, die Leidenschaft als Ausschaltung der Vernunft feiern und Erotik und Gefahr stimulierend koppeln: nix da mit ›Beziehungskiste‹, ›Partnerschaft‹, ›ausdiskutieren‹, ›Versorgungsanspruch‹«.[347] Am Ende der ungewöhnlich langen Besprechung die Frage: »Carmen, ein Weckruf für Alternativ-Spießer auf der grünen Weide?«[348]

Sogenannte Carmen-Gemeinden entstanden im Kielwasser des Erfolgsfilms, Zirkel von Frauen und Männern, die sich »Carmen« immer wieder ansahen und darüber diskutierten. Weibliche und männliche Studienräte und Akademiker lernten Flamenco oder Tango, kostümierten sich als stolze Spanier und Spanierinnen, schwärmten von Liebe und Tod. Und immer wieder wurde zitiert, was Friedrich Nietzsche nach seinem 20. Besuch der Bizet-*Carmen* niederschrieb: »Endlich die Liebe, die in die Natur zurückübersetzte Liebe! ... als Fatum, als Fatalität, zynisch, unschuldig, grausam – eben darin Natur! Die Liebe, die in ihren Mitteln der Krieg, in ihrem Grunde der Todhaß der Geschlechter ist!«[349]

»Carmen harte Variante« stand im gleichen Jahr mit blutroten Buchstaben über einem Filmplakat mit dem Heroinenfoto einer bislang unbekannten Provinzschauspielerin. Es war die mit dem Film *Die flambierte Frau* über Nacht zum Star gewordene Gudrun Landgrebe. Sie spielte ein berufsloses Luxusweibchen namens Eva, das den wohlhabenden Ehemann verlässt, um sich als Prostituierte unabhängig zu machen. Mit Kunden aus gehobenen bürgerlichen Kreisen verdient Eva ebenso gut wie ihr neuer Freund, ein Gigolo, der ihr Geliebter und Zuhälter wird. Im Laufe ihrer Karriere entdeckt sie die masochistischen Bedürfnisse so manchen Freiers, spezialisiert sich als Domina und findet mehr und mehr Gefallen an ihrer neuen scheinbar verkehrten Frauenrolle. Bald demütigt und malträtiert sie ihre Kunden mit solcher Begeisterung, dass der Gigolo es nicht mehr mit ansehen kann. Er will aus dem Prostitutionsgewerbe aussteigen, ein Restaurant eröffnen und heiraten. Eva will von ihrem Beruf nicht lassen und entwickelt den Wunsch, auch den Geliebten zu erniedrigen und zu schlagen. Es endet wie in Sauras Carmen-Film. Das dem Mann über den Kopf wachsende Weib muss beruflichen Erfolg und emotionale Unabhängigkeit mit dem Leben bezahlen. Der Gigolo-Zuhälter verbrennt oder »flambiert« die Ex-Spießerin aus enttäuschter Liebe.

Man könnte den cineastisch wenig wertvollen Film als Satire auf bürgerliche Doppelmoral und Verlogenheit interpretieren. Oder, vom feministischen Standpunkt aus, als Beispiel einer weiblichen Scheinemanzipation. Schicksal einer Frau, die wie Carmen der Abhängigkeit von Männern nie entkommt: Carmen und Eva, sie denken wenig nach, fühlen viel und handeln nur nach intuitiver Eingebung. Das macht sie zu dämonisch-tierischen Naturgeschöpfen, überweiblichen Frauen, wie sie sich die Männer wünschen, nach deren Pfeife sie letztendlich tanzen oder peitschen. Das Gros der Kritiker von 1983 zog eine positive Deutung des Kultfilms vor, überschlug sich mit Lobgesängen auf ein angeblich neues Frauenbild der 1980er Jahre, das von seinem erotischem Selbstbewusstsein lebe.

Aggressive Lust, obszöne Orgien gegenseitiger Erniedrigungen und Quälereien zwischen Mann und Frau belebten spätestens seit Mitte der 1980er Jahre Leinwände und Bühnen. Schwerpunkt der Berlinale 1985 waren die Themen Sex und Gewalt. Der bis heute nicht versiegte Strom des Theaterbluts begann zu fließen, Mord und Totschlag verdrängten das Intellektuelle und oft Didaktische, das für einen Teil des Kulturbetriebs der 1970er Jahre typisch war. Mit den tödlichen Leidenschaften schließlich wurde auch der Tod zum bevorzugten Thema. Bücher und Filme über den Tod, seine Tabuisierung, seinen historischen Wandel, über das Sterben, den Selbstmord und das Jenseits verkauften sich gut. Die »Affinität zum Tod«, von Marcuse den »herrschenden Mächten« zugeschrieben, reichte bis in die Friedensbewegung hinein. Die-Ins, Knochenmänner und Blutaktionen erfreuten sich großer Beliebtheit, so dass man an ihrer aufklärerischen Funktion zweifeln konnte.

Und wieder war es der Anti-Aufklärer Baudrillard, der das Thema auf die Spitze trieb. Er gefiel sich mit dem Konstrukt einer sogenannten Todesrevolte als Ausweg aus der gesellschaftlichen Realität. In seinem populärsten Buch *Der symbolische Tausch und der Tod* bekennt er, wie sehr ihn missglückte Geiselnahmen beeindrucken, die mit dem Tod der Beteiligten enden: »Die Geiselnahme ... erzeugt Schrecken und eine tiefe Freude. ... Hier findet sich eine Art von Zeit des Opfers und des Rituals der Hinrichtung wieder, ein Nahen des kollektiv erwarteten Todes – der völlig unverdient ist, also total künstlich und aus der Sicht der Opferung perfekt.«[350] Die Todesrevolte wurde von vielen als anarchistische Vision interpretiert. Studenten und Künstler machten Baudrillards Buch zu ihrer Bibel, und ein Teil der mit der RAF sympathisierenden Autonomen soll sich darauf berufen haben. Junge, schwarz Gekleidete verkauften Baudrillards Schriften in den Kneipen wie einst die Raubdrucke der Studentenbewegung.

All das verwundert kaum, wenn man sich vor Augen hält, dass die frühen 1980er Jahre von einer kollektiven Angst vor dem Tod überschattet waren, die man sich heute, obwohl noch immer Grund dazu besteht, kaum vorstellen kann. Der NATO-Doppelbeschluss im Jahr 1979 löste Wellen von Angst vor einem Atomkrieg aus, die wiederum die neue Friedensbewegung mit ihren imposanten Großdemonstrationen auf den Plan rief. Noch nie hatte man so viele Menschen auf den Straßen gesehen. Zu Recht oder Unrecht befürchteten Millionen von Bundesdeutschen, ihr Land werde bald zum »Schießplatz der Supermächte« werden. Man meinte, »auf der Abschussrampe« zu sitzen, und der Kassandraspruch, dass der Sommer 1981 vielleicht der letzte sein würde, machte die Runde. So mancher besprach seine Kriegsangst mit dem Psychoanalytiker, um wieder schlafen zu können. Ganze Wohngemeinschaften trugen sich mit dem Gedanken, nach Australien auszuwandern. Ronald Reagan aber beschloss noch im selben Jahr den Bau der Neutronenbombe und sorgte 1983 für die Stationierung der Mittelstreckenraketen in Mutlangen.

War es ein Zufall, dass zu eben diesem Zeitpunkt Gewalt, Kampf und Tod das Bild von der Sexualität zu bestimmen begannen? Die Sehnsucht nach der großen Leidenschaft und die dazugehörige Todessehnsucht dürften sowohl Spiegelbild der Angst vor dem Krieg als auch Flucht aus einer von latentem Militarismus vergifteten Realität gewesen sein, Vermeidungsstrategie und Regression auf traditionelle Muster zwischenmenschlicher Beziehungen. Philosophische Nahrung bezog das neue Zeitgefühl aus der Wiederentdeckung eines Autors der 1930er bis 1950er Jahre. Die Rede ist von Georges Bataille, der heute als Gründungsvater des französischen Linksnietzscheanismus von Foucault über Deleuze/Guattari bis Antonio Negri gilt. Zusammen mit seinem geistigen Mentor, dem Marquis de Sade, war er die graue Eminenz aller Schwärmer von den tödlichen Leidenschaften, den Abgründen menschlicher Lust, von Opfer, Tod und Opfertod.

Georges Bataille, erotische Gewalt und Mutterkult

Bataille war das Kind ungläubiger Eltern. Der Vater weigerte sich, die Letzte Ölung zu empfangen und soll mit gotteslästerlichen Flüchen auf den Lippen gestorben sein. Seit dieser Zeit quälten den Sohn Schuldgefühle und Todesängste. Mit 17 Jahren trat er dem Katholizismus bei und wollte Priester werden. Nur wenige Jahre später kehrte er der Kirche den Rücken, wurde zum Bewunderer von Friedrich Nietzsche und Marquis de Sade. Von Beruf Bibliothekar führte Bataille das Leben eines exzentrischen Dandys, verausgabte sich in Saufgelagen, Bordellbesuchen und sadomasochistischen Orgien, kokettierte mit Blasphemie und Nekrophilie. Er hegte eine tiefe Faszination für archaische Menschenopfer und soll in den Pariser Künstlercafés entsprechende Fotografien herumgezeigt haben. Eine nach eigenen Aussagen »ausschlaggebende Rolle«[351] in seinem Leben spielte das grauenhafte Foto eines zum Tode verurteilten Chinesen aus der Kolonialzeit, dem bei lebendigem Leibe die Glieder abgehackt werden. Im schmerzverzerrten Gesicht des an den leidenden Christus oder den heiligen Sebastian erinnernden Folteropfers will Bataille einen ekstatischen Ausdruck erkannt haben, der an den eines Menschen in höchster sexueller Erregung erinnert. Beim Betrachten des Fotos in meditativem Zustand erlebte er selbst eine Ekstase.

Die größte Liebe im Leben des Libertins war die schöne, immer kränkelnde Colette Peignot, genannt Laure, deren gesammelte Schriften in der BRD zeitgleich mit den seinen zum Kultbuch wurden. Auch Laure war eine Abtrünnige von Katholizismus, Sitte und Moral. Ihr Sterben an Tuberkulose im Jahr 1939 soll Bataille zu einem großen Erlebnis geworden sein. Ähnlich wie der schreckliche Tod eines vom Stier getöteten Toreros, dessen Zeuge er in jungen Jahren gewesen war. Über Laures Leiche versöhnte sich der Blasphemiker, nachdem er zunächst gedroht hatte, auf den Priester zu schießen, mit der erzkatholischen Mutter der Toten, die bislang seine Feindin gewesen war. In dem autobiographischen Bekenntnisroman *Das Blau des Himmels* aus dem Jahr 1935 hat Bataille Colette Peignot ein surrealistisch überhöhtes Denkmal gesetzt. Alter Ego des Autors ist ein wohlhabender junger Franzose, der an seiner Hassliebe zu zwei schönen Frauen und einer als abstoßend hässlich beschriebenen leidet. Der mit Impotenz geschlagene Held ist fast immer betrunken, in Tränen aufgelöst oder kurz davor, sich zu übergeben. Trotzdem bleibt ihm genug Energie, die Frauen so zu demütigen, dass er sexuellen Kraftprotzen der 1950er Jahre wie Henry Miller oder Norman Mailer in nichts nachsteht. Die in Batailles Roman beschriebenen Gewaltphantasien vom Durchbleuen einer Frau, Scheiße in ihr Gesicht zu schütten oder ihr Kugeln in Bauch und Geschlecht zu jagen, erinnern an das, was Klaus Theweleit aus der Lanzerliteratur zitiert.

Die schönste der Frauen ist eine reiche Erbin mit kommunistischen Ambitionen. Sie heißt Dorothy und nennt sich »Dirty«, das heißt schmutzig. Sie ist bis zum Autistischen egoistisch, trinkt unmäßig und benimmt sich wie eine Hure. Erst als sie krank ist, zeigt sie Gefühle für den Geliebten, die sie allerdings nur in Zornesausbrüchen und Gemeinheiten auszudrücken weiß. Sie vermittelt Mordphantasien, träumt von sich als der Todesbotin gemordeter Kinder und wünscht sich den Krieg. Der einzige Geschlechtsverkehr im Buch findet in einer kalten Novembernacht auf einem deutschen Friedhof statt, der zum Allerseelentag von unzähligen Kerzen beleuchtet wird. Das von einer Wanderung durch Schnee und Regen erschöpfte und vor Kälte zitternde Paar vereint sich auf einem der Gräber und schwebt dabei in Gefahr, einen Abhang hinabzustürzen. Nur unter solch widrigen Bedingungen, unmittelbar vom Tod bedroht und unterstützt von einer vor dem Hintergrund Nazideutschlands nach Blut und Boden riechenden Phantasie, kommt der Lebemann zum Orgasmus. »Wir fielen auf den Boden, und ich bohrte mich in ihren feuchten Körper, wie sich eine sicher gelenkte Pflugschar in die Erde bohrt. Unter diesem Körper war die Erde offen wie ein Grab. Ihr nackter Leib öffnete sich mir wie ein frisches Grab.«[352] Interessant ist es zu wissen, dass die Vorstellung vom Mann als Pflüger und Befruchter der weiblichen Erde auf den altrömischen Konservativen und sprichwörtlichen Frauenhasser Cato zurückgeht, der ein Buch über Agrikultur verfasste.

Das Blau des Himmels endet mit einer Szene, in der eine Militärkapelle der Hitlerjugend aufspielt, furchtbarer Vorgeschmack des kommenden Krieges. Die Empfindungen des Bataille'schen Alter Ego jedoch sind ebenso ambivalent wie die gegenüber der geliebten »Dirty«, die ihn gerade verlassen hat. »Es wäre unmöglich, dieser steigenden Flut des Mordens, die viel ätzender ist als das Leben (da das Leben nicht so blutigrot ist wie der Tod), etwas anderes entgegenzustellen als Nichtigkeiten und das Klagen alter Weiber. Waren nicht alle Dinge für die Feuersbrunst bestimmt, einem Gemisch aus Flamme und Donner, so fahl wie brennender Schwefel, der in der Kehle beißt? Ein Gefühl der Heiterkeit ergriff von mir Besitz.«[353]

Trotz seiner Faszination an Tod, Gewalt, Grausamkeit und vielleicht auch Krieg gehörte Bataille der antistalinistischen französischen Linken an. Er war mit der christlichen Anarchistin, Mystikerin und freiwilligen Märtyrerin Simone Weil befreundet. Und ihr bis ins Masochistische reichendes Engagement für einen humanen Sozialismus beeindruckte ihn tief. 1935 gründete Bataille zusammen mit dem Surrealisten André Breton und dem aus dem gleichen Umkreis stammenden Soziologen Roger Caillois die linksradikale »Contre-Attaque«. Eine Gruppe, die den französischen Volksfront-Antifaschismus ablehnte und stattdessen Faschismus und bürgerliche Demokratie gleichermaßen bekämpfen wollte. Die dazugehörige Utopie war eine Mischung aus einem ins Kollektive und Populistische umgedeuteten Nietzsche-Individualismus mit sozialistischen und gefühlsanarchistischen Elementen. Im Gegensatz zu moskautreuen Kommunisten misstrauten die Gründer politischen Parteien, Parteiführern und jeglichem Nationalismus.

Klarer als die kommunistischen Interpreten des Faschismus – mit Ausnahme von Dissidenten wie Wilhelm Reich – sah Bataille dessen Verankerung in den Massen, sein scheinbares Anknüpfen an deren Bedürfnisse, die große Bedeutung der mystischen Idee von der Rasse und die Macht der faschistischen Propaganda. Er schloss daraus, dass man den Faschismus nur mit Mitteln bekämpfen könne, die dessen eigenen glichen und setzte auf eine Revolte der lumpenproletarischen Elemente. Deren Hass auf das Bürgertum und dessen Moral, deren Gewaltbereitschaft und Unterwerfungslust, glaubte er, würden in einem Bündnis mit

Künstlern und Intellektuellen den Faschismus zu Fall bringen. Im Manifest der »Contre-Attaque« von 1935 hieß es: »Die Zeit ist gekommen, uns alle wie Herren zu verhalten und die Knechte des Kapitalismus physisch zu vernichten.«[354] Dass sich Nietzsches Gewaltdrohungen und Vernichtungsphantasien keineswegs gegen die Herrschenden, sondern gegen die Schwachen richten, und dass sein Denken durch und durch hierarchisch ist, störte diese Antifaschisten ebenso wenig wie alle anderen linken Nietzsche-Anhänger nach ihnen.

1936 gründete Bataille zusammen mit seinem Freund André Masson, dem Künstler Pierre Klossowski und anderen die Geheimgesellschaft »Acéphale«. Deren Ziel war es, Mythen zu entwickeln, die denen des Faschismus entgegenwirken könnten. Die Geheimbündler gaben eine Zeitschrift heraus, die der linken Umdeutung und der Rettung Nietzsches vor der Ausschlachtung durch die Nazis dienen sollte. Das der faschistischen Ästhetik nicht unverwandte erste Titelblatt von *Acéphale* zeigt einen dem vitruvianischen Menschen Leonardo da Vincis nachempfundenen Mann ohne Kopf, der eine Fackel in der einen, einen Dolch in der anderen Hand hält und anstelle des Geschlechtsteils einen Totenkopf zeigt. Die Kopflosigkeit steht für die angeblich antiautoritäre Führerlosigkeit der Nietzscheaner und für ihre Vernunftkritik. Vereint in ihrer Überzeugung, das klare Denken der Moderne bekämpfen zu müssen, versammelten sich die Geheimbündler nachts im Wald bei einer vom Blitz getroffenen Eiche und simulierten Opferrituale primitiver Gesellschaften. Noch im Gründungsjahr von »Acéphale« ließ sich Bataille von André Masson als Toten porträtieren, und drei Jahre später soll er von den Mitverschwörern sein eigenes Menschenopfer gefordert haben.

Todessehnsucht, Irrationalismus und Opferkult sind es auch, die Batailles Lieblingsgebiet, das der Erotik, bestimmen. Die Erotik als »fleischliche Vereinigung« oder als »Erotik der Herzen« macht die individuelle Freiheit des Menschen, seine Souveränität aus. Nur Letztere – der Begriff enthält Züge der Herrenfreiheit des Nietzsche'schen Übermenschen und des de Sade'schen Libertins – gewährt dem Menschen »Zustimmung zum Leben bis in den Tod hinein«[355] und lässt ihn sein Wissen um den Tod ertragen. Nur die Souveränität lässt den Menschen seine Vereinzelung in der Welt der Arbeit und der Dinge überwinden, wenn auch nur für Momente in der Verschmelzung mit dem geliebten Wesen im höchsten Sinnesrausch.

Die Erotik geht laut Bataille auf die Zeit der Menschwerdung des Affen zurück. Sie entstand aus dem Konflikt des Menschen zwischen der Arbeit, die ihn voranbringt und ernährt, und seinen nach Mord und Vergewaltigung drängenden Urinstinkten. Als Mittlerin dieses Konfliktes fungiert die Religion, deren Grundverbote sich auf Mord und ungeregelte Sexualität beziehen. Die beiden religiösen Urverbote bemächtigen sich dem ursprünglich tierischen Verlangen, um etwas Neues daraus zu machen. »Es ist verboten, sich zu lieben! Es sei denn, man tue es im Geheimen. Wenn wir es jedoch im Geheimen tun, verklärt und beleuchtet das Verbot seinen Gegenstand mit einem zugleich unheilvollen und göttlichen Licht: es umgibt ihn mit einem religiösen Schein.... Was behext, ist die Überschreitung des Verbots.«[356]

Lust ist demnach identisch mit dem Verstoß gegen ihr Verbot, das aufrechterhalten werden muss. Freiheit wäre nicht erstrebenswert, denn sie würde der Lust in ihrer menschlichen Form ein Ende setzen. Das religiöse Verbot als Kind der Unfreiheit perpetuiert eine repressive Sexualmoral, die den Menschen angeblich erst menschlich macht. Menschen, die »Seite an Seite mit dem Verbot«, das heißt mit dem »Heiligen« leben, haben nichts »Tierisches an sich«[357], lässt der vorgebliche Antimoralist Bataille verlauten und verpflichtet seinen Leser ein weiteres Mal auf das Memento mori. Denn nur der Tod sei es, der die tierische Sexualität zur göttlichen Erotik erhebe. Gedanken, die sich in nicht viel anderer Form bei katholischen Theologen finden.

Batailles eigene Religiosität bewegte sich nach seiner Abkehr von der Kirche in heidnisch-erotischen Bahnen. Seine Sehnsucht nach der blutigen Unmittelbarkeit des Archaischen war so groß, dass er den menschlichen Geschlechtsakt mit dem antiken Opferkult vergleicht: »Die fleischliche Vereinigung ist im Altertum als Analogon der Opferung aufgefasst worden, bei der der männliche Opferer zu einer Art Tötung, das heißt zur Entblößung und Penetration des weiblichen Opfers schritt.«[358] An anderer Stelle beschreibt Bataille den Liebenden als einen »blutigen Opferpriester«, der die geliebte Frau in »unpersönlicher Gewaltsamkeit«[359] auflöst. Steht bei de Sade die libertine Frau dem grausamen Lüstling in nichts nach, so sind bei Bataille die Verhältnisse wieder ganz so wie bei Cato im alten Rom. Der Handelnde ist männlich, ob er opfert, pflügt oder vergewaltigt, die Behandelte weiblich, ob fruchtbare Erde, Tempelprostituierte oder Menschenopfer. Nicht müde wird der Schüler des Marquis in seinen Schriften, die Gewalt als Grundlage menschlicher Lust zu demonstrieren. Von der »Verknüpfung der Gewaltsamkeit des Todes mit der sexuellen Gewaltsamkeit«[360] ist die Rede, davon, dass Grausamkeit und Erotik »Nachbargebiete«[361] sind, schließlich von der »Gewalttätigkeit«, die die Wahrheit der Erotik ist und deren Vollendung allein dem »souveränen Bild des Menschen«[362] entspricht.

Dieses Menschenbild und die dazugehörige Vorstellung von Sexualität, verkörpert in de Sades Herrenfolterer, dürften sich im Bewusstsein des alternden Bataille verdichtet haben. In den Tränen des Eros heißt es: »Übersehen wird heutzutage gern die Tatsache, daß die Erotik eine wahnsinnige Welt ist und daß ihre ätherischen Formen nur eine dünne Schicht über infernalischen Abgründen bilden.«[363] Das ist nicht weit entfernt von der Ideologie ursprünglicher Grausamkeit des Menschen, die bei Autoren wie Ernst Jünger dem Faschismus dem Weg bereitet hat.

Auch Jünger, der wie Bataille in philosophischem Irrationalismus, Schmerzverherrlichung und Frauenverachtung schwelgte, war ein Anhänger von de Sade. Auch er bewunderte Opferrituale wie die der Priester des grausamen Aztekenkönigs Moctezuma: »Sie hoben den zuckenden Muskel, den sie mit steinernem Messer dem Dunkel der Brust entrissen hatten, unter Musik und den Blitzen goldener Idole empor, gleichsam, um dem höchsten Wesen zu zeigen, daß das anvertraute Erbteil, die große Kraft noch nicht ausgestorben sei.« Der Umgang mit Schmerz und Gewalt gehörte für Jünger als »anvertrautes Erbteil« oder »große Kraft« zur Erfüllung der menschlichen Natur, die sich im soldatischen Fronterlebnis als einzigartige Möglichkeit der Schmerzerfahrung offenbart. Was den Krieger in den Kampf treibt, ist der erotische Blutrausch: »Das ist die Wollust des Blutes, die über dem Krieg hängt wie ein rotes Sturmsegel über schwarzer Galeere, an grenzenlosem Schwung nur dem Eros verwandt.«[364]

Bataille, der de Sade nicht viel später als Jünger zu seinem Helden machte, war kein Militarist. Es dürfte seine christliche Demut, sein überkompensierter Katholizismus gewesen sein, was ihn vor Kriegsverherrlichung und Faschismus bewahrte: Jene »anders begründete Ekstase des schmerzenreichsten christlichen Mitleids«, zu der er, wie seine Bewunderung für Simone Weil beweist, ebenso fähig war wie zur sadistischen. Am Ende seines *heiligen Eros* spricht Bataille von seiner »Verzweiflung, die aus der unauflöslichen Einheit der Erfahrung des Christentums und de Sades resultiert«.[365] Sein Hang zu Opfer, Blut und Grausamkeit trieb Bataille nicht aufs Schlachtfeld, sondern zwang ihn zu einem mehr als anstrengenden Liebesleben, das nicht einmal sein »Thanatograph« Bernd Mattheus als glücklich hinzustellen wagte.

Die Leserin des 21. Jahrhunderts aber fragt sich nach ausführlicher Lektüre der Bataille'schen Schriften, warum Eros so viele Tränen vergießen muss. Warum muss das Alter Ego des Autors in seinem autobiographischen Roman so viel leiden, so viel Angst haben, so viel weinen, trinken und kotzen, um endlich mit einer umwerfend schönen Frau namens »Schmutzig« im kalten Schlamm eines verregneten Friedhofs zu vögeln? Wo bleibt bei so viel Entbehrung und Plackerei die Arbeitsverachtung des Bohémiens? Sollte der scheinbar maßlose Libertin einfach daran kranken, dass er die Sexualität von Grund auf verabscheut, sie für etwas Niedriges, Schmutziges und Hässliches hält? In *Der heilige Eros* heißt es, dass das Wesen der Erotik die »Beschmutzung« ist. Mit kaum verhohlenem Ekel beschreibt Bataille die Entweihung oder Beschmutzung des schönen Gesichts einer Frau durch Entblößung ihrer Geschlechtsteile und Berührung mit dem männlichen Organ. Deshalb gebe es für einen Mann nichts Deprimierenderes als »die Hässlichkeit einer Frau, neben der die Hässlichkeit der Organe und des Geschlechtsakts nicht mehr hervortreten.«[366]

Batailles Kunde vom heiligen Eros wurde in den 1980er Jahren fast ebenso populär wie einst Wilhelm Reichs Lehre von der sexuellen als der Schwester der sozialen Revolution. Und die Leser des blasphemisch-religiösen Philosophen kamen sich dabei ebenso avantgardistisch vor wie die Sexualrevolutionäre von 1968. Dass aber des neuen Geisteshelden aufsteigender Stern am ideologischen Horizont nicht weit von dem des Helmut Kohl und seiner geistig-moralischen Wende erglänzte, entging den meisten. Dabei war es ebenso folgerichtig wie offensichtlich, dass der neue Kanzler angesichts des Endes der Hochkonjunktur die Deutschen nicht nur zur Sparsamkeit, sondern auch zum Genussverzicht aufforderte. Zurückzupfeifen galt es den Hedonismus der 1970er Jahre, wieder zu ihrem Recht zu verhelfen stattdessen konservativen Werten und der Religion, den altbewährten Mitteln gegen die Unzufriedenheit ökonomischer Verlierer. Leidensphilosophien jeglicher Art waren damit angesagt.

Die deprimierende Botschaft der Bataille'schen Schriften fiel im linken Umfeld auf fruchtbaren Boden. Viele von denen, die einst die Aufhebung des Sexualverbots gefordert, die Brandmarkung der Sexualität zu etwas Schmutzigem und Hässlichem zurückgewiesen, Aufklärung befürwortet und Geschlechtergleichheit angestrebt hatten, schienen sich nun wieder nach dem zu sehnen, womit man sie als Kinder und junge Menschen gequält hatte. War es die Angst vor der Freiheit? Die Angst derer, die sich zu weit vorgewagt hatten, die Ehe und Familie abschaffen wollten, die mit der Promiskuität experimentiert und Religion wie Tod eine radikal diesseitige Lebenseinstellung entgegengesetzt hatten? War es ein kollektives Erwachen sadomasochistischer Phantasien, ausgelöst von Schuldgefühlen für die Freiheit, die man sich genommen hatte? Schmerzen und Todesnähe als Preis für die Lust? Sicher ist nur, dass die Parole »Make love, not war« in den 1980er Jahren nicht mehr als zeitgemäß galt. Der gute Wilde hatte seine Schuldigkeit getan.

Die Praxis seines bösen Bruders, der Sadomasochismus, von den Vertretern der Sexuellen Revolution und deren Erben als Ausdruck psychischer Beschädigung erachtet, wurde in Robert van Ackerens Film *Die flambierte Frau* zum ersten Mal in der Nachkriegsgeschichte einem heterosexuellen Mainstream-Publikum vorgeführt. Fast zehn Jahre vorher hatte sich erstes Interesse an dieser Form von Sexualität in der schwulen Subkultur geregt. Eine Hamburger Galerie zeigte Zeichnungen des Pornokünstlers Tom of Finland. Es war die erste Ausstellung des finnischen Graphikers, der seine Vorliebe für harte Männer in Begegnungen mit Soldaten der deutschen Naziarmee entdeckt hatte. Zum Platzen gespannte Muskeln, grotesk muskulöse Oberkörper und Ärsche, überdimensionale Schwänze und herumspritzendes Sperma sind typisch für seine Darstellungen des Homosexuellen, die bis heute Kultstatus haben. Fast alle Werke der Hamburger Ausstellung von 1973 wurden von Fans gestohlen. Tom of Finlands Images aber verbreiteten sich seither in der schwulen Szene wie ein Lauffeuer.

Zwei Jahre später erschienen im Berliner Magazin *Schwuchtel*, das gerade erst von Sprechern des schwulen Feminismus gegründet worden war, erste Zeichnungen im Tom-of-Finland-Stil und ein Artikel mit der Überschrift: »Hilfe, Ich liebe große Schwänze, Schweiß und Leder«. Der Autor war Frank Ripploh, späterer Regisseur des unvergesslichen Films *Taxi zum Klo*. Im assoziativen Selbsterfahrungsstil der Spontis ringt der damalige Lehrer um Ehrlichkeit, wenn er seine persönliche Entwicklung beschreibt. Einst ein hoch engagierter politischer Aktivist wurde er zunächst zum »verträumten Kiff-Schwulen«, dann zum »netten Schmusetyp«. Von da entwickelte er sich zum »Schickeriaschwulen« mit Dauerwelle, der auf »männliche Typen mit geilen Schnauzbärten« steht. Höhepunkt und Ende dieser Verwandlungsgeschichte ist sein jetziges Selbst in Jeans und Lederjacke nach vollzogenem »Schritt zur Lederszene«.

Ripploh war seiner Zeit damit voraus. Der Wechsel vom

langhaarigen Vertreter der beginnenden Schwulenbewegung mit seinem lasziv-androgynen Gebaren und seiner Schwäche für Frauenkleider zu dessen Gegenteil, dem supermännlichen Ledermann, vollzog sich erst zu Beginn der 1980er Jahre. Außerdem blieben die, die sich bemühten wie Tom of Finlands Tankwarte, Soldaten und Lastwagenfahrer auszusehen, in der Minderheit, während sich massenhaft ein äußerst traditionelles Männerideal durchsetzte. Das Gros der schwulen Männer dieser Zeit hatte ohrenfreie Herrenhaarschnitte mit Seitenscheitel, ließ sich einen Schnauzbart stehen, trug karierte Hemden und flache, hellbraune Lederstiefel mit dicken Socken. Dazu gehörten ein beherrschtes Männergebahren und ein sportlicher Körper. Dieser aus den USA importierte Look entwickelte sich in der Subkultur der frühen 1980er Jahre zu einer Art Uniform, so dass Kritiker von den »Klonen« sprachen.

Ganz im Bauchstil der Spontis seiner Zeit mokiert sich Ripploh über die »verbissenen« Reaktionen der »Politapostel« auf die neuen Supermänner und stellt diesen seine eigene Faszination an der »ordinären, sinnlich-plumpen Exotik eines nach Schweiß und anderen Ausdünstungen riechenden Lederpuffs«[367] entgegen. Gleichzeitig schwankt er selbst zwischen Verachtung für die »saudummen, oft reaktionären und faschistischen Leder-Trinen« und seiner erotischen Neugierde auf Männer, die ihm als »Hengste«, »richtige Kerle« oder »Lederbullen« erscheinen: »Im Grunde genommen suchen und brauchen wir doch alle einen Kerl, der uns auch mal vergewaltigt, hernimmt und zu unserem Glück zwingt!« Ripploh appelliert an seine Brüder, doch endlich die schwulen Säue rauszulassen, die sie seien, und warnt sie davor, sich hinter »abstrakten Politanalysen«[368] zu verstecken. Ripplohs Bekenntnis folgt das Interview eines *Schwuchtel*-Vertreters mit dem Gründer einer Gruppe, die SM-Treffen organisiert. Dieser spricht vom sexuellen Spiel, das die »Spannung stärker werden« lässt, von den Schmerzen, die in ihm ein »positives Gefühl für den anderen«[369] aufkommen lassen, und vom angenehm entspannenden Zerschlagensein danach. Wie Ripploh sieht er seine sexuelle Präferenz als das Ende allgemeiner schwuler Sexualentwicklung, und damit als »Befreiung«[370]. Ein Autor der schwulen Zeitschrift *Emanzipation* sprach von der Hinwendung zum Sadomasochismus gar als einem zweiten Coming-out.

Noch einmal waren es die Homosexuellen, die der generellen Entwicklung in Sachen Sexualität vorangingen. Sie waren es, die als Erste einer bestimmten Sexualpraxis, dem Sadomasochismus, zu seinem Recht neben anderen verhalfen. Lederfetischisten beiderlei Geschlechts mussten sich seither nicht mehr für krank halten oder als Faschisten beschimpfen lassen. Gleichzeitig schlug sich unter Homosexuellen eine Verschärfung des Geschlechterrollendualismus nieder, eine Vertiefung und Zementierung der Kluft zwischen weiblich und männlich, wie sie für konservative Zeiten typisch ist. Wie nur wenige Jahre vorher die Verklärung des Weiblichen in der überweiblichen Tunte, so war es jetzt die Wiederentdeckung traditioneller Männlichkeit und der vom Feminismus als männlich charakterisierten Sexualität. Jene böse Männerlust, die, mit Gewalt durchsetzt, den Penis als Waffe benutzt und im Akt der Vergewaltigung gipfelt. Auch die Affinität des übermännlichen Mannes zum Faschismus, von Theweleit so überzeugend beschrieben und vom Radikalfeminismus bedenkenlos verallgemeinert, begleitete den sich als Ledermann emanzipierenden Schwulen wie ein Schatten.

Typisch dafür waren die Interviews des Schriftstellers Hubert Fichte mit einem Angehörigen der schwulen Ledersubkultur, die 1977 im Suhrkamp Verlag als Buch erschienen. Der Journalist Hans Eppendorfer hatte mit 17 Jahren einen grausamen Mord an einer älteren Frau begangen, den er selbst als Reaktion auf die Lieblosigkeit seiner Mutter erklärt. Nach zehn Jahren Jugendhaft gelang es ihm, ein neues Leben zu beginnen. Der ritualisierte Umgang mit Gewalt in der schwulen Ledersubkultur, so der Rehabilitierte im Gespräch mit Fichte, habe ihm dabei geholfen und ihn endgültig gegen unkontrollierte Gewaltausbrüche gefeit. Eine Generalisierung dieser These besagt, dass sexuell ausgelebte Aggression geeignet sei, zwischenmenschliche Brutalität zu verhindern. Eppendorfer selbst vertritt diese These allerdings nur bedingt, schwankt zwischen der Rechtfertigung einvernehmlicher sadomasochistischer Sexualpraxis und dem Liebäugeln mit einer antimoralischen Idealisierung des Sadismus.

Er meint, dass sich ein Teil der Lederleute im Faschismus wohlfühlen würde, spricht von »potentiellen KZ-Wächtern«[371] und von der Lederszene als einer »schwarzen Liga«[372]. Von Fichte gefragt, ob er in einem KZ gearbeitet hätte, verneint er zwar, schwelgt aber genüsslich in der Phantasie, es zu tun: »Man kann Menschen enthäuten, um daraus Lampenschirme zu machen. Man kann aus ihren Knochen Seife erzeugen. Man kann sie einfach eliminieren. Das hat natürlich eine ungeheure Faszination.«[373] In diesem Zusammenhang berichtet der Ledermann, wie er einst im Park zwei schwule Medizinstudenten beobachtete, die einen betrunkenen Penner kastrierten. Auf die Frage, was er von Hitler denke, vergleicht Eppendorfer den Naziführer mit Napoleon und meint, sein Fehler sei es gewesen, dass er »zuviel auf einmal haben wollte«. Anderenfalls hätte Hitler den Krieg gewinnen können und wäre heute »der große anerkannte Mann«[374].

In starkem Kontrast zu solcher Kaltschnäuzigkeit steht die romantisch-sentimentale Schilderung von Eppendorfers erster sexueller Begegnung mit einem amerikanischen Matrosen, dem er in einer Hamburger Hafenkneipe begegnet war. Dieser bärenstarke Kerl, der aussah, wie wenn ihn Tom of Finland gemalt hätte, vergewaltigte den jungen Eppendorfer. Danach allerdings war er so zärtlich, dass der Geschundene sich in den Seemann verliebte. »Dies war das erste Zärtlichkeitsgefühl von einem Mann ... und das kam plötzlich nach dieser irrsinnigen Anspannung von Gewalt und Angst und Schmerz, kam plötzlich diese Stille. Ohne ein Wort einfach die Geste einer liebkosenden Hand.«[375]

Im Matrosenmilieu spielt auch Rainer Werner Fassbinders letzter Film *Querelle*, der fast wortgetreu die Vorlage des gleichnamigen Romans von Jean Genet reproduziert. Der Protagonist, der schon, bevor der Leser ihn kennenlernt, mehrere Morde begangen hat, kommt mit einem französischen Kriegsschiff in die

Hafenstadt Brest. Er raubt Geld und Schmuck und ersticht seinen schwulen Komplizen, um nicht teilen zu müssen. Als selbst auferlegte Strafe lässt er sich von einem männlichkeitsstrotzenden Ganoven und von einem abgebrühten Polizisten sodomieren. Er findet Gefallen am Schwulsein und verliebt sich in einen blutjungen Maurer, der, selbst ein Totschläger, auf der Flucht ist. Diesem Geliebten schiebt Querelle seinen jüngsten Mord in die Schuhe und verrät ihn an die Polizei. Seine eigenen Verbrechen bleiben unentdeckt. Genet beschreibt die im brutalen Männermilieu sowohl der Militärs als auch der kriminellen Unterwelt geformte Psyche des Mörders und Verräters so unübertrefflich, dass der Leser sich der Faszination kaum entziehen kann. Für Querelle ist Homosexualität untrennbar mit Gewalt und Mord verbunden. Je mehr Böses er tut, desto schwuler wird er. Je schwuler er wird, desto mehr zärtliche Gefühle für Männer entwickelt er, in umgekehrtem Verhältnis zu seiner sich steigernden Skrupellosigkeit und Unmenschlichkeit. Ein Coming-out, das mit dem Tod anderer gesühnt werden muss, oder die Homosexualität als einzige Schwäche eines Unmenschen? Als der Roman 1947 erschien, wurde der Autor nicht nur der Produktion von Pornographie, sondern auch der Sympathie mit dem Faschismus bezichtigt.

Ganz anders interpretierte Jean-Paul Sartre, der von Genet sagte, er beherrsche die Sprache so meisterhaft, dass er einen Haufen Scheiße so schön wie einen Blumenstrauß beschreiben könne. In seinem fast tausendseitigen Buch über das einstige Waisenkind und Opfer krassester sozialer Ungerechtigkeit, sieht Sartre Genet als einen Menschen, der zunächst genau das wurde, was die bürgerliche Gesellschaft von einem erwartet, den sie selbst ausgestoßen hat. Als Schriftsteller, so Sartres Interpretation, wuchs Genet über sich selbst hinaus, um eine menschlichere Persönlichkeit und Sexualität zu entwickeln. All das schlage sich in seinen Werken nieder. Andere progressive Interpreten kamen zu ähnlichen Einschätzungen. Kate Millett zum Beispiel sieht in Genets minutiösen Schilderungen der Grausamkeit männlichkeitsfetischistischer und männerbündlerischer Milieus eine Kritik des

Patriarchats, seiner Hierarchien und der Geschlechterrollen. Der schwule Genet gilt ihr als Kritiker eben der Männlichkeit, die ihn selbst so faszinierte.

Fassbinder wiederum erstaunt in seinem Film, in dem Jeanne Moreau die einzige Frauenrolle spielte, mit einer eher wörtlichen Interpretation Genets. Die Protagonisten und ihr Handeln werden bis an die Grenze des Kitsches ästhetisiert, so dass Mord und Verrat in ebenso romantischem wie erotischem Licht erscheinen. In den Sexszenen, die Querelles zum blutsüchtigen Lustmord stilisiertem Kapitalverbrechen folgen, überstrahlt die Männerliebe das Vorangegangene, wie wenn sie als Phönix aus der Asche kommend über alles Böse dieser Welt triumphiere. Oscar Wildes von Jeanne Moreau gesungene »Ballade des Zuchthauses von Reading« wiederholt mit dem Refrain »Each man kills the thing he loves« aufs Penetranteste die These der Verbindung von Tod, Mord, Sühne und Homosexualität. Es drängt sich die Frage auf, was denn an den gezeigten Arschficks harter Kerle im Jahr 1982 so sündig, tödlich und mörderisch ist. In einem Interview sagte Fassbinder, der Film enthalte »den Entwurf einer möglichen Gesellschaft, die nach aller Ekelhaftigkeit wunderbar ist«. Gefragt, was er vom Vorwurf an Genet, einen faschistischen Roman geschrieben zu haben, halte, antwortete Fassbinder: »Jede denkbare Utopie birgt natürlich in sich die Gefahr faschistoider Momente. Das ist ganz klar.« Als dem Interviewer das noch nicht ganz klar zu sein schien und er deshalb fragte, ob in Genets *Querelle* nicht die Gewalt verklärt werde, lautete Fassbinders Antwort: »Jemand muss sich in die tiefsten Tiefen dieser Gesellschaft begeben, um sich für eine neue zu befreien oder sich befreien zu können.«[376]

Fassbinder traf mit solchen Statements das Zeitgefühl der 1980er Jahre. Man denke an die Künstler und Punks, die mit Hakenkreuzen und SS-Runen provozierten. Man denke auch an den deutschen Maler Anselm Kiefer, der sich hitlergrüßend in SA-Uniform fotografieren ließ. Er und andere vertraten die These, dass man erst ein Faschist werden müsse, um den Faschismus überwinden zu können. Georges Batailles Strategie, dem Faschismus mit dessen eigenen Mitteln zu begegnen, dürfte dabei Pate gestanden haben. Interessant ist in diesem Zusammenhang auch, dass das schon genannte postfaschistische Hauptwerk des italienischen SS-Kollaborateurs Julius Evola 1983 eine abermalige Neuauflage im Ullstein Verlag erlebte und sich auf den Büchertischen linker Buchhandlungen fand.

Was den Sadomasochismus anging, so vernahm man jetzt auch aus dem Frauenlager Stimmen, die sich vorsichtig zu masochistischen Bedürfnissen bekannten. Es begann mit der Popularisierung von Nancy Fridays gesammelten masochistischen Frauenphantasien. Ein Boom der Bekenntnisse zu solchen Phantasien ergriff die Frauenselbsterfahrungsgruppen. Psychoanalytische Erklärungen wie die von Margarete Mitscherlich, die in weiblichen Gewaltphantasien nicht den Wunsch nach sexueller Gewalt, sondern einen Bewältigungsversuch gewalttätiger Realität sah, wurden verworfen. Der Wunsch, sich überwältigen zu lassen wurde stattdessen als Ausdruck der eigenen, das heißt weiblichen Sexualität verstanden.

Deutlicher als von heterosexueller Seite klang alsbald der lesbische Ruf nach Fetisch und Peitsche, so dass sich zum schwulen Lederkerl seine macht- und kraftstrotzende Schwester, die sogenannte SM-Lesbe gesellte. Als deren Sprecherin trat die Filmemacherin Monika Treut auf, die sich als Feministin verstand. In dem Dokumentarfilm *Bondage* von 1983 porträtierte sie ein Mitglied der New Yorker Lesbengruppe »LSM«. Diese Frau tritt im Ledergeschirr vor das Publikum, stellt sich als Exhibitionistin und als »sehr sexuelle Frau« vor. Ihre »Mission«, sagt sie, sei es, anderen, verklemmten Frauen klar zu machen, dass der sadomasochistische der »heißeste Sex« sei. Sie zeigt Peitschen, demonstriert Brustwarzenclips und spricht ausführlich vom Gefesseltwerden, ihrer liebsten Sexualpraxis, die so tröstlich sein könne, wenn man deprimiert sei. Treut selbst äußerte Ähnliches zu ihren eigenen Bondage-Erfahrungen. Die Interviewte, selbst »eine Top«, spricht weiter von der »großen Sorge«[377], die sie sich bei einer Fesselung um die Gefühle der Gefesselten macht, so dass man sie für eine

Krankenschwester halten könnte. SM bedeute, sich auf Gefühle einzulassen und auf emotionaler Ebene zu kommunizieren, verkündet die Domina am Ende des Films.

Treut wiederum erklärte die 1980er Jahre zum »Jahrzehnt der grausamen Frau«. Nicht mehr als Opfer wie in den 1970er Jahren, sondern als Herrscherinnen hätten sich die Frauen zu fühlen. Die sadomasochistische Sexualpraxis biete eine »Möglichkeit, Stärke zu entwickeln«[378]. Was zunächst nur eine ungewöhnliche Sexualpraxis ist, wird zur Mission erklärt, ideologisiert und mit Politik aufgeladen. Dass sowohl in der schwulen als auch in der lesbischen SM-Szene die Masochisten in der Überzahl sind, so dass der Reflex der gesellschaftlichen Realität naheläge, scheint nicht zu zählen. Die Betonung liegt stattdessen auf den Eigenschaften des minoritären Idealtyps, der Domina, welcher Kampfbereitschaft für die Sache der Frauen im Allgemeinen und der Lesben im Besonderen zukommt. Ganz ähnlich rechtfertigten die Sprecher der männlichen SM-Szene ihren Paradigmenwechsel vom einen zum anderen Extrem des Idealmanns. Die dümmlich kichernde Tunte, hieß es oft, suggeriere Schwäche und biete sich als Opfer von Homophobie geradezu an. Streitbare Homosexuelle müssten Härte und Kampfbereitschaft beweisen, um ernst genommen zu werden.

Was die Frauenbewegung anging, so fand die friedliche Jungfer der 1970er Jahre in den 1980er Jahren nicht nur eine kriegerische, sondern auch eine mütterliche Schwester. Die Frauenszene der Spekulum-Feministinnen und Menstruations-Fetischistinnen reifte zum Kollektiv der neuen Mütter, die das Gebären als weibliche Macht entdeckten, glorifizierten und gegen die Männerwelt ausspielten. Besonders angesagt waren eine Zeitlang Mütter mit mehreren Kindern von verschiedenen Männern, mit denen sie nichts zu tun hatten oder die sie den Kindern nicht einmal zuordnen konnten. Auf ideologischer Ebene brachte die neu entdeckte Mütterlichkeit die Hypothese vom »ganzheitlichen Charakter der weiblichen Sexualität« mit sich. Die Psychoanalytikerin Marina Gambaroff, zusammen mit Barbara Sichtermann seinerzeit prominenteste Vertreterin dieser Idee, spricht von einer »Fruchtbarkeitslust«, innerhalb derer der Koitus nur der Beginn eines Prozesses sei, »der über Schwangerschaft und Geburt bis zum Stillen reicht«[379]. Generativität lautete das Schlagwort, und schnell geriet denen, die darauf hereinfielen, die gebärwillige zur besonders sinnlichen Frau. Dann zum Beispiel, wenn Gambaroff von einer »lebensfeindlichen, gebärunfähigen« Frau erzählt, die ihrer Tochter kein Vorbild zur »Ausbildung einer vollen weiblichen Identität«[380] sein konnte. Ganz ähnlich klingt es bei Sichtermann, wenn sie von einem »weiblichen sexuellen Selbstbewusstsein« spricht, das »ein stolzes Bewusstsein von Empfängnisfähigkeit, Schwangerschaft und Gebärenkönnen als sexuellen Potenzen«[381] einschließt. »Ein befriedigendes sexuelles Erleben öffnet die Erfahrungsbereitschaft der Beteiligten in Richtung auf eine Naturbestimmung ihrer Körper«[382]. Sinnliche Verschlossenheit dagegen führe zur Ablehnung der Schwangerschaft.

Zur mutterschaftsbereiten Frau gehört die Erotik ihrer Brüste, ein Phänomen, das, so Sichtermann, in der traditionellen Vorstellung von der Mutter ausgeklammert sei. Nicht diese Ideologie oder gar die Mutterpflichten, wie sie die Nazis einschließlich des Zwangs zum Stillen aus angeblich gesundheitlichen Gründen befahlen, gelte es zu rehabilitieren. Das Stillen vielmehr, meint die Autorin, soll als »ein sexuelles Tun« wiederentdeckt werden, als ein Akt, der »(Weiter-)Leben zeugt und Lust schenkt, wie wir es alle aus dem Koitus kennen …«.[383] Die Idee vom Stillen als Liebesakt mit dem Säugling findet sich unter umgekehrten Vorzeichen bei einem der größten Weiberhasser aller Zeiten. Ich meine Otto Weininger, der sich nach dem Erscheinen seines antisemitischen und antifeministischen Buches *Geschlecht und Charakter* im Jahr 1903 das Leben nahm. Weininger, der sexuelle Enthaltsamkeit propagierte, sah in der Frau den Inbegriff geistloser Triebhaftigkeit und Lüsternheit. Ihr ganzes Leben, schrieb er mit Grausen, sei von der Sexualität und ihren Folgen bestimmt. Eine Vorstellung, zusammengefasst in dem oft genannten Zitat: »Die Frau ist nur sexuell, der Mann ist auch sexuell.«

Nicht weit entfernt von dieser Vorstellung weiblicher Allsexualität bewegt sich Sichtermanns Theorie vom Orgasmus, der sein Pendant nicht nur im Stillen, sondern auch im Gebären finde, womit einmal mehr der Bogen zu Schmerz, Leiden und weiblichem Leiden geschlagen wäre: »Ist nicht die Lust im Geschlechtsakt dem Schmerz nah? Was beiden Sensationen, der Geburt und dem Orgasmus eignet, ist eine Grenzüberschreitung: Das Bewusstsein wird trüb und der Körper wird geschleudert.«[384] Auch diese Vorstellung ist nicht neu. Schon die konservative Freud-Schülerin Helene Deutsch erklärte den Masochismus zur urweiblichen Eigenschaft und den Schmerz zur Brücke von der Gewaltsamkeit des Koitus zum natürlichen Leiden und seiner purifizierenden Wirkung bei der Geburt. Ganz in diesem Sinne preist Gambaroff die natürliche, das heißt schmerzhafte Geburt als beglückendes Erlebnis und warnt die Frauen sogar davor, sich eine »möglichst unblutige Menstruation« zu verschaffen. In gelungener Vermischung von Bataille'scher Opfererotik und Frauenspiritualität erinnert sie an die enge Verbindung des Zyklus mit matriarchalischen Fruchtbarkeitsriten. »Je archaischer sie sind, desto mehr sind sie auch mit dem blutigen Opfer ... verbunden und damit stets Riten, die Tod und Wiedergeburt inszenieren.«[385] Gambaroff ging so weit, die Frauen vor einer leichtfertigen Einstellung zur Abtreibung und den Schuldgefühlen, die dieser folgen könnten, zu warnen.

War es Sexueller Revolution und Frauenbewegung endlich gelungen, Sexualität und Fortpflanzung aus ihrer ideologischen Verflechtung zu lösen und die Frauen vom Gebärzwang zu befreien, war das praktische Abtreibungselend gelindert und die Frauen von entsprechenden moralischen Bedenken entlastet, so schien jetzt die ganze alte Scheiße zurückzukehren. Nicht nur scheinbare Feministinnen wie Marina Gambaroff hatten in den 1980er Jahren Hochkonjunktur, sondern auch die Meinungsmacher des neuen Konservatismus aus der Kohl-Regierung. In moralischem Wendeeifer versuchten CDU- und CSU-Politiker »die Abtreibung auf Krankenschein« abzuschaffen und gründeten mehrere sogenannte Lebensrechtstiftungen zur Verhinderung von Schwangerschaftsabbrüchen. Sie priesen die Familienwerte und besannen sich auf die Schuldscheidung. Das Familienministerium schließlich ließ einen Teil des von ihm selbst hergestellten schulischen Sexualaufklärungsmaterials einstampfen, weil dessen »Aussagen und bildhafte Darstellungen«, den Vorstellungen der Bundesregierung über »wertorientierte Sexualpädagogik« widersprächen. Gemeint war vor allem die »Propagierung von Sexualität auch ohne Liebe«[386].

Die Liebe wiederum, ausgespielt wie einst gegen die Sexualität, erlebte während der 1980er Jahre ein erstaunliches Comeback. Der Büchermarkt strotzte von Titeln wie *Liebe und Wald*, *Frauen sprechen über Liebe* oder *Dich zu lieben kann ich nie verlernen*. Studenten promovierten über das Phänomen Liebe. »Was fürs Herz und nicht fürs Bett« hieß es in einem *Stern*-Artikel, dessen Autor es bedauerte, dass die Liebe »auch in intellektuellen Zirkeln geflissentlich totgeschwiegen«[387] werde. Im SFB lief eine fünfteilige Sendereihe über die Liebe, und das Schwerpunktthema der von Feministinnen gegründeten Frankfurter Frauenschule war über ein Semester lang ebenfalls die Liebe. In einem Sammelband unter dem Titel *Frauenstrategien* schrieb die Soziologin Margrit Brückner vom Bedürfnis, »Liebe wieder zu wagen«, und von einer »neu entstandene(n) Aufgabe der Gestaltung von Liebesbeziehungen«[388]. Ähnlich wie dem Innenministerium schien auch ihr der Hedonismus vergangener Jahrzehnte ein Dorn im Auge zu sein: »Die Entzauberung der Sexualität und ihre Trennung von Liebe ... beraubt uns der Erfahrungsmöglichkeit, die in der Hingabe, im Erlebnis der eigenen physischen und psychischen Transzendenz erlebbar werden kann, und deren Ausgang unbekannt ist«[389].

Die Entpolitisierung einst links engagierter Menschen meiner eigenen Generation, die den Diskursen über Leidenschaft und Liebe vorausgegangen war, hat der französische Strukturalist Roland Barthes in seinem letzten Werk *Fragmente einer Sprache der Liebe* äußerst treffend in einem Vergleich mit den Teilnehmern des Platonischen Symposions beschrieben: »Man möchte meinen, es handle sich um heutige Intellektuelle, die sich bereit finden, gegen den Strich zu diskutieren, über die Liebe eben und nicht über Politik, über die (liebende) Begierde und nicht über das (soziale) Bedürfnis.«[390] Gegen den Strich, wenn auch im umgekehrten Sinn, schrieb über Liebe, Leidenschaft und Sadomasochismus eine Autorin, die für ihren gnadenlosen Pessimismus bekannt ist. Ich meine die spätere Nobelpreisträgerin Elfriede Jelinek in ihrem Roman *Die Klavierspielerin*.

Eine Klavierlehrerin und ihr jüngerer Schüler verlieben sich ineinander. Haupthindernis ist die Mutter der Lehrerin, die ihre über 30-jährige Tochter wie eine Gefängniswärterin kontrolliert und vom Leben fernhält. Die infantilisierte Pianistin interessiert sich für Pornographie und Sadomasochismus, sucht voyeuristische Befriedigung in Sexkinos und Peepshows oder belauscht Paare beim Sex in den Büschen. Einen des Deutschen nicht mächtigen Türken mit einer Frau aus dem Volk zum Beispiel, die sein unsensibles Gerammel kaum erträgt und abwechselnd bessere Behandlung oder Geld verlangt. Nicht minder unwürdig verläuft eine erotische Begegnung zwischen der Lehrerin und ihrem Schüler auf dem Klo der Musikschule. Er fällt über sie her, sie geilt ihn auf, um ihn dann mit steifem Schwanz stehen zu lassen.

Nach einer weiteren ekelhaften Szene in einer Besenkammer teilt die Musiklehrerin dem Schüler schriftlich mit, dass sie von ihm gedemütigt, gefesselt, geschlagen und auf alle erdenkliche Art gequält werden will. Der Schüler, dem ursprünglich jene oberflächliche, aber lehrreiche Affäre mit einer älteren Frau vorschwebte, die zum Leben eines jungen Bourgeois gehört wie der Schlips zum Anzug, gerät emotional ins Schleudern. Die Lehrerin, die ihrerseits nicht zum Ziel kommt, rächt sich an ihrer Mutter in Form eines inzestuös-sexuellen Überfalls. Der Schüler rächt sich an der Lehrerin für seine enttäuschten männlichen Erwartungen, indem er sie in der Wohnung ihrer Mutter vergewaltigt. Undramatisch dann das Ende: Die Verliererin, die mit dem Gedanken spielt, den Schüler zu erstechen, verletzt sich selbst nur leicht mit einem Küchenmesser und kehrt nach Hause zurück, zur Mutter.

Weder der Liebe noch der Pornographie, weder der Peepshow noch dem Sadomasochismus haftet in Jelineks wie mit dem Messer geschriebenem Buch irgendetwas Romantisches, idealistisch oder religiös Überhöhtes an. Angesichts eines Pornofilms, in dem eine Frau mit einer Reitpeitsche gezüchtigt wird, heißt es lakonisch, dass die »Delle«, die die Peitsche auf der Frau hinterlässt, zeigt, wer der Herr ist, so dass auch der Betrachter sich als Herr fühlen kann. Das Handeln der Protagonisten entspricht dem, was ihnen früh eingeübt wurde, der Benachteiligung gedrückter kleiner Mädchen gegenüber den von Müttern und Tanten vergötterten kleinen Jungen. Aber auch der für alle geltenden Sprache der Gewalt schlagender Eltern.

Die Klavierlehrerin und der Schüler stehen für die Menschen einer Gesellschaft, in der Sexualität zu etwas Hässlichem, Ekelhaftem und Gewalttätigem verkommen ist. So bleibt auch an der noch knospenden Leidenschaft des jungen Mannes kein gutes Haar: »Klemmer fleht, daß seine Lehrerin dereinst ihm gehorchen möge. Er wetzt im Sitz. Eine seiner Hände zuckt unwillkürlich an die gräßliche Waffe seines Geschlechts. Der Schüler Klemmer beherrscht sich mit Mühe und schätzt im Geist Erikas Gesamtausmaße ab.«[391] Der Leser erfährt, dass »sein Instrument«[392] von seinem übrigen Körper unabhängig ist, dass er seine Lehrerin »in Betrieb nehmen«[393] will und dass er von ihr erwartet, »einen Gegenstand« aus sich zu machen, »den sie ihm dann anbietet«[394]. Später umklammert er Erika in »werkzeughafter Aneignung«[395] und geht gestärkt aus »dem Kampf der sportlichen Duelle wie dem der Geschlechter«[396] hervor.

Die weiblich romantischen Erwartungen der Lehrerin sind zwar weniger oberflächlich, tragen aber das hässliche Zeichen der Kontrolle und des Besitzdenkens. »Er soll ihr nachgieren, er soll sie verfolgen, er soll ihr zu Füßen liegen, er soll sie unaufhörlich in seinen Gedanken haben, keinen Ausweg vor ihr soll es für ihn geben.«[397] Über den Umweg der Gewalt, die der Schüler über sie als freiwillige Sklavin gewinnen wird, denkt sie, wird er zu ihrem willigen Geschöpf werden, so dass sie ihn ganz besitzen kann. Sie will, dass er sie »bis zur Selbstaufgabe« liebt, um ihn seinerseits »bis zur Selbstverleugnung« zu lieben. So groß, glaubt sie, werde seine Liebe sein, dass er sich weigern werde, die Gewalt anzuwenden, die sie von ihm verlangt. Sie hofft auf »Erlösung durch absolutes Vertrauen«[398]. Warum solche Hoffnung nur getrogen werden kann, hat Elfriede Jelinek unübertrefflich so formuliert: »Lehrerin und Schüler kochen vor Liebe und begreiflicher Sehnsucht nach noch mehr Liebe. Unter ihren Füßen brodelt währenddessen der Kulturbrei, … ihre tägliche Nahrung, ohne die sie gar nicht existieren könnten, und wirft schillernde Gasblasen.«[399]

Diesem Kulturbrei entstammt der weibliche Selbsthass der Protagonistin, der Hass auf andere Frauen und ihr Ekel vor dem eigenen Geschlecht. Mit Simone de Beauvoir konkurrierend nennt Jelinek die Vagina eine »poröse, ranzige Frucht«[400] oder einen »bläulich angelaufenen Tumor, den sie ständig mit sich herumschleppt«[401]. Ebenso abstoßend wie die Geschlechtsorgane der Akteure sind ihre sexuellen Akte. Keine Hoffnung bleibt in diesem düsteren Sittengemälde, kein Ausweg aus der beschriebenen menschlichen Liebesmisere. In dem Film von Michael Haneke, der 2001 in die Kinos kam, wurde der Schüler-Charakter von einem männlichen Durchschnitts-Arschloch zu einem sensiblen Romantiker umgeschrieben, der durch die Perversion einer Frau zum Vergewaltiger wird. Jelineks Botschaft ins Gegenteil verkehrt, weil der Film sonst wahrscheinlich ungenießbar gewesen wäre.

Als ich *Die Klavierspielerin* in den 1980er Jahren zum ersten Mal las, warf ich der Autorin feministische Sexualfeindlichkeit und die Verhärtung sozialer Verhältnisse durch deren ausweglose Schilderung vor. Ich meinte, dass sie – vergleichbar den naturalistischen Literaten – das Vorgefundene und wie vorgefunden Beschriebene letztendlich doch als das Natürliche erscheinen lasse. Beim Lesen des Buches über dreißig Jahre später allerdings empfinde ich es als ein gelungenes Kontrastprogramm zur Scheinsinnlichkeit der 1980er Jahre, zur Romantisierung von Bordellsexualität, Voyeurismus und Sadomasochismus, zur Rechtfertigung von Gewalt, wenn sie im erotischen Gewand erscheint, und für den Rückfall der Zeitgenossen in den Liebesschmalz der 1950er Jahre.

Aids und die Abrechnung mit der Sexrevolte

Drei Jahre nachdem Kohl die geistig-moralische Wende ausgerufen hatte, bewiesen die Bundesdeutschen, wie erfolgreich er damit war. Denn mit der Kunde von dem, was zunächst »Lustseuche« oder »schwule Pest« genannt wurde, ergossen sich Wogen der Homophobie über das Land. Die Medien schürten dies, und eine Hypochondrie griff um sich, die nur mit dem sexuellen und homosexuellen Aspekt an der neu entdeckten Krankheit zu erklären ist. »Für die Homosexuellen hat der Herr immer eine Peitsche bereit«, ließ ein Berliner Bakteriologe verlauten, und der bahnbrechende Artikel im *Spiegel* vom 6. Juni 1983 imponierte mit dem Vergleich zur mittelalterlichen Pest. Die Viruserkrankung Aids erscheint darin als »apokalyptischer Reiter auf schwarzem Roß«, der »über die Menschheit« kommt, und der Autor fragt: »Oder werden nur die homosexuellen Männer daran glauben müssen?«[402] Ein Gemälde zur Pest im Wien des Jahres 1348 mit einem pferdegezogenen Leichenkarren und das Bild eines fiedelnden Knochenmannes unterstreichen die Hiobsbotschaft. Den Bogen zum 20. Jahrhundert schlägt der Autor mit der atmosphärischen Schilderung eines Aids-Kranken, den er am Tresen einer schwulen Kneipe gesehen haben will: »Nur im Gegenlicht werfen die geschwollenen Lymphknoten an Hals und Nacken dunkle Schatten. Dann sehen sie wie eine Kette aus …. Der Mann zieht den Seidenschal zurecht, der sein Kainszeichen verhüllen soll.« Dem Mann, der früher »jede Nacht unterwegs« gewesen sei, erfährt man weiter, wird diese Halskette »zum Strick«[403]. Der Kranke, der seine Pestbeulen mit dem stereotypen Seidenschal der »Detlefs« verdeckt, dessen weibische Halskette sein Todesurteil verrät. Dieser Schwule wird in vergangene Jahrhunderte zurückversetzt, in denen die Medizin noch hilflos war, der strafende Gott und seine Apokalypse aber allgegenwärtig.

Eine widerliche Mischung aus schiefen historischen Parallelen, Untergangsvision, Homophobie und scheinheiligem Mitleid prägte die Aids-Berichterstattung bundesdeutscher Medien. Redakteure und Autoren schürten die Kontaminationsängste in der Bevölkerung, als ob sie dafür einen Auftrag erhalten hätten. So spekulierte der *Spiegel* 1984 völlig unbegründet über eine Ansteckungsgefahr durch die Tsetsefliege. Und noch drei Jahre später, als sich der Schutz durch Kondome gerade durchzusetzen begann, drohte das liberale Blatt mit der Entwicklung von Retroviren. Jahre sollte es dauern, bis sich dank der Aktivitäten von Aids-Selbsthilfegruppen, Positiventreffs, der Deutschen Aids-Hilfe und des Einflusses von Politikern wie Rita Süssmuth ein einigermaßen humaner Umgang mit der Krankheit durchsetzen konnte. Dass Letzteres möglich war, muss als Errungenschaft der Studentenbewegung, der Sexuellen Revolution und der politischen Schwulenbewegung der 1970er Jahre gewertet werden. In der Zwischenzeit spielte sich Beschämendes ab: Heterosexuelle brachen den Kontakt mit schwulen Freunden ab, mieden schwule Friseure und Zahnärzte. Ich erinnere mich an einen Mediziner, der die Frankfurter Szenekneipe *Größenwahn* nicht mehr besuchte, weil der Wirt ein schwuler Aktivist war. Eine Freundin erzählte von einem Aids-Kranken, dem sie vorwarf, sie und andere zu gefährden, weil er ihnen zur Begrüßung die Hand gab. »Wir wollen kein Aids«, hieß es, als ich versuchte, einen schwulen Amerikaner in einer sonst sehr gastfreundlichen Wohngemeinschaft unterzubringen.

In der Atmosphäre der beginnenden 1980er Jahre, die von sozialer Angst, Kriegsangst und Ansteckungsangst gezeichnet waren, blieb, was Aids anging, der Wendeeifer derer unübertroffen, die Kohl den Steigbügel am festesten gehalten hatten. Der bayerische Staatssekretär Peter Gauweiler polemisierte gegen die Empfehlung von Kondomen als Schwerpunkt der Aufklärung über Aids. Er selbst entwarf einen Maßnahmenkatalog zur Umsetzung des Bundesseuchengesetzes, der Reihenuntersuchungen für die Risikogruppen und Zwangstests für Ansteckungsverdächtige vorsah. Gauweilers Kollege, der bayerische Kultusminister Hans Zehetmair erklärte die Immunschwäche zum »Symptom einer maroden Gesellschaft« und sprach von »Entartung«[404]. Der Dritte im

Bunde der Bayerischen Aids-Hardliner schließlich, der damalige Kurienkardinal Joseph Ratzinger und spätere Papst Benedikt XVI, meinte: »Man muß nicht von einer Strafe Gottes sprechen. Es ist die Natur, die sich wehrt«[405].

Die Natur, die übermäßiger (homo)sexueller Freizügigkeit Einhalt gebietet, indem sie eine Krankheit hervorbringt? Den Kardinal schien es zu freuen, dass es endlich wieder einen triftigen Grund gab, die Menschen vor der Lust zu warnen. Ein paar glückliche Jahrzehnte lang nur, als die Syphilis mit Penizillin besiegt war und die Angst vor ungewollter Schwangerschaft mit der Pille, hatte es einen solchen Grund nicht mehr gegeben. Unwiederbringlich diese sorglosen Tage der von Angst ungetrübten Lust, in denen die Sexuelle Revolution gedieh. Mit Aids war jetzt Kirchenmännern und Moralaposteln eine neue scharfe Waffe in die Hand gegeben. Drohen ließ es sich wieder mit der Strafe Gottes oder der Natur, so dass die neuen Schüler Batailles mit ihrem Geraune von Risiko, Gefahr und Todesnähe der Erotik ganz richtig lagen. Nichts konnte mehr wie vorher sein.

Nur folgerichtig war es, dass das, was heute »68er-Bashing« heißt, seinen Anfang in den 1980er Jahren nahm und sich bevorzugt auf den Umgang der Studentenrevolte mit der Sexualität bezog. Da war Cora Stephans Abrechnung mit der Sexuellen Revolution in ihrem Buch *Ganz entspannt im Supermarkt* von 1985. Es beginnt mit dem programmatischen Satz: »Man befreie die Sexualität von ihrer Befreiung. Vielleicht hat sie dann eine Chance.«[406] Die in den späten 1960er Jahren neu entdeckte Freie Sexualität, heißt es weiter, habe durch die von ihr geförderte Angleichung der Geschlechter und dem dazugehörigen androgynen Menschenideal zu neuerlichem Puritanismus und einem »spießigen sexuellen Freibeutertum« geführt. »Sexualität ohne Angst und Risiko konnte auch als völlig unerhebliche Angelegenheit verstanden werden. Die sozialistische wie die sexuelle Gleichheit war unzulässigerweise vorweggenommen worden.«[407]

Wäre das, frage ich mich, nicht ein allzu großes Kompliment an die Studentenbewegung? Ich jedenfalls hätte nichts gegen soziale und sexuelle Gleichheit, weder damals noch heute. Wohl aber Stephan, die sich in ihrem Abkehr-Buch alle Mühe gibt, die Erben der Studentenbewegung, linke oder grüne Akademiker, »Müslis« und »Althippies« als altmodische lächerliche und vor allem unerotische Figuren hinzustellen. Alle haben halblange Haare, tragen Jeans, Latzhosen oder indische Schlabbergewänder, so dass man Männchen kaum von Weibchen unterscheiden kann. Alle sind nett und harmlos und langweilen einander. Ein frauenverstehender Professor beispielsweise, der bei seinem vergeblichen Versuch, einer Frau als Marx-Kenner und Sympathisant der Frauenbewegung zu imponieren, nur Mineralwasser trinkt, während die Frau, die einen Martini genießt, viel lieber mit ihm flirten oder ficken will.

Auch Reimut Reiche, der Autor von *Sexualität und Klassenkampf*, der inzwischen Psychoanalytiker geworden war, wandte sich politisch und sexualpolitisch von dem ab, was er einst unterstützte. In einem 1988 veröffentlichten Essay räumt der einstige SDS-Bundesvorstand mit all dem auf, was die Studentenbewegung ausmachte, begonnen mit den Motiven der Beteiligten zur Rebellion. So hält er das Leiden an den gesellschaftlichen Verhältnissen vor 1968 für eine »schamlose Lüge«[408]. Auch das »Leiden unter sexueller Unterdrückung« bezweifelt er, vermutet gar, die Rebellierenden hätten dieses »politisch hergestellt«[409]. Die Identifikation mit Marxismus, Psychoanalyse und Kritischer Theorie sowie ihren jüdischen Vertretern interpretiert Reiche als eine Überkompensation der Schuldgefühle deutscher Nachgeborener gegenüber den Opfern des Holocaust. Das Soziologendeutsch, das im SDS gesprochen wurde, bezeichnet er allen Ernstes als »jüdisch intellektuelles Rotwelsch«[410]. Nur aus dem Leiden an der Schuld der Nazieltern heraus kann er sich auch die Kritik der eigenen Generation an Kapitalismus, Imperialismus und dem Krieg in Vietnam erklären, als eine Schuldverschiebung von den Eltern auf Kapitalismus und Imperialismus. Der überzogene Psychologismus des rückblickenden Kritikers gipfelt in der paranoiden Annahme, dass nichts anderes als die Nazi-Schuld der Eltern dahinter steckte, wenn junge Deutsche sich der Sexuellen Revolution verschrieben. Von dieser Schuld nämlich hätten sich die 68er-Linken »nur durch dauernde sexuelle Erregung frei machen«[411] können.

Es folgt Reiches Abrechnung mit dem, was er im Nachhinein zum »idiotischen Theorem« der Sexuellen Revolution erklärt: eine »Selbstverwirklichung« ohne Angst vor Schwangerschaft, Infektion und Eheversprechen, die an der »numerisch registrierbaren Zunahme« genitaler Befriedigung gemessen worden sei. »In dieser Ideologie einer Sexualität ohne unerwünschte Folgekosten lebt die Phantasie einer schuldlosen Sexualität, einer Triebtat ohne Schuld, fort.«[412] Ob die Botschaft der Sexuellen Revolution sich auf die Quantität genitaler Orgasmen bezog, muss bezweifelt werden. Dass deren Anhänger aber das Wegfallen unerwünschter Folgen der Lust dank Penizillin, Pille und liberalisierter Moral begrüßten, steht außer Zweifel. Ebenso wie ihre Absage an die Verbindung der körperlichen Liebe mit Schuld und Schuldgefühlen. Bedauert wurde und wird die damit verbundene Erleichterung allerdings von Konservativen unterschiedlichster Couleur. Von Benedikt XVI. etwa oder den Nachfolgern des vom Sexualverbot besessenen Georges Bataille, der sich nach sexuellem Risiko sehnenden Cora Stephan oder von Reimut Reiche eben, dem der Sexualgenuss zur »Triebtat« wird.

Der Ruf nach dem Verbot, zusammen mit der Schelte derer, die sich einst dagegen aufgelehnt hatten, erklang in den 1980er Jahren auch lautstark vonseiten des Feminismus, vor allem im Zuge von Alice Schwarzers Anti-Porno-Kampagne »PorNO«. Die Herausgeberin des populären Frauenmagazins *Emma* ging von einem direkten Zusammenhang des Konsums von Pornographie mit Frauenunterdrückung und Gewalt gegen Frauen aus und legte 1987 einen Gesetzesentwurf zur Erweiterung des Paragraphen 184 vor. Im Gegensatz zum Strafgesetzbuch, das Pornographie von der Überschreitung der Grenzen »sexuellen Anstandes« her definiert, betont der feministische Pornographie-Begriff die Verletzung der Menschenwürde. Das Gesetz sah vor, die Herstellung und Verbreitung von Gewaltpornographie, das heißt der Darstellung gefesselter, geschlagener, gefolterter oder vergewaltigter Frauen, und solcher, die Lust am Schmerz zeigen, zu bestrafen, sobald Klage erhoben würde. Zur Begründung diente auch der hinkende Vergleich mit rassistischer Propaganda gegen Juden oder Schwarze, deren Schutz gegen Diffamierung im Gesetz verankert ist.

Viele Feministinnen und etliche linksliberale Intellektuelle wie der *Spiegel*-Autor Hellmuth Karasek und Jan Philipp Reemtsma, Gründer des Hamburger Instituts für Sozialforschung, befürworteten das geplante Gesetz. Zu Recht aber empörten sich Kritiker vor allem aus dem Kunst- und Kulturbereich. Sie befürchteten, ein solches Gesetz könne zusammen mit der Gewaltpornographie jegliche Darstellung freiwilligen körperlichen Leidens verbieten, so dass Künstler wie Monika Treut oder Marina Abramović unter Berufsverbot stünden. Darüber hinaus wurde vermutet, Schwarzer und ihre amerikanischen Kolleginnen kollaborierten mit Saubermännern und Zensoren von der politischen Rechten und wollten den Menschen vorschreiben, was sie sexuell zu tun oder zu lassen hätten. Viele fühlten sich an die 1950er Jahre erinnert. Hinzu kamen die Stimmen aus dem libertinen Lager, die dem Anti-Pornographie-Feminismus die gleichen Ziele wie der Sexuellen Revolution unterstellten. Beide, schrieb zum Beispiel Cora Stephan in ihrer Polemik zu Schwarzers Kampagne, wollten einen »von jeglicher Obsession, von Aggressivität, Heftigkeit, Lustschmerz, von bodenloser Hingabe und abgründigem Verlangen … bereinigten Spaß«[413].

Die Kohl-Regierung hatte der BRD inzwischen nicht nur die Verheißung moralischer Restauration, sondern im Rahmen ihrer neoliberalen Deregulierungspolitik auch das Privatfernsehen beschert. Mit diesem wiederum wurde das Pornofernsehen möglich, die »Schweinefilme«, wie man sie ironisch nannte, die zu später Stunde gezeigt wurden. Nicht nur diese Marktfunktion des westdeutschen Fernsehens, sondern weltweit auch der massenhafte und offene Handel mit Bildern allerscheußlichster sexuell legierter Foltergewalt war zur damaligen Zeit historisch neu. Diese Bilder bewegten sich im Rahmen einer bis heute steigenden Toleranz gegenüber der Darstellung von Gewalt überhaupt, wie zum Beispiel in den immer grausameren Actionfilmen. Das Entsetzen über Snuff-Videos und Pornodarstellungen, die sich den altrömischen Zirkusbelustigungen annähern, war und ist mehr als verständlich. Ebenso die Kritik an der Glorifizierung einstiger Angehöriger der Neuen Linken von Bordellsexualität, Pornographie und Prostitution, die sonst kaum jemanden zu stören schien. Die Absicht der »PorNO«-Kampagne war zweifellos human. Mit ihrer Annahme aber, dass das Übel in der Studentenbewegung und ihren Emanzipationsforderungen seinen Anfang genommen habe, stimmte Schwarzer in den Chor derer ein, die sich von ihren politischen Jugendsünden reinwaschen wollten.

Die Kampagne orientierte sich am Beispiel amerikanischer Feministinnen, die auf eine lange Tradition von Kreuzzügen gegen Prostitution und Mädchenhandel sowie der Beteiligung an Mäßigkeits- und Prohibitionsvereinen zurückblicken konnten. Am Ende des 19. Jahrhunderts hatten Frauenrechtlerinnen geglaubt, mit der Abschaffung der Prostitution werde sich das Problem der Frauenunterdrückung erledigen. Rund hundert Jahre später dachten Frauen wie Andrea Dworkin, die Schwarzers bundesrepublikanische Kampagne unterstützte, der Kampf um die Emanzipation hinge von dem gegen die Pornographie ab. Sie glaubten, diesen Kampf vor allem gegen politisch links stehende Männer führen zu müssen, wie man es Dworkins Buch *Pornography – Men possessing Women* entnehmen kann. Die Autorin, bekannt für ihre Gleichsetzung von Penetration und Vergewaltigung, erklärt darin keinen geringeren als de Sade zum Vorläufer der zeitgenössischen Gewaltpornographie und auch der Sexuellen Revolution. Dieser wiederum unterstellt sie, ein kollektives Eigentum an Frauen für Männer propagiert zu haben.

In einer der *Emma*-Nummern mit Schwerpunkt Pornographie aus dem Jahr 1987 behauptet eine Autorin, die Freundinnen der 68er-Revolutionäre hätten, »im Kommunebett jedermann sexuell zur Verfügung stehen«[414] müssen. Dazu gesellte sich die – Sexwelle und Sexuelle Revolution vermischende – Behauptung, Softpornos

seien zuerst von linken Männern entdeckt worden, um von deren Zirkeln in den Mainstream zu gelangen und sich dann zu Hartpornos zu entwickeln. Schwarzer verglich Pornoproduzenten mit Nazis und prophezeite einen Ausrottungskrieg der Männer gegen die Frauen. »Pornographie ... macht den Geschlechterkampf zum Geschlechterkrieg. Pornographie ist Kriegspropaganda gegen Frauen.«[415] Die amerikanische Juristin Catherine MacKinnon, von der im Oktober 1987 ein Artikel in der *Emma* erschien, erklärte die Pornographie allen Ernstes zum weltweit exportierten »Faschismus des modernen Amerika« und drohte düster: »Es scheint, als lebten wir bereits in den letzten Tagen von Weimar.«[416]
Phantasien von Kampf, Duell, Krieg, Ausrottungskrieg, Niederlage und Sieg beflügelten die Diskurse zur Sexualität in den 1980er Jahren. Ob Pornographiebefürworter vom konkursbuch Verlag oder Pornojäger von *Emma*, ob postmoderne Philosophen, SM-Lesben oder schwule Männlichkeitsfetischisten, sie alle schienen sich für künftige Kämpfe und Kriege auf dem Schlachtfeld der Sexualität zu rüsten. Was war geschehen? Ein Teil der erotischen Kriegsbegeisterung dürfte einfach die Retourkutsche zur romantischen Idealisierung der Sexualität als Friedensstifterin und deren feministischer Variante gewesen sein. Ein anderer die hilflose Reaktion auf das politische Klima dieser Zeit, geprägt vom Höhepunkt des Kalten Krieges und drohenden ökonomischen Krisen. Ich vermute aber, dass noch mehr dahintersteckte, dass nämlich auf scheinbar unpolitischem Gebiet ein politischer Paradigmenwechsel stattfand. Ein Wechsel von der Zielsetzung einer friedlichen Welt hin zur unhinterfragten Bejahung der vorgefundenen Gesellschaft, ihrer Gewaltförmigkeit und ihrer Kriege. Einstige Linke und Feministinnen waren es, die in den 1980er Jahren die konservative Ideologie vom Geschlechterkrieg aus ihrer militaristischen Versenkung holten. Und einstige Linke waren es unter anderen auch, die ein Jahrzehnt später als »Bellizisten« den wirklichen Krieg rehabilitierten. Die Sexrevolte war, dem vorauseilend, mit Hilfe ihrer eigenen Renegaten diskreditiert worden. Nichts schien von ihr geblieben zu sein.

III
Gender, Missbrauch und »Porn«

»HIER IST CINDY«, sagte eine mir fremde Frauenstimme erwartungsvoll, als ich spät am Abend das Telefon abnahm, in der Hoffnung, es wäre der Mann, mit dem ich gerade eine unerfreuliche Affäre hatte. Cindy, überlegte ich, wer war das noch? Sicher jemand, dem ich auf einer Party oder einer Vernissage meine Karte gegeben hatte. »Du musst mir auf die Sprünge helfen«, erwiderte ich, »woher kennen wir uns?« Das war 1992. Ich lebte seit vier Jahren in New York, war seit sechs Jahren Single und fühlte mich trotz vieler Freunde und Bekannte oft einsam. »Wir kennen uns nicht«, sagte Cindy, »aber ich muss mit jemandem sprechen, ganz dringend, mit einer Frau.« »Was ist denn?«, fragte ich, bereit eine einsame Seele mit gebrochenem Herzen zu trösten. »Es ist wegen meiner Freundin«, sagte Cindy vorsichtig. »Was ist mit deiner Freundin?«, fragte ich neugierig. Sie habe eine beste Freundin, ließ mich meine Gesprächspartnerin wissen, mit der sie viel zusammen sei. Kürzlich waren sie Kleider kaufen gegangen und danach noch zu ihr in die Wohnung, um die Kleider anzuprobieren und mit anderen zu kombinieren. Sie legten eine CD von Madonna auf, zogen sich aus, an und wieder aus. »Und dann, dann, auf einmal fing sie an, mich zu streicheln, zu küssen, und dann, dann passierte es, dann hatten wir Sex.« »Ist doch okay, ist doch nichts Schlimmes dabei«, meinte ich sagen zu müssen, denn ich stellte mir eine junge Lesbe vor, die Schwierigkeiten beim Coming-out hatte und die man von ihren Schuldgefühlen befreien müsse.

»Hattest du schon mal Sex mit einer Freundin?«, wollte Cindy von mir wissen. »Ja«, sagte ich, »ich bin zwar heterosexuell, aber ich habe es mehrmals probiert, ist ja nichts dabei.« »Wie war es das erste Mal?«, bohrte sie weiter. Ich erzählte freimütig von einem Erlebnis aus den frühen 1970er Jahren. Es war auf dem Damenklo des Studentenhauses in Frankfurt, als meine beste Freundin – betrunken und angeregt von der erotisierenden Atmosphäre einer schwulen Party – mir vor dem Waschbecken um den Hals fiel. Sie zog mich in eine Ecke, wo wir uns bemühten, lesbischen Sex zu praktizieren, ungeschickt zwar, aber konsequent in unserem Versuch nach neuen sexuellen Ufern aufzubrechen. Das schien Cindy zu gefallen. Aufgeregt fragte sie, was wir genau gemacht hätten. Auch das gab ich preis, denn ich glaubte noch immer, die am anderen Ende brauche Sexualaufklärung und jemanden, der sie von ihren Schuldgefühlen entlastet. Cindy aber fragte begierig nach dem Aussehen meiner Freundin, dann nach meiner eigenen Erscheinung, nach meinem Alter und nach der Form meiner Brüste. Erst jetzt begann es mir zu dämmern, dass ich mich mitten in einer Telefonsex-Situation befand. Ich schwieg beschämt und wollte auflegen. »Bitte, bitte leg nicht auf«, flehte Cindy mit leicht belegter Stimme. »Bitte sprich, sag was, es dauert nicht mehr lang. Bitte, ich rufe nicht wieder an, nur noch ein bisschen, deine Stimme ist so schön, du machst mich an«. Es war eine Mischung aus Neugierde, Mitleid und Höflichkeit, die mich bewog, nicht aufzulegen. Was ich noch sagte, um die Szene zu Ende zu bringen, weiß ich nicht mehr. Bald stöhnte Cindy, ließ mich wissen, dass sie gekommen war und bedankte sich. Fast förmlich klang sie am Schluss, und versprach noch einmal, nie wieder anzurufen.

Telefonsex war zu diesem Zeitpunkt nichts Neues. Moderne Prostituierte boten ihre Dienste schon seit den 1970er Jahren telefonisch an. Der Kunde konnte wählen, ob er über Themen wie »Die erste Nacht«, »Schulmädchen-Sex« oder »Domina-Sex« sprechen wollte. Es dürfte aber Aids gewesen sein, was dieser Sexualpraxis zu ihrem großen Erfolg in den 1980er und 1990er Jahren verhalf, bevor sie vom Cybersex ins Abseits gedrängt wurde. Alle

Verängstigten, die sich damals nicht mehr ins Bordell trauten und nach jedem One-Night-Stand unter hypochondrischen Anfällen litten, konnten jetzt gefahrlosen und trotzdem persönlichen Sex haben. Menschlicher als eine Peepshow oder im Pornokino dank der von Fleisch und Blut zeugenden Stimme und der individuellen Gestaltungsmöglichkeit der erregenden Gesprächsitzungen. Keine Geringere als Madonna empfahl den Telefonsex in ihrem 1992 erschienenen erotisch-pornographischen Luxus-Bildband *Sex*. Diese Art von Sex, lässt sie den Leser wissen, sei unbedingt notwendig, wenn man von jemandem, den man liebt, getrennt sei.

Madonna, der böse Sex und der Krieg

Im Zuge der Aufwertung der Popkultur durch die Postmoderne und dank ihrer progewerkschaftlichen und kriegsgegnerischen Statements erfreute sich Madonna in den 1990er Jahren unter amerikanischen Akademikern und Intellektuellen einer beachtlichen Fangemeinde. Sammelbände namhafter Publizisten über die amerikanische Pop-Ikone wurden veröffentlicht und Dissertationen über sie verfasst. Ein Trend, der auch im frisch vereinten Deutschland Fuß fasste. Wie es heute unter linken Intellektuellen zum guten Ton gehört, Fußballfan zu sein, war es eine Zeitlang schick, mit Madonna zu sympathisieren, die in ihrer sprichwörtlichen Wandlungsfähigkeit als Seismograph von Zeitstimmungen wirkte. Zu Beginn der 1990er Jahre arbeitete Madonna an ihrem Imagewechsel vom Sexidol zum Erotikstar. 1992 erschien ein Konzeptalbum zu den Themen Sadomasochismus und Fetisch mit dem Titel *Erotica*. Der gleichzeitig veröffentlichte Bildband *Sex* sollte die Werbekampagne für das Album unterstützen.

Sex verkaufte sich weltweit mit einer Auflage von 1,5 Millionen Exemplaren und gilt als das erfolgreichste Coffee Table Book, das jemals erschien. Sein bewusst billig wirkender Buchdeckel mit eingeprägtem Titel ist aus gebürstetem Metall und schabt beim Aufklappen an der Spiralbindung. In Deutschland erschien *Sex* im Heyne-Verlag und wurde für 99 D-Mark verkauft. Madonna hatte für die Gestaltung und die Fotos den renommierten Modefotografen Steven Meisel und den ebenso prominenten Designer Glenn O'Brian gewonnen. Außerdem die Schauspielerin Isabella Rossellini, das Topmodel Naomi Campbell, den deutschen Bösewichter-Darsteller Udo Kier und die sehr populären amerikanischen Rapper Big Daddy Kane und Vanilla Ice. Die ästhetisch stilisierten Fotos von Madonna gehen weit über das hinaus, was man bisher an Nacktheit weiblicher Stars gesehen hatte. Sie zeigen die Heldin, wie sie in SM-Geschirr und Maske masturbiert oder wie sie in ähnlicher Aufmachung unter einem Kreuz liegt. Sie zeigen sie nackt auf einem Fahrrad und nackt mit einem Damentäschchen auf einer Landstraße. Sie zeigen sie als lesbische Liebhaberin mit Naomi Campbell und anderen schönen Frauen, aber auch als Peitschenfrau und als Femme fatale, die einem Mann im Smoking den Hosenschlitz öffnet. Sie zeigen sie als Voyeurin einer schwulen Orgie und einer Szene mit Udo Kier, der zwei nackte Männer an der Leine führt.

Dem Text des Buches, der in unterschiedlichen Schriften neben oder über den Fotos platziert ist, geht ein kurzes Vorwort voraus, das so beginnt: »Dies ist ein Buch über Sex. Sex ist nicht Liebe. Liebe ist nicht Sex. Aber wenn beide zusammen kommen, ist es wie im Himmel.«[417] Weiter erklärt die Autorin, dass sich die Liebe im All verbreitet, wenn Menschen es miteinander tun. Nach diesem hippiehaft-romantischen Einstieg distanziert sie sich von ungeschütztem Sex. Die allesamt kondomlosen Szenen seien reine Produkte ihrer Phantasie von einer idealen Welt, in der es Aids nicht gibt. Für den Fall der Verwirklichung ihrer Phantasien, beteuert Madonna, dürften Kondome niemals fehlen. Der sexualaufklärerische Duktus zieht sich durch das ganze Buch, das dem Leser auf seiner letzten Seite folgende Lehre erteilt: »Viele haben Angst, zu sagen, was sie wollen. Deshalb kriegen sie nicht das, was sie wollen.«[418]

So wie sich Madonna damit zu den Errungenschaften der Sexuellen Revolution bekennt, präsentiert sie sich auch als Feministin. Texte und Bilder, die das weibliche Genital preisen und das

Hohelied weiblicher Masturbation singen, zeugen davon. Und die Empfehlung an Frauen beim Sex mit Männern die Reitstellung zu praktizieren, tut ein Übriges. Nicht einmal eine Absage an die Lehre vom Penisneid darf fehlen: »Ich meine, einen Schwanz im Kopf zu haben. Zwischen den Beinen brauche ich keinen.«[419] Lesbische Sexbeschreibungen im zärtlichen Softpornostil reflektieren die Lesbenbewegung der 1970er Jahre. Und an anderer Stelle bricht Madonna ihre Lanze für die Schwulen, indem sie homosexuellen Männern bescheinigt, in ihrer Einstellung zu Frauen die erträglichsten ihrer Art zu sein. Auch ein Toleranzbekenntnis zur Pornographie steht in der sexualpolitischen Tradition der 1960er und 1970er Jahre, zumal sich die Sängerin von Snuff-Filmen und Gewalt gegen Frauen distanziert.

Einen Kontrast zu all dem bietet der zweite, libertine Teil der Botschaft von *Sex*, für dessen Vermittlung sich Madonna in eine Kurtisane und Sex-Lehrmeisterin namens Dita verwandelt. Diese, beschrieben als »Magierin«, »Zauberin«, »Liebestechnikerin«, »Leitbild« und »Giftpflanze«, verspricht ihren Leser zu lieben, indem sie ihn »wie ein Lastwagen überfährt«[420]. Die damit verheißene Lust ist, wie man sich denken kann, mit Schmerzen verbunden. »Nur, wer dir weh tut, kann dich glücklich machen. Nur, wer den Schmerz zufügt, kann ihn stillen.«[421] Das steht neben einem Foto, auf dem Madonna beziehungsweise Dita mit den Zähnen an der Brustwarze eines Mannes zieht. »Ich glaube nicht, dass du weißt, was Schmerz ist. Ich glaube nicht, dass du diesen Weg gegangen bist.«[422] Das sagt die erotische Meisterin zu ihrem Zögling und belehrt ihn an anderer Stelle über die Praktik des Bondage. Angenehm sei es, gefesselt zu sein, wie ein Kind, das die Mutter am Autositz festgebunden hat. Aus Liebe, wie eine besorgte Mutter es tut. Auch der Analverkehr, den Madonna zeitgemäß rehabilitiert, fällt unter die Kategorie Schmerz. Der »Arschfick«, sei die »vergnüglichste, aber auch die schmerzhafteste« Art, »sich ficken zu lassen«[423].

Bei der Vermittlung ihrer persönlichen Sadomasochismus-Philosophie schließlich bezieht sich Madonna auf das Gespräch mit einer Domina. Diese soll ihr gesagt haben, SM bedeute, sich von jemandem verletzen zu lassen, von dem man weiß, dass er einem niemals weh tun würde. Denn alles beruhe auf gegenseitiger Absprache und Freiwilligkeit. Es geht, fügt sie hinzu, nicht einmal um Sexualität, sondern »um Macht, um einen Machtkampf«[424]. Um Macht geht es auch in einer oft zitierten poetischen Passage aus *Sex*, die ihren Gegenstand romantisch-mystisch verbrämt. Das diesmal eschatologisch verkleidete Alter Ego der Autorin heißt »our Lady of head«, auf Deutsch etwa »die heilige Jungfrau vom Schwanz«. Auf hohem Ross kommt diese Jungfrau zu den Menschen, als »Rächerin der toten Libido«, aber auch als »barmherzige Schwester«[425]. Sex ist für sie ein Spiel wie Monopoly, und ihr Körper ist eine Waffe, mit dem sie Glück oder Gefahr bringt. Macht, Machtkampf, Schmerz, Gefahr, ein Hauch von Mythos und das klassische Kapitalismusspiel Monopoly. Madonna verstand es in ihrem metallischen Luxusporno mit sexualaufklärerischem Anspruch, die Trends der 1980er Jahre aus denen der 1960er und 1970er Jahre abzuleiten, aus sexuellem Hedonismus Libertinismus zu machen und als Befreiung zu feiern.

All das kam vor allem bei den anspruchsvolleren ihrer Fans sehr gut an. Schmerzverherrlichende Erotik als Philosophie gehörten seit den 1980er Jahren zum intellektuellen Rüstzeug. Dass man im Leben die Machtfrage stellen, Gefahren und Risiken auf sich nehmen, immer flexibel bleiben und geschickt spielen muss, war am Anfang der 1990er Jahre zumindest denen, die noch auf der Gewinnerseite standen, in Fleisch und Blut übergegangen. Der Mainstream der Madonna-Fans allerdings und die Medien reagierten, vor allem in den USA, negativ, so dass der ein Jahr nach SM-Album und SM-Bildband angelaufene Erotikthriller *Body of Evidence* an den Kinokassen floppte. Der deutsche Regisseur Uli Edel hatte ihn in der Hoffnung gedreht, Paul Verhoevens enorm erfolgreichen Film *Basic Instinct* zum Thema Lustmord zu übertreffen. Zwei Jahre später rechtfertigte sich Madonna für ihre Grenzüberschreitungen in einem Song: »Habe ich etwas Wahres gesagt? / Oh, ich wusste nicht, dass ich nicht über Sex reden könnte. / Ich muss verrückt gewesen sein / ... Und es tut mir nicht leid ... es tut mir nicht leid, / weil es menschlich ist!«[426] In einem Interview sagte sie, sie sei größenwahnsinnig gewesen, als sie mit *Erotica* und *Sex* die sexuelle Befreiung des puritanischen Amerika auf einen Schlag herbeiführen wollte.

1994 erschien bei Schirmer und Mosel ein teurer Bildband mit Fotos von Madonna, auf dessen Cover sie als stilisierte Amazone in einer Art Panzer aus goldenem Leder zu sehen ist. Der einleitende Essay stammt von Camille Paglia, einer amerikanischen Kunsthistorikerin die bekennt, ein »waschechter Madonna-Fan«[427] zu sein. Sie feiert ihr Idol als Inbegriff der Femme fatal und deren einzig wahrer Weiblichkeit: »Madonna ... hat durch die Wiederherstellung der weiblichen Herrschaft über das Reich der Sexualität die Gebrechen des Feminismus geheilt.« Im notorischen Exhibitionismus der Verehrten sieht Paglia »den vollen, blühendsten Ausdruck der archaischen Herrschaft der Hure über die Männer«[428]. Als einzige Schwäche rechnet sie es ihrem Idol an, dass sie bisweilen die Sprache »flachköpfiger Politaktivisten«[429] übernehme.

Zwei Jahre vor diesem Essay war Paglias 855 Seiten umfassendes Werk *Die Masken der Sexualität* auf Deutsch erschienen. Feuilletons und Magazine bis hin zur *Vogue*, die ein ausführliches Interview brachte, beschäftigten sich monatelang mit der Autorin, und Monika Treut widmete ihr einen schmeichelhaften Dokumentarfilm. Paglia entstammt wie Madonna einer italo-amerikanischen Familie, war Professorin an der University of the Arts in Philadelphia, und es dauerte Jahre bis sie einen Verlag für ihr Buch gefunden hatte. Dann aber, zu einer Zeit, die von progressiven Amerikanern als die des antifeministischen »Backlash« empfunden wurde, stieg ihr Buch zum Bestseller auf und katapultierte Paglia ins Rampenlicht der amerikanischen Medien, in dem sie sich als extrem kontroverse Figur bis heute sonnen kann.

In *Die Masken der Sexualität* verbindet Paglia Friedrich Nietzsches Misogynie und Schmerzphilosophie, Otto Weiningers sexualfeindlichen Abscheu gegen den Frauenkörper, de Sades Moral der Grausamkeit und seinen Hass auf das Mütterliche mit Jacob Bachofens Überhöhung des Weiblichen und Simone de Beauvoirs abstoßenden Schilderungen des Frauenkörpers. Das Ergebnis ist ein ideologisches Gebräu von ausgeprägter Frauenfeindlichkeit. Paglias Weltbild ist manichäisch. Es baut auf die Gegensätze Natur – Gesellschaft, weiblich – männlich und dionysisch – apollinisch auf, die zusammen den Leisten ergeben, über den sie alles schlägt. Gesellschaft ist das, was des Menschen »demütigende Ohnmacht gegenüber der Natur«[430] einschränkt. Natur ist nicht gut und menschenfreundlich, wie Rousseau und seine angeblichen Nachfolger glaubten, zu denen Paglia die Romantiker ebenso wie die Marxisten, die 68er-Linken, die Sexualrevolutionäre und die Feministinnen zählt. Natur ist vielmehr das vom Menschen ungeregelte Chthonische und das vorgeschichtliche Chaos, dem die heidnisch-dionysischen Kulte der Urzeit mit ihren Blutriten und Menschenopfern Tribut zollten. Bis heute lauern diese Urmächte unter der Oberfläche der Gesellschaft, um die Menschheit mit ihrem Schrecken zu bedrohen: »Es ist die unmenschliche Grausamkeit der Biologie und Geologie, die darwinistische Verschwendung und Blutrünstigkeit, der Schmutz und die Fäulnis, vor der wir unser Bewusstsein verschließen müssen, um unsere apollinische Integrität ... behaupten zu können«[431]. Der Mensch selbst unterscheidet sich ohne die Kontrollmechanismen der Gesellschaft nicht von der Natur, so dass jeder Versuch, zu dieser zurückzukehren, seiner angeborenen Grausamkeit zum Durchbruch verhilft.

Zu Paglias gefürchteter und ebenso bewunderter Welt des bedrohlichen Urschlamms gehört die niemals wirklich zivilisierte Frau und mit ihr die niemals ganz gebändigte Sexualität. Der weibliche Körper ist eine »chthonische Maschine«[432], seine einzige Bestimmung die Schwangerschaft. Die Zyklen der Natur, erfährt man, sind die der Frau, und ihr Leben ist nichts als eine Abfolge wiederkehrender Kreisläufe. »Die Frau muss nicht werden, sie braucht nur zu sein. ... Die Frau träumt nicht davon, dem Naturzyklus in die Transzendenz oder in die Geschichte zu entrinnen, da sie selbst dieser Zyklus ist. ... sie weiß, daß es keine Willensfreiheit gibt, weil sie nicht frei ist. Ihr bleibt nur, sich zu fügen.«[433] Der Körper der Frau, heißt es weiter, ist ein Meer, dessen Wellen dem lunaren Monatszyklus gehorchen, ob sie es will oder nicht. Ekel und Selbsthass prägen Paglias Sprache, wenn sie vom Frauenkörper und dessen Funktionen schreibt, und sie übertrifft dabei ihr offensichtliches Vorbild Simone de Beauvoir bei weitem. Aus de Beauvoirs Fötus/Parasit wird ein »gutartiger Tumor«[434] am Körper der Frau. Das Menstruationsblut wird zum »Muttermal der Ursünde« und die Gebärmutter zum »weiblichen Meer«, in dem Plazentaquallen und Schleimhautfetzen wabern. Am widerlichsten ist das weibliche Genital, das, an eine Wunde erinnernd, »grausig in der Farbe, formlos im Umriß und gestaltlos als körperliches Ganzes«[435] erscheint.

Kein Wunder also, dass angesichts der Abscheulichkeit des Dionysischen dieses »fauligen Morasts, dessen Urform das tiefe Gewässer des Schoßes ist«, Apoll, der Gott der Männlichkeit, der Gesellschaft und Vernunft, die Frau nicht mag. War er es doch, der die Menschen aus dem Dunkel des Ursumpfes ins helle Licht des Tages führte: »Der historische Widerwille gegen die Frau hat eine rationale Grundlage: Er ist die ureigene Reaktion der Vernunft auf die Rohheit des Fortpflanzungsgeschäfts der Frau.«[436] Das apollinische Prinzip bedeutet also nichts weniger als die Abgrenzung des Mannes gegen die »alles Menschmaß sprengende Gewaltigkeit der weiblichen Natur«[437]. Paglia räumt zwar ein, dass die politische Gleichstellung der Frau nötig und erstrebenswert ist, betont jedoch zugleich, dass sie die biologisch bedingte Geschlechterdifferenz niemals aufheben kann. Das Menschheitsideal der Androgynie ist für Paglia eine utopische Illusion, die darauf hinausläuft, die Männer auf das Abschwören von ihren wertvollsten Eigenschaften zu verpflichten. Wahre Männlichkeit glaubt Paglia in der männlichen Homosexualität verwirklicht. Als Beweis dienen die kulturellen Höchstleistungen schwuler Männer bei den alten Griechen und in der Renaissance. An anderer Stelle ergeht sich die Antifeministin im Lobpreis neuzeitlicher Großtaten, die sie den Männern zuschreibt. Dazu gehört vor allem der Kapitalismus, eine der »größten männlichen Errungenschaften in der Kulturgeschichte«[438] oder eine »mit der Natur konkurrierende apollinische Fabrikation«[439]. Es sei eben diese kapitalistische und patriarchalische Gesellschaft, schlussfolgert Paglia, die sie als Frau frei gemacht habe, der sie gepflasterte Straßen, fließendes Wasser, Antibiotika und Papierwindeln verdanke. Wenn es keine Männer gäbe, würden die Menschen bis heute in Schilfhütten hausen.

Wesentlich besser als das weibliche kommt bei Paglia das männliche Geschlechtsteil davon. Es möge zwar lächerlich wirken, meint sie, zeichne sich aber durch seine »rationale mathematische Anlage«[440] aus und bringe jenen schönen Männer-Urinstrahl hervor, den sie für einen »Transzendenzbogen«[441] hält. Wie für alle konsequenten Vertreter der Geschlechterdifferenz herrscht für Paglia ewiger Krieg zwischen Männern und Frauen. Die natürliche Aggressivität der Männer, glaubt sie, berge ein »Vergewaltigungspotential« in sich, die weibliche Tendenz zur Vereinnahmung eine »Neigung zur Manipulation, die auf physische und emotionale Infantilisierung des männlichen Geschlechts zielt.«[442] Vergewaltigung, heißt es an andere Stelle, sei »der Kampf der männlichen Gewalt gegen die Macht des Weiblichen«[443] oder der »sexuelle Ausdruck des Willens zur Macht«[444]. Ganz wie bei Feministinnen vom Schlage einer Andrea Dworkin oder einer Susan Brownmiller erscheint der Mann als natürlicher Vergewaltiger. Für Paglia allerdings ist das ein Segen, denn die männliche Macht ist die höhere und ihr gebührt der Sieg.

Anders als bei ihren essentialistisch-feministischen Kolleginnen hat Sexualität bei Paglia weniger eine spezifisch weibliche oder männliche Natur, sondern ist selbst Natur und damit erdgebunden, weiblich und niedrig. »Sexualität ... ist ein Abstieg in die niederen Regionen, ein tägliches Hinabsinken von Himmelskult zu Erdkult. Sie ist fleischlich, scheußlich, dämonisch.«[445] Zur Natur der Sexualität und den »paganen brutalen Mächten«, die sie bestimmen, gehören Elemente wie »Entweihung und Verletzung«, »Blutrunst«, »Freude an Gewalt und Zerstörung« und die

»Lust am Bösen«[446]. Der Orgasmus ist nichts anderes als ein »Gewaltausbruch«[447]. Aus all dem ergibt sich, dass sexuelle Freiheit ebenso wie menschliche Freiheit überhaupt eine humanistische Illusion ist, denn Sexualität wird immer Macht bedeuten, so wie der Mensch immer Macht und Hierarchie anstreben wird. Der Versuch aber, die Sexualität zu befreien, und die gesellschaftliche Kontrolle, der sie unterliegt, aufzuheben, führt zur Entfesselung von Lust und Gewalt, das heißt zur Lust am Quälen oder Gequältwerden. Ganz ähnlich wie bei Andrea Dworkin steht bei Paglia: »Das Kontinuum der Sexualität führt in den Sadomasochismus. Dies übersehen zu haben ist der Irrtum der dionysischen Bewegungen der sechziger Jahre.«[448]

Auffällig sind die Parallelen zu Georges Bataille, Paglias großem Bruder in der de-Sade-Verehrung. Auch ihr misanthropischer Ekel vor der Sexualität und deren angenommener Hässlichkeit und Schmutzigkeit sublimiert sich zu einer Faszination an grausamer Sexualität und deren Darstellung. Ähnlich wie der späte Bataille begibt sich Paglia in *Die Masken der Sexualität* auf die Suche nach pornographischen, antimoralischen und sadomasochistischen Elementen in Kunst und Literatur. Und ähnlich wie beim Meister der Erotik steht ihre Überzeugung von der ursprünglichen Boshaftigkeit des Menschen im doppelten Zeichen von Erbsünde und Menschenbestie.

Camille Paglia versteht sich politisch als Liberale im Sinne des amerikanischen Libertarianismus, der Philosophie der Freimarkt-Extremisten. Sie steht zum Lesbisch- oder Bisexuellsein, spricht sich gegen Pornographieverbote aus und identifiziert sich mit der Hurenbewegung. Dennoch ist sie eine der wenigen amerikanischen Intellektuellen, die meinten, Bill Clinton sollte für seine Affäre mit Monica Lewinsky bestraft werden. Dem entsprechen jene Stellen in ihrem Hauptwerk, an denen politisch inkorrekte Provokationen in herkömmlichen Konservatismus umschlagen. So zum Beispiel, wenn sie dem Christentum zugutehält, dann am besten zu funktionieren, wenn Institutionen wie das Mönchtum oder die monogame Ehe das sexuelle Treiben in Schach halten. Nur folgerichtig ist also die Rehabilitierung der Doppelmoral. Promiskuität bei Männern, schreibt die Apollinierin Paglia, entwerte zwar die Liebe, schärfe aber zugleich das Denken. Im Gegensatz dazu sei die promiske Frau »innerlich verderbt« und »unfähig zu klaren Vorstellungen«[449].

Innerlich verderbt ist auch Catherine, die sexuell freizügige Protagonistin des Erotikthrillers *Basic Instinct*, der zeitgleich mit Madonnas Edelporno-Bildband und Paglias antifeministischen Ergüssen von sich reden machte. Der Film brachte insgesamt 350 Millionen Dollar ein. Catherine, die von Sharon Stone gespielte kalte Blondine, ist ein Todesengel oder vielmehr ein weiblicher Luzifer mit einer Affinität zu Mord und Mördern und einer sexuellen Präferenz für den Lustmord. Eine grausame Libertine von de Sade'schem Format. Sie ist jung, schön, reich, gebildet und erfolgreich als Autorin harter Kriminalromane. Ihre engsten Freunde haben Blut an den Händen wie zum Beispiel ihre lesbische Geliebte, die als Teenager ihre beiden Brüder mit dem Rasiermesser des Vaters getötet hat. In der ersten Szene sieht man Catherine beim Sex mit einem Mann, den sie in höchster Erregung mit einem Seidenschal ans Bett fesselt, um ihn gleich nach seinem mächtigen Orgasmus mit einem kleinen Eispickel zu erstechen.

Ein in diesem Mordfall ermittelnder Kriminalbeamter der sich gerade das Rauchen, Saufen und Heroinschnupfen abgewöhnt hat, verliebt sich in die Verdächtigte, verfällt der Faszination ihrer Gewalt- und Mordphantasien und lässt sich auf einen Geschlechterkampf mit ihr ein. Er entwickelt dabei sadistische Bedürfnisse und vergewaltigt seine eigene Freundin. Bald raucht, säuft und schnupft er auch wieder und hat ekstatischen Sex mit der Mörderin. Diese fesselt schließlich auch ihn ans Bett, lässt ihn aber zunächst am Leben, weil er keine Angst vor ihr hat. Catherines eifersüchtige Freundin lauert dem Polizisten im Auto auf, rast ihm hinterher, um ihn zu töten. Dabei stürzt ihr Ferrari einen Abhang hinunter, und sie verunglückt selbst tödlich. Es folgen weitere Morde, die alle auf das Konto der Teufelsfrau gehen. In der abschließenden Sexszene mit dem Polizisten zur Musik von »Sympathy with the Devil« von den Rolling Stones hat Catherine einen Eispickel unter dem Bett versteckt. Ob sie den Bedauernswerten diesmal tötet, bleibt der Phantasie des Betrachters überlassen.

Wie schon der Titel verrät, erscheint die Lust am Morden als ein an die Sexualität gebundener menschlicher Urinstinkt, der in uns allen lauert. Ungehemmte Sexualität mündet demnach in Sadomasochismus, der sich bis zur Mordlust steigert. Camille Paglia bezeichnete *Basic Instinct* wegen seiner pornographischen Offenheit und »Schönheit« als »revolutionären Film«[450]. Das entspricht ganz ihrer Misanthropie und Misogynie. Warum aber, muss man sich fragen, kam dessen menschenfeindliche Botschaft so unglaublich gut an? Warum wurde *Basic Instinct* trotz erbitterter Proteste amerikanischer Frauen-, Schwulen- und Lesbenorganisationen, die die Dämonisierung weiblicher und lesbischer Sexualität anprangerten, ein so großer Erfolg? Warum wäre ein erotischer Film, der wie *Viva Maria!* aus dem Jahr 1965 von Lebensfreude und Menschenfreundlichkeit zeugt, in den frühen 1990er Jahren undenkbar gewesen? Warum anstelle von Louis Malles hedonistischer Doppelmadonna ein weibliches Teufelspaar?

Ökonomisch stand diese Zeit weltweit im Zeichen des sieghaften Kapitalismus. Ohne die Konkurrenz des (angeblich) real existierenden Sozialismus in den Ostblockländern waren die Schleusen zum ungehinderten Laissez-faire der Märkte geöffnet. Ob der Reaktionär Jelzin im Osten, der Liberale Clinton in den USA oder der Konservative Kohl im vereinigten Deutschland, alle trugen zum Abbau des Sozialstaates, der Deregulierung der Finanzmärkte und der Privatisierung des öffentlichen Lebens bei. Das Ideal des (Klein-)Unternehmers wurde zum Trostpflaster für arbeitslos gewordene Mittelständler, die sich auf der gefahrvollen freien Wildbahn des Marktes zu bewähren versuchten. Die steigende Gewaltförmigkeit des populären Kinos, der Videospiele und der Pornographie entsprachen den bösen Vorzeichen einer Welt des *dog eat dog*, oder des Krieges Aller gegen Alle, die das übertreffen könnte, was man seit den 1980er Jahren schon ahnte.

In Deutschland brachte die Zeit nach der Wende den neuen

Patriotismus und Nationalismus mit sich sowie die ideologische Neuauflage des Antikommunismus im Stil der 1950er Jahre. Das Erstarken der Neonazis in Ost und West gipfelte in den Pogromen von Rostock, Mölln, Solingen und Lübeck. Dazu passten Zeitzeichen wie Rainer Langhansens bewundernde Äußerungen über Adolf Hitler oder der Leni-Riefenstahl-Film von Ray Müller, der viel zur Renaissance der Hitler-Freundin beitrug. Als generelle Tendenz schließlich darf die neue deutsche Kriegstoleranz gelten. Was 1991 als ideologische Abwendung vom Pazifismus der Linken durch prominente Ex-Linke wie Wolf Biermann oder Hans Magnus Enzensberger begann, manifestierte sich 1995, als die Billigung des Bosnien-Einsatzes durch den Bundestag von unzähligen früheren Kriegsgegnern begrüßt wurde.

Drei Jahre später im Jahr 1998 erschien von Cora Stephan *Das Handwerk des Krieges*, eine historische Abhandlung zur Geschichte der Kriegsführung, in der die Autorin unter anderem auch wie einst von Liebe und Leidenschaft spricht. Die Politologin, die in den 1980er Jahren zum Geschlechterkampf aufgerufen und in den frühen 1990er Jahren zu den Bellizisten gegen Saddam Hussein gehörte, macht sich am Ende der Dekade daran, den Krieg als solchen zu rehabilitieren. Sie tut dies, indem sie den Vater aller Dinge zu etwas Ewigem erklärt, das »tiefsitzende archetypische Gefühlswelten«[451] aufleben lässt, die dem Menschen seit Urzeiten eingeprägt sind. Alle Kulturen, so Stephan, haben sich mit mehr oder weniger Erfolg darum bemüht, diese atavistischen Gewalten zu mäßigen, die den Menschen immer wieder zu dem Raubtier werden lassen, das er als steinzeitlicher Jäger einst war. »Muß Krieg geächtet werden? Besser nicht. Die Ächtung des Krieges sorgt höchstens dafür, daß er sich umso regelloser entwickelt.«[452] So die Hauptthese des Buches. Die Pazifisten wären demnach die eigentlichen Kriegstreiber, die Bellizisten Menschen, die etwas nicht nur Unvermeidliches, sondern sogar Heiliges gut heissen. »Und er (der Krieg) ist ein ritualisiertes Geschehen, das sakrale Züge hat, ja nachgerade als religiöser Akt zu verstehen ist.«[453] Das Sakrale der menschlichen Vorgeschichte, das Stephan heraufbeschwört, ist mit Blut und Blutopfern verbunden, einem Tribut, den wir dem Krieg als ewigem Erbe dieser Zeiten schuldig sind. »Blut muß fließen, das Opfer muß gebracht werden. Aber ob es Tropfen oder Ströme von Blut sind – darüber entscheidet die Kultur.«[454]

Was die Gegenwart angeht, gilt es laut Stephan vor allem den Deutschen klar zu machen, dass Krieg normal ist und die Auseinandersetzung mit seiner Möglichkeit zu den Pflichten der Völkergemeinschaft gehört. Den dem Schuldbekenntnis zu zwei Weltkriegen entsprungenen Grundsatz »Nie wieder Krieg«[455] müssten sich die Deutschen abgewöhnen. Stephans bevorzugter Krieg in der neueren Geschichte ist der von George Bush senior gegen Saddam Hussein im Jahr 1991. Zu ihren Lieblingskriegen der Vergangenheit, wie dem der Steinzeitmenschen und dem der alten Griechen, gehört der mittelalterlich-höfische Krieg des Ritterturniers. Diesen vergleicht die Kriegsforscherin mit der Minneliebe der Troubadoure und nennt die Kombination dieser beiden Institutionen eine »einzigartige Mischung von Kriegskunst, hohen Gefühlen und hochentwickelten gesellschaftlichen Formen«[456]. In deutlichem Anklang an ihre Texte aus den 1980er Jahren erklärt Stephan dann, wie sich die Minne an Gefahr und Verbot entzündete. Der junge Ritter betet in der verheirateten Dame seiner Wahl das Verbotene an, läuft Gefahr, die Ehe zu brechen und sich damit sozial zu ruinieren. Ganz wie im Turnier muss er mit seinen Huldigungen so kühn wie möglich vorgehen, nur um sich dann wieder zurückzuziehen. »Die höfische Liebe war ein Kampf.«[457] Gleichzeitig war sie, wie Stephan ausführt, ein Ritual, das ebenso wie das des höfischen Krieges der Rettung der Gesellschaft vor dem Überborden menschlicher Leidenschaften diente.

Das menschliche Raubtier lauert in der Liebe wie im Krieg. Liebeslust und Kriegslust geraten zu den beiden menschlichen Urinstinkten, die es zu pflegen, aber in Grenzen zu halten gilt und die sich im Idealfall zum Wohle der Menschheit miteinander verbinden: »Krieg soll Gemeinschaft schmieden, nicht zerstören. Das kulturelle Konstrukt der Ritterlichkeit ist vielleicht … die sowohl verblüffendste als auch eleganteste Lösung dieses Paradoxes.«[458] Darüber hinaus bescheinigt Stephan der Ritterkultur eine kaum je wieder erreichte Hochschätzung der Frauen. Die einst links engagierten Autorin scheut sich nicht, den Krieg des Mittelalters zu romantisieren, zu erotisieren und sogar zum Frauenfreund zu erklären. All das, um den verbliebenen kritischen Deutschen ihren eingefleischten Pazifismus auszutreiben. Kriegspropaganda auf werbetechnisch hohem Niveau.

Judith Butler, Gender, Queer und Transgender

Die 1990er Jahre brachten sexualpolitisch nicht nur die Reproduktion und Weiterentwicklung der konservativen Trends des vorangegangenen Jahrzehnts, sondern auch Gegenteiliges. Ich meine die neue Problematisierung der konventionellen Geschlechterrollen und der entsprechenden Identitäten, eine Tendenz, die eher an die späten 1960er und frühen 1970er Jahren mit ihrem Hang zu Androgynität und Geschlechterangleichung anknüpft. Hier mein erstes persönliches Erlebnis dazu:

Es muss 1990 gewesen sein. Mein New Yorker Freund Ken, ein Pianist, wollte mich zu einer Musikerparty mitnehmen. Es sei eine Hetero-Gesellschaft, ließ er mich wissen, ich könnte vielleicht ein Date finden. Ken – schwul und jünger als ich – hatte den Ehrgeiz entwickelt, einen Mann für mich zu finden. Die Partygäste waren zwischen 30 und 35 Jahre alt, mehr Spießer als Künstler, wie es mir schien. Im Wohnzimmer des Gastgebers aber entwickelte sich eine lebhafte Diskussion über Politik und Umwelt. Ein junger Mann fiel mir durch sein engagiertes Eintreten für den Brasilianischen Regenwald und für das Überleben unseres Planeten auf. Mit Baseballmütze, kurzen Haaren, Jeans und T-Shirt wirkte er wie ein durchschnittlicher Amerikaner aus der Provinz, nicht wie der grüne Aktivist, den ich in ihm vermutete. Nur ein ganz kleiner, aber funkelnder Ohrring stach merkwürdig vom Rest seiner Erscheinung ab.

Später, als ich mir in der Küche Kartoffelsalat auf einen Pappteller schob, stand der vermeintliche Grüne neben mir. »Wie kommt es«, fragte ich ihn, »dass du dich so sehr für die Umwelt engagierst? Bist du vielleicht ein Mitglied der Grünen Partei?« Der Mann schaute mich traurig an und sagte: »Ach was, ich bin doch nur ein Transvestit.« Ich versuchte meine Verblüffung zu verbergen und meinte: »Das würde sich ja nicht ausschließen, du könntest ja trotzdem ein grüner Aktivist sein.« »Nein«, sagte er, wieder mit diesem entsagenden Ton in der Stimme. »Meine Utopie ist eine Welt, in der jeder anziehen kann, was er will, ohne mit irgendetwas anzuecken.« Ich dachte an die langen Jahre während und nach der Studentenbewegung, als ich immer falsch angezogen war. Eine Politgenossin in modischen Mini- oder Maxiröcken, Stöckelschuhen und Schminke im Gesicht. Das wollte so gar nicht zur linken Szene passen und trug mir den Tadel unzähliger Frauen und Männer ein. Was er gern anziehen würde, fragte ich den Transvestiten. Er umschiffte meine Frage, indem er auf die New Yorker Fahrradboten hinwies. Die, meinte er, seien androgyn gekleidet, Männer von Frauen ununterscheidbar, und trotzdem störe sich keiner daran. Das sei ein Stück der Zukunft, von der er träume.

Die New Yorker Fahrradboten und Fahrradbotinnen trugen damals hauteng, buntglänzende Ganzkörperanzüge und Helme, die wie geflügelt wirkten. Sie fuhren Räder ohne Bremsen, was sie zu äußerst wendigen und waghalsigen Fahrern machte. Ein romantisches Flair umgab diese schnellsten aller Boten, zumal sie sich gerade auf der Toilette eines ausbeuterischen Arbeitgebers zu einer kleinen Gewerkschaft zusammengeschlossen hatten. Ich fragte mein Gegenüber, ob er sich gern wie ein Fahrradbote anziehen würde. Nein, antwortete er, er trüge am liebsten feminine Frauenkleider, Stöckelschuhe, glitzernde Ohrringe und Lippenstift. Ob er Frauen oder Männer liebe, wollte ich wissen, und der Transvestit bekannte, heterosexuell zu sein. Am liebsten habe er elegante, schöne Frauen, die sich gut schminken können. Ich konnte es nicht lassen, ihn nach dem Sex zu fragen, den er mit solchen Frauen habe oder gern hätte. Es gehe ihm, erfuhr ich, vor allem um »Gender-Expression«. Seine Traumfrau sei eine, die ihm beim Verkleiden und Schminken helfen würde. Er schliefe dann auch mit ihr, ganz so, wie sie es gern hätte. Das sei aber für ihn nicht das Wichtigste. In dem Moment kam Ken und fragte, ob ich noch bleiben wolle. Der Transvestit wandte sich zu ihm und sagte verlegen: »Oh Entschuldigung, sie müssen ihr Mann sein.« »Ach was«, sagte Ken, der glaubte, ich hätte ein Date gefunden, »ich bin doch nur ein Homosexueller.«

Die frühen 1990er Jahre bescherten den Westdeutschen neue Wörter, die aus der ehemaligen DDR oder aus dem Vereinigungsprozess stammten. »Wendehals«, »abwickeln« und »Sättigungsbeilage« lernte ich als neue Vokabeln. Da war aber auch ein Wort angelsächsischer Herkunft, dessen große Karriere damals begann. Ich meine »Gender«, das im Englischen seit den 1960er Jahren für Geschlechterrollenidentität oder Geschlechtsidentität gebraucht wird. Heute hat es eine ganze Reihe anderer Begriffe und Wörter abgelöst: Geschlechterrolle(n), Geschlechterdualismus und alles, was mit Frauen zu tun hat. Von Frauenstudien, die zu Gender Studies wurden, über Frauenunterdrückung und Sexismus bis hin zum Feminismus. Manchmal wird »Gender« sogar als Synonym für Sexualität gebraucht.

Ein Jahr vor Camille Paglias kurzzeitigem Bestseller erschien *Gender Trouble* – auf Deutsch *Das Unbehagen der Geschlechter* –, das Hauptwerk einer Amerikanerin, die sich von Paglia unterscheidet wie der Tag von der Nacht, obwohl auch sie ein Madonna-Fan ist. Judith Butler, heute Professorin für Philosophie und Geschichte an der New Yorker Columbia University, gilt als Vertreterin des Poststrukturalismus und Dekonstruktivismus. Sie tritt offen als Lesbe auf, engagiert sich für die Rechte von Lesben, Schwulen, Bisexuellen und Transgender-Menschen und für die Anerkennung der Gewalt gegen diese als Gewaltverbrechen. Sie kritisiert die Pathologisierung der Transsexualität und tritt für uneingeschränkte Autonomie des menschlichen Körpers ein. Darüber hinaus verteidigt Butler die Rechte der Palästinenser und verurteilt die entsprechende Politik Israels und der USA. Gleichzeitig ist sie eine konsequente Kritikerin jeglicher Form von Rassismus und plädiert für einen kritischen internationalen Diskurs zum Thema Menschenrechte. 2012 wurde Butler in Frankfurt mit dem Theodor-W.-Adorno-Preis geehrt. Der Verleihung ging eine heftige, oft nach Art einer Hexenjagd geführten Kontroverse voraus, innerhalb derer ihr Kritiker vorwarfen, das Existenzrecht Israels in Frage zu stellen und eine jüdische Selbsthasserin zu sein. Der Preis, so die Forderung dieser Kritiker, sollte Butler aberkannt werden. Bei der anschließenden Verleihung in der Paulskirche standen sich Gegner und Anhänger Butlers gegenüber, als sie das Haus betrat.

Das Unbehagen der Geschlechter erreichte die deutschen Intellektuellen zu einer Zeit, als sie nicht müde wurden, über ihr Deutschsein oder ihre Identität als Deutsche nachzudenken und medienöffentlich darüber zu räsonieren. Um Identität geht es auch in Butlers erstem Buch: um deren Dekonstruktion auf der einen Seite und um deren vielfache Neuschöpfung auf der anderen. Erklärtes Ziel der Autorin ist die Erschütterung der Ideologien des geschlechterdualistischen Feminismus, der gegen Ende der 1980er Jahre alles andere zu überschatten drohte. Die Geschlechtsidentität, heißt es gleich zu Beginn unmissverständlich, lässt sich »nicht aus den politischen und kulturellen Vernetzungen herauslösen, in denen sie ständig hervorgebracht und aufrechterhalten wird«[459]. Folglich hat die Unterdrückung der Frauen keine einzigartige Form, und die Vorstellung vom universalen Patriarchat ist ebenso eine Illusion wie die Interessengleichheit aller Frauen jenseits von Kultur und Politik. Die »Konstruktion der Kategorie Frau«[460] als einzig mögliches Subjekt feministischer Repräsentation und feministischen Handelns erweist sich als Falle, und der Versuch »den Feind in einer einzigen Gestalt zu identifizieren«[461] als Reproduktion der Politik des Unterdrückers. Zudem führen entsprechende Strategien, weil meist von mittelständischen weißen Frauen entworfen, zum Ausschluss von solchen aus anderen Gesellschaftsschichten und Kulturen.

Butler geht es vor allem darum, den »nicht-natürlichen, nicht-notwendigen Status«[462] der Geschlechtsidentität aufzuzeigen. In Berufung auf Foucaults Diskurstheorie und John Langshaw Austins Sprechakttheorie tut sie dies, indem sie die scheinbar biologisch begründeten Kategorien männlich und weiblich als Produkt diskursiver Machtkonstellationen und »performativer« Wiederholung von Handlungen deutet. Diese formen die Menschen so effektiv, dass sie an eine Natur ihrer selbst glauben, aus der sie dann eine Identität beziehen, die ihre eigene Unterdrückung in sich birgt. Diesem Irrtum unterliegen, so Butler, nicht nur alle Vertreter eines prähistorischen Matriarchats einschließlich der ursprungsmythischen Feministinnen, sondern vor allem auch Philosophinnen aus ihrem eigenen Lager der Postmoderne. Darunter Luce Irigaray mit ihrem Versuch, aus dem weiblichen Geschlechtsteil auf einen spezifischen Charakter der Frau zu schließen. Oder Julia Kristeva mit ihrer »naturalistische(n) Beschreibung des mütterlichen Körpers«[463] und der Stilisierung von Poesie und Mutterschaft als unverdorbenen Akten subversiver Kreativität. »Kristeva versteht den Wunsch zu gebären als Gattungsbegehren ... als Teil eines kollektiven, archaischen, weiblichen, libidinösen Triebs, der eine stets wiederkehrende metaphysische Realität darstellt.«[464] Ihre Kritikerin dagegen sieht den Mutterinstinkt als kulturell produziertes Phänomen beziehungsweise als gesellschaftliche Praxis im Dienst der Aufrechterhaltung des konventionellen Verwandtschaftssystems.

Butler beruft sich ausdrücklich auf Simone de Beauvoir und ihre Annahme, dass die Frau ein Kulturprodukt sei. Sie erweitert diese These aber, indem sie auch das natürliche Geschlecht (Sex) als gewordenes betrachtet, so dass sich nicht nur die Unterscheidung von Gender und Sex erübrigt, sondern auch die Zwiefältigkeit des biologischen Geschlechts in Frage steht. »Wenn das anatomische Geschlecht der Geschlechtsidentität keine Grenzen setzt, existieren vielleicht Geschlechtsidentitäten, ... die keineswegs durch die scheinbare Dualität der Geschlechter ... eingeschränkt werden.«[465] Daraus ergibt sich die Forderung nach einer neuen feministischen Politik, die die Wandlungsfähigkeit und Veränderbarkeit von Identitäten voraussetzt und zum politischen Ziel erklärt.

Nichts weniger beansprucht Butler, als eine Theorie zu liefern, die politisches Eingreifen ermöglicht. Ihre Theorie der Geschlechter hält dieses Versprechen, denn sie war und ist ein Vernichtungsschlag gegen die Vorstellung von einer spezifischen Natur der Frau, gegen das (auch vom Feminismus wiederentdeckte) mütterliche Frauenbild und gegen den neuen Geschlechterdualismus der 1980er Jahre. Ein starkes Gegengewicht bilden ihre Thesen auch zum biologistischen Konservatismus der seit den 1990er Jahren an Einfluss gewinnenden Evolutionsbiologen und -psychologen, die menschliches Tun und Lassen ganz aus ererbten Anlagen ableiten und die Reproduktion zum Zentrum aller Handlungsmotive erklären. Ein mächtiger Gegenentwurf ist Butlers Theorie schließlich zu den Behauptungen jener Genforscher, die nach einem schwulen Gen suchen, und zu denen der Neurobiologen, die sich nicht scheuen, dem Gehirn ein Geschlecht zuzuweisen.

Judith Butler verdammt in ihren schwierig geschriebenen und trotzdem vielrezipierten Büchern alle überkommenen Ideologien von der Natur der Menschen und der Konventionen ihres Lebens als Mann und Frau in Grund und Boden. Insofern ist ihre Botschaft ikonoklastisch und radikal. Ebenso radikal ist diese Botschaft aber auch im Sinne der Desillusionierung, die sie all denen zumutet die meinen, die Gesellschaft oder sich selbst verändern zu können. Die Übermacht der Diskurse und die sich daraus ergebende selbstzerstörerische Falschheit der Identitäten derer, die handeln wollen, lässt nur wenig Spielraum für das, was Butler mit Foucault als Subversion bezeichnet. Mit großem theoretischem und sprachlichem Aufwand vermittelt sie ihren Lesern beispielsweise, dass die Möglichkeit, die eigene Geschlechtsidentität selbst zu bestimmen, äußerst gering ist: »Die Schranken der Diskursanalyse der Geschlechtsidentität implizieren und legen von vornherein die Möglichkeiten der vorstellbaren und realisierbaren Konfigurationen der Geschlechtsidentität in der Kultur fest. ... Somit ist die zwanghafte Einschränkung gleichsam in das eingebaut, was von der Sprache als Vorstellungshorizont möglicher Geschlechtsidentität festgelegt wird.«[466]

Dass aus einer Theorie, die ganz in der radikalen Kritik des Bestehenden aufgeht und sich weigert revolutionären Optimismus zu vermitteln und Handlungsanweisungen zu geben, Widerstand entstehen kann, ist nicht zu leugnen. War doch der äußerst pessimistische Theodor W. Adorno, mit dem Butler jüngst verglichen wurde, einer, dessen Schüler für die Veränderung der Gesellschaft auf die Barrikaden gingen. Sie besetzten Universitäten, versuchten Arbeiter zu agitierten und zwangen den Kulturbetrieb zu einem folgenreichen Kurswechsel. Anders als bei Adorno allerdings richtet sich Butlers scharfer Blick nicht auf die gesamte Gesellschaft und ihre Geschichte und Ökonomie oder auf den Gesamtzusammenhang der in ihr wirksamen Ideologien. Trotz ihres persönlichen Engagements für politische Emanzipationsbewegungen und zahlreicher mutiger Stellungnahmen zum Tagesgeschehen gilt die theoretische Aufmerksamkeit der Philosophin vor allem den Geschlechterverhältnissen.

Wichtigste Zielscheibe des Butler'schen Angriffs auf die herkömmlichen Geschlechternormen ist die »Zwangsheterosexualität« mit ihren »zentralen Protagonisten: Mann und Frau«[467]. In weiser Erkenntnis der Vielschichtigkeit gesellschaftlicher Repression liegt es Butler fern, die heterosexuelle Ordnung durch eine homosexuelle ersetzen zu wollen. Was zum Beispiel die französische Feministin Monique Wittig mit einer Art lesbischen Selbstermächtigung anstrebt, gilt Butler als eine vorschnelle Umkehrung des Gegebenen, die die alten Hierarchien nur reproduzieren würde. Ihre eigenen Vorschläge zur Veränderungspraxis jedoch gehen nicht, wie man denken sollte, darüber hinaus, bergen keine Veränderung jenseits des Dualismus homosexuell/heterosexuell und Mann/Frau in sich. Nichts nur annähernd so Kühnes wie Marcuses Utopie der prägenitalen, und damit nicht heterosexuell genormten Erotisierung des ganzen Lebens kann man bei Judith Butler finden.

In postmoderner Bescheidenheit vielmehr zielen ihre Strategien auf eine subversive »Wiedereinsetzung der Macht« ab und nicht etwa auf die »unmögliche Phantasie einer allumfassenden Überschreitung der Macht«[468]. Innerhalb dieses von vornherein begrenzten Rahmens, der Utopie ausschließt, gilt es, die Geschlechternormen da anzugreifen, wo sie in sich brüchig sind oder sich selbst ad absurdum führen. Das wiederum sieht Butler in bestimmten Formen der Travestie gegeben, wie sie in den homosexuellen Subkulturen als »Drag« für den effeminierten Schwulen, als »Butch« für die männlich auftretende und »Femme« für die weiblich agierende Lesbe vorkommen. Dann zum Beispiel, wenn die Dragqueen Divine in Filmen wie *Female Trouble* und *Hairspray* in ihrer grotesk-verzerrenden Darstellung des Weiblichen dessen Künstlichkeit und Unnatürlichkeit demonstriert. Wenn sie »die Kategorien des Körpers, des Geschlechts, der Geschlechtsidentität und Sexualität« stört und ihre »subversive Resignifizierung und Vervielfältigung«[469] provoziert und mit solchen »Störpraktiken« »Geschlechterunordnung«[470] schafft. Denn Weiblichkeit und Männlichkeit selbst sind nichts als (diskursive) Imitationen ihrer selbst, so dass die Kopie von der Kopie das scheinbare Original verhöhnt.

Travestie an sich ist nicht subversiv, betont Butler, und kann auch nicht von gutmeinenden Aktivisten subversiv geplant und gestaltet werden. Es gilt vielmehr herauszufinden, welche parodistischen Wiederholungen die Geschlechtsidentität »vervielfältigen« und »verschieben« können. Wie das geschehen soll, verschweigt sie zumindest in ihrem ersten Werk. In einem zwölf Jahre später geschriebenem Aufsatz erweitert Butler ihre politische Strategie mit dem Hinweis, dass das, was »auf der Ebene der kulturellen Phantasie wirksam ist«[471], nicht von der Organisation des materiellen Lebens zu trennen ist. Sie verweist auf den Film *Paris is Burning*, der zeigt, wie schwarze Amerikaner als Travestiedarsteller Gemeinschaften und Formen des Zusammenlebens bilden, die nicht nur ihrem kulturellen Interesse, sondern auch ihrem kollektiven Überleben in einer homophoben Umwelt dienen. Sie verweist auf Diskriminierung und Gewalt, die Menschen angetan wird, die nicht der »Gender-Norm« entsprechen, umso mehr, wenn sie in Ländern leben, wo sie in täglicher Lebensgefahr schweben.

Darüber hinaus plädiert Butler für eine Umdeutung, Neuinterpretation und Erweiterung dessen, was als menschlich anerkannt wird und für eine entsprechend kulturübergreifende Bündnispolitik. Die bisherige Identitätspolitik von – meist mittelständischen und weißen – Feministinnen, Schwulen oder Lesben wäre damit obsolet. Wie eine Zukunft, die aus solcher Politik hervorgehen soll, aussehen müsste, unterliegt dem für Butler typischen Bilderverbot. »Verantwortung für die Zukunft zu übernehmen, heißt nicht, im Voraus zu wissen, welche Richtung sie nehmen wird, da die Zukunft und insbesondere die Zukunft mit anderen und für andere eine gewisse Offenheit und Unwissenheit verlangt. Es impliziert auch, dass eine bestimmte Agonalität und Wettbewerb im Spiel sein müssen ... damit die Politik demokratisch wird.«[472] Dass wir Menschen als willkürlich formbares Material der Diskurse nur wenig wissen und verstehen, nur begrenzt handeln können und bloß nicht zu viel von unserem Handeln erwarten sollen, ist eine Botschaft, die sich durch Butlers ganzes Werk zieht. Agonalität und Wettbewerb aber sind ebenso wie die multiple Flexibilität der Identitäten und Gender ein Merkmal der spätkapitalistischen Gesellschaft, in der wir leben. Eine Gesellschaft, die Butler vielleicht gar nicht für veränderungsfähig hält, an der sie nur im Bereich der Geschlechterrollen etwas verschieben und verstören will, so dass noch mehr Flexibilität entsteht und dem Kapitalismus vielleicht eine letzte Überlebenschance gewährt.

Butlers pessimistischem Bild vom durch und durch diskursabhängigen Menschen entspricht die Unterbelichtung dessen körperlicher Lust. Sexualität im Sinne von Lebensfreude kommt in ihren Schriften kaum vor. Und wenn, dann stets in Verbindung mit einer entsprechenden Selbstvorstellung, die es zu rehabilitieren und zu verteidigen gilt. Fast immer scheint es mehr um »Gender-Expression« als um körperlichen sexuellen Lustgewinn zu gehen, ganz wie es mir der Transvestit, mit dem ich in New York über seine persönlichen Vorlieben sprach, erklärt hat. Dazu wiederum gehört auf jeden Fall die Phantasie oder die »phantasmatische Natur des Begehrens«. Der Körper ist nicht etwa Grund oder Ursache des Begehrens, »sondern sein Anlaß und Objekt«[473]. »Oftmals erfordert das, was als Lust gewünscht wird, eine imaginäre Beteiligung von Körperteilen ... über die man aktuell nicht verfügt.«[474] Das Begehren scheint entleibt zu sein, oder ›desexualisiert‹, wie Foucault es ausdrückte. Wesentlich konkreter als das, was Butler zur menschlichen Lust zu sagen hat, ist ihre Kritik all derer, die eine ursprünglich oder zukünftig utopische, von Zwängen und Normen befreite Sexualität für möglich halten. Wie immer nimmt sie dabei vor allem Kolleginnen aus dem eigenen poststrukturalistischen Lager aufs Korn. Darunter noch einmal Monique Wittig, der eine prägenital gedachte »Vervielfältigung der Lüste außerhalb der Ökonomie der Reproduktion«[475] vorschwebt. Oder Butlers erklärte Mentorin Gayle Rubin, Gründungsmutter der Queer-Bewegung, die zu einer »Revolution der Verwandtschaft«[476] aufruft und sich davon eine Utopie der Vielfalt sexueller Genussmöglichkeiten verspricht. All dem setzt Butler Foucaults Kritik der Repressionshypothese entgegen, derzufolge es keine vordiskursive Sexualität im Sinne von Trieb oder Instinkt gibt.

Am strengsten geht die Philosophin mit Foucault selbst ins Gericht, wenn sie ihn bei Rückfällen in das ertappt, mit dem er selbst aufzuräumen versuchte. Schon in *Sexualität und Wahrheit* weist sie dem Meister eine »sentimentale Nachsicht gegenüber dem emanzipatorischen Diskurs« nach. Dann zum Beispiel, wenn er von den »bukolischen, unschuldigen Vergnügen des sexuellen Austauschs zwischen den Generationen«[477] schwärmt, wie sie seiner Meinung nach vor dem Aufkommen der bürgerlichen Feldzüge zum Erhalt der kindlichen Unschuld möglich waren. Für noch unverzeihlicher hält die Kritikerin Foucaults Interpretation der Memoiren des Herculine Barbin.

Foucault hatte dieses Dokument des späten 19. Jahrhunderts in einer Bibliothek gefunden und war davon so beeindruckt, dass er es mit einem Vorwort veröffentlichte. Der Protagonist war ein zunächst weiblich definierter Pseudohermaphrodit, der in einem katholischen Mädchenpensionat aufwuchs und als Erwachsener trotz sichtbaren Bartwuchses dort Lehrerin wurde. Als sein anatomisch-männliches Geschlecht von einem Arzt entdeckt wurde, zwang man ihn, als Mann zu leben, und er nahm sich aus Verzweiflung das Leben. Vor seiner offiziellen Erklärung zum Mann hatte sich niemand um Barbins sichtbare Andersartigkeit geschert, und die Liebe zu einer Lehrerkollegin konnte im Geheimen blühen. Foucault kommentiert: »Die intensive Monosexualität des religiösen und schulischen Lebens nährt die zarten Vergnügungen, die eine Nicht-Identität entdeckt und provoziert, sobald sie vom Weg abkommt«[478]. Butler unterstellt Foucault, Herculines Sexualität »als utopisches Spiel der Lüste vor der Auferlegung und den Einschränkungen der Kategorie ›Sexus‹«[479] zu romantisieren.

Ich meine, dass Foucaults Interpretation weniger ein Verstoß gegen sein eigenes Denken ist, als vielmehr ein Beweis für seinen nie ganz verlorenen Hang zum Katholizismus und zu der Lehre vom luststiftenden Sexualverbot. Jenes Dogma, das er unhinterfragt von seinen ebenfalls vom Katholizismus inspirierten Mentoren de Sade und Bataille übernommen hatte. Diesem unausrottbaren Dogma wiederum verfällt Butler selbst, wenn sie als weitere mögliche Lustquelle des Herculine Barbin die Bedingungen eines katholischen Mädchenpensionats vermutet: »die erotisierende Präsenz des Gesetzes, das die Homosexualität verbietet«[480].

Dass auch Butler an das Verbot als Quelle sexuellen Verlangens glaubt, scheint mir ein Text aus dem Jahr 2011 zu zeigen, in dem sie in Abgrenzung zu der Vorstellung, dass Sexualität von Natur aus wild und frei sei, Folgendes schreibt: »Im Gegenteil, sie taucht gerade als Möglichkeit zur Improvisation in einem Feld der Zwänge auf. ... Sie wird zwar von Zwängen erstickt, aber auch durch Zwänge mobilisiert und angestachelt, braucht diese manchmal sogar, um immer wieder erzeugt zu werden.«[481] Dass Zwänge in Bezug auf die Sexualausübung nicht nur unvermeidbar seien, sondern sogar subversiv sein könnten, versichert Butler ihren (queeren) Lesern und Leserinnen in einem Bekenntnis zur Pro-Sexualitätsbewegung. Man müsse, schreibt sie, »den Begriff einer Sexualität entwickeln, die zwar eine Konstruktion der phallischen Machtverhältnisse ist, aber die Möglichkeiten dieses Phallozentrismus gleichsam nochmals durchspielt und neu aufteilt«[482]. Hatten antiautoritäre Bewegung und Sexuelle Revolution gehofft, die Freuden einer künftigen besseren Gesellschaft zumindest ein wenig, und sei es nur für Augenblicke, zu antizipieren, so führt für Butler nur die leicht verschobene Reproduktion des Althergebrachten nach vorn. Alles andere unterliegt ihrem strengen Utopieverbot.

Was macht Butlers schon über zwanzig Jahre anhaltende große Popularität im akademischen und links-alternativen Bereich aus? Warum identifizieren sich so viele – keineswegs nur homosexuelle – Studenten, Dozenten und links Engagierte, mit ihrer radikalen Kritik an der herkömmlichen Geschlechtsordnung, die in der These von der Heterosexualität als aufgezwungener Sexualorientierung gipfelt? Man muss dies, möchte ich antworten, zunächst als Zeichen des Unbehagens mittelständischer Deutscher in ihrer Weiblichkeit oder Männlichkeit interpretieren, einschließlich des Zweifels an der eigenen Heterosexualität und entsprechender Wünsche und Sehnsüchte. Wünsche, wie sie sich in unpolitischen Trends wie dem »Gender Blending«, dem Liebäugeln mit geschlechtlicher Uneindeutigkeit oder Wechselhaftigkeit bei großstädtischen Vertretern gutverdienender Berufe und in der Modebranche ausdrücken. Man denke an weibliche Fotomodelle in Männerrollen, Transvestiten als weibliche Models, die Thematisierung von Doppelgeschlechtlichkeit oder Geschlechtswechsel in der avantgardistischen Kunst.

Butlers Botschaft trifft mitten in ein Zeitgefühl. Gleichzeitig, vermute ich, dient die abstrakte Parteinahme ihrer Anhänger für Homosexuelle beiderlei Geschlechts, für Transvestiten, Trans- und Intersexuelle als Feigenblatt für fehlendes politisches Engagement auf anderen Gebieten. Wenn das stimmt, wäre die intellektuelle Herausforderung, Judith Butlers Texte zu lesen, vielleicht auch ein

Ersatz für die Lektüre politisch radikalerer Autoren. Dafür würde sprechen, dass die Radikalität ihrer Kritik am feministischen Essentialismus und an der herkömmlichen Geschlechterordnung mit einer eher reformistischen Kritik an der herrschenden Gesellschaftsordnung und höchst bescheidenen Hoffnungen auf deren politische und sexualpolitische Veränderbarkeit einhergeht.

Die seit 1991 anhaltenden Diskussionen um Butlers Theorie führten 1997/1998 zur Einführung von Gender Studies zunächst in Berlin und Freiburg, später auch an anderen deutschen Universitäten. Das, was einst Frauenforschung hieß, fungiert seither unter dem neuen Etikett und mit leicht verschobener ideologischer Perspektive. Die entsprechenden Debatten bleiben meist auf den akademischen Bereich beschränkt. Die Vorherrschaft weiblichkeitsorientierter Frauenforschung und des entsprechenden Feminismus ist zwar gebrochen, die Alternativen aber bleiben trotz großen Interesses von progressiver Seite und erbitterter Kritik von rechts eher blass. Größere Emanzipationsbewegungen sind daraus nicht hervorgegangen. Zudem scheint mir in den akademischen Kreisen, die sich auf Judith Butler beziehen, eine gewisse Realitätsfremdheit zu herrschen. Da gehen Lehrende und Lernende in ihrem universitären Elfenbeinturm davon aus, dass es keine Männer und Frauen gibt beziehungsweise geben müsste. Zudem nehmen sie an, dass Heterosexualität oder Zwangsheterosexualität, unabhängig von der Art, wie und in welchem Kontext sie praktiziert wird, ein Repressionsinstrument sei. Draußen im Lande wird derweil die »Herdprämie« für Hausfrauen diskutiert, eine Familienministerin hinterfragt die einst selbstverständlichen Forderungen der Frauenbewegung, die Abtreibungsgegner sind im politischen Mainstream angekommen, und die neuen Schwulenhasser sind auf dem Vormarsch. Immer mehr Zeitgenossen schenken den Theorien der Evolutionsbiologen Glauben, die menschliche Sexualität aus einem angeblichen Paarungsverhalten der Steinzeitmenschen ableiten. Vergewaltigung, behaupten einige aus dieser Schule, sei damals ein wichtiges Mittel zur Zeugung gesunder Nachkommenschaft gewesen.

Ich hätte die Slutwalks vergessen, antwortete mir eine junge Frau kürzlich, als ich mich in diesem Sinne äußerte. Die damit gemeinten Demonstrationen junger Frauen in Unterwäsche aus den Jahren 2011 und 2012 hatte ich zunächst für eher unpolitisch gehalten. Jetzt aber erfuhr ich, dass es sich um eine weltweite Bewegung handelte, die in gender-feministischen Kreisen eine Zeitlang als »erfolgreichste feministische Aktion der vergangenen 20 Jahre«[483] gehandelt wurde. Judith Butler persönlich hat sich anerkennend zu dem geäußert, was im Januar 2011 in Toronto begann: Ein von der Universität zu einem Vortrag über Verbrechensbekämpfung eingeladener Polizeisprecher riet den Studentinnen, sich nicht wie Schlampen anzuziehen, weil sie sonst leicht zum Opfer von Vergewaltigern werden könnten. Zwei Monate später demonstrierten in Toronto Studentinnen, die sich so angezogen hatten, wie sich die Allgemeinheit eine Schlampe vorstellt, gegen Sexismus, Vergewaltigung und die dazugehörige Schuldzuweisung an die Opfer. Egal, wie eine Frau gekleidet sei, und egal, wie sichtbar oder unsichtbar ihre Reize seien, kein Mann habe das Recht ihre sexuelle Integrität zu verletzen. Es folgten Slutwalks in England, den USA, in Australien, den Niederlanden, Schweden, Brasilien, Schottland, Neuseeland, Dänemark, der Tschechoslowakei, Finnland, Argentinien, China, Österreich, Mexiko und Singapur. – Interessanterweise fehlte Italien, wahrscheinlich weil das pornographisierte Berlusconi-Fernsehen den Frauen die Lust an aufreizender Kleidung verdorben hat. – Am 13. August 2011 fand ein deutschlandweiter Slutwalk in Berlin, München, Frankfurt am Main, Stuttgart und Hamburg statt.

Die Medien griffen das Thema dankbar auf. Meist nur, um lauthals zu verkünden, dass Frauen für ihr Recht, sexy zu sein, auf die Straße gehen. Dass es ursprünglich um den Protest gegen Vergewaltigung ging, wurde meist unterschlagen. Im Internet finden sich bis heute Hunderte von Bildern junger Frauen in Korsagen zu Strapsstrümpfen und Stöckelschuhen in spitzenbesetzten Push-up-Bras, in SM-Geschirren und anderen Slut-Kostümen. Die meist pornographische Ästhetik erinnert an den Schlampenlook der Punkerinnen der 1980er Jahre, die löcherige Netzstrümpfe und schwarze Reizwäsche zur Mode machten, noch bevor die Haute Couture diesen Look für sich beanspruchte. Der Begriff *slut* oder Schlampe, so die Aktivistinnen, sollte in subversiver Affirmation positiv gewendet und umgedeutet, beziehungsweise »resignifiziert« werden. Vergleichbares geschah einst in der Homosexuellenbewegung mit den Wörtern schwul und queer und wurde von den Rockmusikerinnen, die sich Riot Grrrls nannten, mit dem Wort *girl* beziehungsweise Mädchen versucht.

Wie bei den »Take-Back-The-Night«-Demonstrationen der 1970er Jahre entlud sich Empörung über Vergewaltigung und Belästigung von Frauen durch Männer in imposanten Demonstrationen. Damals erkannte man Feministinnen an ihrer unauffälligen und bisweilen altjüngferlichen Aufmachung. Ihre Slutwalk-Nachfolgerinnen gefielen sich im anderen Extrem und sympathisierten mit dem sogenannten sexpositiven Feminismus. In Berlin war die erfolgreichste Rednerin Laura Méritt, die die feministische Preisverleihung für Frauenpornos »PorYes« ins Leben rief, Sexspielzeug vertreibt und die Hurenbewegung unterstützt. Sie sprach die Demonstrantinnen mit »Liebe Schlampen und Schlampinchen, Nutten und Nüttchen« an, forderte positive Pornos, eine positive Einstellung zur Sexualität, selbstbestimmte Sexualität für alle Geschlechter und deren Vielfalt. Beim Blick auf die Slutwalks, die inzwischen der Vergangnheit angehören, fällt mir auf, wie leicht die positive Umdeutung sexistischer Begriffe und pornographischer Ästhetik in die Reproduktion herkömmlicher Frauenbilder umschlägt. Sicher war der erste Slutwalk in Toronto eine gelungene Provokation, als sich jedoch die Nachahmungen zu einer Institution entwickelten, liefen sie Gefahr, die misogyne These von der Frau als geborener Hure zu bestätigen.

Wie nun steht es mit der Queer-Theorie und -Bewegung, die wie die Gender-Studies unter dem Einflusses von Judith Butler entstanden? Queer kann man in Deutschland seit 2003 an verschiedenen deutschen Universitäten studieren. Ursprünglicher

Anspruch der dazugehörigen Forschungsprojekte war es, die zweigeschlechtlichen und heterosexuellen Geschlechterverhältnisse zu hinterfragen. Inzwischen konzentrieren sich ihre gemäßigten Vertreter und Vertreterinnen, wie zum Beispiel die oft zitierte Gudrun Perko, vor allem auf die Dekonstruktion von Identitätsmodellen und deren Inhalten. Das geschieht oft mittels eines queeren Pluralitätsmodells, dessen Haupttugenden ausdrücklich »Uneindeutigkeit und Unbestimmtheit«[484] sind. Zur damit einhergehenden Vielfalt der Selbstdefinitionen gehören auch unpolitische Trends wie »Metrosexualität«, »Plurisexualität« und »Cyborg«. In welchem Maße sich solche Theorie politischer Inhalte enthält, zeigt folgendes Statement von Gudrun Perko: »Gerade sie (die plurale Queer-Theorie) birgt die Möglichkeit – gegen Fremdbestimmungen und Kategorisierungen, gegen Konzepte eindeutiger Identitäten und Identitätspolitiken – der Pluralität auf allen Ebenen des gesellschaftlichen Lebens demokratisch Raum zu eröffnen. Damit bietet sie den größtmöglichen Handlungsspielraum für Menschen.«[485]

Der Begriff queer – ursprünglich ein Schimpfwort, das man mit schwul, pervers oder abartig übersetzen könnte – tauchte erstmals im politischen Zusammenhang in den USA der späten 1980er Jahren auf, als sich die schwule Bewegung mit ihren stark kommerzialisierten Gay-Pride-Paraden zu entpolitisieren begann. Zum gleichen Zeitpunkt löste der Aids-Schock homophobe und rassistische Kampagnen der amerikanischen Saubermänner, der damaligen Moral Majority, aus. Als Opposition gegen beides, schwang sich 1987 die Act Up (AIDS Coalition to Unleash Power) auf die politische Bühne. Sie vertrat alle von Aids Betroffenen einschließlich der Fixer, Stricher und Prostituierten. Dem auf Prävention und Pflege konzentrierten Selbsthilfeansatz anderer im Kampf gegen Aids gegründeter Organisationen setzte Act Up eine Wutpolitik entgegen, die sich gegen die Pharmaindustrie und den Mangel an staatlicher Förderung für die Aids-Forschung richtete. Es kam zu spektakulären Anti-Wall-Street-Aktionen, und der Aktivist und Schriftsteller Larry Kramer verfügte, dass sein Leichnam nach seinem Tod an der Immunschwächekrankheit auf die Treppen des Weißen Hauses geworfen werden solle. 1990 gründeten Act-Up-Mitglieder eine schwule Gruppe, die sich in Anlehnung an schwarze Separationsbewegungen »Queer Nation« nannte. Sie betrieb eine übersteigerte Identitätspolitik gegen alles Heterosexuelle und verteidigte die Freiheit sämtlicher sexueller Minderheiten einschließlich der Pädophilen und der Sadomasochisten und war ein paar Jahre lang sehr populär.

Ganz anders die Geschichte der deutschen Queers, deren Wurzeln im Mainstream der schwulen Bewegung liegt. Vor allem schwule Männer begannen sich queer zu nennen, als ihre Bewegung, eingeschüchtert von der seit 1983 neuauflammenden Homophobie und den Drohungen eines stigmatisierenden Seuchengesetzes, einen Kurswechsel von der Konfrontation zur Integration unternahm. Das geschah vor allem in der Konzentration auf die Homo-Ehe. Die Einsicht, dass man diese Ehe aus praktischen Gründen fordern muss, statt sich im Radikalismus der Studentenbewegung auf die Abschaffung der Ehe überhaupt zu versteifen, führte zu einem zähen Ringen mit Politikern und Gesetzgebern und brachte den Schwulen viel Sympathie vor allem von konservativer Seite ein. Geblendet von diesen Erfolgen machten die Aktivisten die Eheforderung zum Hauptziel der Bewegung, vor dem alles andere verblasste. Viele einst bewegte Schwule begannen sich von der Linken zu verabschieden und ihr Recht auf Normalität und Spießigkeit einzuklagen. Es wurde ihnen, zumindest in der Mittelschicht, mit noch größerer Akzeptanz gedankt, egal ob sie sich schwul, lesbisch, queer oder LGBT (Lesbian, Gay Bisexual, Transsexual) nannten. Die von Prominenten unter anderem aus FDP und CDU gegründete Initiative »Queer Nations« bekannte sich gar zum Willen, »Teil der deutschen Nationalgeschichte«[486] zu sein.

Der Verbürgerlichung der schwulen Bewegung warf sich in den späten 1990er Jahren ein queeres Enfant terrible namens »Transgenialer CSD« (TCSD) entgegen. Geburtshelfer dieses alternativen CSD (Christopher Street Day) war der Berliner CDU-Vorsitzende

Klaus-Rüdiger Landowski, der im Jahr 1997 in Anspielung auf die Kreuzberger Hausbesetzer von Müll, Ratten und Verwahrlosung gesprochen hatte. Auf dem nächsten spaßgesellschaftlich-kommerzialisierten und auf bis zu einer halben Million Teilnehmer angeschwollenen Berliner CSD erschien ein wenig glitzernder »Rattenwagen«. Schwule und lesbische Hausbesetzer aus Kreuzberg wühlten darauf ostentativ im Dreck und warfen Dreckbälle. Die Polizei versuchte den Wagen zu beschlagnahmen, und die CSD-Leitung meldete ihn von der Demonstration ab. Den Ratten und ihren Sympathisanten jedoch gelang es, den Wagen zu retten, der dann gefolgt von einer spontanen Demonstration nach Kreuzberg zog, dem damaligen Revier armer Türken, Hausbesetzer und unangepasster Schwuler.

Seit dieser Zeit haben die Berliner die Wahl zwischen dem großen und dem kleinen CSD. Während der große ebenso männerdominiert wie politikabstinent ist, lässt sich auf dem kleinen auch der Queer-Feminismus sehen. Verschiedenste Gruppen demonstrieren, die Trans- und Homophobie, Hass gegen Frauen, sexuelle Gewalt und geschlechtsunterschiedliche Lohnzahlungen bekämpfen. Die Queer POC (Queer People of Color) berichten von Überfällen auf ihre Angehörigen, Lesben und Schwule mit Migrationshintergrund und von ihrer Mehrfachdiskriminierung. Unvergesslich ein deutsch-türkisches Plakat, auf dem ein Elch mit Stöckelschuhen und ein ebensolches Kamel einander zugetan sind. Soziale Ungerechtigkeit, Militarismus, Rassismus und Gentrifizierung stehen beim TCSD als Themen gleichberechtigt neben Homophobie, Machismo und Heteronormativität. Ausdrücklich bezieht sich der Kreuzberger CSD auf die Wurzeln der Gay Pride Parade die auf den Stonewall-Aufstand in New York zurückgeht. Als damals im Jahr 1969 die Gäste des *Stonewall Inn* in der Christopher Street Widerstand gegen die Razzien der Polizei leisteten, waren dies keinesfalls jene weißen, mittelständischen Demonstranten, die diesen Tag seither für sich beanspruchen. Streitbare Lesben, Stricher, Transprostituierte, arme Puerto Ricaner und Schwarze waren dabei und sollen den größten Mut bewiesen haben. Queere Vielfalt und Militanz, meinen die Rebellen wider die Verbürgerlichung, stand am Anfang.

An den Anfang nicht nur der amerikanischen, sondern auch der westdeutschen schwulen Bewegung mit ihrer Konfrontations- und Provokationsstrategie und ihren improvisierten Verkleidungen erinnert der Berliner TCSD. Statt der immergleichen Muskelmänner und professionell gestylten »Transen« sieht man dort Bärtige in Mutters Kleid oder mit Prizessinnenkrönchen, wütende Tunten und – was neu ist – Frauen mit Bärten. Ganz wie einst sind die TCSD-Anhänger radikale Ehe-Gegner und verwahren sich strikt gegen die Homo-Ehe, die sie als staatliche Einmischung in selbstgewählte Lebensweisen empfinden. Das entspricht einem der zwölf Grundsätze der Bewegung. Nicht minder an die frühen 1970er Jahre erinnern provokant satirische Aktionen. Auf dem Marsch des Jahres 2010 beispielsweise wurde ein Thilo-Sarrazin-Double mitgeführt, dem für seinen rassistischen Bestseller ein goldenes Stück Scheiße verliehen wurde.

Die Sternstunde des TCSD schlug ein Jahr später bei der Abschlusskundgebung des großen CSD vor der Siegessäule, als Judith Butler den Preis für Zivilcourage entgegennehmen sollte. Die Grünen-Politikerin Renate Künast hatte ihre Laudatio schon gehalten, als Judith Butler das Podium bestieg und auf Deutsch ihre Ablehnung erklärte. Sie warf den CSD-Veranstaltern Komplizenschaft mit Rassisten, Nationalisten und Militaristen vor und bezog sich positiv auf den TCSD und einige dazugehörige Initiativen wie die Immigrantinnenorganisation »LasMigras«. »Ihr könnt so laut schreien wie ihr wollt, ihr seid nicht in der Mehrheit«[487]. Das schleuderte der CSD-Moderator, der vor Schreck die Kontrolle verlor, den rund fünfzig Mitgliedern der von Butler genannten Gruppen entgegen und bewies damit, wie berechtigt die Vorwürfe waren.

Eine Gruppe, deren Forderungen auf dem großen und dem kleinen CSD vorgetragen werden und mit der auch Judith Butler sympathisiert, sind die Transsexuellen. Obwohl diese Menschen eine vergleichbar kleine Minderheit bilden, erfreut sich das Phänomen Transsexualismus seit Mitte der 1980er Jahre großer Medienbeliebtheit. Es hat unzählige Diskurse hervorgebracht und heftige Kontroversen ausgelöst, so dass sich der Verdacht auf »Gender Trouble« aufdrängt. Dagegen spräche, dass es die Faszination an geschlechtlicher Metamorphose und Zweideutigkeit schon vor Jahrtausenden gab. Da ist der griechische Mythos vom Halbgott Hermaphroditos, der zum Vergnügen oder Schrecken der Menschen nach der Umarmung mit einer Nymphe zum Zwitter wird. Immer wieder formten und malten Künstler der Antike und der Renaissance den Sohn der Aphrodite als schönen jungen Menschen mit Brüsten und Penis. Er gesellte sich als Dritter zu Mann und Frau, ohne dass sich an deren Beziehung irgendetwas änderte. Und auch das seit jeher unklare Geschlecht der Engel, die bis heute wie Männer in Frauenkleidern oder wie androgyne Frauen dargestellt werden, hat nie zum Umsturz der Geschlechterordnung geführt.

Neu am Transsexualismus ist allerdings die Machbarkeit der Metamorphose dank des medizinischen Fortschritts. Der Begriff geht auf Magnus Hirschfeld, den deutschen Sexualforscher und Gründer der ersten progressiven Homosexuellenbewegung der Welt zurück, dessen Berliner Institut für Sexualwissenschaft 1933 von den Nazis zerstört wurde. Hirschfelds um die Jahrhundertwende formulierte Lehre von den Homosexuellen als einem dritten Geschlecht unterschied noch nicht zwischen Schwulen und Transvestiten. Im Zuge seiner später entwickelten Theorie von den sexuellen Zwischenstufen aber, laut der jeder Mensch männliche und weibliche Eigenschaften in sich vereint, tauchten als Zwischenstufen der Geschlechter zunächst der Transvestitismus und später der »extreme Transvestitismus« auf. Letzterer ging laut Hirschfeld mit dem Wunsch nach Geschlechtswechsel einher, und er sprach deshalb seit 1923 von Transsexualismus.

In den 1920er Jahre entwickelte sich im sexualliberalen und homosexuellenfreundlichen Berlin eine transvestitische Subkultur mit speziellen Lokalen, Bällen, einem Transvestitenstrich und einem Verein, der Vortragsabende organisierte. Hirschfeld unterstützte die, die damals bei der Polizei als »Umkleidungstäter« gehandelt wurden. Er verhalf ihnen zunächst zu den sogenannten Transvestitenscheinen, die nach medizinischer Begutachtung das Tragen der Kleider des Wunschgeschlechts erlaubten. Er förderte erste Versuche mit Hormontherapien und, angesichts von Selbstverstümmelungsversuchen, sogar erste Geschlechtsumwandlungen. Nach dem Zweiten Weltkrieg setzte der Endokrinologe Harry Benjamin, ein Freund von Hirschfeld, der die Nazizeit überlebt hatte, da an, wo sein Lehrer hatte aufhören müssen. Wie Hirschfeld unterschied er zwischen Homosexualität und abweichender Geschlechtsidentität, behandelte Transsexuelle mit Hormonen und vermittelte sie zur operativen Geschlechtsangleichung an Chirurgen. Die meisten an einen in Casablanca praktizierenden, französischen Arzt, der als Erster durch Umstülpung der Penishaut eine Vagina herstellen konnte.

Über den Umweg der USA kam das Verlangen nach hormonell und chirurgisch hergestelltem Geschlechtswechsel nach Deutschland zurück. Die Betroffenen aber führten bis in die 1980er Jahre hinein ein Schattendasein, geprägt von Heimlichtuerei, Isolation und Diskriminierung, von Depressionen und Selbstmordabsichten. Viele wurden nach dem Verlust des Arbeitsplatzes in die Prostitution gezwungen. Unseriöse Ärzte, Kurpfuscher und ein Schwarzmarkt für Hormone, Haarentfernung und andere kosmetische Prozeduren profitierten von ihrem Unglück. All das änderte sich allmählich, nachdem im Jahr 1976 ein erster Transsexueller im Fernsehen aufgetreten und auf großes öffentliches Interesse gestoßen war. Das Erscheinen eines medizinischen Fachbuches, weitere Zeitungsartikel und Sendungen führten 1981 zur Verabschiedung des deutschen Transsexuellengesetzes, das die Namens- und Personenstandsänderung regelt. Ursprünglich waren für eine vollständige Änderung der Namen und des Geschlechtseintrags nicht nur zwei Gutachten, sondern auch Ehelosigkeit, Unfruchtbarkeit und eine geschlechtsumwandelnde Operation Voraussetzung. Erst 2011 wurden diese Auflagen bis auf die Gutachten zurückgenommen. Das Gesetz harrt seither seiner Umschreibung.

Ebenfalls 1981 entschied ein Gericht, dass Transsexualismus »eine Krankheit im Sinne der gesetzlichen Krankenversicherung«[488] ist. Um eine geschlechtsangleichende Hormonbehandlung und Operation zu bekommen, gilt es seither, sich einem international anerkannten und in verschiedenen medizinischen Richtlinien festgelegten Verfahren zu unterwerfen. Dieses prüft, ob als Diagnose eine Geschlechtsidentitätsstörung beziehungsweise Geschlechtsidentitätsdysphorie vorliegt. Zur Auflage gehören der Kontakt mit einem Psychotherapeuten über einen bestimmten Zeitraum, ein sogenannter Alltagstest, der beweist, dass der Anwärter mit der neugewählten Geschlechtszugehörigkeit zurecht kommt, und zwei medizinische Gutachten. Als sich Transsexuelle zu organisieren begannen, fiel es ihnen trotz steigender Medienpräsenz zunächst schwer, Verbündete zu finden. Feministische und lesbische Gruppen lehnten es ab, mit Frauen zusammenzuarbeiten, die ihnen – mit oder ohne Penis – keine richtigen Frauen zu sein schienen. Und in der Schwulenbewegung gab es zu dieser Zeit wieder starke Vorbehalte gegen alles Effeminierte. Einzig die Hurenbewegung solidarisierte sich freimütig. Inzwischen gibt es Selbsthilfegruppen, Zentren, Zeitschriften, Internetforen für Transsexuelle und exponierte Aktivisten, so dass man von einer Emanzipationsbewegung sprechen kann.

Im gleichen Maße wie die Artikulationen der Betroffenen selbst mehren sich die Debatten zum Thema Transsexualität, geführt von Soziologen, Philosophen, Psychotherapeuten, Medizinern, Kirchenmännern und Politikern. Judith Butler äußerte sich 2004 in ihrem Buch *Die Macht der Geschlechternormen und die Grenzen des Menschlichen* zum Thema, in dem sie für die »Wahl des eigenen Körpers«[489] und für »größere Anerkennung körperlicher Verschiedenheit«[490] plädiert. Sie entkräftet den oft geäußerten Vorwurf an Transsexuelle, sich den gegebenen Identitätskategorien zu unterwerfen, mit dem Hinweis, dass der Wunsch nach geschlechtlicher Veränderung, ebenso wie der nach Metamorphose zum Selbstzweck, »ein Streben nach Identität als Veränderung«[491], sein könne. Gleichzeitig problematisiert Butler die Diagnose GID

(Gender Identity Disorder), weil diese zwar die Frage nach dem Leiden der Betroffenen stelle, nicht aber die nach dem Leiden, das die Geschlechternormen selbst den Menschen zufügen. Die GID, konstatiert Butler, pathologisiert »jeden Versuch, Gender auf eine Art und Weise zu gestalten, die den existierenden Normen nicht entspricht«[492]. Pragmatisch fügt sie hinzu, dass es sich die meisten Betroffenen nicht leisten können, die Diagnose ganz abzulehnen, weil sie die gewünschte Behandlung sonst selbst finanzieren müssten. Eine ersatzlose Streichung der GID komme schon deshalb nicht in Frage. Außerdem empfiehlt Butler eine Klinik, die therapeutische Begleitung für all diejenigen anbietet, die über ihre künftige Geschlechtsidentität entscheiden wollen. Am Schluss erklärt die Philosophin, dass sich, um eine solche Entscheidung frei treffen zu können, soziale Normen und Strukturen von Grund auf ändern müssen. Bevor das geschehen ist, meint sie, »wird Freiheit Unfreiheit verlangen und ist Autonomie in Unterwerfung verwickelt«[493].

Butlers Einschätzung enthält Ansätze zu zwei Positionen, die im hiesigen Diskurs zur Transsexualität bis vor kurzem vorherrschten. Die erste fordert vollständige Entpathologisierung, die zweite hält an psychotherapeutischer Betreuung und an bestimmten Auflagen für Hormonbehandlung und Operationen fest. Die meisten Vertreter beider Positionen gehen von der historischen und sozialen Bedingtheit des Phänomens Transsexualität aus und bezweifeln deshalb, dass weitmöglichste Körperanpassung die einzige Lösung für das Problem der Betroffenen ist.

Eine radikal ideologiekritische Version der Entpathologisierungsposition formulierte der Soziologe Stefan Hirschauer in seinem Buch *Die soziale Konstruktion der Transsexualität* schon 1993. Geschult an Foucault, verwirft Hirschauer die Vorstellung, dass es Transsexualität schon immer gegeben habe. Erst durch die Möglichkeit der Operation sei sie zu einer eigenständigen Kategorie geworden. Das Gleiche gelte für den Wunsch der Betroffenen, den Körper korrigieren zu lassen, der in einem historischen Kontext entstand, in dem die Verfolgung von Homosexuellen und chirurgische Experimente an anderen sexuellen Minderheiten eine Rolle spielten.

Dementsprechend negativ bewertet Hirschauer das moderne Phänomen Transsexualität, sei es vom Standpunkt der Betroffenen oder von dem der Spezialisten aus, von denen die Geschlechtswechsler abhängig sind. Er spricht vom »Feindschaftsverhältnis« der Transsexuellen gegenüber den »körperlichen Zeichen« ihres biologischen Geschlechts, von einer »psychischen Amputation«[494] durch das Verstecken der Brüste oder des Penis schon vor der Operation und von der »Verstümmelung«[495] des Körpers als Voraussetzung für vollständige Anerkennung der gewählten Geschlechtszugehörigkeit.

Medizinern, Psychologen und Juristen wirft Hirschauer vor, die Wünsche und Sehnsüchte der Betroffenen in die »standardisierte Nachfrage nach einem medizinischen Kompaktangebot«[496] zu transformieren, zu dem es keine Alternative gibt. Die Werbung für das Angebot und seine Verteuerung, so Hirschauer, treibt dessen Nachfrage in die Höhe. Dabei wird ein bestimmter draufgängerischer Typ des Transsexuellen zum Transsexuellen an sich, obwohl er ebenso künstlich produziert wurde wie sein scheinbar neues Geschlecht. Die Endgültigkeit der genitalen Transformation schließlich garantiert, dass es dem Betroffenen wirklich ernst ist, umso mehr, als er dafür Schmerzen erleiden muss, ganz ähnlich wie bei den Initiationsriten afrikanischer Völker. Der Transsexuelle erscheint als ein williges Opfer der gesellschaftlichen Konventionen und des dazugehörigen Geschlechterrollengeheißes. Seine Vorstellung vom eigenen Geschlecht ist ein »Versuch der Selbstnormalisierung ... mit dem vorauseilenden Gehorsam, der die soziale Reaktion auf den Geltungsanspruch antizipiert«[497]. Diese soziale Reaktion wiederum drückt, so Hirschauer, die Bedrohung aus, die noch immer von einem ausgeht, der behauptet, eine Frau oder ein Mann zu sein, obwohl er es nicht ist. Diese Bedrohung ist umso größer, je mehr die Geschlechterrollen heute an Sinn und Deutlichkeit verlieren. Der Transsexuelle erfährt und verlangt eine Behandlung, die allen anderen demonstriert, warum es nur wenig ratsam ist, so drastisch wie er gegen die herkömmliche Geschlechterordnung anzustinken. Denn »wer seinen sozialen Platz verlassen will, ist der Zerstörung seines Körpers konfrontiert«[498]. Der Transsexuelle ist so gesehen ein Opfer, der traditionellen Geschlechterordnung, die sich angesichts ihrer Überkommenheit noch einmal aufbäumt.

Einen Schritt weiter geht der Psychoanalytiker Udo Rauchfleisch der seit vierzig Jahren Transsexuelle betreut. Diese Tätigkeit, lässt er den Leser seines 2009 erschienenen Buches *Transsexualität – Transidentität* wissen, habe ihn vom Pathologisierungskonzept, das heißt der Definition des Transsexualismus als Störung der Geschlechtsidentität abgebracht. Er halte das Phänomen seither für eine Normvariante geschlechtlicher Orientierung. Gleichzeitig gehe er heute davon aus, dass Transidentität – der Begriff schließt Crossdresser, Dragqueens und -kings, Transvestiten und Androgyne mit ein – ebenso wenig wie Homosexualität zu psychischen Störungen und Problemen führt. Für Depressionen, Selbstmordgedanken oder Drogenmissbrauch der Betroffenen sei einzig ihre schwierige soziale Situation verantwortlich. Die oft verzweifelten Versuche Transsexueller, ihr biologisches Geschlecht vollständig auszumerzen, zeugen vom sozialen Druck, der auf ihnen lastet. Deshalb muss der Therapeut als Begleiter der Transidentitätsfindung seinen Patienten vermitteln, wie sehr Geschlecht und Geschlechterrollen sozial bestimmt sind und so ihren Wunsch nach vollständiger Anpassung an das Wunschgeschlecht als sinnlosen Selbsthass entlarven.

In einer anderen Gesellschaft, die sich vom »Zwei-Geschlechter-Modell«[499] und damit der Herrschaft der Männer über die Frauen verabschieden würde, glaubt Rauchfleisch, würde Transsexualität im Sinne körperlicher Geschlechtsangleichung wahrscheinlich nicht mehr existieren. Als Gastbeitrag in seinem Buch findet sich ein autobiographischer Essay der Trans-Aktivistin Jacqueline Born, die mit Penis als Frau lebt. Sie verkörpert das, was Rauchfleisch sich als Wegbereiter seiner Utopie vorstellt, den Transsexuellen als Teil einer »Avantgarde für freiere Lebensgestaltung«[500]. Die Verwirrung nämlich, die von denen ausgeht, die ihr scheinbar angeborenes Geschlecht nicht akzeptieren, bietet sowohl den Transsexuellen als auch ihren Betrachtern die Chance einer kritischen Reflexion.

Nicht ganz so optimistisch, aber ebenso versöhnlich sieht der Soziologe Jannik Brauckmann, der selbst ein Transmann ist, Gegenwart und Zukunft seiner Kollegen. Überzeugend kritisiert er in seiner empirischen Studie *Die Wirklichkeit transsexueller Männer* die »Ideologie vom falschen Körper«[501], der bis heute noch die meisten Transsexuellen anhängen: Grundlage der gegebenen Geschlechterordnung ist, so Brauckmann, die Vorstellung vom Körper als unumstößlichem Indikator männlichen oder weiblichen Geschlechts. Das, zusammen mit dem Gebot der sozial produzierten strikten Geschlechterrollen und der Annahme, dass Transsexualität angeboren sei, verhärtet sich im Bewusstsein der Betroffenen zu der Überzeugung, schon immer ein Junge (oder Mädchen) gewesen zu sein. Dankbar nehmen sie schließlich das an die Ideologie vom falschen Körper geknüpfte Angebot einer Lösung an und lassen Ober- und Unterleib dem gefühlten Geschlecht anpassen. Sie tun dies, obwohl sie – vor allem als Transmänner dank der Akzeptanz von Damenhosen und Kurzhaarschnitten – oft schon jahrelang problemlos in ihrem Wunschgeschlecht gelebt haben. Eine Tatsache, die Brauckmann als Beweis dafür anführt, dass Geschlecht keine biologische, sondern eine »soziale und emotionale Kategorie«[502] ist. Dennoch, fast alle der von dem Soziologen Befragten wollten einen möglichst männlichen Körper, ließen sich mit Hormonen behandeln, die Brüste amputieren und unterzogen sich einer Totaloperation. Sie erlebten einen »Energien fressenden Kampf um die wahre Wirklichkeit«[503], der über Jahre oder Jahrzehnte den Alltag bestimmte.

Warum, fragt Brauckmann, unterwirft sich der Transsexuelle der Geschlechterpolarität? Warum versucht er nicht mit dem Körper, den er hat, in seinem gewünschten und phantasierten Geschlecht zu leben? Ein solches Leben, so Brauckmanns Antwort, wäre in der heutigen Gesellschaft, die den Menschen ihre bipolare Geschlechterordnung noch immer mit aller Macht aufzwingt, nahezu unmöglich. Der Mut eines Transsexuellen, die Anpassung an das Vorgefundene zu verweigern, müsste größer sein als bei anderen Normverächtern. »Dass er dennoch genügend Mut zum Unkonventionellen besitzt, hat er schon dadurch bewiesen, dass er seine geschlechtliche Identität gegen die Zuschreibungen aller anderen über viele Jahre nicht aus der Hand gab.«[504] Der Transsexuelle wird zum Helden der Konventionsverweigerung, zum wahren Bohemien.

Nüchterner sieht die Psychoanalytikerin Sophinette Becker die Situation ihrer transsexuellen Patienten. Becker gehörte, zusammen mit Friedemann Pfäfflin, dem Begründer und Senior des psychoanalytischen Engagements für Transsexuelle, und anderen jener Expertenkommission an, die 1997 die bis heute gültigen »Standards der Behandlung und Begutachtung von Transsexuellen« vorlegte. Sie lässt keinen Zweifel daran, dass Medizin und Rechtsprechung mit ihren Angeboten für die Transsexuellen im Interesse der Aufrechterhaltung der traditionellen Geschlechterrollen handeln. Trotzdem glaubt sie, dass die, die diese Rollen vertauschen wollen, auf ihrem Weg dahin nicht ohne medizinisch-therapeutische Hilfe auskommen. Nur so könnten Fehlentscheidungen vermieden werden. Außerdem sei Transsexualität trotz der Aufweichung der rigiden Geschlechterrollen fast immer mit »subjektivem Leiden« verbunden. Hier liegt für Becker die Grenze »jedes Versuchs der Entpathologisierung«.[505]

Die ebenso problematische wie undankbare Rolle eines Psychotherapeuten schließlich, der Transsexuelle akzeptiert, hat die Psychoanalytikerin treffend so beschrieben: »Wer mit transsexuellen Patienten zu tun hat, bleibt in keinem Fall unschuldig. Wenn er sich grundsätzlich dem transsexuellen Wunsch verweigert, lässt er den Patienten allein, was zu Suizidalität, zu vorschnellen Operationen führen … kann. Wenn er aktiv wird … oder keine Auflagen macht, … und wenn er schließlich … Hormone und Operation befürwortet … beteiligt er sich an Verstümmelung, an irreversiblen Entscheidungen, an Psychochirurgie.«[506] Der Geschlechtswechsler und sein Psychotherapeut erscheinen als Protagonisten eines tragischen Konflikts ohne wirkliche Lösungsmöglichkeit.

Die Transsexuellenbewegung teilt die Kritik an den Auflagen des deutschen Transsexuellengesetzes ebenso wie die an der Pathologisierung potentieller Geschlechtswechsler durch die psychiatrische Diagnose. Die von Hirschauer, Brauckmann und anderen aufgeworfenen kritischen Fragen in Bezug auf die Marktorientierung des Angebots zur körperlichen Angleichung und nach der Vorstellung vom Leben im falschen Körper aber werden neuerdings verdrängt oder verworfen. Besonders deutlich geht diese Entwicklung aus einem längeren Positionspapier aus der Schweiz hervor, den »Altendorfer Empfehlungen«. Der Text wurde unter Mitarbeit von Udo Rauchfleisch, anderen Experten und transsexuellen Interessenvertretern entwickelt und enthält die aktuellen Forderungen der Transsexuellenbewegung. Autor des Papiers ist der verhaltenstherapeutisch und neuropsychologisch orientierte Psychiater Horst-Jörg Haupt.

Ausgehend vom Vorschlag, Transsexualismus als »gesunde Normvariante« geschlechtlicher Orientierung zu verstehen, bezieht sich Haupt zunächst auf die Forderung der Vereinten Nationen, des Europarats und des Europaparlaments, die Diagnose »Geschlechtsidentitätsstörung« aus dem entsprechenden Katalog der Weltgesundheitsorganisation (WHO) zu streichen. Er fordert für Transsexuelle die »primäre Orientierung an deren Bedürfnissen« sowie das »Recht auf somatopsychische Selbstbestimmung und -verantwortung«[507]. Haupt beruft sich dabei auf Berichte und Erklärungen verschiedener Menschenrechts- und Gesundheitsorganisationen. Dazu gehören die 2008 gegründete ATME (Aktion Menschenrechte und Transsexualität) und die »Alma Ata Declaration« des Jahres 1978, die aus einer internationalen Konferenz zum Thema Gesundheitsversorgung hervorging und das Recht auf gesundheitliche Basisversorgung als Menschenrecht definiert. Der Zugang zu Hormonbehandlung und Operationen soll in Zukunft ohne Gutachten möglich sein, und die Krankenkassen sollen die vollen Kosten übernehmen. Vom künftigen Betreuer erwarten die »Altendorfer Empfehlungen« das Engagement für gesellschaftliche Bedingungen, die es den Transsexuellen erlauben, »ein wahrhaft gesundes Leben zu (er)leben«[508]. Gemeinsam mit ihren Klienten sollen sie sich am gesamtgesellschaftlichen Transsexualitätsdiskurs beteiligen, das heißt vor allem, die Transphobie bekämpfen.

Als Neuropsychologe geht Haupt davon aus, dass jedem Menschen dank seiner Gene ein angeborenes und unveränderbares »Hirngeschlecht« gegeben ist, das in manchen Fällen den körperlichen Geschlechtsmerkmalen widerspricht. Transsexualität, erklärt Haupt, ist eine »gehirnbasierte Form von Intersexualität« mit »genetischer Fundierung«[509]. Im Laufe des Lebens eines Transsexuellen kommt es zu einem Entfaltungsprozess, der dem Hirngeschlecht zu seinem Recht verhilft. Haupt beschreibt diesen Prozess als Stufenmodell, das mit einer Phase der Latenz beginnt. Dem folgt eine Phase des »Inting«, das heißt beginnender subjektiver Bewusstwerdung des Hirngeschlechts, und eine des »Outing« nach schwulem Vorbild. Krönung des Prozesses ist die Phase körperlicher Angleichung und Adaption der Lebensweise. In diesem Stadium gilt es, dem Hirngeschlecht zu den bestmöglichen Bedingungen seiner Entfaltung zu verhelfen, was wiederum ein »Denken in subjektiven Möglichkeitsräumen«[510] erfordert. Gemeint ist die positive Einstellung zu allen medizinisch möglichen Maßnahmen der Körperangleichung einschließlich chirurgischer Prozeduren wie der Gesichtsfeminisierung. »Der Entfaltungsprozess mündet quasi in die Verkörperung als tiefster und grundlegendster Stufe, indem sich die eigene Körperlichkeit dem Hirngeschlecht annähert.«[511] Bei idealer Entfaltung kommt es nach den Operationen zu einem qualitativen Umschlag, einer Art Metamorphose, aus der der Transsexuelle als neuer Mensch hervorgeht.

Die Ideologie vom falschen Körper scheint damit endgültig etabliert. Vergessen sind alle Kritiker des naturontologischen Denkens von Marx über Freud bis zu Foucault und Butler. Natur ist wieder Natur, deren Gesetzen man sich zu beugen hat. Angeboren ist angeboren, männlich ist männlich und weiblich ist weiblich.

Falls der Körper zum Hirn(geschlecht) nicht passt, wird er angeglichen, koste es, was es wolle. Einziges kulturelles und soziales Problem für Transsexuelle ist die Transphobie ihrer Mitmenschen, welche es umzuerziehen gilt. Dass soziale Normen verinnerlicht sein könnten und den, der gegen sie verstößt, in Konflikte stürzen können, ist kein Thema. Einer simplistisch gedachten Entpathologisierung der Transsexuellen folgt der Rückfall in Biologismus, Essentialismus und Geschlechterrollendualismus.

All das wird mit einem Gesundheitsbegriff begründet, der trotz seiner Berufung auf die Definition menschlicher Gesundheit als Menschenrecht und auf eine sozial engagierte Gesundheitspolitik die indirekte Pathologisierung der Betroffenen betreibt. Latente Transsexualität, heißt es in den »Altendorfer Empfehlungen«, führe zu Depressionen, Burn-out und emotionalem Stress. Ein ungeouteter Transsexueller ist demnach krank. Um gesund zu werden, muss er seine Krankheit nicht nur bekennen, sondern auch bereit sein, sich im Namen der Natur gefährlichen und anstrengenden Körpermanipulationen zu unterziehen. Wenn er all das geleistet hat, muss er »Trans Pride« und »Empowernment« – so die neuen Schlagwörter – beweisen, als oberste Pflicht für einen, dessen Körper der angeblich falsche ist. Nicht mehr um freie Wahl des Geschlechts und des Körpers geht es, sondern um eine Pflicht der Falschgeborenen. Ein Emanzipationsdiskurs hat sich in sein Gegenteil verkehrt, und der dem Phänomen Transsexualität innewohnende Konservatismus scheint gesiegt zu haben.

Auffällig ist, dass Horst-Jörg Haupt Sexualität im Sinne von Sexualpraxis nur ein einziges Mal erwähnt. Der sexuelle Funktionsapparat, schreibt er, spiele beim Entfaltungsprozess kaum eine Rolle. Tatsächlich suchte ich in der Literatur zum Transsexualismus fast vergeblich nach Aussagen zur Sexualität im Sinne von Streben nach Lust oder Triebbefriedigung. Zu dem wenigen, was ich fand, gehörten Ausschnitte aus den Interviews, die Jannik Brauckmann mit Transmännern führte. In diesen geht es vor allem um die neu erworbene Männlichkeit der Geschlechtswechsler, das heißt um die heterosexuelle, nicht etwa lesbische Natur des

Geschlechtsverkehrs mit ihren Partnerinnen als Mann. Sexualität einmal mehr als Mittel zur Bestätigung von Identität.

Auch in einem am Internet auf Deutsch abzurufenden Informationstext der Transfrau und Aktivistin Lynn Conway, die in den 1960er Jahren mit Hilfe von Harry Benjamin zu ihrer Geschlechtsangleichung kam, geht es beim Thema Sexualität vor allem um die Unterschiede zwischen weiblicher und männlicher Lust und um geschlechtsspezifische Identität. Conway, die die Welt der Transsexuellen in dem für Amerikaner typischen Optimismus als eine der besten darstellt, verspricht Ihresgleichen nach der Operation den Himmel. Nach der »Befreiung aus dem falschen Körper« seien Seele und Körper eins und es herrsche »absolute Harmonie«[512]. Den weiblichen Orgasmus, der sich nach einer Art zweiten Pubertät einstelle, beschreibt sie als »ein Feuerwerk der Gefühle, das die Genitalien durchströmt, in den Körper ausstrahlt und absolut berauschend ist[513]«. Nicht zu vergleichen sei das mit dem »oberflächlichen Gefühl der männlichen Ejakulation«.[514]

Meines Wissens hat sich bisher nur ein deutscher Autor und Aktivist, nämlich Walter H. Greiner – selbst Transfrau ohne Namensänderung und Operation –, explizit zu seiner und der Sexualität von Kolleginnen geäußert. Euphorischen Berichten von Transfrauen, die sich einer Genitaloperation unterzogen haben, wie Conway misstraut er. Gleichzeitig bemüht sich Greiner, das Klischee vom sexuell uninteressierten Transsexuellen zu entkräften. Vor allem Transfrauen, erklärt er, seien so lange ins Rotlichtmilieu abgedrängt worden, dass sie heute eine Prüderie an den Tag legen, die nichts mit ihren wirklichen Bedürfnissen zu tun habe. Er selbst sprach mit vielen Betroffenen, die sich ihm gegenüber zu sadomasochistischen, fetischistischen und exhibitionistischen Bedürfnissen bekannten. Fesselungs- und andere masochistische Phantasien sind demnach vor allem bei Transfrauen sehr verbreitet. Greiner, der als Anhänger der Evolutionpsychologie noch konservativere Vorstellungen von männlich und weiblich hat als Conway, hält das für ein eindeutiges Zeichen spezifisch weiblicher Lust. Frauen, glaubt er, wollen genommen werden und genießen die körperliche Überlegenheit des Mannes. Ebenso typisch für die Frauenlust hält Greiner den bei Transfrauen sehr verbreiteten sexuellen Genuss an der eigenen Weiblichkeit, ein Phänomen, das die Sexualwissenschaftler »Autogynophilie« nennen.

Als eins der »letzten großen Tabus bei Transsexuellen« schließlich nennt Greiner das, was die sexualscheue Judith Butler das »Streben nach Identität als Veränderung« nennt. Der bodenständigere Greiner hält dieses Streben für ein sexuelles. Er spricht davon, »es geil zu finden, diesen Weg zu gehen«, und verdeutlicht, warum keiner, der dieser Lust verfallen ist, sie seinen medizinischen Helfern gegenüber eingestehen darf. »Die Zurückhaltung ist berechtigt: denn wo Medizin nicht nur Hilfe zur sexuellen Selbsthilfe bietet, sondern unmittelbar der Befriedigung sexueller Phantasien dient, da prostituiert sich der Arzt.«[515] Die Transfrau als weiblich Leidende, als sexuelle Mater Dolorosa? Auch hier jedenfalls setzt sich im Bestehen auf den Unterschieden von weiblicher und männlicher Sexualität das Übliche durch.

Der Siegeszug des Sadomasochismus, *Shades of Grey*

Die meisten zeitgenössischen Diskurse zum Thema Sexualität kreisen entweder um Identitätsprobleme, Lustlosigkeit und Banalisierung oder um Missbrauch und Gewalt. Die Befriedigung, die Lust oder der Lustgewinn glänzen meist durch Abwesenheit. Die wenigen Experten oder Betroffenen, die sich dazu äußern, liebäugeln oder sympathisieren aber wie Greiner auf die eine oder andere Weise mit dem Sadomasochismus. Ob in Andeutungen oder direkt, praxisbezogen oder ideologisch, trivial oder literarisch, sie scheinen die Einzigen zu sein, denen der Sinn noch nach Lust steht. Nicht zuletzt war mir das beim Lesen der jüngsten Bücher des renommierten Sexualforschers Volkmar Sigusch aufgefallen, der in den 1980er Jahren die Zeitschrift *Sexualität konkret* herausgab. Dort schrieben vor allem die Interpreten von Michel Foucaults *Sexualität und Wahrheit* und die, die Georges Bataille wiederentdeckt hatten. Im Sinne der damals modischen Vernunftfeindschaft plädierten sie für Subjektivität, Spontaneität, Regellosigkeit, Ekstase, Gefahr und Risiko in der Sexualität.

All das greift Sigusch auf, wenn er heute gegen die sogenannte Verhandlungsmoral zu Felde zieht. Er bezieht sich dabei auf seinen Kollegen Gunther Schmidt, der den Begriff hierzulande einführte. Die Sexualmoral im herkömmlichen Sinn, so Schmidt, wird durch eine Moral der gegenseitigen Abmachungen ersetzt, derzufolge die Sexualpartner alles, was sie miteinander machen oder nicht machen wollen, vorher aushandeln müssen. Schmidt, der einer solchen Moral ambivalent gegenübersteht, führt als abstoßendes und seither immer wieder zitiertes Beispiel den Katalog sexueller Korrektheit eines obskuren amerikanischen Colleges an. Darin werden angeblich verbindliche Regeln zum Streicheln, Küssen und Beischlafen aufgelistet. Die damit etablierte Verhandlungsmoral, schreibt Schmidt, gilt sogar für Sadomasochisten, deren Sexualität damit der allgemeinen Banalisierung verfalle. »Damit ›entpersonifiziert‹ man die gefährliche Sexualität und treibt am Schluss etwas völlig Harmloses, Braves, ... in dem das Bizarre, Unberechenbare, auch Reizvolle der Perversionen verloren geht, kurz ratifizierten Sex.«[516]

Ganz ähnlich bedauert Sigusch, dass es heute mehr und mehr darum gehe, »das sexuelle Tun« in einem »scheinbar selbstbestimmt(en) Konsens«[517] wegzuverhandeln. Auf dem Hintergrund der Kommerzialisierung und Banalisierung von Sexualität führe das zum heutigen *lean sex*, weg von Rätsel und Geheimnis, erregenden Fetischen und Szenen, hin zur – horribile dictu – Demokratie. »Das gemeinsame Ziel der momentanen Diskurse heißt, liebenswürdig formuliert, Sexualdemokratie. Ein Grauen.«[518] Diesem Grauen gegenüber steht bei Sigusch die »Mega-Lust der gesunden (das heißt nicht mit Sucht verbundenen) Perversion«, die für den Nichtperversen unerreichbar sei. Immer wieder spricht er in diesem Zusammenhang metaphorisch vom »Lava-in-die-Adern-Gießen«[519] und kritisiert die mangelnde Akzeptanz der Perversion: »Die perverse Lust gehört zu den intensivsten überhaupt. ... Die Lebensfreude, die sie enthält, die extreme Reizhaftigkeit, das höchste Interesse, die garantierte Erregung, der enorme Lustgewinn und die perfekte Ablenkung vom allgemeinen Elend samt Depression und Leere, ... alles wird abgewertet, pathologisiert, auch dann, wenn bewusst gelebt wird ohne Risiko für sich und andere.«[520]

Sigusch hält einen »Hauch von Perversion« sogar für den Rettungsanker langjähriger, von der Langeweile bedrohter Liebesbeziehungen. »Ungewöhnliche, ›schmutzige‹ oder tabuisierte sexuelle Phantasien oder Praktiken« seien die Lava, die es diesen Paaren in die Adern zu gießen gelte. Schmutzig müssten die Phantasien sein, »weil Reinheit, Sauberkeit, Gewissenhaftigkeit und Rationalität die Gifte sind, die jede Erotik vertreiben.«[521] Die Moral der 1950er Jahre mit ihrer Abqualifizierung des Sexuellen als dem Schmutzigen lebt ins Positive umgedeutet wieder auf. Ergänzt wird sie durch den Vitalismus der 1980er Jahre, der Zeit der großen Leidenschaften, Geschlechterkämpfe und erotischen Duelle, der Femme fatales und der Toreros samt der Nostalgie nach dem Sexualverbot. Die, wie ich vermute, sadomasochistische oder fetischistische Perversion erscheint als Ausdruck ungezügelter, verbotener und schmutziger Lust, unberechenbar, ungleich, egoistisch und damit undemokratisch.

Ich las bei Siguschs und Schmidts Kollegen, dem Sexualforscher Peter Fiedler, nach. Dieser plädiert dafür, den »in wechselseitigem Einvernehmen gelebte(n) Sadomasochismus«[522] zusammen mit dem Fetischismus und dem Transvestitismus aus den psychiatrischen Diagnosesystemen zu entfernen. Vertreter des einvernehmlichen Sadomasochismus, erfährt man, haben vor dem Europäischen Gerichtshof für Menschenrechte das Recht auf legale Ausübung ihrer Form von Sexualität erstritten und können nicht mehr wie einst auf eine Psychotherapie verpflichtet werden. Fiedler selbst hat für diese salonfähige Art des Sadomasochismus den Begriff »inklinierend« eingeführt.

Den im Gegensatz dazu gefährlichen sexuellen Sadismus, wie er sich bei Vergewaltigern äußert, nennt er »periculär«. Wie fast alle zeitgenössischen Sexualexperten spricht Fiedler von einer sich ausbreitenden sexuellen Lustlosigkeit, bedingt durch Liberalisierung der Moral, durch Kommerzialisierung und damit Banalisierung der Sexualität. Und ebenso wie die meisten seiner Kollegen einschließlich Sigusch, der wie Bataille glaubt, dass Sexualität vom Verbot profitiere, vermutet auch Fiedler, dass Tabus »Voraussetzung für eine höhere Kultur der Lüste« seien. »Sich gemeinsam dem Unbekannten oder Verbotenen auszuliefern, bedingt gegenseitiges Vertrauen. Grenzen, die gemeinsam überschritten werden, dienen nicht nur der Sexualisierung, sondern auch der Bindung aneinander.«[523] Wieder klingt hier die seit den 1980er Jahren mehr und mehr popularisierte Vorstellung von der sinnlichen Überlegenheit der grenzüberschreitenden Sexualität an, mit der fast immer die eine oder andere Art von Sadomasochismus gemeint ist.

Eine Einführung in Praxis und Moral des heutigen Sadomasochismus bietet das vielverkaufte *SM-Handbuch* von Matthias T. J. Grimme, das außer Information auch Erlebnisberichte Betroffener enthält und voll von sinnlichen und emotionalen Statements ist. »Lust, Spaß, Genuss und Zufriedenheit«, »Liebe Fürsorge und erotische Vorstellungskraft«, erfährt der Leser, gehören zum »kleinen SM-Einmaleins«[524]. Immer wieder ist die Rede von der Tiefe der Erfahrungen, von Hingabe, Zuneigung und großer Liebe. Ein Sadist, der preisgibt, wie er seine Freundin zum ersten Mal schlug, berichtet von einem unbeschreiblichen Gefühl im Bauch, das ihm den Atem raubt und fast um den Verstand bringt. »Dieses Kribbeln … diese Macht … unvergleichlich … göttlich!«[525] Ein Masochist, der sich mit einer Domina angefreundet hat, schreibt vom gemeinsamen Ziel »Alltag und Verlangen« so sehr miteinander zu verbinden, dass beide Welten eins werden. Um dies und die dazugehörenden Gefühle zu erreichen, muss er sich einer permanenten Folter ausliefern. Als ihm seine Herrin ein Vorhängeschloss an die Hoden hängt und einen ständig zu tragenden Sporn in den Anus treibt, ist das Paar ebenso miteinander verschmolzen wie Sexualität und Alltagsleben. Eine masochistische Frau schließlich, die sich einer von ihrem Geliebten arrangierten SM-Inszenierung vor Publikum hingibt, beschreibt ihre Emotionen so: »Fühlen vor allem, wie es sich an den Grenzen anfühlt. ... Suche Macht, die ich deutlich spüren will, die ich brauche, die mich erregt. Lust und Schmerz. Lebendig sein.«[526] Der Peiniger, der das gleiche Erlebnis aus seiner Sicht beschreibt, schwärmt von der »köstlichen Auflösung«, in der sich seine am ganzen Leib zitternde »demütige Dienerin«[527] nach der Prozedur befindet.

Matthias T. J. Grimme, der der linken Szene entstammt, gehört zur ersten Generation der heterosexuellen neuen deutschen SM-Liebhaber, die sich erst circa 15 Jahre nach dem homosexuellen Auftakt als Emanzipationsbewegung zu organisieren und artikulieren begannen. Er ist Mitbesitzer und Verleger des einschlägigen Charon-Verlags und der SM-Zeitschrift *Schlagzeilen*. Sein persönliches Spezialgebiet ist Bondage (Fesselung) und Shibari (Japan-Bondage). In Grimmes Handbuch liest man, dass drei bis sieben Prozent der erwachsenen Deutschen zum Sadomasochismus tendieren, eine vergleichsweise große Minderheit. Man lernt außerdem, dass es weit mehr Sadisten als dazu passende Masochistinnen gibt, dass Dominas eine Mangelware sind und dass nur die wenigsten Partnersuchenden mit dem Geheimzeichen für ihre Neigung, einem Ring, der an einem anderen Ring befestigt ist, herumlaufen. Traditionelle Regeln zur nonverbalen Verständigung der Partner wie das Kreuzen der Hände hinter dem Rücken werden erläutert und Spezialwörter der Sexualausübung wie »Spiel«, »Session« oder (im Domina-Studio) »Behandlung« angeführt. Man erfährt von den vor Gericht nicht einklagbaren »Patronatsverträgen«, »Übereignungsverträgen« und »Sklavenverträgen« zwischen den Partnern nach dem Vorbild Severins, dem Protagonisten von Sacher-Masochs Novelle *Venus im Pelz*, sowie von Codewörtern, die dem Sadisten seine Grenzen signalisieren.

Für alles, was die SMler, wie Grimme seine Leute nennt, miteinander tun, gilt der von der amerikanischen schwulen Lederszene zuerst entwickelte Grundsatz des *safe, sane, consensual* (sicher, vernünftig, freiwillig), der die Verhandlungsmoral voraussetzt und verallgemeinert. Grimme steht strikt hinter dieser Moral und betont, dass sich die Partner von Rollenspielen im Alltag gleichwertig gegenüberstehen sollen. Er räumt allerdings ein, dass sich manche eine SM-Beziehung nur als totale, das heißt 24 Stunden am Tag und 7 Tage in der Woche, vorstellen können. Auch das sei mit der Verhandlungsethik vereinbar. Wie viele zeitgenössische SM-Anhänger definiert Grimme Sadomasochismus als Austausch von Macht. Was das für ihn als (zumindest ehemaligen) Linken bedeutet, wird deutlich, wenn er die üblichen Einteilungen in oben und unten, Dominanz und Unterwerfung relativiert, indem er auf sadistische Devote oder devote Sadisten, auf masochistische Dominante und Rollenwechsler hinweist. Keiner sei besser oder schlechter als der andere, betont er und warnt vor dem »Ausverkauf der eigenen Persönlichkeit«[528]. Immer wieder kritisiert Grimme bestimmte machohafte Sados, die bei Partys ungefragt Frauen angrapschen, besoffen herumpöbeln oder angekettete Masochistinnen als Freiwild betrachten.

Das, was dem Bondage-Spezialisten selbst am meisten zuzusprechen scheint, ist die sadomasochistische Sex-Magie, bei der es um körperliche Grenzerfahrungen oder um intensives Schmerzerleben mit verschiedenen Zielen geht. Ob das Gefühl des Heraustretens aus dem eigenen Körper, das Wechseln des Bewusstseinszustands oder eine Form von Initiation, immer geht es, so der Shibari-Meister, um ein tendenziell »gleichberechtigtes Spiel« und um ein »freies Fließen der Macht«[529]. »Hier ist ... keine strenge Domina und kein konsequenter Herr nötig, sondern ein Begleiter, vielleicht ein Führer, der den Weg schon mal gegangen ist.«[530] Im Zusammenhang mit Signalen, die die jeweils sexuelle Präferenz angeben sollen, und auch, wenn er über die meist stark genormten Fetischkostüme spricht, versucht Grimme sein Publikum zum Experimentieren und zum kreativen Ausprobieren zu ermutigen. Er nennt SM ein »Spiel mit unendlich vielen Möglichkeiten«[531]. Eine Chance sei es für die noch junge SM-Bewegung, offen für Neues und für Normverletzungen zu sein, statt sich wie in der bürgerlichen Gesellschaft starren Regeln zu unterwerfen. Sollte Sadomasochismus eine antibürgerliche Lebensweise sein, die an die Abwendung von den Konventionen zu Zeiten der Sexuellen Revolution erinnert? Wie Foucault, die schwulen SM-Funktionäre oder Madonna versucht Grimme, die Sexualität in der Tradition de Sades antihierarchisch zu reformieren und zu humanisieren, so dass sie als etwas Avantgardistisches oder Progressives erscheint.

Ein zweites Standardwerk zur Einführung in dieses Metier heißt *Die Wahl der Qual – Handbuch für Sadomasochisten und solche, die es werden wollen*. Kathrin Passig und ihre Lebensgefährtin Ira Strübel veröffentlichen es im Jahr 2000 im Zuge der zweiten Welle der heterosexuellen SM-Gruppenbildungen. Passig, die 2006 den Ingeborg-Bachmann-Preis und den Kelag-Publikumspreis gewann, gehört zu den Gründern des einflussreichen Vereins »BDSM Berlin«. Sachlich, pragmatisch und ausführlich liefert *Die Wahl der Qual* Informationen zu gängigen Erklärungsversuchen von Sadomasochismus, zu klinischen Diagnosen, Pornographie-Gesetzen und zur Geschichte der SM-Subkultur. Themen wie SM im Internet, Partnersuche, Sicherheitsmaßnahmen und SM-Partys werden behandelt.

Hauptanliegen der Autorinnen ist die Anerkennung der von ihnen bevorzugten Sexualform im Rahmen dessen, was heutzutage als normal und moralisch unbedenklich gilt. Ähnlich wie bei vielen radikalen Transgender-Aktivisten erscheint als einziges soziales Problem das Vorurteil gegenüber den Betroffenen. Sadomasochismus, so die Botschaft, ist etwas absolut Normales, dessen Herkunft zu hinterfragen müßig ist. Vielmehr gilt es dessen ganz normale Anhänger zum Coming-out zu führen und ihre soziale Anerkennung zu erstreiten. Anders als bei Grimme, dessen Buch etwas Verführerisches anhaftet, kommt Sexualität als solche bei Passig/Strübel nicht vor, weder Techniken noch Gefühlszustände werden beschrieben. Die Autorinnen prophezeihen ihren Lesern stattdessen Erleichterung und Befreiung, sobald sie sich zum Akzeptieren ihrer SM-Neigungen entschlössen und warnen vor unausgelebten Phantasien. Das versprochene Glück ist auch bei diesen Autorinnen ein mehr identitäres als sexuelles und erinnert an das, was Transsexuelle sich von ihrer Verwandlung versprechen.

Bei der von Passig vermittelten Variante des Sadomasochismus stehen nicht die Schmerzlust, sondern Spiele mit Macht, Demütigung und Unterwerfung im Mittelpunkt. Alltag und Sexualität, Gewalt und Gewaltdarstellung gelten als strikt getrennt. Die meisten Betroffenen können das sexuelle Oben und Unten angeblich abwechselnd genießen, und die Autorinnen warnen vor Sklavenverträgen. Auch von der »24/7«-Beziehung raten sie ab und spielen deren Beliebtheit und Verbreitung herunter. Der moderne, an der Verhandlungsmoral orientierte Sadomasochismus präsentiert sich als demokratisch, geschlechterblind, unideologisch und unpolitisch. Sexualität, betont Passig, soll frei von jeder Political Correctness und von gesellschaftspolitischen Zielen sein.

Damit erledigt sich nicht nur die berechtigte Kritik an der feministischen Leugnung des Masochismus von Frauen, sondern auch der Anspruch der Neuen Linken und des Feminismus, das Politische auf das Private und umgekehrt zu beziehen. Aus dem Privaten wird damit das bescheidene Glück, das bleibt, wenn man die Hoffnung auf politische Veränderung aufgegeben hat. Ein Rat an Frauen beispielsweise, sich bei der Partnersuche im Internet realistisch zu verhalten, läuft auf eine Anpasserei hinaus, die Passigs Normalisierungsbemühungen als resignative Anerkennung der gegebenen gesellschaftlichen Verhältnisse enthüllen: »Als Frau sollte man nicht allzu sehr auf seinen eigenen Status und Intelligenz und Ausbildung verweisen, weil man ansonsten eine Menge Männer abschreckt, die damit Schwierigkeiten haben oder kriegen.«[532]

Sowohl Grimme als auch Passig erwähnen ein Buch, das im Jahr 1990 zur Initialzündung der deutschen heterosexuellen SM-Bewegung und ihrer Subkultur wurde. *Lust an der Unterwerfung* heißt der autobiographische Bericht der damals 25-jährigen Journalistin Sina-Aline Geißler. Grimme meint anerkennend, dass nur eine Masochistin solchen Einfluss üben konnte, nicht etwa ein sadistischer oder masochistischer Mann, ebenso wenig wie eine peitschenschwingende Frau. Nicht viel anders äußert sich Passig zu dem Kultbuch: »Viele Sadomasochistinnen sprechen später von einer entscheidenden Botschaft, die ihnen das Buch vermittelt habe: dass sie mit ihrer Neigung nicht allein seien.«[533]

Das stilistisch zwischen flachem Essayismus, Selbsterfahrungsbericht und Reportage einzuordnende Schlüsselwerk begrüßt den Leser mit einem hochgesteckten Versprechen: »Die Kunst, die Veranlagung zum Masochismus in eine selbstbestimmte Frauenexistenz zu integrieren, bezeugt in Wahrheit eine geglückte und wirkliche, eine glaubwürdige Emanzipation.«[534] Wieder beteuert die Autorin, dass sie keinen Widerspruch zwischen Emanzipation und Masochismus sieht. Habe sie doch Geld für Frauenhäuser gesammelt und für die Gleichstellung der Frauen demonstriert, obwohl sie sich wünschte, von ihrem Partner geschlagen zu werden. Geißlers frühe Erinnerungen zeugen von der verzweifelten Suche nach Strafen und Demütigungen eines Kindes niemals prügelnder Eltern. Als Erwachsene setzte sie dies in der Suche nach einem dominanten Mann fort. Nach einem, der noch nicht vom Feminismus angekränkelt ist wie jener »weichgesichtige Softie«, den sie einen »Waschlappen«[535] nennt, weil ihm der Mumm fehlte, sie im Befehlston zum Beischlaf aufzufordern.

Auf dem Weg zu Geißlers Identitätsfindung stehen wie Wegweiser Interviews mit Gleichgesinnten, deren Leben und Lieben sie mehr oder weniger überzeugte. Da ist die Masochistin, die ihr Coming-out nach einer knapp überlebten Doppelvergewaltigung hatte. Neben ihrem Leben in einer gutbürgerlichen Familie dient sie dreimal in der Woche einem Herrn, der neben ihr vier weitere Sklavinnen hält. Der Herr, der sich weder auf Regeln noch Grenzen einlässt, martert sie so grausam und einfallsreich wie die Teufel die Sünder in der Hölle des Hieronymus Bosch. Er stellt sie im *Sklavenclub Justine* aus, gewinnt Preise für ihre Schmerzbelastbarkeit oder Fügsamkeit und leiht sie an andere Herren aus. Sie weiß: »›Ich bin ein Stück Dreck, ein Stück Fleisch, wertlos, ersetzbar, ein bloßes Objekt seiner Begierden.‹«[536] Und das, so die Interviewte, sei alles zu ihrem Besten, denn nur die totale Zurückstellung eigener Bedürfnisse dem Herrn gegenüber, habe sie zu einer guten, verständnisvollen Mutter gemacht.

Es folgt der Selbsterfahrungsbericht der Autorin von der Beziehung mit einem Mann, der sie in einem Sklavenvertrag zu völliger Selbstaufgabe in allen Lebensbereichen zwingt und sie rund um die Uhr aufs Brutalste demütigt und quält. Sie verlässt ihn am Ende, nicht weil er ein autoritäres Schwein ist, sondern nur, weil sie sich ungeliebt fühlt. Erst die Begegnung mit einer weiteren Interviewpartnerin, einer »Halbasiatin«[537] namens Lin, zeigt Geißler schließlich, was wahre Liebe und wahre Hingabe ist. Lin lebt unter einem Sklavenvertrag in Leibeigenschaft nur für ihren Herrn »Sir Stephen«, der sich das leisten kann. Vor zwanzig Jahren kaufte er sie von einem anderen Herrn für 30.000 Mark. Als er sie ins Gefängnis seiner Luxusresidenz mit Folterkammer gebracht hatte, nahm er sie in die Arme, küsste sie und beteuerte seine Liebe. Dann schlug er sie und sperrte sie in ein Kellerverließ. Er versprach, sie erst dann wieder zu küssen, wenn sie zu dem geworden sei, was er aus ihr machen wolle. Es dauere 18 Jahre bis Lin ihren zweiten Kuss erhielt. Trotzdem ist sie noch nicht perfekt, darf kein eigenes Zimmer haben und nur in Sir Stephens Begleitung ausgehen, weil sie noch immer nicht unterwürfig genug ist.

Noch immer nicht genug hatte auch Sina-Aline Geißler, die jetzt endlich wusste, was wahre Liebe ist: »Irgendwie kommt sie (Lin) mir ... wie eine Heilige vor, wie etwas unendlich Kostbares. Sie strahlt die Erfüllung aus, die sie genießen darf. Stolz, Demut und diese ungeheuere Liebe leuchtet aus ihren Augen.«[538] Am Ende des Interviews wird Geißler von Lins Herrn hinausbegleitet. Er sieht ihr in die Augen und sie zerschmilzt. »Dieser Blick! Ich verstehe Lin. Ich begreife jedes ihrer Worte.«[539] Durch Liebe erst, das habe sie von Lin gelernt, werde der »Schmerz zur Liebkosung«, die »Erniedrigung zur Erhöhung« und die »Demut zur Hingabe«[540]. Seit der Begegnung mit dieser großen Liebenden habe sie sich als Masochistin akzeptieren können, als etwas ganz Besonderes und Wertvolles, zu intensiveren Gefühlen fähig als andere, demütig aus Liebe und Dankbarkeit für empfangene Liebe. Endlich war sie sich ihrer Natur als Frau bewusst geworden, war zu einer stolzen Frau und einer stolzen Masochistin geworden.

Die Schilderung des traditionellen Frauwerdens der Sina-Aline Geißler hat ein Happy End. Krönender Abschluss ihrer Entwicklung ist die Begegnung mit ihrem damaligen Mann. Es war der inzwischen verstorbene Pädagoge Wolfgang Bergmann. Bis heute ist er bekannt für seine Forderung nach einer männerspezifischen Erziehung der deutschen Schulknaben, die er einer angeblich typisch weiblichen Kuschel- und Friedenspädagogik gegenüberstellte. Für Geißler ist dieser Maskulinist der Inbegriff eines richtigen Mannes, dessen Blick überlegene Ruhe ausstrahlt und die junge Journalistin in die Knie zwingt. »Ich verflüssige mich, ich laufe aus, fließe in seine Hände: Forme mich, so wie du willst!«[541] Masochismus ist für die Frau, die die Bewegung der deutschen Sadomasochisten angestoßen haben soll, die höchste Form von Liebe. Zum hunderttausendsten Mal erscheint die selbstverleugnende Liebe als wahre Bestimmung der Frau. Gleichheit und intellektueller Ehrgeiz können ihr nur schaden, weil sie sie ihrer natürlichen Instinkte berauben. Die Frau als geistig inferiores Gefühlswesen, das der Mann als seinen Besitz und seine Dienerin betrachtet.

Die Medien stürzten sich auf das Buch, allen voran der *Stern*, dem die Autorin ein ausführliches Interview gab. Feministinnen besetzten danach die Redaktion, und eine Frauengruppe stellte Strafanzeige wegen Gewaltverherrlichung, Aufforderung zu Vergewaltigung und Missbrauch. Wolfgang Bergmann wiederum machte seiner Rolle alle Ehre, indem er dem Männermagazin LUI gegenüber bekannte, wie stolz er auf seine Frau sei. Begriffen habe sie doch, dass der Mann stärker und kräftiger an Körper, Seele und Intelligenz sei.

21 Jahre nach *Lust an der Unterwerfung* erschien der pornographische Kitschroman *Shades of Grey*. Er handelt von der Beziehung einer amerikanischen Studentin mit einem steinreichen Geschäftsmann, der Sex nur als Sadist genießen kann. Die britische Autorin Erika Leonard hatte den 600-Seiten zählenden Schinken ursprünglich als Fan-Fiction zu dem populären Vampir-Roman *Twilight* geschrieben und auf Fan-Webseiten veröffentlicht. Erst

allerdings als sie den gutmütigen Vampir-Protagonisten zu einem sadistischen Millionär umschrieb, die Sexszenen erweiterte und den Text auf ihrer eigenen Webseite veröffentlichte, war ihm Erfolg beschieden. Der Roman erschien zunächst als E-Book, dann als Taschenbuch in einem Kleinverlag. Von großen Verlagen aufgegriffen und später um zwei Fortsetzungen erweitert, verkaufte sich der Softporno so schnell wie nie ein Buch zuvor auf der Welt. Die Trilogie wurde in 37 Ländern vertrieben und fand bis heute weltweit 70 Millionen Käufer. Erika Leonard, die verheiratet ist und zwei Kinder hat, wurde vom *Time Magazine* zu einem der hundert einflussreichsten Menschen der Welt erklärt. Zu Beginn ihres Ruhmes war sie 48 Jahre alt und kämpfte eigenen Aussagen nach mit einer Midlife-Crisis. Das brachte ihrem Buch die hämische Rede vom »Mutti-Porno« ein.

»Für Niall, den Herrn und Meister meines Universums«[542]. Mit dieser Widmung dankt die Autorin ihrem Ehemann Niall Leonard für die Überarbeitung des Manuskripts. *Shades of Grey* ist noch schlechter geschrieben als die meisten Arztromane. Die klischeehaft abgedroschenen Metaphern wiederholen sich so penetrant, dass man sich wundert, warum der Herr und Meister, der immerhin Drehbuchautor ist, das durchgehen ließ. Die 21-jährige Protagonistin Ana errötet auf fast jeder zweiten Seite, wird rot, fühlt die Röte in ihrem Gesicht aufsteigen, wird dunkelrot, läuft knallrot an usw. Zahlreichen Personen fällt inflationär die Kinnlade herunter, und zwischen den Protagonisten knistert es in regelmäßigen Abständen. Die Augen des männlichen Helden Christian sind grau, wahnsinnig grau oder tiefgrau, und er hat einen Adlerblick, der sich bisweilen vor ungezügelter Lust und Gier verschleiert. Seine Augen blitzen auf, das Verlangen glitzert in ihnen, er hat silbrigen Glanz in ihnen oder flüssiges Silber. Seine Stimme ist leise, drohend und unglaublich erregend. Anas Blut gerät in Wallungen, köstliches, tiefes Verlangen durchströmt sie, lustvoller Schmerz durchfährt sie, ihr Blut strömt heiß durch ihre Venen und ihre Nerven vibrieren vor Erregung. *Shades of Grey*, obwohl streckenweise unerträglich langweilig, erzeugt Neugierde und damit den Bedarf nach mehr, so dass ich selbst trotz heftigen Widerwillens weiterlas. Es scheint mit solchen Texten zu sein wie mit dem Fastfood. Obwohl oder weil es schlecht ist, will man es immer wieder und immer mehr davon. McDonald's und andere Junkfood-Produzenten wissen das, schrauben die Qualität weiter nach unten und vergrößern die Portionen. Ganz wie Erica Leonard, die insgesamt fast 2000 Seiten produzierte.

Die Handlung des Buches ist dürftig, denn es lebt von seinen Sex-Szenen. Die Protagonisten Ana und Christian treffen sich während eines Interviews, das die Studentin mit dem jungen Großunternehmer führt. Er sieht in dem schüchternen Mädchen zunächst nur eine ideale »Sub«, mit der er seine sadistische Sexualität ausleben könnte. Bald aber verliebt er sich in sie, umwirbt sie mit allen Mitteln bis hin zum Stalking und entjungfert sie schließlich. Danach bittet er sie, einen SM-Vertrag zu unterschreiben, demzufolge sie ihm an drei Tagen der Woche im »Spielzimmer« seiner Luxusresidenz zu Diensten sein solle. Ana ist vom ersten Moment an in Christian Grey verliebt, gewinnt Gefallen an der Schmerzlust, die er ihr beim Koitus bereitet, an seinen Schlägen mit der nackten Hand, den damit verbundenen Demütigungen und einigen eher harmlosen SM-Spielen in seiner in rotem Leder gehaltenen Folterkammer. Christian schenkt Ana ein wertvolles antiquarisches Buch, einen Computer sowie ein Auto und lädt sie zu Trips in seinen Privatflugzeugen ein. Sie schwankt zwischen ihrem Anspruch, eine selbständige Frau zu sein, und ihrem Wunsch, nur für ihren Traumprinzen zu leben und ihm ganz zu gehören.

Die beste Freundin der Protagonistin, eine typische amerikanische Erfolgsfrau, warnt vor Christian, den sie für einen beziehungsunfähigen Kontrollfreak hält. Ana findet heraus, dass Christians Sadismus eine Folge des Missbrauchs ist, den er als Kind und Jugendlicher erlitten hatte. Sie hofft, ihn durch ihre Liebe von seinen Obsessionen zu befreien. Am Ende provoziert sie ihn zu einer harten Züchtigung, um herauszufinden, ob sie seinen Anforderungen gerecht werden kann. Die Schläge sind zu brutal, sie wendet sich von ihm ab, gibt ihm alle Geschenke zurück und verlässt ihn. Allerdings nur, um im zweiten Band zu ihm zurückzukehren. Tatsächlich heiratet das Traumpaar, baut ein Haus und bekommt Kinder.

Sexualität erscheint in *Shades of Grey* als eine unerbittliche Macht, gespeist von der Unterschiedlichkeit der Geschlechter und der davon erzeugten Spannung zwischen ihnen. Christians erotische Ausstrahlung lässt Ana zu einem »zitternden Häuflein weiblicher Hormone«[543] zusammenschmelzen. Und der erregte Millionär wird als unberechenbares Raubtier, als Panther oder Berglöwe beschrieben. Die sexuelle Praxis aber ist nicht nur lustvolle Erfüllung des Verlangens, sondern vor allem anstrengend wie Leistungssport. Entspannung gibt es nur danach, wie beim Muskelmann, der sich nach getanem Work-out erst so ehrlich müde fühlt. Der perfekt trainierte Christian verlangt von seiner Geliebten, sich für die erotischen Begegnungen mit ihm fit zu machen. Trotz anfänglicher Weigerung sieht diese, »steif und durchgevögelt«[544], ein, dass sie einen Personal Trainer braucht, wenn sie nur »annähernd mit ihm mithalten will«[545]. Sex, so die Botschaft, die daraus spricht, ist hart, so hart wie das Leben, so konkurrent und gnadenlos wie man sein muss, um nicht unterzugehen.

Der Leistungssex wird keineswegs unter Gleichen ausgetragen, denn weibliche und männliche Sexualität unterscheiden sich so sehr wie ein Berglöwe von seinem Beutetier. Wund ist nur Ana nach den Fickszenen, Schmerzlust, süße Qual und süße Erniedrigung empfindet nur sie, ob beim »Blümchensex« ohne Schläge oder bei SM-Inszenierungen. Schon bei der Androhung von Strafe, Schmerz und schmerzhaftem Sex gerät sie in höchste Erregung. »Ich werde dir den Hintern versohlen, und dann werde ich dich ficken, und zwar schnell und hart. ... Seine Stimme ist leise, drohend. Und unglaublich erregend. Die Lust frisst sich förmlich durch meine Eingeweide, brennend, scharf und übermächtig.«[546] Die Frau als natürliche Masochistin, wie immer und immer.

Auf der anderen Seite der hart fickende Christian, der seinen Penis erbarmungslos und unerbittlich in Ana hineinstößt, immer schneller und härter, bis sie nur noch wimmert. Der Mann muss die Frau nehmen und es ihr mit aller Kraft besorgen, so wie sie es nun einmal will. Dafür hat er beim Sex nicht etwa Schmerzen, sondern das Gefühl, die Frau zur Beute zu machen und in Besitz zu nehmen. »›Ich will dass du wund bist von mir, Baby.‹ ... ›Morgen sollst du dich bei jeder Bewegung an mich erinnern. Nur an mich. Du gehörst mir.‹«[547] Die von Christian Grey bevorzugte Form des Sadomasochismus ist dementsprechend einseitig, obwohl sie sich ganz korrekt im Rahmen der Verhandlungsmoral bewegt. Es gibt keinen Rollenwechsel, starr verbleibt der Mann im Part des Dominus.

Der Mann, so klingt es aus dem größten erotischen Bestseller aller Zeiten, kann Sex mit oder ohne Liebe genießen, die Frau nur mit. Liebe und Erregung sind bei Ana eins, ganz wie bei den zarten Maiden der sentimentalen Literatur des 19. Jahrhunderts, vor allem der angelsächsischen, die der Autorin und ihrer Protagonistin geläufig ist. Ana, die Ahnungslose, ist unberührt, unschuldig, unerfahren, hilflos und rein. Christian, der Verführer, ist abgebrüht und verderbt. Er hat viel hinter sich, eine böse Kindheit vor allem, die das Mitleid der Frauen erregt. Gleichzeitig ist er der Traumprinz, reich, schön, jung, edel und gut. Er ist Alex d'Urberville und Angel Clare aus Thomas Hardys Roman *Tess von den d'Urbervilles* in einem, der skrupellose Vergewaltiger und der selbstlose Retter der geschändeten Unschuld. Ana ist Tess, die unterwürfige Heldin dieses Klassikers des weiblichen Masochismus, wie es aus dem Gespräch mit Christian über ihren Lieblingsroman hervorgeht: »›Ich könnte ein unerreichbar hohes Ideal in dir sehen wie Angel Clare oder dich erniedrigen wie Alec d'Urberville‹, erklärt er mit leiser Stimme. ... ›Wenn es nur zwei Wahlmöglichkeiten gibt, entscheide ich mich für die Erniedrigung‹, flüstere ich und blicke ihm in die Augen.«[548]

Ana wählt die Erniedrigung, weil ihr dass spannender vorkommt, und wahrscheinlich auch, weil das Bestechungsgeld hoch ist. Der, der sie erniedrigen will, ist weder ein romantischer, mittelloser Jüngling noch ein alter, fetter Millionär, sondern ein junger, sehr attraktiver Mann mit sehr viel Geld und Geschmack. Ausführlich beschreibt die Autorin Anas Leben im Luxus: die elegant minimalistisch eingerichtete Residenz des Helden in Seattle mit atemberaubendem Blick auf den Sund, die Suiten in den Nobelhotels, die Luxusautos, den Hubschrauber und das Segelflugzeug. Die Austern, die Ana schlürfen lernt, die erlesenen Weine, die sie zusammen trinken und die beneidenswerten Designerkleider, die er ihr kauft. Wer würde da nicht ein paar Prügel in Kauf nehmen?

Die prokapitalistische Propaganda in *Shades of Grey* besteht nicht nur in der penetranten Werbung für Immobilien, Autos, Flugzeuge und Feinschmeckerspeisen, sondern auch in der PR für Sexspielzeuge. Geworben wird für eine Sexualität, die schmerzhaft und anstrengend ist und dazu noch einen Haufen Geld kostet. Widerspruchslos gesellt sich zu dieser Botschaft die Favorisierung der monogamen Ehe und der neokonservativen Familienwerte. Ana und Christian beteuern einander schon vor und noch mehr nach ihrer Hochzeit immer wieder, dass sie einander besitzen und niemals von ihrem Eigentum lassen werden. Anas Mutter aus der 68er Generation dagegen war viermal verheiratet und kann nicht kochen. Das wird ihr verübelt, nicht aber die Emotionalität, mit der sie ihrer Tochter rät, auf ihre Gefühle zu hören und nicht zu viel nachzudenken. Die weibliche Ebene des Fühlens verbindet Mutter und Tochter in vorbildlicher Familienliebe und lässt über das Versagen der 68erin in der Ehe hinwegsehen. Intakte Familien wiederum leuchten als moralische Vorbilder, und Christians nie geschiedene Adoptivmutter wird zum Rollenmodell der Protagonistin. Ana, das Scheidungskind, wünscht sich nichts mehr, als den ersten und einzigen Mann in ihrem Leben zu heiraten, mit ihm in einem von ihr gestaltetem Heim zu wohnen, Kinder großzuziehen und immer mit ihm zusammenzubleiben.

Trotz der literarischen Minderwertigkeit des Porno-Bestsellers wurde er von vielen anspruchsvollen Kritikern wohlwollend aufgenommen. Der bekannte Journalist Milosz Matuschek zum Beispiel ist der Ansicht, das Buch verdanke seinen Erfolg der »Lust daran, so sein zu können, wie man ist. Ja auch gern mal richtig rückständig, was das Frauenbild angeht.«[549] Er nimmt diese Erkenntnis zum Anlass, um den Frauen die »Emanzipation von der Emanzipation« nahezulegen wie einst der Nazi-Ideologe Alfred Rosenberg. Cora Stephan hält *Shades of Grey* für »die ultimative Kampfansage an den Mann«[550]. Matthias T. J. Grimme freut sich, dass erstmals seit Erica Jongs *Angst vorm Fliegen* ein »Sex-positives Buch« zum Erfolg »gehyped« wurde. Es gehe darin um »guten Sex in einer Welt, wo dieser Mangelware«[551] sei. Kathrin Passig macht sich zwar über den schlechten Stil und die einfallslose Handlung des Bestsellers lustig, anerkennt aber die wirklichkeitsnahe Schilderung des heutigen Sadomasochismus, bei dem alles Verhandlungssache sei. Weitere Rezensentinnen und Rezensenten lobten vor allem den vorurteilslosen Umgang der Autorin mit dem Thema Sadomasochismus.

Sogar Alice Schwarzer, die in der Vergangenheit entsprechende Neigungen bei Frauen abzustreiten oder strengstens zu verurteilen pflegte, überraschte mit einer positiven Deutung von *Shades of Grey*. Der Roman sei das »Gegenteil von Pornographie«, erklärt sie, weil die Frau »denkendes und handelndes Subjekt« bleibe. Schließlich habe sie »das Spiel mit dem Feuer« selbst gelöscht, indem sie den dominanten Liebhaber verließ. Das und die Tatsache, dass eine Frau über einen männlichen Sadisten schreibt und sich zu ihren eigenen Phantasien bekennt, sei »eher emanzipiert«[552]. Schwarzer, die einst den Lustgewinn der Frauen bei der Penetration leugnete, geht sogar so weit, den hart stoßenden Christian Grey einen »charmanten Sadisten« und einiges mehr zu nennen: »Er ist ritterlich, fürsorglich und ein phantastischer Liebhaber.«[553]

Was ist geschehen? Warum keine Rüge des überkommenen Frauenbildes, warum keine Kritik der schmerzbereitenden, männerorientierten Leistungs- und Konsumsexualität? Warum kein Zweifel am Nutzen der neokonservativen Familienwerte? Warum war der Literaturexperte Denis Scheck der Einzige, dem auffiel, dass die Schilderungen des im Geld schwimmenden Millionärs obszön sind? Beugen die Kritiker das Knie vor dem scheinbar endgültigen Sieg des Kapitalismus? Ich fürchte ja, denn alles adelt der Erfolg. Ein Buch, dem der Markt so hold ist, das solch astronomische Gewinne einbringt, da sollte man sich besser nicht den Mund verbrennen. Als ich diese Zeilen schon geschrieben hatte, wurde ich von einem Essay der bekannten Soziologin Eva Illouz überrascht, in der sie das Erfolgsgeheimnis von *Shades of Grey* hinterfragt und den Roman vom Standpunkt des wertfreien Wissenschaftlers im Sinne Max Webers analysiert. Ähnlich wie Schwarzer bescheinigt Illouz dem SM-Porno eine zumindest vulgärfeministische Botschaft und der Protagonistin weibliches Durchsetzungsvermögen.

Ich hatte Illouzs jüngstes Buch *Warum Liebe weh tut*, das den Prozess der Eingliederung von Liebesbeziehungen in die Ökonomie des Kapitalismus beschreibt, mit Gewinn gelesen. Treffend geschildert und gut belegt ist darin zum Beispiel die Entstehung des Sexappeals als einem mächtigen Mittel der Werbung für Kosmetika, Kleider und Freizeitvergnügungen, das die Konsumenten selbst verändert, indem es ihnen verstärktes Konkurrenzverhalten aufzwingt. Einleuchtend ist auch Illouz' vielen Frauen aus dem Herzen sprechende Analyse der Entstehung von Heirats- und Partnerschaftsmärkten, die zwar die Wahlmöglichkeiten maximieren, gleichzeitig aber Bindungsängste vor allem bei Männern provozieren. Den dabei aufkommenden Nostalgieverdacht zerstreut das Bekenntnis der Autorin zur »Moderne«, die trotz des Leidens, das Errungenschaften wie persönliche Autonomie, Selbstbestimmung und Gleichheit mit sich bringen, allemal besser sei als alles davor. Kritik an eben dieser Moderne, am Kapitalismus als scheinbar einziger moderner Gesellschaftsform, übt Illouz als wertfreie Wissenschaftlerin nicht. Daher kommt es, dass ihr Begriff von Freiheit und sexueller Freiheit unkritisch bleibt. Freiheit und Marktfreiheit vermischen sich, so dass die Warenförmigkeit menschlicher Beziehungen unser Schicksal zu sein scheint. Das Gleiche gilt für die »Pornofizierung der Kultur«, die sich »vor dem Hintergrund der kommerzialisierten, von den Fesseln ihrer moralischen Regulierung befreiten Emanzipation sexueller Wünsche und Phantasien«[554] vollzieht.

In ihrem Essay über *Shades of Grey* berichtet die Soziologin ausführlich vom schwindelerregenden Absatz des schlechten Buches, von seinen Qualitäten als Sexratgeber, der verblüffenden Verkaufssteigerung von Sexspielzeug, der Werbung mit Ana und Christian in Sexläden und von Workshops zu ihren Sexualpraktiken. All das nimmt sie als Beweis dafür, dass das Erfolgsgeheimnis der Trilogie in der Thematisierung des Sadomasochismus liegt, der seinerseits »die Verfassung der Beziehungen zwischen Männern und Frauen in der Spätmoderne«[555] widerspiegele. Beziehungen, in denen die Bedingungen des Zusammenlebens dank größerer Gleichheit und Autonomie der Beteiligten immer wieder neu ausgehandelt werden müssen. Eine SM-Beziehung setzt, so die Autorin, diesem anstrengenden Dauerhandel ein Ende, indem sie in der vertraglich festgeschriebenen Reproduktion traditionell ungleicher Geschlechterrollen Klarheit, Sicherheit und Beruhigung schafft. Sie tut dies, so Illouz, auf einer rein spielerischen Ebene und ganz im Dienste der Lust, ohne in die feudal patriarchalische Gesellschaft, der diese Rollen entstammen, zurückzufallen. Damit entsteht eine »zeitgenössische Liebesutopie«, die sich »wie Phönix aus der Asche der Konventionen romantischer Leidenschaft erhebt«[556]. Die Frage drängt sich auf, ob der sich erhebende Phönix nicht die Ungleichheit der Geschlechter selbst sein könnte, die wiederkehrt, dass wir es statt mit einer rückwärtsgewandten Utopie mit dem Widerschein tatsächlichen gesellschaftlichen Rückschritts zu tun haben.

Sadomasochismus kann, glaubt man Illouz, noch mehr. Er verwandelt das psychische Leiden der Menschen an ihren Beziehungen, die wegen der für die Moderne typischen Unsicherheiten zwangsläufig zwischen Schmerz und Genuss schwanken, in körperlichen Schmerz und mischt diesen mit Begehren und Lust. »BDSM verleiht dem Schmerz eine Form, ästhetisiert ihn also und ermöglicht es damit, sich vom Schmerzerleben zu distanzieren und dieses zu kontrollieren.«[557] Die Bekämpfung des Schmerzes mit Schmerz, eine Austreibung des Teufels mit dem Beelzebub? Gäbe es nicht andere Mittel, um Verlustangst und Unsicherheit in Liebesbeziehungen zu bekämpfen? Soziale Strategien beispielsweise, die sich gegen die Isolierung der Individuen richten, so dass schmerzhafte Abhängigkeit von einer Person nicht mehr die Regel wäre?

Am Ende ihrer Analyse erklärt Illouz die Lektüre von *Shades of Grey* zu einem »Akt des modernen Selbstseins ... der Selbstermächtigung und Selbstverbesserung«[558] und erhebt den Sadomasochismus zu einer »brillanten Lösung für die strukturelle Instabilität von Liebesbeziehungen«[559]. Trotz oder vielleicht wegen ihres Anspruchs wissenschaftlicher Wertfreiheit und moralischer Neutralität vermittelt der Essay im Kielwasser des Megabestsellers nicht nur Bewunderung für dessen astronomische Verkaufszahlen, sondern auch Anerkennung oder gar Empfehlung der darin propagierten Sexualpraxis. Die Leserinnen der Trilogie erscheinen weder als Opfer altmodischer Illusionen vom Traumprinz, der sie von den Sorgen des Alltags erlösen wird, noch als bereits erfolgreich verdummte Zielgruppe von Kitsch und »Porn«. Nein, diese Frauen sind hedonistische Utopistinnen einer Welt, in der sie romantische Liebe gepaart mit ehelicher Monogamie und höchster Lust genießen könnten.

Eben diese große Lust, besungen in den einander jagenden Sexszenen von *Shades of Grey*, ist jene Lüge maßloser Übertreibung, mit der jeder Porno sein Publikum ködert. Kein realer Mann ist so potent und so sehr auf den Orgasmus seiner Geliebten versessen wie Christian Grey. Nie im wirklichen Leben könnte eine Frau beim allerersten Geschlechtsverkehr einen so überwältigenden Höhepunkt erleben wie Ana Steele. Nie könnte eine sexuelle Beziehung in einer langjährigen Ehe so frisch bleiben wie die des Protagonistenpaares, ob mit oder ohne Handschellen und Vaginalklammern. Die zu solchen Illusionen gehörende Annahme, dass die Lust der Ana und aller anderen masochistischen Frauen oder Männer direkt vom Schmerz kommt, entspricht einer weiteren Pornolüge. Glauben kann daran nur, wer das entsprechend verzerrte Bild von der Sexualität verinnerlicht hat. Oder wer wie Illouz annimmt, dass die Sexualität unserer Tage dank Liberalisierung und Kommerzialisierung frei von moralischen Fesseln ist und ohne Schuldgefühle als harmloses Freizeitvergnügen genossen werden kann.

Was aber, wenn diese Freiheit, wie Marcuse und Adorno schon vor einem halben Jahrhundert vermuteten, eine Täuschung wäre? Was, wenn der Preis für die Marktfreiheit der Sexualität eine immer größere Entfremdung wäre, so dass die Liebenden sich verletzten müssen, um zu empfinden? Was, wenn Schuldgefühle indirekt wirken, wenn sie den einfachen zärtlichen Genuss verbieten, um nur noch sexuelle Akte zuzulassen, die mit Schmerzen oder Demütigungen einhergehen? Pier Paolo Pasolini vertrat diese These in seinem letzten Film *Die 120 Tage von Sodom*. Er demonstrierte darin die negative Utopie einer Welt der totalen Entfremdung, in der Sexualität nur noch der Machtausübung dient. Alle von de Sade beschriebenen Grausamkeiten sind im Mikrokosmos dieser Welt nicht nur erlaubt, sondern geboten. Das einzige zärtliche Paar aber, dargestellt bei einer einfachen Kopulation, muss seine Liebe mit dem Tod bezahlen. Die Verachtung des Pornohelden Christian Grey für den »Blümchensex« könnte das böse Omen einer wenig lustvollen Zukunft sein, in der das neue libertine Credo die alte Moral ersetzt.

Kontrasexualität, *Feuchtgebiete* und *Axolotl Roadkill*

Nach der Lektüre von *Shades of Grey* und seiner Interpretationen war ich noch immer auf der Suche nach hedonistischen Annäherungen an das Thema Sexualität. Ich überlegte, wonach mir wohl selbst der Sinn stünde, wenn ich heute jung wäre? Würde ich nicht wie einst zu den sexuellen Avantgardisten gehören wollen? Ich begann also da zu suchen, wo ich solche vermutete, zunächst im kritischen, studentischen Milieu, in von Judith Butler geprägten, queeren und queer-feministischen Zusammenhängen. Auch da stieß ich wieder auf die, die im Sadomasochismus eine Chance sehen, in diesem Fall eine politische. Das bewusste Spiel mit Macht und Ohnmacht und deren Zuspitzung ebenso wie das mit den scheinbar natürlichen Gegebenheiten wie Geschlecht und Alter, heißt es in solchen Kreisen oft, könne zur Bewusstwerdung von Machtbeziehungen und Identitäten, zu deren Verhandlung und schließlich Dekonstruktion führen. Sadomasochismus als Movens von Gesellschaftsveränderung. Immer wieder genannt wird in diesem Zusammenhang ein Text, der 2003 auf Deutsch erschien und zahlreiche studentische Diskussionsveranstaltungen und Lesegruppen anregte. Die Rede ist vom *Kontrasexuellen Manifest* der spanischen Gender- und Queer-Philosophin Beatriz Preciado. In einem Interview verglich sie ihr Werk, das eine feministische beziehungsweise intergeschlechtliche Utopie entwirft, mit dem kommunistischen Manifest.

Von Preciado finden sich viele Fotos im Internet. Einmal erscheint sie als schöne, feminin wirkende, ein andermal als maskulin/lesbisch auftretende Frau oder als Dragking mit Oberlippen- und Kinnbärtchen. Außerdem gibt es Fotos, auf denen sie zusammen mit Judith Butler zu sehen ist. In einer Diskussionsrunde zum *Kontrasexuellen Manifest* sagte eine Studentin: »Wo Butler endet, setzt Preciado an und wird konkret. Butler schreibt über Sex, nennt aber nie Ficken. Und bei Preciado geht es wirklich mal ums Ficken.«[560] Ich habe das Buch gelesen, und erlaube mir vorwegzunehmen, dass es das traurigste von allen war, deren Lektüre ich mir für mein Projekt auferlegt hatte. Dass die Autorin da weitermacht, wo Butler aufhört, kann ich bestätigen, nicht aber, dass es ums Ficken geht, zumindest nicht um das, was man gemeinhin darunter versteht.

Bei der Kontrasexualität, erklärt Preciado, geht es nicht um die »Erschaffung einer neuen Natur«, sondern um »das Ende der Natur, die ... die Unterwerfung von Körpern durch andere Körper rechtfertigt«[561]. Wie im weiblichkeitsideologischen Feminismus alles Gute von der Natur kommt, ist in Preciados von Butler geprägtem Queer-Feminismus alles Natürliche von Übel. Ein Dogma, das sich in beiden Fällen verselbständigt und ursprünglich widerständig gemeintes Denken entpolitisiert. Zur bösen, unterdrückerischen Natur gehört für Preciado wie für Butler die

»Heteronormativität« einschließlich der entsprechenden Sexualität zwischen Mann und Frau. Den Namen ihres Kampfbegriffs kontrasexuell leitet die Insider-Ikone aus Foucaults Forderung der Abwendung von der Sexualität im Sinn von Trieb und genitaler Praxis ab. Gleichzeitig greift sie die von ihm vorgeschlagene Produktion neuer, von den Genitalien unabhängiger Lustformen im Rahmen der SM-Subkultur auf.

Über Foucault und Butler hinausgehend gehören zu Preciados Feindbild auch das Begehren, die Erregung und der Orgasmus, allesamt manipulative Produkte einer Sexualität im Dienste der Fortpflanzung. Vor allem den Orgasmus gilt es deshalb mittels ironischer Simulation und performativer Ironisierung zu dekonstruieren. Als Waffe im Kampf gegen die Fortpflanzungssexualität zwecks Etablierung der »Kontrasexualität« dient alles, was traditionell als abwegig oder pervers gilt, vor allem der Anus und der Dildo, ein Paar, das Vagina und Penis ablösen soll. Dem Anus kommt besondere Bedeutung zu, weil er beiden Geschlechtern gemeinsam ist. Und auch der Dildo ist etwas, das alle haben können. Prädestinierte Subjekte solcher Subversion sind wie bei Butler Tunten, »butche« Lesben und Transmenschen.

Kontrasexualität ist für Preciado eine Technologie. Sexuelle Praktiken aus den schwulen SM-Subkulturen wie das Fisten gelten ihr als Beispiele »kontrasexueller Hochtechnologie«. Die Erweiterung und Anwendung solcher Praktiken wird der kontrasexuellen Gesellschaft zum Durchbruch verhelfen.

»Die Arbeiter des Anus sind die neuen Proletarier einer möglichen kontrasexuellen Revolution.«[562] In der Aufbauphase der kontrasexuellen Gesellschaft muss nicht nur intensiv an der Resexualisierung des Anus, sondern auch an der Resignifikation und Dekonstruktion der Macht des Penis gearbeitet werden. Das geschieht vor allem mittels des Dildos, dessen Qualität fast jeder Körperteil oder Gegenstand annehmen kann: »die Finger, die Zungen, die Vibratoren, die Gurken, die Karotten, die Arme, die Unterschenkel, die ganzen Körper etc.«[563]

Als Inbegriff der Kontrasexualität beschreibt Preciado einen

Auftritt des amerikanischen Extremperfomance-Künstlers Ron Athey, der sich eine schwarze Sonne um den Anus tätowieren ließ. Athey bringt seine Genitalien mittels einer eingespritzten Salzlösung zum Anschwellen, so dass sie eher einem äußerlichen Uterus als männlichen Sexualorganen gleichen. Nackt besteigt der Künstler dann einen Thron und steckt sich lange Nadeln ins Gesicht, an denen er eine goldene Krone befestigt. Diese macht ihn zur Königin, indem sie sein Gesicht einer Streckfolter aussetzt. »Er ist die Braut, deren jungfräuliches Loch von einer schwarzen Sonne erhitzt wird, bereit für eine einsame Hochzeitsnacht. Auf allen Vieren zeigt die Königin dem Volk ihr Loch.«[564] Danach fickt sich der Künstler mit zwei an seinen Stöckelschuhen befestigten Dildos in den Arsch. Aus dieser dornengekrönten Selbstfolter leitet Preciado eine kontrasexuelle Übung ab, die sie ihren Lesern empfiehlt, um den analen Selbstfick mit dem Crossdressing zu verbinden. Bei einer anderen Übung, die für drei Personen gedacht ist, soll ein Dildo auf einem Kopf »zitiert« werden. Einem der Beteiligten werden dafür die Haare geschoren und er bekommt einen Dildo auf die Glatze gemalt. Während man ihm den Kopf reibt, muss er rotgefärbtes Wasser ausspucken und einen Schrei ausstoßen, mit dem er den Orgasmus simuliert.

Übungen wie diese sind in Preciados Utopiegesellschaft Pflicht für alle Mitglieder, die in einem kontrasexuellen Gesellschaftsvertrag miteinander verbunden sind. Mehrere Stunden am Tag müssen sie dieser harten, Schmerz und Unlust bereitenden Arbeit widmen, die der Umerziehung der Menschen dient. Einzelne Verträge nach dem Vorbild der SM-Subkultur regeln die zwischenmenschlichen Beziehungen nach der Abschaffung von Zweigeschlechtlichkeit, Ehe, Homo-Ehe, Familie und Elternschaft unter der Voraussetzung absoluter Trennung von Sexualität und Fortpflanzung. Paarbildung, Romantik und Eifersucht gilt es bloßzustellen und zu ächten. Die kontrasexuelle Beziehung zwischen mehreren Partnern gilt nur für einen vertraglich festgelegten Zeitraum, niemals für das ganze Leben. Das Wechseln und Verändern der Rollen muss im Vertrag verankert sein, der auf keinen Fall

»asymmetrische und naturalisierende Machtbeziehungen«[565] und keinen Fortpflanzungsakt zulassen darf. Wer Kinder zeugen will, darf das (in der Retorte) tun, hat aber kein Recht auf Elternschaft. Das Neugeborene hat dafür ein Recht auf kontrasexuelle Erziehung durch die Gesellschaft. Einer Gesellschaft, die die Grenzen von öffentlicher und privater Sphäre »neu verhandeln und dekonstruieren«[566] soll.

Ein kalter Hauch weht aus den Seiten dieses Kultbuches, das noch einmal versucht, Sexualität mit Politik, das Private mit dem Politischen zu verbinden. Preciados grammatologisch-technologisches Konstrukt aber ist ungleich realitätsferner als die Sex-Pol-Bewegung Wilhelm Reichs, ihre Neuauflage in den 1960er Jahren oder die Gründung der KI. Vergleichen könnte man es eher mit feministischen Separationsutopien oder Otto Mühls faschistoider AAO-Kommune aus den 1970er Jahren. Das nur nebenbei genannte Ziel, die Menschheit von der Unterdrückung durch »Klasse, Race, Sex, Gender und Gattung«[567] zu befreien, verschwindet hinter dem Kampf gegen Heteronormativität und Sexualität, wie einst im essentialistischen Feminismus die Gesellschaftskritik hinter der Kampfansage gegen Mann und Penis. Zur Produktion des neuen kontrasexuellen Menschen ohne Geschlecht, Trieb, Lust und Orgasmus bedarf es strikter Regelungen und mühseliger Arbeit. Sexueller Genuss ist verpönt. Die rituellen Pflichtübungen zum Abgewöhnen der Lust, wie wir sie kennen, erinnern an Teufelsaustreibungen. Und die angestrebte »generelle Transformation des Körpers«[568] gleicht erklärtermaßen den spirituellen Praktiken extremer Meditation oder der Body-Art, so dass die Nähe zur Religion unübersehbar ist. Preciado verbindet de Sades Erbe mit dem des Puritanismus und einem Schuss Stalinismus. Die Religion ist der Kitt, der diese Elemente zusammenhält. Das *Kontrasexuelle Manifest*, ein Menetekel der schlimmsten Art.

Deprimiert von der Vorstellung, dass junge Menschen sich für die Abschaffung der Sexualität begeistern können, suchte ich weiter nach weniger trüben Äußerungen zur menschlichen Lust. Kurzzeitig hoffte ich, in der linksradikalen, autonomen und anarchistischen Szene etwas dazu zu finden. Worauf ich dort aber stieß war nicht minder enttäuschend. Sexualität wird fast ausschließlich im Zusammenhang mit Vergewaltigung, sexualisierter Gewalt, sexistischen Übergriffen und verbalsexistischen Beleidigungen vonseiten der eigenen Anhänger thematisiert. In besetzten Häusern, antifaschistischen und anarchistischen Zentren scheint es von Vergewaltigern und sexistisch versauten Männern nur so zu wimmeln. Bei Hausbesetzungen und Hausbesetzerpartys scheinen in dunklen Ecken angesoffene Kerle wehrlose Frauen zu belästigen oder zu vergewaltigen. Frauengruppen plädieren für absperrbare Schlafbereiche und Rückzugsorte für Frauen, Lesben und Transpersonen. Sie organisieren Workshops zum Umgang mit sexualisierter Gewalt und bieten Selbstverteidigungskurse an, um dem Übel zu begegnen.

Erotische Gewalt, Demütigung und Machtausübung, von den einen als lustvolles oder gar politisch wertvolles Spiel empfunden, scheint anderen als allgegenwärtige Gefahr zu drohen, gegen die sie sich schützen müssen. Ob linksradikale Männer und Hausbesetzer heute wirklich so viel schlimmer sind als zu meinen Zeiten? Als ich Anfang der 1970er Jahre, anarchistisch fühlend, in besetzten Häusern lebte, kann ich mich an Übergriffe wie die beschriebenen nicht erinnern. Es gab den bereits erwähnten Fall von Vergewaltigung durch einen, im Übrigen nur bedingt zurechnungsfähigen, Haschisch-Dealer, der in besetzten Häusern verkehrte, keineswegs aber dauernde Belästigung und Bedrohung. Sollten die sich steigernde Gewalt in der Pornographie und die ideologische Etablierung von Schmerzlust und Macht/Ohnmacht-Erotik entgegen der Behauptung der meisten Sexualforscher etwa doch auf die Menschen abfärben? Oder sind vielleicht die Gruppen, die heute Häuser besetzen, sozial gemischter und deshalb unberechenbarer als das weitgehend studentische Milieu meiner Jugend? Oder etabliert sich auf dieser Szene erneut das puritanische Erbe des Feminismus? Eine Frage, die ich hier nicht beantworten kann, weil es mir an genaueren Informationen fehlt.

Ein weiterer Recherche-Abstecher zur Polyamorie, den ich danach unternahm, führte mich in die nächste Sackgasse. Die Veröffentlichungen der heute fast ausnahmslos unpolitischen Anhänger der Freien Liebe beschäftigen sich vor allem mit dem Thema Eifersucht. Wie man dieses Gefühl reflektieren, diskutieren, vermeiden oder überwinden kann, scheint das zentrale Problem der Mehrfachliebenden zu sein. Von der körperlichen Lust, der all diese Anstrengungen doch dienen sollten, ist ebenso wenig die Rede wie bei den Transsexuellen. Herauszufinden, warum das so ist, wäre das Thema eines weiteren Buches. Um aber auf der Suche nach Spuren hedonistisch gedachter Sexualität nicht allzu viel ausgelassen zu haben, nahm ich mir noch die beiden erfolgreichsten der angeblich sexuell tabubrecherischen Bestseller des gehobeneren Literaturbetriebs der letzten Jahre vor.

Zunächst *Feuchtgebiete* aus dem Jahre 2008, das sich zwei Millionen Mal verkaufte und inzwischen verfilmt wurde. Autorin ist die mehrmals preisgekrönte Fernsehmoderatorin Charlotte Roche, eine hübsche, elegante und charmante Frau. Zur Buchmesse trug sie ein langes, hochgeschlossenes Kleid, darüber – nur für Eingeweihte erkennbar – einen SM-Gürtel. Damit könne man auf dem Mann reiten, erklärte sie der Reporterin strahlend. Roche versteht sich als Feministin und empört sich über die noch immer nicht aufgehobene Ungleichbezahlung von Frauen. Ebenso bedauert sie das noch immer vorherrschende Mäuschenverhalten ihrer Geschlechtsgenossinnen und die dazugehörige Passivität im Leben wie in der Sexualität.

Roches spezielles Anliegen ist die Befreiung der Frauen von der Vorstellung, dass geruchslose Sauberkeit, perfekte Intimhygiene und das Ausblenden des Analbereiches aus der Sexualität sie begehrenswert mache. Um das Gegenteil zu beweisen, schickt sie die Leserin mit ihrer Protagonistin Helen auf eine Reise der Körpererkundung, auf der sie alles Unsaubere und Unästhetische glorifiziert. Eine offensichtliche Überkompensation dessen, was die Befreierin überwinden will. Kack- und Pissgerüche werden gegen Parfüms und Deodorants ausgespielt. Die Einzelheiten der Krankengeschichte beziehungsweise »Schmerzreise«[569] der wegen einer

Analfissur im Krankenhaus liegenden Helen stehen mädchenhafter Schamhaftigkeit gegenüber. Helen setzt zwanghaft Duft-, Schleim- und Blutmarken auf Klobrillen, in Fahrstühlen und im Bett. Sie verschluckt Nasenpopel, »Muschischleim«, Schorf oder Kotze.

Das Überschreiten der Ekelgrenzen geschieht laut Roche im Dienste des menschlichen Körpers, wie er ist und damit im Sinne von »echtem« Sex, »der riecht und schmeckt und schmutzige Geräusche macht«[570]. Als Anhängerin der Evolutionspsychologie spricht sie auch von »Neandertalersex«. Die in *Feuchtgebiete* beschriebenen Geschlechtsakte verlangen von den Beteiligten ehrgeizigste Ekelüberwindung und, einmal mehr, vor allem Leistung. Helen ist stolz darauf, dass sie unter bestimmten schwierigen Bedingungen zum Orgasmus kommen kann. Bei der Fellatio ist sie bemüht, sich den Schwanz so tief wie möglich in den Hals zu stecken. »Macht optisch richtig was her. Da sehe ich aus wie eine Schwertschluckerin.«[571] Das Prahlen mit dem Brausekopf in ihrer Vagina und dem dazugehörigen Schlauch im After weisen in dieselbe Richtung. Und die Schmerzverherrlichung, die darin anklingt, bestätigt, was die Autorin über weibliche Sexualität denkt. »Frauen sind total masochistisch«[572], sagte die angebliche Feministin in einem Interview mit dem *Spiegel*. Was sie von Sexualität im Allgemeinen hält, verriet Roche im Interview mit dem *Playboy*. Sex, erklärte sie, sei eine »dreckige Angelegenheit« … »Das sind doch die besten Abende überhaupt, wenn es um so etwas geht. Wenn man besoffen über Sexunfälle redet oder über Sex gemischt mit Medizin. Das ist es doch, was die Menschen wirklich interessiert: Pimmel, Muschi und Aua«[573]. Das erinnert an dreckige Witze, vor allem Ärztewitze, erzählt an Männerstammtischen, die Ausdruck unterdrückter, pornographisch entstellter Sexualität sind, wie es die Linke – zumindest vor dem heimlichen Augenaufschlag des konkursbuch Verlags – glaubte. Das jedoch ist es, was Roche, die sich zur bedingungslosen Pornographiebefürwortung bekennt, am Anfang des 21. Jahrhunderts mit allen Mitteln zu verteidigen sucht.

Nur logisch ist es, dass diese als notwendig ekelhaft verstandene Sexualität wie einst von Kindern und Jugendlichen ferngehalten werden muss. Roche wird ihrer Tochter den Genuss von Pornos erst mit 18 Jahren erlauben, und *Feuchtgebiete* soll sie erst mit 21 Jahren lesen dürfen. Sie selbst lebt monogam, seit sie verheiratet ist, und die Familienwerte stehen über allem, wie man es einem, dem Buch vorangeschickten Motto entnehmen kann. Die Autorin bekennt darin, sehr viel »von der Altenpflege im Kreise der Familie« zu halten und auch, dass sie sich als Scheidungskind nichts mehr wünscht, als die Versöhnung und Wiedervereinigung ihrer Eltern. Wenn diese einmal alt und pflegebedürftig sind, dann wird sie deren neue Lebenspartner in Altersheimen abstellen, um Vater und Mutter endlich den eigenen Willen aufzwingen zu können: »Dann pflege ich meine geschiedenen Eltern zu Hause, wo ich sie in ein und dasselbe Ehebett reinlege, bis sie sterben. Das ist für mich die größte Vorstellung von Glück.«[574] Die längst erloschene Liebe des Elternpaares, neu aufgezwungen von der sich nach Familienidylle sehnenden und Moral predigenden Sadistentochter. Welch grauenhafte Vorstellung. Ich muss an das einander hassende Elternpaar der 1950er Jahre denken, das sich nur um der Kinder willen nicht scheiden ließ. In der Verfilmung von *Feuchtgebiete*, die 2013 in die deutschen Kinos kam, wird Roches Motto für mehrere Szenen penetrantester Familiensentimentalität ausgeschlachtet. Der *Stern* konstatierte treffend: »Es ging nie um den Po, sondern immer nur ums Herz.«[575]

Charlotte Roches Roman dürfte seinen Erfolg ähnlich wie *Shades of Grey* seiner Mischung aus scheinbarem Tabubruch und Konservatismus verdanken. Zwei Jahre nach *Feuchtgebiete* erschien *Axolotl Roadkill*, das literarische Debüt von Helene Hegemann, der damals 17-jährigen Tochter des bekannten Theaterregisseurs Carl Hegemann. Im Gegensatz zu Roches konservativer Moral in pornographischer Verkleidung war es in Hegemanns Fall eine in Grausamkeit und Misanthropie schwelgende Unmoral, die der Autorin zum Kultstatus verhalf. Das Alter Ego der Teenager-Autorin Mifti wichst gern zu »qualitativ hochwertigen Hardcorepornos«[576], ihre Patchwork-Geschichte ist von »Analsex, Tränen und Leichenschändung«[577] geprägt. Sie erzählt von SM-Orgien in der Berliner Diskothek *Berghain* und bei Fetisch-Partys. Sie phantasiert, dass sie von ihrer Mutter gehäutet wird, und fühlt sich wie eine »einzige große Wunde«[578]. Miftis lesbische Freundin stellt sich vor, »vier Metallspitzen in das Fleisch unter dem Kiefer einer Unbekannten zu rammen«[579]. Sie selbst spricht davon, ihre Freundin an einen Tisch zu fesseln und ihr einen Käfig mit einer Ratte auf die Brust zu setzen: »Weil auf dem Käfig glühende Kohlen liegen, versucht die Ratte einen Ausweg durch das Opfer zu nagen.«[580]

Die Kritiker überschlugen sich mit Lobeshymnen, und nur etwas so Schwerwiegendes wie ein Plagiatsvorwurf konnte den Preis der Leipziger Buchmesse und weitere Elogen verhindern. Bevor das junge Genie als Abschreiberin enlarvt wurde schwärmte Maxim Biller in der *Frankfurter Allgemeinen Zeitung* von der poetischen Schönheit der Selbstzerstörung und von der »Schussfahrt einer ganzen ... Generation ins tiefe Tal des Gewaltsex, des schlechten Drogen- und Alkoholrauschs, des Horrorfilm-Wahnsinns«[581]. Mit dem Seufzer »große, unvergessliche Literatur«[582] schloss er seine ehrfürchtige Rezension. Ursula März nannte *Axolotl Roadkill* im Deutschlandfunk ein »nachtschwarzes, böses und boshaftes Frühlingserwachen« und resümierte: »Stürmische, furiose Negativität treibt die Prosa dieses Romans vorwärts.«[583] In der *Frankfurter Rundschau* schrieb Peter Michalzik, Hegemann werfe dem Leser »eine ganze Wagenladung brennender Intensität« vor die Füße. »Sätze«, seien das, »die durch das trübe Tröpfeln der Gegenwart wie ein Sturzbach herabrauschen.«[584] Maria Delius schließlich pries in der *Frankfurter Allgemeine Zeitung* die »Härte, Brutalität und Vulgarität« des Textes und erklärte: »Helene Hegemann zielt mit ihrem Buch mitten in den Kern unserer Konsenskultur.«[585] Als wenn es nicht ad nauseam wiederholt worden wäre. Noch einmal wird das libertine Dogma bemüht: In einer Zeit, in der alle Konventionen – ob literarisch oder sexuell – überschritten seien, sehnten wir uns verzweifelt nach weiteren Überschreitungen. Die erotischen Gewaltphantasien aus der Feder einer Minderjährigen und ihr düsteres Bild von Sexualität kommen da gerade recht.

Realen Sex hat Mifti am Ende einer Party auf einem nassem Betonfußboden, wo sie sich »aus diversen Gründen wahnsinnig lange in den Mund ficken«[586] lässt. Nicht viel besser die Vergewaltigung durch einen Taxifahrer, die sie trotz aller Widerwärtigkeit zu genießen scheint. Sex, heißt es logischerweise, sei »ja immer ein gewalttätiger Akt«[587]. Wie sie wirklich über Sexualität zu denken scheint, legt folgendes Bekenntnis nahe: »Ich hab ein Problem mit Sex, weil Sex der bedingungslosen Liebe entgegenwirkt, die ich will und nichts anderes ist als ein egoistischer, tierischer Trieb, der die Menschen, die ich liebe, als fremdgesteuerte Reflexbündel entlarvt.«[588] Sexualität ist niedrig, tierisch und egoistisch, die Liebe bedingungslos und edel. Sogar aus den 200 Seiten nihilistisch-antimoralischer Ergüsse der zornigen Jungfer Hegemann, die auf alle Konventionen einschlägt, erhebt sich unverdrossen das älteste Argument gegen die fleischliche Lust: der Vorwurf des Tierischen, ausgespielt gegen die über alles erhabene geistig-seelische Liebe. Das wurde meiner Generation von all den Kinderschützern vermittelt, die uns so lange wie möglich vor dem Übel der Sexualität bewahren wollten. Die minderjährige Libertine der 2000er Jahre kommt selbst zu dieser Erkenntnis, nachdem sie sich literarisch auf den höchsten Höhen der sexuellen Grenzüberschreitung bewegt hat. Vögeln, so schien es mir bei dieser Lektüre, wird nie wieder schön sein.

In *Axolotl Roadkill* finden sich gewaltverherrlichende Szenen, die sogar das letzte verbliebene und umso heftiger gehütete Tabu, das der Sexualität mit Kindern beziehungsweise das der Kinderpornographie überschreiten. Dann zum Beispiel, wenn eine Sechsjährige »mit weit geöffneten Augen« auf einem Parkplatz verblutet, nachdem ihr »mit kochendem Schwefel die Netzhaut ausgebrannt und irgendein Schwanz in den Arsch gerammt«[589] wurde. Kaum ein Kritiker hat sich darüber aufgeregt. Hatte Helene Hegemann Narrenfreiheit, weil sie selbst noch fast ein Kind war? Oder entspricht die ihr in diesem Punkt entgegengebrachte Toleranz der gegenseitigen Abhängigkeit sexueller Antimoralisten und Moralisten? Dafür spräche, dass Hegemanns Text im Jahr der sich überschlagenden Enthüllungen sexuellen Kindesmissbrauchs und der damit einhergehenden Flut der Medienempörung erschien. Das literaturpreiswürdige, Pornographie produzierende Wunderkind und die anklagenden Opfer von Kindesmissbrauchern sollten zu Zeitzeichen des Jahres 2010 werden.

Missbrauch, Homophobie und die Unschuld der Kinder

Was heute sexueller Missbrauch genannt wird, hieß in den 1950er und 1960er Jahren noch Triebverbrechen. Die Täter waren »Kinder-« oder »Knabenschänder« und erschienen in den Medien als abartige Individuen und potentielle Mörder. An Stammtischen phantasierte man ihre Hinrichtung oder Kastration. Das schändliche Tun am Kind, so die landläufige Vorstellung, schadete diesem vor allem moralisch. Wie frühgereiftes Obst verdarb ein solches Kind, verfiel der sittlichen Verwahrlosung und lief Gefahr, in der Prostitution zu enden. Bei den Knaben befürchtete man darüber hinaus, dass sie, einmal von einem homosexuellen Mann »verführt«, für den Rest ihres Lebens schwul sein würden.

Seit den frühen 1960er Jahren erhoben sich Stimmen, die die Kinderschänder-Hysterie der Adenauer-Ära kritisierten, darunter Theodor W. Adorno. Schon 1963 ließ der Mentor der Studentenbewegung sich unter dem »Stichwort minderjährig« über die Verteidigung der kindlichen Unschuld mit allen Mitteln aus. »Altbekannt«, so Adorno, sei es, dass die Stärke eines Tabus dem unbewussten Bedürfnis des Verbietenden entspricht, der damit »mächtige Triebregungen« abwehrt. Das Tabu der Sexualität mit Minderjährigen findet demnach sein Pendant im infantilen erotischen Ideal, wie es sich im Erfolg des Lolita-Romans von Vladimir Nabokov offenbart. Als Grund vermutet Adorno eine »unbewusste Homosexualisierung«[590] der Gesellschaft. Wie er auf Letzteres kam, erklärt sich heute nur noch historisch aus der Wahrnehmung und Selbstwahrnehmung der damaligen Homosexuellen als Päderasten. Was den Kinderschutz und den Schutz Abhängiger angeht, schlägt Adorno vor, einiges zu mildern, anderes dagegen zu verschärfen, vor allem den Schutz der Kinder vor »Roheitsdelikten«: »Stets noch werden ... unerlaubte Zärtlichkeiten gegen Minderjährige härter bestraft, als wenn Eltern oder Lehrherren sie halbtot prügeln.«[591]

Der zweite prominente Intellektuelle, dessen Meinung zum Thema Sex mit Minderjährigen die Progressiven der damaligen Zeit beeinflusste, war Alfred Kinsey. Anders als Freud hielt er die kindliche Sexualität, obwohl weniger zielgerichtet, so doch für ein Abbild der Erwachsenen. Daraus folgte für den großen Sexualoptimisten, dass die gewaltfreie sexuelle Annäherung eines Erwachsenen an ein Kind dieses nur verstören könne, wenn es von der herkömmlichen Moral geprägt sei. Erst die hysterischen Reaktionen von Eltern, Polizisten und Richtern nach der Entdeckung eines solchen Falles, so Kinsey, fügen dem Betroffenen nachträglich Schaden zu.

Die Neue Linke, die Studentenbewegung und die Sexuelle Revolution waren von solchen Relativierungen des Feindbildes Kinderschänder geprägt. Und auch Michel Foucaults Kommentar zum Schicksal eines Landarbeiters aus dem 19. Jahrhundert zeugt von dieser Einstellung: Der junge Mann hatte mit einem kleinen Mädchen »hinter den Büschen« ein Spiel namens »Dickemilch« genossen, wurde deswegen angezeigt und für den Rest seines Lebens in einem Krankenhaus auf Perversionen untersucht. »Diese kleinen Lüste hinter den Büschen«, so Foucault in *Sexualität und Wahrheit*, »wurden von einem bestimmten Augenblick an zum Gegenstand nicht bloß einer kollektiven Intoleranz, sondern einer juristischen Aktion ..., einer klinischen Prüfung und einer umfangreichen theoretischen Verarbeitung ...«[592].

Für Progressive war das Triebverbrechen an Kindern seit Ende der 1960er Jahre kein Thema mehr, der »Kinderschänder« scheinbar ausgestorben. Erst am Anfang der 1980er Jahre kam es zu einer Renaissance dessen, was seither sexueller Missbrauch genannt wird, und sich zunächst vor allem auf kleine Mädchen bezog. Es begann mit einer Zuspitzung der feministischen Kritik an

Sigmund Freud, zuerst vorgetragen von der amerikanischen Sozialarbeiterin Florence Rush auf einer Konferenz zum Thema Vergewaltigung im Jahr 1971. Rush, die bei ihrer Arbeit mit Kindern beobachtet hatte, dass Inzest oft vertuscht und verschwiegen wird, führte dies auf den Glauben an den Freud'schen Ödipuskomplex zurück. Diesen, nahm sie an, habe Freud nur erfunden, weil ihm seine ursprüngliche Theorie von der Entstehung der Neurosen durch inzestuöse Verführung zu viel Ärger eingebracht habe. Aus purem Opportunismus und in Komplizenschaft mit den Vätern seiner Patientinnen habe Freud deren Berichte von der Gewalt, die ihnen in der Kindheit angetan wurde, zu Phantasien erklärt und ihnen den Wunsch, mit dem Vater zu schlafen, unterstellt. Sexueller Missbrauch von Mädchen trage tatsächlich wesentlich zur Erziehung der Frauen zur Unterordnung bei. Angeregt durch Florence Rushs Buch *Das bestgehütete Geheimnis*, das 1980 erschien, griff die amerikanische Psychoanalytikerin Alice Miller, Autorin des emphatisch kinderfreundlichen Bestsellers *Das Drama des begabten Kindes*, diese These auf und begann sich von der Psychoanalyse abzuwenden. In der Frauenzeitschrift *Brigitte* erschien 1982 ein Artikel von ihr, der 81 Frauen veranlasste, ihr Schweigen zu brechen und öffentlich über ihren Missbrauch zu sprechen.

Rush und Miller folgte der amerikanische Psychoanalytiker Jeffrey Masson, der den Freud'schen Nachlass neu interpretierte. Auch er bezichtigte den Begründer der Psychoanalyse, sich aus Ehrgeiz und Machthunger mit den Erwachsenen und dem bürgerlichen Establishment gegen die hilflosen, missbrauchten Kinder verbündet zu haben. In seinem damals äußerst populären Buch aus dem Jahr 1984 *Was hat man dir du armes Kind getan* gab er der neuen Freud-Kritik historisch-wissenschaftliche Weihen. Betty Friedans »viktorianischer Patriarch« erschien bei Masson als Komplize der Männer und ihrer gewaltförmigen Sexualität, mit der sie Frauen und noch hilflosere kleine Mädchen unterwerfen und demütigen. Vergessen wurde dabei, dass die Entdeckung der kindlichen Sexualität Freud zu seinen Lebzeiten die übelsten Unterstellungen und Beschimpfungen einbrachte, weit größer als seine, im Übrigen nie zurückgenommenen Hinweise auf inzestuösen Kindesmissbrauch. Vergessen wurde auch, dass Freud selbst ein Anwalt der Kinder war, indem er Eltern und Erzieher ermahnte, die Äußerungen kindlicher Sexualentwicklung nicht unnötig einzuschränken, um späteres psychisches Leiden zu verhindern. Auch dafür wurde er von konservativer Seite mit Schmutz beworfen.

Die Thematisierung des sexuellen Missbrauchs vor allem an kleinen Mädchen löste in der BRD ab 1982 eine Welle der Erinnerungen einst missbrauchter Frauen aus. Sie erzählten ihren Psychotherapeuten von frühen traumatischen Sexerlebnissen mit Vater, Stiefvater, Onkel oder großem Bruder. Es kam zu Anzeigen und spektakulären Gerichtsprozessen. Was im Zuge des sexuellen Optimismus der 1960er Jahre, der Abwehr der Kinderschänder-Hatz und vielleicht auch dank falscher Freud-Interpretation tatsächlich unterbewertet war, wurde ans Licht gebracht, allseits diskutiert und problematisiert.

Im Gegensatz zum abnorm gedachten »Kinderschänder« von einst galt der jetzt Täter genannte Missbraucher als ein ganz normaler Mann. Das entsprach der feministischen Logik und dem Vergewaltigungs-Diskurs. Er war der Mann schlechthin, der sich Frauen und Mädchen dienstbar macht, indem er sie sexuell beherrscht. Die Ursache des Sexualverbrechens lag in der Gewaltförmigkeit der gesellschaftlichen Verhältnisse. Diese Erkenntnis entsprach den Positionen der Linken von Fourier bis zur 68er-Bewegung, konnte aber angesichts der feministischen Fixierung auf weibliche Identität und Patriarchat nicht mehr in den Willen zu sozialer Veränderung umgesetzt werden. Sie veranlasste stattdessen unzählige frauenbewegte Aktivistinnen, Ärztinnen, Psychotherapeutinnen und Sozialarbeiterinnen, sich auf den Missbrauch und seine Aufdeckung zu spezialisieren. Ein Netz von Organisationen zum Schutz von Mädchen und Kindern bot den Opfern Hilfe an. Zu den noblen Motivationen des Missbrauchsaktivismus und den heilsamen Folgen der neuen Aufmerksamkeit gesellten sich die fragwürdigen: Viele der früheren Politaktivistinnen und Radikalfeministinnen dürften froh gewesen sein, ein Betätigungsfeld gefunden zu haben, das ihnen angesichts der politischen Tendenzwende auch die Zustimmung der Konservativen sicherte. Manch frustrierte Ehefrau bezichtigte den Verflossenen bei der Scheidung, die Tochter missbraucht zu haben. Und so manches Mädchen fand es bequem, alle Probleme ihres Lebens mit einem Missbrauchserlebnis zu erklären. Es kam zu Falschbezichtigungen, Fehlanzeigen und Gerichtsverhandlungen, während derer sich schwerwiegende Verdächtigungen in Nichts auflösten. Ein Beispiel dafür waren die Wormser Prozesse, während derer sich die Orgien eines angeblichen Pädophilen-Rings als erfunden erwiesen.

Mitte der 1990er Jahre entstand, angestoßen von der Publizistin Katharina Rutschky und dem Soziologen Reinhard Wolff, eine Gegenbewegung, die das Schlagwort »Missbrauch des Missbrauchs« prägte. Ohne Missbrauch als Verbrechen zu leugnen, problematisierten diese Kritiker die Annahme, dass jede sexuelle Annäherung eines Erwachsenen an ein Kind dieses automatisch traumatisiere und warnten vor der damit verbundenen Stigmatisierung der Opfer. Sie verwiesen auf die unterschwellige Triebhaftigkeit des Missbrauchsbetriebs, wie sie sich beispielsweise in den Namen von Opferschutzorganisationen wie »Wildwasser« oder »Zartbitter« offenbart. Würden diese nicht eher zur Bezeichnung von Pädophilen-Organisationen passen, fragte Katharina Rutschky und nannte das missbrauchte Kind den gemeinsamen Nenner jener einhelligen Empörung, die moralische Gemeinschaft stiftet: »Das Kinderopfer, das alle beklagen, stiftet das Gute, indem es das Böse auf zeitgemäße Weise neu erfindet.«[593] In ihrem Buch *Erregte Aufklärung* aus dem Jahr 1992 kritisierte sie die feministische Entgrenzung des Begriffs Missbrauch bis hin zu begehrlichen Männerblicken oder der bloßen Anwesenheit eines sexuell erregten Mannes. Die Empörung seitens der Kritisierten war so groß, dass 1994 ein von Rutschky und Wolff organisierter wissenschaftlicher Kongress zum Thema sexueller Missbrauch nur unter Polizeischutz stattfinden konnte.

Gegen Ende der 1990er und zu Beginn der 2000er Jahre ließ das öffentliche Interesse am Thema Missbrauch etwas nach, so dass sogar der 1999 veröffentlichte erste Bericht über die Vergehen der Lehrer an der Odenwaldschule folgenlos blieb. Nicht einmal die schockierenden Enthüllungen ehemaliger Heimkinder der BRD, die seit 2003 an die Öffentlichkeit traten, erregten besonderes Aufsehen. Man hat ihnen im Übrigen bis heute wesentlich weniger Beachtung geschenkt als den bürgerlichen Opfern der elitären Internate. Und das, obwohl ihre Kindheit in den 1950er und 1960er Jahren von grausamsten Misshandlungen, von Karzerstrafen, Essensentzug und Zwangsarbeit geprägt war.

Ab Januar 2010 hielt das Thema Missbrauch neuen Einzug in Medien und öffentliches Bewusstsein, tiefgreifender diesmal als je zuvor, so dass die Täter seither wieder »Kinderschänder« heißen. Matthias Katsch, ein Ex-Schüler des Jesuiten-Kollegs »Canesius« in Berlin, erzählte Pater Klaus Mertes, dem neuen Rektor der Schule, wie er als Schüler von zwei sadistischen Jesuitenbrüdern geschlagen und sexuell missbraucht wurde. Statt, wie seit jeher in der katholischen Kirche üblich, die Opfer zu beschwichtigen und auf die Vergebung des Herrn sowie das Gras, das über die Sünde wachsen würde, zu hoffen, schrieb Mertes einen offenen Brief an alle ehemaligen Schüler. Er bat sie darin, zu berichten, falls sie Opfer ihrer Lehrer waren. Es folgte eine Flut von Enthüllungen über das »Canesius-Kolleg« und drei weitere namhafte Jesuitenschulen. Mertes konstatierte eine »Kultur des Wegschauens und Nicht-Wissen-Wollens«[594] und wurde kurze Zeit später von Berlin in den Schwarzwald versetzt. Trotzdem sah sich die »Gesellschaft Jesu« gezwungen eine Juristin zu beauftragen, die nach Gesprächen mit Opfern und Tätern in ihrem Bericht 205 Opfermeldungen verzeichnete.

Vom Zerschlagen des Trommelfells eines Schülers im Benediktiner-Kloster Ettal erfuhr die deutsche Öffentlichkeit bald auch, von furchtbaren Prügeln und einem Mönch, der einen Schüler zwang eine Gartenschnecke zu essen. Es folgte die Meldung von Nacktprügelritualen im Internat Etterzhausen, von dem die »Regensburger Domspatzen« rekrutiert werden. Der Papstbruder Georg Ratzinger, einst Domkapellmeister des Knabenchors wusste angeblich von nichts. Beichten, Entschuldigungen, Selbstanzeigen und Selbstmorde katholischer Kindesmissbraucher würzten bald die Berichterstattung. Psychologen und progressive Katholiken beschuldigten den Zölibat. Klaus Mertes beklagte den phobischen Umgang mit Homosexualität, und der Kirchenkritiker Eugen Drewermann geißelte die repressive Sexualmoral.

Der Augsburger Bischof und Militärbischof Walter Mixa dagegen, bekannt für seinen Vergleich der Abtreibungspraxis mit dem Holocaust, ereiferte sich über die »zunehmende Sexualisierung der Öffentlichkeit«, von der er glaubt, dass sie »abnorme sexuelle Neigungen«[595] fördere. Er war es, der in diesem Zusammenhang den ersten Stein auf die 68er-Linke schleuderte, indem er die von ihnen vorangetriebene Sexuelle Revolution verantwortlich machte. Die Bayerische Justizministerin Beate Merk dankte ihm dafür. Wenig später allerdings kam heraus, dass Mixa, der von 1975 bis 1996 Stadtpfarrer im oberbayerischen Schrobenhausen war, dort Heimkinder geschlagen hatte. Mixa leugnete zunächst und beteuerte sein »reines Herz«. Dann aber fiel ihm die »die eine oder andere Watsche«[596] ein, die er damals verteilt haben könnte. Das kostete den konservativsten Bischof im Lande sein Amt, und 180 000 Katholiken traten noch im selben Jahr aus der Kirche aus.

Übertroffen wurde die Empörung über die katholische Doppelmoral ab dem 6. März 2010. Unter dem Titel »Im Wald« und geschmückt von einem romantischen Foto kleiner alter Spitzdachhäuschen inmitten einer Waldlichtung veröffentlichte die *Frankfurter Rundschau* einen Artikel zu den Missbrauchsfällen an der renommierten, privaten Odenwaldschule im hessischen Ober-Hambach (OSO). Vorausgegangen waren Gespräche von einstigen Schülern mit der Direktorin, die während der 1960er, 1970er und 1980er Jahre vom früheren Direktor des Internats, einem diesmal evangelischen Gottesmann, und anderen Lehrern sexuell missbraucht worden waren. Es folgten unzählige weitere Beschuldigungen, Enthüllungen und Anklagen an die, die weggeschaut und ebenso beharrlich zur Vertuschung der Taten beigetragen hatten wie die katholische Kirche. Sogar der führende liberale

Pädagoge des Landes, Hartmut von Hentig, auch er evangelischer Theologe und Lebensgefährte des Haupttäters, wurde der Mitschuld bezichtigt. Mehr noch als bisher überschlugen sich die Medien. In unzähligen Artikeln wurde immer wieder das Gleiche geschrieben, drei Bücher zum Odenwaldschulskandal erschienen, mehrere Filme wurden gedreht.

Gerold Becker, der die Odenwaldschule von 1972 bis 1985 leitete und einen Tag vor deren Hundertjahrfeier starb, hatte während dieser Zeit jeden Sonntag eine Predigt gehalten. Als Vertreter der Reformpädagogik saß er im Vorstand der Vereinigung Deutscher Landerziehungsheime, war Berater der progressiven Wiesbadener Helene-Lange-Schule und des hessischen Kultusministers. Er sprach auf dem evangelischen Kirchentag und hielt 1978 die Laudatio auf Astrid Lindgren, als die Kinderbuchautorin den Friedenspreis des deutschen Buchhandels erhielt. Becker trat für selbstverantwortliches Lernen, herrschaftsfreie Schulstrukturen und ein freundschaftliches Verhältnis zwischen Lehrern und Schülern ein. Letzteres sah er in den sogenannten Familien verwirklicht. Seit Gründung des Internats im Jahr 1910 leben kleine Gruppen von Schülerinnen und Schülern mit einem Lehrer als Familienoberhaupt zusammen in den putzigen Waldhäuschen. Der Schulleiter war ausgesprochen beliebt. Schüler und Schülerinnen umringten ihn in den Unterrichtspausen und gaben ihm liebevolle Spitznamen. Viele würdigen seine Verdienste bis heute. Der Autor und Dokumentarfilmer Tilman Jens, Sohn des Publizisten Walter Jens, nennt Becker »Deutschlands gütigsten Lehrer«[597]. Der Journalist Johannes von Dohnanyi, Sohn des SPD-Politikers Klaus von Dohnanyi, hält ihn für einen »fabelhaften Pädagogen«[598]. Thomas Bockelmann, Sohn des ehemaligen Frankfurter Oberbürgermeisters Werner Bockelmann, betont, die Odenwaldschule sei ungleich besser gewesen als sein furchtbares Elternhaus. Die Fernsehmoderatorin Amelie Fried schwärmt von ihrer »glücklichen Siebzigerjahre-Jugend, voller Flower Power, Peace-Zeichen auf den Jeans und Aufbruchstimmung«[599] an der Odenwaldschule zu der Zeit, als Gerold Becker dort Schulleiter war.

Dieser Gerold Becker, kam nun heraus, nahm in seine Familie nur Jungen zwischen 12 und 15 Jahren auf. Jahrzehntelang setzte er sich jeden Morgen ans Bett des einen oder anderen und weckte ihn mit dem begehrlichen Griff unter den Schlafanzug. Er spielte mit den Genitalien der Jungen, steckte ihnen den Finger in den After, zwang ihnen Zungenküsse auf oder lutschte süchtig an ihrem Penis. Als Gegenleistung verhielt er sich seinen Schülern gegenüber extrem großzügig. Sie bekamen Alkohol so viel sie wollten, durften kiffen, sich in Kneipen und Discos vergnügen oder zusammen mit dem Direktor verreisen. Der zweitschlimmste Knabenbelästiger, ein Musiklehrer, der mit seiner Familie im selben Haus wie Becker wohnte, suchte täglich einen Schüler zur Begleitung seines Mittagsschlafes aus, der ihn dann mit der Hand oder oral befriedigen musste. Er bestach seine Lieblinge mit teuren Geschenken, verwöhnte die ganze Familie mit seiner Gourmetküche und unternahm Ferienfahrten nach Italien oder Griechenland. Auch zu Sexpartys in Heidelberg fuhr dieser Mann seine Schüler, mit denen sich dann andere Erwachsene verlustieren konnten. Ein dritter Haupttäter belästigte auch Mädchen, und weitere Lehrer wurden vergleichbar geringerer Vergehen bezichtigt.

Eindrucksvoll ist all das in dem Buch des ehemaligen Schülers Jürgen Dehmers (alias Andreas Huckele) beschrieben, der dafür den Geschwister-Scholl-Preis erhielt. Zusammen mit einem Freund war er der Erste, der als Opfer Gerold Beckers an die Öffentlichkeit ging. Er hatte die Odenwaldschule als Alkoholiker verlassen und jahrzehntelang unter den Traumata seiner Schulzeit gelitten. Dehmers Bericht beginnt mit der ersten Belästigung durch Becker unter der Dusche, als er ihm vorgeblich beim Einseifen half. In allen Einzelheiten erzählt er dann von dessen weiteren Untaten bis hin zu einer Szene, als er fürchtet, der Schuldirektor könne seinen Penis verschlucken. Für Dehmers endete der Schrecken, als er seinen Peiniger eines Tages für immer zurückstieß und sich von ihm lösen konnte. »Ich war mit Becker eine Bindung eingegangen, es gab keine bessere Alternative, meine Eltern konnten schon lange kein Angebot mehr machen. …. Es war eine tödliche Bindung. Irgendwann war ich stark und verzweifelt genug, um allein zu überleben.«[600]

Dehmers, dessen Verdienste bei der Aufklärungsarbeit unbestritten sind, kritisiert die Odenwaldschule vom Standpunkt eines Konservativen. Er malt das Bild einer verlotterten Anstalt, an der alles erlaubt war, was verboten gehörte: Alkohol- und Drogenkonsum, Liebesverhältnisse zwischen Lehrern und Schülern einschließlich späterer Eheschließung, die Einstellung eines Lehrers trotz Berufsverbots, der Besuch linker Demonstrationen, die Einladung eines RAF-Anwalts zu einer Diskussion. Auch Schülerzeitungsartikel zu Themen wie Kritik an der Polizei, zu den Stammheim-Toten, über Homosexualität und Pädophilie und der Abdruck von Texten der Sponti-Band Ton Steine Scherben dienen als Beweise für die Missstände an seinem ehemaligen Internat. Eine »Hölle für Kinder« nennt Dehmers die Odenwaldschule, »dazu verkommen, die perversen Bedürfnisse Erwachsener zu befriedigen. Ideologisch. Sexuell. Gehirnwäsche plus Folter«[601].

Das Gegenbuch schrieb Tilman Jens. Für ihn war das Internat im Odenwald eine fortschrittliche Schule mit einem Schülerparlament, ohne Strafen und Klassensystem und mit fachlichen Wahlmöglichkeiten. Eine Schule, an der zu seiner Zeit Autoren wie Horkheimer, Freud, Beckett und Wallraff gelesen wurden, wo die Schüler ihren Alltag selbst bestimmen konnten und keine Rechenschaft über ihr Liebesleben abgeben mussten. Gerold Becker war für Jens »nicht nur ein Schurke, sondern auch ein Spritus Rector einer demokratischen Schule«. Hunderten von gefährdeten, von Elternhaus und autoritären Schulen traumatisierten Kindern habe er »Halt und Hoffnung gegeben«[602]. Er habe sich aber auch, fährt Jens fort, »an Freiwild genommen, was seine Triebe verlangten«[603]. Die »Tragik eines begabten Mannes«, der mit seiner Triebstruktur nicht zurechtkam und so »zum Sexualverbrecher wurde«.[604]

Jens ist der Meinung dass der sexuelle Missbrauch an der Odenwaldschule nicht die Regel war. Denen, die das behaupten, wirft er Missbrauch des Missbrauchs vor. Übertreibungen, Falschbeschuldigungen, unkontrollierte Rachegelüste und der Generalverdacht, unter den das Internat und seine pädagogischen Prinzipien geriet, produzieren, so der Kritiker, neue Opfer. Darüber hinaus verweist er auf den historischen Kontext der Sexualdelikte, auf eine Zeit, zu der die »Kampfansage an jede sexuelle Disziplinierung« noch der »Reflex auf die Adenauerzeit«[605] war. Auf eine Zeit, zu der die Rehabilitierung der Homosexuellen noch jung war, so dass schwule Lehrer so etwas wie »Artenschutz«[606] genossen.

Dass das Pendel inzwischen zur anderen Seite ausschlägt, beweist das dritte Buch über die Missbrauchsfälle an der OSO unter dem Titel *Sündenfall*. Der Wissenschaftsjournalist Christian Füller, langjähriger Leiter des Bildungsressorts der *Tageszeitung*, spricht darin von einer »feindlichen Übernahme der Schule durch eine homoerotische Fraktion«[607]. Zur Berufung Beckers heißt es kritisch, dass das Internat »einen Schulleiter« bekam, »der offiziell als homosexuell bezeichnet wurde«[608]. Auf die Gründerzeit der Schule zurückblickend informiert Füller den Leser über deren »libertäres Gepräge«, das »auch eine frei gelebte Sexualität einbezog« und über »erste bekennende Homosexuelle«[609] beziehungsweise »päderastische Lehrer«[610], die sie beschäftigte. Die homoerotische Fraktion zu Gerold Beckers Zeiten wird an anderer Stelle als ›Gruppe pädophiler Lehrer‹ oder als ›Täterlobby‹ bezeichnet und soll sich im Interesse ihrer sexuellen Neigungen organisiert haben. Füller nimmt an, dass Becker und die beiden anderen Haupttäter sich nicht nur gegenseitig gedeckt, sondern auch die ganze Schule nach ihren Bedürfnissen gestaltet hätten, beginnend mit der Auswahl der Schüler nach Beckers Schönheitsideal. Begünstigt von anderen Pädagogen schuf sich die Täterlobby demnach ein »pädophiles System«[611] beziehungsweise »den für das Umfeld von Pädophilen typischen Täterschutz«[612], der weit über die Schule hinausreichte.

Personell umfasste dieser Täterschutz angeblich bestimmte, allesamt protestantische Pädagogen und Theologen, von denen einige wie Becker in Göttingen studiert hatten und mit Hartmut von Hentig bekannt waren. Am Anfang dieser Reihe steht der einstige Max-Planck-Direktor Hellmut Becker, Sohn des preußischen

Kultusministers Carl Heinrich Becker. Vater wie Sohn, hat Füller herausgefunden, »pflegten ein Netzwerk mit gehobenen schwulen Kreisen«[613]. Gerold Becker verdankte Hellmut Becker seine Stelle an der Odenwaldschule, und dieser soll die Verbrechen seines (nicht verwandten) Namensvetters gedeckt haben. Dasselbe wird dem späteren Direktor Wolfgang Harder unterstellt. Zur täterschützenden Lobby gehören laut Füller auch die protestantische Theologin Antje Vollmer, die Hartmut von Hentig gegen den Vorwurf der Mittäterschaft verteidigt hatte, die als Freundin der Homosexuellen bekannte Rita Süssmuth, die das Gleiche getan hatte, und der Schriftsteller Adolf Muschg wegen seiner ketzerischen Aussagen zur Päderastie in einem Artikel für den *Tagesspiegel*. In Göttingen schließlich, so hat es der fleißige Füller recherchiert, traf sich der junge Gerold Becker einst mit Gustav Wyneken, dem Reformpädagogen, Landschulheim-Gründer und Inspirator der Wandervogel-Jugendbewegung, der im Jahr 1921 der Verführung zweier Knaben schuldig befunden worden war. Ob sich Becker bei Wyneken angesteckt hat, oder ob ihm der greise Homosexuelle geraten hat, sich »die für einen Pädophilen ideale Tarnkappe ... (des) liberalen Reformpädagogen«[614] aufzusetzen, bleibt offen. Füllers homophobe Verschwörungstheorie jedenfalls stützt sich auf die Thesen des Pädagogikprofessors Jürgen Oelkers zum Thema Reformpädagogik.

In seinem Buch *Eros und Herrschaft*, das 2011 als Reaktion auf die Enthüllungen an der Odenwaldschule erschien, liefert Oelkers eine längst fällige Kritik an den konservativen Anteilen des Ideologiekonglomerats der deutschen Reformpädagogik, das zu Beginn des 20. Jahrhunderts zur Gründung der Landerziehungsheime führte. Neben progressiven Grundsätzen, die sich gegen die Drill- und Prügelpädagogik der preußischen Schulmeister richteten, den Schülern organisatorische Mitverantwortung geben wollten und die Koedukation befürworteten, gehörten dazu auch völkisches und antidemokratisches Gedankengut, konservative Kulturkritik, Militarismus und Antisemitismus. Hermann Lietz beispielsweise, der noch immer hochgeehrte Gründer der ersten Landerziehungsheime, war ein kaiserlicher Nationalchauvinist, befürwortete den Ersten Weltkrieg und schloss jüdische Schüler von seiner Schule aus. Gustav Wyneken, Sympathisant der Münchner Räterepublik und Berater des ersten sozialdemokratischen Kultusministers von Preußen, riet der Jugend im Jahr 1914, in den Krieg zu ziehen. Obwohl er nie zum Nazi geworden war, schrieb er 1940 ein rassismusverdächtiges Buch. Für solche Informationen muss man Oelkers dankbar sein, während sein zweites Anliegen, die Ideale der Reformpädagogen an deren persönlichem Charakter zu messen, oft ins Moralistische abgleitet. Zum Beispiel dann, wenn er dem Gründer der Odenwaldschule Paul Geheeb vorwirft, seine Frau mit mehreren Geliebten betrogen zu haben.

Oelkers schärfste Kritik an der Reformbewegung bezieht sich auf die Idee des pädagogischen Eros, einem Ideal, »das für Nähe, Empathie und pädagogischen Idealismus stehen sollte«[615]. Die Hauptthese des Buches besagt, dass der pädagogische Eros von dessen Anfängen in der Mitte des 19. Jahrhunderts bis hin zu Hartmut von Hentigs Rede vom »Platonischen Lehren« vor allem der Rechtfertigung und Tarnung sexuellen Missbrauchs von Schülern durch pädophile Lehrer dient. Die Landerziehungsheime hätten dafür den idealen Hintergrund geboten. Wie Dehmers, Füller und fast alle gegenwärtigen Autoren, die sich mit diesem Thema auseinandersetzen, unterscheidet Oelkers nicht zwischen Päderastie und Pädophilie. Zur Klarstellung: Päderastie ist die ideelle oder sexuelle Beziehung zwischen Männern und nachpubertären Knaben, eine heute unzeitgemäße Form von Homosexualität. – In der Praxis, muss man dazu sagen, dürfte die Grenze zwischen pubertär und nachpubertär seit den Zeiten der alten Griechen fließend gewesen sein. – Pädophilie dagegen ist die ausschließliche sexuelle Fixierung von Männern oder Frauen auf vorpubertäre Kinder beiderlei Geschlechts vom Säuglingsalter an. Eine tragische Form sexueller Präferenz, mit der nur ganz wenige Menschen geschlagen sind. Die Gleichsetzung von Päderastie mit Pädophilie lässt beides als sexuellen Missbrauch erscheinen, so dass päderastische Schwule automatisch zu Sexualverbrechern werden.

Mit den Beweisen für seine These zum pädagogischen Eros beginnt Oelkers am Ende des 19. Jahrhunderts und führt zunächst den britischen Sozialreformer Edward Carpenter an, von dem die Idee zur New School of Abbotsholme, dem ersten Landerziehungsheim Englands, stammte. Carpenter war es, der, beeinflusst vom Dichter Walt Whitman, Homosexualität als »mannmännliche Liebe« oder »*comrade love*« rehabilitierte und zu einem Teil der menschlichen Natur erklärte. Von dem Juristen Hermann Ulrichs, dem ersten Fürsprecher der Homosexuellen der neueren Geschichte, übernahm er den Begriff Urning und schrieb dem so Getauften ein einfühlsames Wesen mit besonderer Neigung zu Kunst und Erziehung zu. Oelkers vergleicht dies bedenkenlos mit der Täterbeschreibung heutiger Pädokrimineller: »Oft sucht der Täter die Liebe und das Vertrauen der Kinder, um sie arglos zu halten. Carpenter hatte vom ›uranian temperament‹ gesprochen.«[616] Im Folgenden geht es um den Mediziner Havelock Ellis, der in seinem Buch *Sexual Inversion* aus dem Jahr 1897 Beispiele sexueller Beziehungen zwischen Männern und Knaben beschreibt und als akzeptabel hinstellt. Co-Autor war der Dichter John Addington Symonds, ein weiterer Pionier der schwulen Emanzipation. Oelkers interessiert an ihm vor allem, dass er Lehrer war und eine Beziehung zu einem 17-jährigen früheren Schüler hatte. Da Oelkers sich nur für die Geschichte der Pädagogik und nicht für die der homosexuellen Emanzipation interessiert, erklärt er die Gründungsväter dieser Bewegung in Nachhinein zu Kindesmissbrauchern.

Wichtigster deutscher Vertreter des pädagogischen Eros war laut Oelkers Gustav Wyneken. Zusammen mit dem späteren ersten Direktor der Odenwaldschule Paul Geheeb gründete der religionsabtrünnige Theologe das Landschulheim Freie Schulgemeinde Wickersdorf, das den Schülern pädagogische und organisatorische Mitbestimmungsrechte einräumte. Wyneken war ein Grenzgänger zwischen links und rechts. Er stand mit dem männerbündlerischen Wandervogelideologen Hans Blüher in Kontakt, aber auch mit dem Streiter für homosexuelle Gleichstellung,

Magnus Hirschfeld, und mit dem marxistischen Freud-Anhänger Siegfried Bernfeld. 1920 musste der Internatsgründer seine Schule verlassen, weil er wegen sexueller Belästigung zweier Schüler angezeigt wurde. Laut Anklage bat er den ersten, einen 17-Jährigen, auf sein Zimmer, küsste ihn, erklärte seine Liebe und forderte ihn auf, sich nackt mit ihm auf das Bett zu legen. Eng umschlungen hätten die beiden eine Weile gelegen. Im zweiten Fall – der Junge war erst zwölf Jahre – soll Wyneken sich ähnlich verhalten haben. Beim Zusammenliegen habe er zwischen den Beinen des Knaben ejakuliert. Wyneken zeigte sich reuig und verteidigte sich mit der Liebe zu den Knaben und dem platonischen Eros als Motivation für sein Handeln.

Der Schulgründer wurde zu einem Jahr Gefängnis verurteilt, jedoch dank der Fürsprache namhafter Persönlichkeiten begnadigt. Darunter waren die Künstlerin Käthe Kollwitz und die Religionsphilosophen Karl Barth und Martin Buber. Kurt Hiller, pazifistischer Schriftsteller und Sprecher für Hirschfelds »Wissenschaftlich-humanitäres Komitee«, nannte Wyneken ein pädagogisches Genie. Und der deutsch-jüdische Schriftsteller Arnold Zweig verglich seinen Prozess mit dem Oscar Wildes. Oelkers nimmt an, dass die Verteidiger Wynekens, »einen Sieg der reaktionären Pädagogik« befürchteten, »ein Vorgang, der sich dann später in der Odenwaldschule wiederholen sollte«[617]. Tatsächlich, so scheint es mir, dürfte eine zweite Befürchtung hinzugekommen sein, die des Rückfalls in eine mittelalterliche Einstellung zur Homosexualität.

Anerkennung der Knabenliebe galt im 19. und frühen 20. Jahrhundert als Alternative zur christlichen Verdammung der Homosexualität und etablierte sich als deren gelebte Form im Zeichen ihrer Verfolgung. Die doppelbödige Einstellung der alten Griechen zum Verhältnis der ideellen und sexuellen Anteile der Knabenliebe kam sowohl der Tarnung der verbotenen und hart bestraften Homosexualität als auch ihrer Angleichung an die Heterosexualität entgegen. Der Altersunterschied ersetzte den traditionell hierarchischen Geschlechterunterschied und ergab ein auf Ungleichheit und Autorität beruhendes Beziehungsmodell, das sich zudem auf den Griechenkult der deutschen Klassik berufen konnte. Karl Heinrich Ulrichs bezog sich bei der Namensgebung der Homosexuellen auf die Aphrodite Urania in Platos *Gastmahl*. Carpenter und Symonds beriefen sich auf Plato, Nietzsche fand warme Worte für das erotische Hellenentum. Erste bekennende Homosexuelle wie der Anarchist John Henry Mackay schrieben päderastische Romane. All das rechtfertigte die Lebensweise wohlhabender Homosexueller, die verwaiste oder verwahrloste Knaben adoptierten, ihnen ein Zuhause gaben, sich um ihre Erziehung kümmerten und sie in den meisten Fällen angeblich nur platonisch liebten.

Die Aktivisten der ersten deutschen Schwulenbewegung gehörten zwei verschiedenen Fraktionen an. Deren erste und vergleichbar progressive sammelte sich um Magnus Hirschfelds 1897 gegründetes Wissenschaftlich-humanitäres Komitee. Obwohl auch Hirschfelds erste Schrift zur Homosexualität mit dem Titel *Sappho und Sokrates* auf die alten Griechen anspielt, galt der Urning dem wissenschaftlich statt schöngeistig orientierten Gründungsvater der Homosexuellenbewegung nicht notwendig als Päderast. Er sah in ihm vielmehr einen Mann mit femininen Charakterzügen und Körpereigenschaften. Die konservative, maskulinistische Fraktion der sich emanzipierenden Homosexuellen wiederum, die seit 1902 im »Kreis der Eigenen« organisiert war, erklärte die Päderastie zur einzig moralischen Form von Homosexualität und zur höchsten Form von Sexualität überhaupt. Sie schwelgten in männerbündischen Ideologien, waren misogyn, neigten zum Antisemitismus und diffamierten die Hirschfeld-Anhänger als Weichlinge. Trotzdem waren die Übergänge zwischen den Grundsätzen beider Fraktionen oft fließend, und im Umkreis der Eigenen fanden sich Progressive wie der Anarchist Erich Mühsam und der spätere Zionist Franz Oppenheimer. Dank des Einflusses beider Homosexuellen-Organisationen stieg die Akzeptanz gleichgeschlechtlicher Liebe bis zum Ende der Weimarer Republik so stark, dass der Paragraph 175 kurz vor der Machtübernahme der Nazis beinahe gefallen wäre.

Ob Effeminierte oder Päderasten, mindestens 10 000 Homosexuelle wurden in die Konzentrationslager verschleppt. Und fast 60 000 Schwule bevölkerten die Gefängnisse nach 1945, denn der von den Nazis verschärfte Paragraph 175 galt in der Bundesrepublik noch bis 1969. Die Päderastie samt ihrer kulturellen Weihen und der damit verbundenen Tarnungsqualität erlebte in den 1950er und 1960er Jahren ein trauriges Comeback. Die damaligen schwulen Lokale, die ich noch mit eigenen Augen gesehen habe, waren von der Angst des Erwischtwerdens und deren Kompensation in schöngeistig-verbrämter Knabenliebe geprägt. Sie waren von außen kaum sichtbar und hatten keine Fenster. Bilder griechischer Jünglingsstatuen und Fotos nackter Knaben in naturromantischer Umgebung hingen an den Wänden. Überhöfliche und überangepasste Männer schlichen gedrückt herum. Stricher boten sich an, Tunten waren verpönt.

Zu meinem Freundeskreis der späten 1960er Jahre gehörte ein Anfang 20-jähriger schwuler Musikstudent. Dieser ging einmal in der Woche einen väterlichen Freund besuchen, um zu singen, Musik zu hören und zu diskutieren. Der Mentor, ein Ende 60-jähriger Musik-Professor, liebte den Jüngeren abgöttisch, tat für ihn alles, was in seiner Macht stand, und vererbte ihm später ein Haus in bester Wohngegend. Der Student beteuerte, nie Sex mit dem Professor gehabt zu haben. Nur einmal hätte er seinem Gönner erlaubt, ihn nackt zu sehen. Der Verliebte fiel dann nicht etwa über ihn her, sondern griff zu einem Bandmass, mit dem er anatomische Abmessungen seines Körpers vornahm. Etwas, was auf den Einfluss von Hirschfelds Theorie der angeborenen Andersartigkeit homosexueller Menschen und entsprechende Forschungen schließen lässt.

Ein anderer Freund, einer der ersten offen schwulen Männer Frankfurts, war sexuell auf 15- bis 20-Jährige festgelegt. Obwohl er selbst erst 22 Jahre alt und keinesfalls hässlich war, kaufte er sich Stricher oder schlief mit meist heterosexuellen Jugendlichen aus der Politszene. Ich denke, dass das gut so war, obwohl ihn heute viele als Pädokriminellen abstempeln würden. Diesem Freund verdanke ich tiefe Einblicke in die damals noch lebendige geheime Päderastenkultur: das Wissen vom Leiden derer, deren Vorhänge immer zugezogen waren, die Enthüllung verschwörerisch-romantischer Geheimcodes wie umgedeutete Rilke- oder Mörike-Gedichte und schließlich die furchtbare Wahrheit, dass die meisten der angeblich nur platonisch liebenden Päderasten eine alles überschattende, tragische Lebenslüge mit sich herumschleppten.

Die neue Schwulenbewegung, die 1971 nach dem Fall des Paragraphen 175 in ihrer fulminösen Rehabilitierung der Tunte unbewusst an Hirschfeld anknüpfte, hatte für den Griechenkult nichts als Verachtung übrig. Gleichheit zwischen den Partnern statt schöngeistiges Mentorentum war ihr Ideal, verbunden mit dem provokativen Bekenntnis zur gelebten Sexualität. Trotzdem gab es unter denen, die sich der Bewegung anschlossen, auch Männer, die sexuell auf sehr junge Männer fixiert waren. Sich Päderasten zu nennen, wäre ihnen zu diesem Zeitpunkt peinlich gewesen, und einige griffen deshalb (in falscher Anwendung) zu dem wissenschaftlichen Begriff Pädophilie, um ihre Bedürfnisse zu benennen. Das wiederum hatte zur Folge, dass auch Menschen, die Sex mit vorpubertären Kindern begehrten, auf moralische Anerkennung zu hoffen begannen. Seit 1975 rangen einzelne und organisierte homo- und heterosexuelle Pädophile mit mehr oder weniger Erfolg um Anerkennung in der Schwulenbewegung und der Spontibewegung. Viele Anhänger beider Bewegungen, die noch vom progressiven Umdenken in Bezug auf Sexualstraftäter geprägt waren, sympathisierten tendenziell mit ihren Forderungen, zumal diese mit dem Recht der Kinder auf Sexualität argumentierten. Heftige Kritik erhob sich alsbald von feministischer Seite. Und im Jahr 1980 kam es zu dem in jüngster Zeit oft zitierten Gespräch zwischen Alice Schwarzer und Günter Amendt. Der *Sexfront*-Autor wies damals auf den Unterschied zwischen Päderasten und Pädophilen hin und sprach sich für eine altersüberschreitende Sexualität aus. Die pädophile Beziehung definierte er als eine unter Ungleichen, die die kindliche Autonomie missachtet: »Wir treten als Erwachsene für das Recht der Kinder auf Sexualität ein. Das heißt aber nicht, dass wir für das Recht der Erwachsenen auf die Sexualität der Kinder eintreten.« Trotzdem gab er, noch ganz im Sinne der damaligen Aufgeschlossenheit, zu bedenken, ob es für ein isoliertes, verelendetes oder geprügeltes Kind nicht besser sei, »wenn es einen Erwachsenen findet, der liebevoll zärtlich zu ihm ist, es fördert«[618].

Was die Odenwaldschule angeht, meine ich, dass Becker und die anderen missbrauchenden Lehrer keine Pädophilen im Sinne einer sexuellen Präferenz für vorpubertäre Kinder, sondern päderastisch geprägte Schwule oder Bisexuelle waren. Aufgewachsen noch mit der Bedrohung von Zuchthausstrafen, war ihnen das Lügen, das Rationalisieren und das Vertuschen ebenso in Fleisch und Blut übergegangen wie die Ungleichheit päderastischer Beziehungen. Emanzipierte, offen gelebte Homosexualität, wie die schwule Bewegung es propagierte, lag jenseits ihres Horizonts. Die generelle Liberalisierung der Sexualmoral aber, war etwas, woran sie sich zu bedienen wussten. Statt Stricher zu kaufen oder sich auf die schwierige Suche nach jung geouteten Schwulen zu begeben, machten sie sich einfach an Schüler heran. Die Verinnerlichung extremer Sanktionen für Homosexualität, gemischt mit aufgesetzter Sexualbefreiung, ergab dann jenes psychische Gebräu, das zu den abstoßenden Sexualgewohnheiten eines Gerold Becker führte. Auch dass unter den Opfern 12- und 13-Jährige waren, scheint mir kein Zeichen für die Pädophilie des Direktors und anderer Lehrer zu sein, sondern dafür, dass sie sich der Bequemlichkeit halber die Schwächsten aussuchten. Jungen aus dysfunktionalen Familien, ungeliebte Söhne und die, zu denen der Altersunterschied am größten war.

Beckers Vergehen mit dem zu vergleichen, was man Gustav Wyneken nachweisen konnte, kommt mir für Becker fast schmeichelhaft vor, die Toleranz, die man dem Wandervogelpäderasten in den 1920er Jahren entgegenbrachte, dagegen verständlich. Seine heutige Nachverurteilung als Sexualverbrecher wäre seinen Unterstützern wahrscheinlich als Ausdruck preußisch-puritanischer Homosexuellenhatz erschienen. Das wiederum gilt es zu bedenken, wenn Leute wie Hentig, Süssmuth und andere Deutsche, die die Nazizeit noch erlebt hatten, der Mitwisserschaft und Mittäterschaft in Bezug auf die Odenwaldschule bezichtigt werden. Wie den Tätern selbst steckte ihnen noch die Verfolgung der Homosexuellen und ihre Pauschalverurteilung als Knabenverführer und Kinderschänder in den Knochen, die mit Zuchthaus Bestraften der Adenauer-Ära und die Toten der deutschen Konzentrationslager.

Der Vorschlag eines Trägervereinsmitglieds der Odenwaldschule, schwule Lehrer nur dann einzustellen, wenn ein psychiatrisches Gutachten Pädophilie ausschließt, wurde zwar nicht in die Tat umgesetzt, muss aber als Warnsignal gelten. Fragen sollte man sich vielmehr ob die heutige Missbrauchsdebatte nicht die Vorstellung vom homosexuellen Knabenschänder vergangener Jahrzehnte reproduziert. Fragen sollte man auch, wohin es führt, wenn diese Debatte die Mentalität der 1950er Jahre annimmt, dann zum Beispiel, wenn sie den Sexualstraftäter wieder als einen Menschen von spezifisch viehischer Natur erscheinen lässt. Nicht mehr der ganz normale Mann, der im Patriarchat notwendigerweise Frauen unterdrückt, wie die Feministinnen annahmen, verletzt und traumatisiert Kinder. Nein, es ist wie einst der abnormale Triebtäter, den man heute pauschal als Pädophilen definiert. Dieser Unhold ist zeitlos, unbelehrbar und untherapierbar. Kein Kraut ist gegen ihn gewachsen. Man kann ihn nur »wegschließen – und zwar für immer«[619], wie es Gerhard Schröder schon 2001 der *Bild am Sonntag* mitteilte. Die Frage nach möglichen gesellschaftlichen Ursachen war damit von staatlicher Autorität als unsinnig abgetan. Weder Opferverbände noch Missbrauchsexperten oder Zeitungskommentatoren scheren sich um das, was die Täter eventuell zu sagen hätten. Weder zur Erklärung ihres Tuns noch zur Abwägung ihrer tatsächlichen Schuld.

Andersdenkende, sogar wenn sie zu den Opfern gehören, werden der Kollaboration mit den Tätern beschuldigt oder als unzurechnungsfähig hingestellt wie der österreichische Schriftsteller Josef Haslinger. Dieser hatte als Heranwachsender eine Klosterschule besucht, war von mehreren Lehrern sexuell belästigt worden, hat aber wie er selbst beteuerte, keinen Schaden daran genommen. Die sexuellen Missbraucher, wagte er zu berichten, seien im Gegensatz zu den Stockschlägern unter den Patres eine »Oase der Zärtlichkeit«[620] gewesen. Außerdem warnte Haslinger vor einer »Hexenjagd« und vor der Aberkennung der Menschenrechte für Pädophile, die er »nicht am Pranger vorgeführt«[621] bekommen will. Gerhard Amendt – ungleicher Bruder des *Sexfront*-Autors und derzeit Hauptsprecher der maskulinistischen Männerbewegung – bescheinigte Haslinger daraufhin eine »schwer erträgliche moralische Unentschiedenheit«, das Verharren »im kindlichen Zustand seelischer Ohnmacht« und die »Identifikation mit dem Angreifer«[622]. Er vermisse Gefühle des »Zorns, der Rache« oder gar »Vernichtungsphantasien«[623]. Dass die Missbrauchstäter schließlich ganz anders sind als wir, hat Amendt in diesem Zusammenhang unübertrefflich so formuliert: »Es ist das Wesen der pädophilen Perversion, dem wir mit unseren Gefühlen nicht folgen können. Denn das Perverse als Charakterstörung ist uns nicht eigen.«[624]

Der Verdacht drängt sich auf, dass der Autor mit dieser Hasstirade gegen eigene verborgene Wünsche ankämpft. Wie Adorno schon vor über fünfzig Jahren beobachtete, provoziert das immer jünger werdende Schönheitsideal unserer Gesellschaft den begehrlichen Blick auf das Kind als Sexualobjekt. Die seither rasant fortgeschrittene kommerzielle Erotisierung von Kindern, die auf Werbefotos immer deutlicher für den Geschmack von Pädophilen dargestellt werden, korrespondiert mit der Wiederkehr der sexuellen Unschuld der Kinder. Die Verwerfung der Freud'schen Trieb- und Ödipuslehre und der moralisierende Umgang mit dem Thema sexueller Missbrauch haben dieser Ideologie aus dem 18. und 19. Jahrhundert zu neuer Blüte verholfen. Man denke an den Namen des von Stephanie zu Guttenberg geleiteten Vereins »Innocence in Danger« oder an die Sexualaufklärungsskandale der jüngeren Vergangenheit.

Zu einem Meilenstein dieser Entwicklung zurück zur Vorstellung kindlicher Asexualität wurde im Jahr 2007 die Anzeige der Sexualtherapeutin Ina-Maria Philipps wegen öffentlicher Aufforderung zum sexuellen Missbrauch von Kindern. Philipps gab im Auftrag der Bundeszentrale für gesundheitliche Aufklärung die Broschüre »Körper, Liebe, Doktorspiele« heraus, in der sie Eltern und Erzieher zur Förderung der kindlichen Sinnlichkeit ermutigt und rät, Sexualität als etwas Selbstverständliches zu behandeln. Auch dann, wenn kleine Kinder neugierig auf die elterlichen Geschlechtsteile sind, sie genau betrachten und anfassen wollen. Zu der Anzeige kam ein wutschäumender Artikel der rechtskatholischen Publizistin Gabriele Kuby, die in der Broschüre »Körper, Liebe, Doktorspiele« eine »Zwangssexualisierung« von Kindern und Jugendlichen und die »von Staat und Medien betriebene moralische Zerrüttung des Volkes«[625] erkennt. Familienministerin Ursula von der Leyen ließ daraufhin Philipps Broschüre aus dem Verkehr ziehen.

Ein paar Jahre später erinnert eine Zeitungsschlagzeile frappant an jene Tage, als Frankfurter Gymnasiasten Sexualaufklärung durch die Schule forderten. Hieß es 1967 in der *Bildzeitung*: »13-jährige Mädchen mussten Sexfragebogen beantworten«[626], so lauten die entsprechenden Aufmacher im *Düsseldorfer Express* 46 Jahre später: »Sex-Fragebogen für Grundschüler« und »Müssen Neunjährige wissen, was ein Orgasmus ist?« Es geht um ein Sexualkunde-Arbeitsblatt für Grundschüler mit Fragen wie: »Warum haben Mann und Frau Geschlechtsverkehr?« oder »Was ist ein Orgasmus?« Aufgebrachte Eltern aus Köln sprachen von »Porno-Unterricht«[627], glaubten sich um ihr Erziehungsrecht und die Kinder um deren Kindheit betrogen.

In Berlin provozierte im April 2013 ein von »Pro Familia« empfohlenes Aufklärungsbuch der renommierten schwedischen Kinderbuchautorin Sonja Härdin ähnliche Reaktionen. Anstoß erregten Illustrationen, die ein Paar beim Benutzen eines Kondoms und beim Koitus zeigen. Der Text dazu lautet: »Wenn es so schön ist, dass es schöner nicht mehr werden kann, haben Lisa und Lars einen Orgasmus.«[628] Die *Bildzeitung* druckte die deutlichsten der harmlosen Zeichnungen und ließ eine Expertin erklären, der Sexualkundeunterricht in der Grundschule solle sich auf

»Kenntnisse über die Biologie«[629] beschränken. Eine CDU- und eine CSU-Politikerin äußerten sich in gleicher Weise, und in der *Berliner Morgenpost* vermutete Miriam Hollstein, dass »die 68er«, motiviert von den Thesen Wilhelm Reichs, »die Sexualerziehung von Kindern zur tabulosen Zone« erklärten »bis hin zur Tolerierung von Pädophilie«[630]. Eine Denkfigur, die in letzter Zeit immer wieder auftaucht, formuliert auch von Christian Füller, der zu denen gehört, die Daniel Cohn-Bendit für einen potentiellen Sexualverbrecher halten.

Cohn-Bendit hatte 1975 in einer frühen Autobiographie von seinen Erfahrungen als Bezugsperson in dem damaligen Frankfurter Uni-Kindergarten berichtet: »Es ist mir mehrmals passiert, dass einige Kinder meinen Hosenlatz geöffnet und angefangen haben, mich zu streicheln. Ich habe je nach den Umständen unterschiedlich reagiert, aber ihr Wunsch stellte mich vor Probleme. Ich habe sie gefragt: ›Warum spielt ihr nicht untereinander, warum habt ihr mich ausgewählt und nicht andere Kinder?‹ Aber wenn sie darauf bestanden, habe ich sie dennoch gestreichelt.«[631]

Das erinnert an die schon genannte Szene zwischen Eberhard und Grischa aus der K2. Und auch Cohn-Bendits Beteuerung, dass die Radikalen in seinem Kindergarten die kindliche Sexualität nicht nur geduldet, sondern auch gefördert hätten, verrät ihre Quelle: den Erfahrungsbericht *Kommune 2*. Wegen dieser und ähnlicher Äußerungen wurde der einstige Agitator der Pariser Mai-Revolte, spätere Grüne und Europapolitiker schon vor vielen Jahren angegriffen und immer wieder gerügt, unter anderen von Alice Schwarzer, Bettina Röhl und Klaus Kinkel. Der Kritisierte distanzierte sich mehrmals, bezeichnete seine damaligen Sätze als unverantwortlich und behauptete schließlich, die neugierigen Kinder, sein Problem damit und die Erwiderung des Streichelns erfunden zu haben, weil er damit provozieren wollte. Weder das noch ein 2001 verfasster Solidaritätsbrief einstiger Kindergarten-Eltern und die Tatsache, dass sich kein einziges Kind von damals fand, das gegen ihn ausgesagt hätte, konnten das Kinderschänder-Stigma beseitigen.

Als Cohn-Bendit am 19. April 2013 der Theodor Heuss Preis verliehen wurde, standen Mitglieder der Jungen Union und des Opfervereins der Odenwaldschule vor der Tür. »Heuss-Preis für Kindersex« stand auf ihren Plakaten, »Schämt euch!«[632] riefen die Träger. Einen Tag später spuckte Christian Füller in der *Frankfurter Allgemeinen Zeitung* Gift und Galle und kam noch einmal auf die Odenwaldschule zu sprechen, deren Schüler Cohn-Bendit war: »An der Schule herrschte eine allgemein promiske Atmosphäre, das Reforminternat war ein Hort der Wilhelm Reichschen Befreiungssexologie.«[633] An anderer Stelle beschuldigte er Cohn-Bendit, zur »Herausbildung einer pädophilen Atmosphäre« beigetragen zu haben, und behauptete, er habe »öffentliche Rechtfertigungsliteratur für sexuelle Gewalt gegen Kinder«[634] produziert. Nicht viel später nannte der CSU-Generalsekretär Alexander Dobrindt Cohn-Bendit einen »widerwärtigen Pädophilen«[635] und griff die Grünen an, weil sie nicht bereit waren, ihren Mitbegründer zum Kindesmissbraucher zu erklären. Füller legte nach, indem er die Verfasserin des Solidaritätsbriefes für Cohn-Bendit der Inkonsequenz bezichtigte und sprach von einer »libertäre(n) Entfesselung der Sexualität« der 68er, die zum Trojanischen Pferd für Pädosexuelle geworden sei. Mit Schauder erwähnte er in diesem Zusammenhang die »fundamentalistischen ›Jeder-darf-alles‹-Läden, wo die Kinder nackt herumliefen, sich gegenseitig genital erforschten und die Wände ... mit Exkrementen oder Spagetti beschmierten«[636].

Von verschiedenen Seiten kam es nun zu Angriffen auf die Partei, an deren Gründung Cohn-Bendit einst beteiligt war und die zum politischen Sammelbecken dessen wurde, was von der Studentenbewegung übrig war. Zu den Anklägern gehörte die *Tageszeitung*, in der Autoren wie Christian Füller und Nina Apin schon kräftig vor der eigenen Tür gekehrt hatten. Im Archiv hatten sie pädophilenfreundliche Artikel aus den 1980er Jahren gefunden und daraus geschlossen, dass die *Tageszeitung* den Interessenvertretern der Pädophilen damals eine Plattform für ihre Propaganda gewährt hätte. Jetzt vermutete eine andere Autorin, auch die Grünen hätten sich »in den 80er Jahren möglicherweise weit stärker für die Interessen Pädophiler eingesetzt als bisher bekannt gewesen ist«[637]. Die Genannten beauftragten daraufhin den Parteiforscher und Politologie-Professor Franz Walter und seinen Assistenten Stephan Klecha, »Umfang, Kontext und Auswirkungen pädophiler Forderungen in den Milieus der Neuen Sozialen Bewegung sowie der Grünen« zu erforschen. Nur zwei Monate nach Beginn ihrer Arbeit und nur wenige Wochen vor der Bundestagswahl veröffentlichten die Wissenschaftler Dokumente und gaben sowohl in der *Frankfurter Allgemeinen Zeitung* als auch in der *Tageszeitung* erste Ergebnisse ihrer Forschung preis. Ausgehend von einem kräftigen Hieb auf Cohn-Bendit, der als »pausbäckiger Lümmel«[638] bezeichnet wird, und der Entlarvung von Jean-Paul Sartre, Simone de Beauvoir, Louis Aragon und André Glucksmann als Verteidiger pädophiler Straftäter üben sich die Autoren vor allem in der kriminologischen Auflistung von Einzelheiten. Sie nennen Grundsatzprogramme, Parteibeschlüsse und die Existenz »schwul/päderastischer« Arbeitsgemeinschaften bei den Grünen und der FDP als Beweise für pädophilenfreundliche Einstellung. Sie outen Jürgen Trittin als presserechtlich Verantwortlichen eines Wahlprogramms mit der Forderung nach Liberalisierung des Sexualstrafrechts und Volker Beck als den Verfasser eines Artikels zum gleichen Thema in einem Sammelband zum Thema Pädophilie.

Der ausdrücklich in Auftrag gegebene »Kontext« beschränkt sich auf eine einzige, völlig unbegründete These. Die »Propheten der Fundamentalveränderung«, sprich die 68er-Aktivisten, heißt es, hätten aus »Enttäuschung über die ausgebliebene politische Revolution« ihre Hoffnung vor allem auf die Jugend gesetzt: »Die pädophile Zuwendung avancierte zum Ferment einer Umwälzung des Alltags, des Zusammenlebens, der befreienden Liebe.«[639] Pädophilie wäre ein Erziehungsprinzip der Neuen Linken gewesen, mag ein junger Mensch, der dies heute liest, vermuten. Weder die tatsächliche Marginalität praktizierender Pädophiler im links-alternativen Milieu noch der historische Hintergrund und die Bedeutung der weltweiten 68er-Bewegung noch die Geschichte der (deutschen) Pädagogik und noch weniger die der Homosexuellen und der Päderasten, die wie üblich mit den Pädophilen in einen Topf geworfen werden, kümmert die Parteiforscher. Von »triebhaften Propheten einer exzessiven Libertinage« ist stattdessen die Rede und von »kaltblütigen Päderasten«[640]. Walter und Klecha wurden damit zu willkommenen Wahlkämpfern und Steigbügelhaltern der Merkel-Regierung, deren Parteifreunde ihrerseits zur Hatz auf angebliche grüne »Kinderschänder« bliesen.

Alexander Dobrindt bezeichnete Jürgen Trittin als »Teil eines Pädophilen-Kartells«[641], Familienministerin Kristina Schröder beschuldigte ihn der Verhöhnung von Opfern sexuellen Missbrauchs, und ein Göttinger Professor sprach in einem Leserbrief an die *Frankfurter Allgemeine Zeitung* von den »offen zu Tage liegenden pädosexuellen Aktivitäten der Grünen«[642]. Christian Füller stimmte in den Chor konservativer Stimmen mit ein und schimpfte die Grünen eine »Täterpartei«. Die Hetzkampagne gegen grüne Politiker, von denen im juristischen Sinn kein einziger einer Straftat verdächtigt werden kann, währte bis zum Wahlsonntag des Jahres 2013. Die Angegriffenen selbst reagierten wie Cohn-Bendit defensiv, bedienten sich durchschaubarer Zwecklügen und Rationalisierungen, nur um nicht sagen zu müssen, dass sie einst anders gedacht hatten als heute. Sie schadeten damit nicht nur sich selbst, sondern trugen dazu bei, den jüngsten Diskurs zum Thema Missbrauch und Pädophilie noch weiter ins irrationale und moralistische Abseits zu treiben.

Was für die Zukunft zu hoffen ist, wäre ein rationaler Umgang mit Geschichte. Zu hinterfragen gälte es dann nicht nur die Gründe einstiger Toleranz gegenüber Pädophilie, sondern auch die hysterische Triebhaftigkeit der heutigen Gegenpositionen. Dann nämlich könnte Cohn-Bendit einfach sagen: Ich habe nur die Wahrheit gesagt. Kindergartenkinder haben sich an meinem Schwanz zu schaffen gemacht, ich habe so reagiert, wie ich es beschrieben habe. Trittin könnte sagen: Ja, ich war presserechtlich verantwortlich, und Beck: Ja, ich habe das geschrieben, das war meine damalige Position. Nur unter solchen Bedingungen könnte die einstige Unterschätzung des Schadens, den Erwachsene Kindern durch sexuelle Funktionalisierung auch ohne Gewalt zufügen können, auf ihre Ursachen zurückgeführt und ein für allemal korrigiert werden. Dann könnte die Pädophilie-Debatte, statt in die Welt der 1950er Jahre zurückzuführen, einen Beitrag zur Sensibilisierung gegenüber jeglichem Missbrauch von Kindern leisten. Thematisieren müsste man in diesem Zusammenhang nicht nur sexuellen Missbrauch im Namen angeblicher Kinderlust, sondern auch die soziale Vernachlässigung von Kindern, das Prügeln und Demütigen, ebenso wie die Einsperrung, sexuelle Unterdrückung und Überbehütung der Heranwachsenden in einer heilen Kinderwelt.

Parallel zur Wiederkehr des phobischen Umgangs mit den Themen sexueller Missbrauch und Pädophilie brachten die 1990er und 2000er Jahre mit dem Überufern von Pornographie und Pufferotik in ungeahntem Maße deren weitgehende Akzeptanz. Die wie immer in Zeiten des Konservatismus wiederauflebende puritanische Moral tobt sich vorerst nur in einem Teilbereich aus, dort nämlich, wo es um Kinder geht. Ein Zurück zum Totalitätsanspruch der Tugendbolde und Zensoren der Adenauer-Ära scheint es nicht mehr zu geben, denn zu viele verdienen inzwischen zu viel Geld an dem, was früher Schweinkram hieß. Der Laissez-faire-Kapitalismus fordert größtmögliche Duldung all dessen, was verkäuflich ist. Die neue Unschuld der Kinder und die Sorge um sie ist sein Feigenblatt, das umso erbitterter verteidigt wird. So lange zumindest, bis es denen, die die Macht haben, vielleicht wieder opportun erscheinen wird, die Menschen einer traditionellen Sexualmoral in allen Bereichen des Lebens zu unterwerfen.

Was die Vorstellung von Sexualität selbst angeht, hat sich der gute Wilde inzwischen ebenso verabschiedet wie sein böser Bruder. Idealisierung der Sexualität zur Friedensstifterin und zum Gegenpol von Macht und Herrschaft gehören ebenso der Vergangenheit an wie ihre Dämonisierung und religiöse Überhöhung in der Verbindung mit dem Tod. Gewalttätige beziehungsweise gewaltdarstellerische Sexualität als Ideologie und Praxis ist Mainstream geworden. Sie muss nicht mehr philosophisch oder politisch gerechtfertigt werden, sondern kann sich dank der generell akzeptierten Verhandlungsmoral getrost ins Private zurückziehen. Geblieben ist scheinbar unauslöschlich die Ausstattung der Sexualität mit Elementen von Macht, Herrschaft, Kampf und Krieg, verharmlost und normalisiert in der Behauptung, dass es in jeder zwischenmenschlichen Beziehung um Macht, Machtfrage oder Machtaustausch gehe. Was in den 1980er Jahren noch die zukunftsweisende Ideologie einer aus der Neuen Linken hervorgegangenen Arrieregarde war, wurde seit den 1990er Jahren von einem breiteren Publikum aufgegriffen, popularisiert und verhandlungsmoralisch legitimiert.

Scheinbar endgültig durchgesetzt hat sich auch die seit den 1980er Jahren mit dem Begriff Pro-Sex-Bewegung oder prosexueller Feminismus entstandene Überzeugung, dass sich der Sexualbejahung nur die rühmen dürfen, die ihre Lanze für Pornographie, harte Praktiken und Prostitution brechen. Wer Zweifel an der angeblich befreienden Wirkung von Pornographie hegt, wer nicht bedingungslos bereit ist, Prostitution als reine Dienstleistung zu verstehen, oder wer versucht, die Tendenz zum Sadomasochismus im gesellschaftlichen Kontext zu sehen, gilt als prüde und sexualverneinend. Wer dabei das Pech hat, eine Frau zu sein, wird mit solchen Ansichten automatisch dem historischen Müllhaufen der identitär essentialistischen und puritanischen Frauenbewegung zugeordnet.

Bleibt der Gender-Diskurs, die radikale Hinterfragung von Geschlechterrollen und Zweigeschlechtlichkeit. Obwohl die damit verbundene Denkweise auch konservative Elemente enthält, und obwohl deren Vertreter Politik und Ökonomie meiden und in einem schwierigen Insiderjargon kommunizieren, hat sie dennoch das Potential, künftige sexualpolitische Emanzipationsbewegungen zu inspirieren. Ihr Begriff von Sexualität, so meine Hoffnung, könnte sich dann ändern, statt weiter im Fahrwasser des Mainstream mitzuschwimmen.

Ausblick

FAST ALLE ÄUSSERUNGEN DER SEXUALITÄT, die einst verboten oder geächtet waren, sind heute – wenn auch nur in einem kleinen Teil der Welt – erlaubt und anerkannt. Der orale, der anale, der gleichgeschlechtliche, der fetischistische und sadomasochistische Sex schockiert nicht mehr. Masturbation, voreheliche, außereheliche und jugendliche Sexualität, die Homo-Ehe, der Geschlechtswechsel, die Promiskuität und die Prostitution als Beruf gelten als legitim. Die traditionelle Sexualmoral verschwindet zugunsten der individuellen Wahl von Werten und Regeln zwischen den Partnern. Sexualreformer, Sexualrevolutionäre, Feministinnen, LGBT-AktivistInnen und nicht zuletzt Pornographen und Werber haben jahrzehntelang daran gearbeitet, um all das zu erreichen.

Vor allem die Bemühungen Letzterer haben sich dabei ausgezahlt, denn was einst Sexwelle hieß, rollt seit den 1960er Jahren unaufhaltsam weiter. Die Kommerzialisierung von Sexualität, ihre Ausschlachtung für die Werbung und für Propaganda jeglicher Art, ist in einem Maße fortgeschritten, das man sich vor vierzig Jahren kaum vorstellen konnte. Ebenfalls explodiert ist dank Privatfernsehen und Internet die Verbreitung von Pornographie. Und immer mehr verschränkt sich die Werbung mit dieser, so weit, dass Kampagnen gegen Vergewaltigung mit pornographischer Ästhetik betrieben werden. Eine Umweltschützergruppe, die für den Erhalt des Regenwalds kämpft, produziert gar Pornos, um ihre Aktivitäten zu finanzieren. Die Pornographie selbst spezialisiert sich mehr und mehr auf die Darstellung von erotisierter Gewalt. Das Bild von Sexualität, das dabei vermittelt wird und als deren Natur erscheint, reproduziert Leistungsdruck, Konkurrenzangst und Gewaltförmigkeit, den Sozialdarwinismus der Gesellschaft des freien Marktes, in der wir leben. Eine zum Gegenteil ihrer ursprünglichen Bedeutung verzerrte Form von Marcuses »Erotisierung des ganzen Lebens« scheint sich verwirklicht zu haben.

Kritik an dieser Entwicklung, die mit der angeblichen Befreiung der Sexualität einhergeht, kommt vor allem von konservativer Seite, von Kirchenmännern und reaktionären Ideologen, die die »Zwangssexualisierung« der Gesellschaft beschreien, die 68er-Bewegung samt Sexueller Revolution zum Sündenbock machen und nach Zensur und Verboten rufen. Zu diesen gesellen sich Feministinnen und neuerdings Queers unterschiedlicher Couleur, die in ihrem Affront gegen Pornographie, sexuell gewalttätige Männer oder Heteronormativität ins Sexualfeindliche abgleiten. Auf progressiver Seite wiederum heißt es meist pragmatisch, das Zweite sei der Preis für das Erste. Kommerzialisierung der Sexualität und das Geschäft mit der Pornographie seien notwendige Begleiterscheinungen ihrer Befreiung von Verboten und Moral.

Zu fragen auch nur, ob es nicht eine andere sexuelle Freiheit geben könnte, als die, die untrennbar an den Markt gebunden ist, scheint hoffnungslos unzeitgemäß. Auf die Gefahr hin also, mich lächerlich zu machen, möchte ich für einen neuen Befreiungsdiskurs plädieren. Dieser müsste Freiheit von Marktfreiheit unterscheiden und Sexualität wieder im gesellschaftlichen Zusammenhang diskutieren. Zu befreien gälte es die Sexualität von nichts weniger als ihrer Umklammerung durch den Kapitalismus in seinem neoliberalen Spätstadium. Denn dessen Gebote sind es, die die Beziehungen zwischen den Menschen zu Macht- und Ohnmachtverhältnissen werden lassen, ihnen Gewalt aufzwingen und Leiden provozieren. Sozialrevolutionärer Widerstand gegen die bestehende Gesellschaft, wie er sich in den letzten Jahren ankündigt, müsste sich frühsozialistischer, anarchistischer und linkskommunistischer Bewegungen des 19. und 20. Jahrhunderts besinnen, die die soziale mit der kulturellen und sexuellen Revolution zu verbinden versuchten, auch wenn sie damit scheitern mussten. Sexualität könnte dann vielleicht wieder zusammen mit Lebensfreude und Genuss gedacht werden. Ein neuer Hedonismus könnte den seit über dreißig Jahren herrschenden Libertinismus ablösen, ohne die Fehler der Sexuellen Revolution zu wiederholen. Das hieße, den Sirenengesängen von der ursprünglich guten Sexualität als Heilsbringerin zu widerstehen, ebenso wie der Versuchung des sexuellen Inselkommunismus in utopischen Kommunen oder weiblichen Identitätszusammenhängen.

Anmerkungen

1 Horst Brühmann: *Klasse Aktion*. Treysa, Juni 1969. 2 Gisela Elsner: *Das Berührungsverbot*. Reinbek 1982, S. 17. 3 a.a.O., S. 20 f. 4 a.a.O., S. 18. 5 a.a.O., S. 23. 6 Heinz Hunger: *Das Sexualwissen der Jugend*. München u. Basel 1954, S. 7 7 Winfried Schimmel (Hrsg.): *Sexuelle Erziehung in Schule und Elternhaus*. Berlin 1954, S. 17. 8 a.a.O., S. 107. 9 a.a.O., S. 95. 10 a.a.O., S. 106. 11 a.a.O., S. 69. 12 a.a.O., S. 85. 13 a.a.O., S. 90. 14 a.a.O., S. 110. 15 a.a.O., S. 111. 16 a.a.O., S. 113. 17 zit. n. Ulrike Heider: *Sadomasochisten, Keusche und Romantiker*. Reinbek 1986, S. 97. 18 zit. n. *Wikipedia*. 19 zit. n. *Wikipedia*. 20 zit. n. *Wikipedia*. 21 zit. n. Maria Antonietta Macciocchi: *Jungfrauen, Mütter und ein Führer*. Berlin 1978, S. 96. 22 Julius Evola: *Metaphysik des Sexus*. Frankfurt a. M. 1983, S. 265. 23 Inga Buhmann: *Ich habe mir eine Geschichte geschrieben*. München 1979, S. 104. 24 a.a.O., S. 105. 25 a.a.O., S. 107. 26 a.a.O., S. 108. 27 a.a.O., S. 110. 28 a.a.O., S. 135. 29 a.a.O., S. 134. 30 a.a.O., S. 153. 31 Herbert Marcuse: *Das Ende der Utopie und das Problem mit der Gewalt*. Berlin 1967, S. 17. 32 Herbert Marcuse: *Triebstruktur und Gesellschaft*, Frankfurt a. M. 1970, S. 40. 33 a.a.O., S. 49. 34 a.a.O., S. 19. 35 a.a.O., S. 9. 36 a.a.O., S. 23. 37 a.a.O., S. 45. 38 a.a.O., S. 208. 39 a.a.O., S. 233. 40 Herbert Marcuse: *Der eindimensionale Mensch*. Neuwied u. Berlin 1968, S. 95. 41 Oswalt Kolle: *Das Wunder der Liebe*. Gütersloh 1968, S. 221. 42 a.a.O., S. 27. 43 a.a.O., S. 246. 44 a.a.O., S. 312. 45 a.a.O., S. 82. 46 a.a.O., S. 315. 47 a.a.O., S. 244. 48 a.a.O., S. 201. 49 a.a.O., S. 247. 50 a.a.O., S. 276 f. 51 a.a.O., S. 11. 52 a.a.O., S. 45. 53 a.a.O., S. 22. 54 a.a.O., S. 71. 55 a.a.O., S. 106. 56 a.a.O., S. 90. 57 a.a.O., S. 276. 58 zit. n. Ulrike Heider: *Schülerprotest in der BRD*. Frankfurt a. M. 1984, S. 90. 59 zit. n. a.a.O., S. 89. 60 zit. n. a.a.O., S. 89 f. 61 zit. n. a.a.O., S. 90. 62 zit. n. *Homberger Schulecho* Nr. 3, 1966. 63 zit. n. Ulrike Heider, a.a.O., S. 124. 64 zit. n. a.a.O., S. 91. 65 Aus: Peter Rühmkorf: *Über das Volksvermögen*. Reinbek 1967, S. 40 und 42. 66 zit. n. http://www.faz.net/aktuell/feuilleton/buecher/reich-ranicki-ueber-ruehmkorf-nie-serioes-immer-ernst-1539714.html 67 Dieter Bott, zit. n. *Abriss* 11, Juni 1967 (Broschüre der Naturfreundejugend

Hessen). 68 zit. n. Ulrike Heider, a. a. O., S. 127. 69 Flugblatt, Privatbesitz Dieter Bott. 70 Adolf Hitler, zit. n. Dieter Bott u. a.: *Ball und Birne*. Frankfurt a. M. 1998. 71 Dieter Bott: »Sexualität und Kassenkampf«, Referat. Frankfurt a. M. 1968, Privatbesitz Dieter Bott. 72 a. a. O. 73 Theodor W. Adorno, zit. n. a. a. O. 74 zit. n. a. a. O. 75 a. a. O. 76 zit. n. Wolfgang Kraushaar: *Frankfurter Schule und Studentenbewegung 1946 bis 1995*. Hamburg 1998, S. 309. 77 zit. n. Flugblatt 1969, Privatbesitz Dieter Bott. 78 zit. n. Ulrike Heider a. a. O., S. 169. 79 Wilhelm Reich: *Massenpsychologie des Faschismus*. Frankfurt a. M. 1972, S. 34. 80 Wilhelm Reich: *Die Sexuelle Revolution*. Frankfurt a. M. 1966, S. 182. 81 zit. n. David Boadella: *Wilhelm Reich*. Bern 1981, S.86 f. 82 Wilhelm Reich: *Massenpsychologie des Faschismus*. a. a. O., S. 5. 83 Wilhelm Reich: *Die sexuelle Revolution*. a. a. O., S. 88 f. 84 a. a. O., S. 90. 85 a. a. O., S. 93. 86 Wilhelm Reich: *Massenpsychologie des Faschismus*. a. a. O., S. 84. 87 Wilhelm Reich: *Die sexuelle Revolution*. a. a. O., S. 95. 88 a. a. O., S. 137. 89 a. a. O., S. 31. 90 a. a. O., S. 236. 91 a. a. O., S. 130. 92 Wilhelm Reich: *Massenpsychologie des Faschismus*. Frankfurt a. M. 1972, S. 198. 93 Wilhelm Reich: *Die Funktion des Orgasmus*. Köln 1971, S. 165. 94 a. a. O., S. 145. 95 a. a. O., S. 95 f. 96 a. a. O., S. 97 f. 97 Wilhelm Reich, zit. n. Helmut Dahmer: *Libido und Gesellschaft*. Frankfurt a. M. 1973, S. 378. 98 Wilhelm Reich: *Die Funktion des Orgasmus*, a. a. O., S. 152. 99 Alexandra Kollontai: *Der weite Weg*. Frankfurt a. M. 1979, S. 99. 100 a. a. O., S. 106. 101 a. a. O., S. 120. 102 a. a. O., S. 103. 103 a. a. O., S. 123. 104 *Der Spiegel* Nr. 24, 10. Juni 1968. 105 a. a. O., S. 131. 106 a. a. O., S. 130. 107 Günter Amendt: *Sexfront*. Frankfurt a. M. 1970, S. 1. 108 a. a. O., S. 29. 109 a. a. O., S. 30. 110 a. a. O., S. 138. 111 a. a. O., S. 12. 112 a. a. O., S. 78. 113 a. a. O., S. 80. 114 a. a. O., S. 81. 115 a. a. O., S. 126. 116 a. a. O., S. 143. 117 a. a. O., S. 144. 118 a. a. O., S. 144 f. 119 a. a. O., S. 79. 120 a. a. O., S. 81. 121 a. a. O., S. 82. 122 Dieter Bott, in: *Schnittpunkt* Nr. 1, März 1971. 123 Günter Amendt, zit. n. a. a. O. 124 a. a. O., S. 96. 125 a. a. O., S. 100. 126 Dieter Kunzelmann, zit. n. Ulrich Enzensberger: *Die Jahre der Kommune I*. Köln 2004, S. 60. 127 Ulrich Enzensberger, a. a. O., S. 70. 128 Charles Fourier: zit. n. Daniel Guerin (Hrsg.): *Aus der neuen Liebeswelt*. Berlin 1977, S. 77. 129 Theodor W. Adorno: *Erziehung nach Auschwitz*, zit. n. http://www.uni-giessen.de/~g31130/PDF/polphil/ErziehungAuschwitzOffBrief.pdf, S. 4. 130 Dieter Kunzelmann, zit. n. Ulrich Enzensberger a. a. O., S. 20. 131 Dieter Kunzelmann, zit. n. a. a. O., S. 85. 132 Michail Bakunin, zit. n. Ulrike Heider: *Die Narren der Freiheit*. Berlin 1992, S. 24. 133 Ulrich Enzensberger, a. a. O., S. 98. 134 a. a. O., S. 109. 135 Flugblatt 1967, zit. n. Ulrich Enzensberger, a. a. O., S. 112. 136 Flugblatt 1967, zit. n. a. a. O., S.128 f. 137 Inga Buhmann: *Ich habe mir eine Geschichte geschrieben*. München 1979, S. 180. 138 Ulrich Enzensberger, a. a. O., S. 129. 139 Reimut Reiche: *Sexualität und Klassenkampf – Zur Abwehr repressiver Entsublimierung*. Frankfurt a. M. 1968, S. 15. 140 a. a. O., S. 49. 141 a. a. O., S. 8. 142 a. a. O., S. 139. 143 a. a. O., S. 28. 144 a. a. O., S. 75. 145 Alexander Mitscherlich: »Die Unfähigkeit zu trauern«. In: Reimut Reiche, a. a. O., S. 90.

146 a. a. O., S. 91. 147 a. a. O., S. 92. 148 a. a. O., S. 139. 149 a. a. O., S. 141. 150 a. a. O., S. 104. 151 a. a. O., S. 144. 152 a. a. O., S. 152. 153 a. a. O., S. 155. 154 a. a. O., S. 158. 155 a. a. O., S. 159. 156 a. a. O., S. 160. 157 a. a. O., S. 119. 158 a. a. O., S. 49. 159 Theodor W. Adorno, zit. n. a. a. O., S. 168. 160 a. a. O., S. 169 f. 161 Ulrich Enzensberger, a. a. O., S. 256. 162 a. a. O., S. 298. 163 a. a. O., S. 186 f. 164 Rainer Langhans, zit. n. a. a. O., S. 297. 165 *Der Stern*, zit. n. a. a. O., S. 362. 166 zit. n. Ulrike Heider: *Sadomasochisten, Keusche und Romantiker – Vom Mythos neuer Sinnlichkeit*. Reinbek 1986, S. 108. 167 Valerie Solanas, zit. n. *Wikipedia*. 168 Helke Sander, 1968, zit. n. http://www.hdg.de/lemo/html/dokumente/KontinuitaetUndWandel_redeSanderZurNeuenFrauenbewegung/, S. 7 169 a. a. O., S. 2 170 a. a. O., S. 7 171 a. a. O., S. 4 172 a. a. O., S. 6 173 a. a. O., S. 10 174 Angeblich Sigrid Rüger 1968, zit. n. http://de.wikipedia.org/wiki/Aktionsrat_zur_Befreiung_der_FrauenWikipedia 175 Ulrike Meinhof, *Konkret* Nr. 11, 1968, zit. n. http://www.glasnost.de/hist/apo/weiber2, S. 1. 176 a. a. O., S. 2. 177 Flugblatt 1968, zit. n. mikiwiki.org/wiki/Frankfurter_Weiberrat. 178 Vera Schmidt: *3 Aufsätze*. Berlin 1969, S. 16. 179 a. a. O., S. 22. 180 A. S. Neill: *Summerhill School – A New View of Childhood*. New York 1992, S. 85. 181 a. a. O., S. 221. 182 a. a. O., S. 85. 183 zit. n. Dagmar Herzog: *Die Politisierung der Lust*. München 2005, S. 200. 184 Monika Seifert, in: *Konkret* 3, 1969, S. 42. 185 a. a. O., S. 43. 186 zit. n. *Der Spiegel*, 26.10.1970, S. 78. 187 Kommune 2: *Versuch der Revolutionierung des bürgerlichen Individuums*. Köln 1969, S. 8. 188 a. a. O., S. 10. 189 a. a. O., S. 20. 190 a. a. O., S. 41. 191 a. a. O., S. 45. 192 a. a. O., S. 109. 193 Wilhelm Reich: *Der Einbruch der Sexualmoral*, zit. n. a. a. O., S. 87. 194 a. a. O., S. 86. 195 a. a. O., S. 92. 196 a. a. O, S. 93. 197 Interview mit Dieter Bott, 2004. 198 zit. n. Rosa von Praunheim: *Sex und Karriere*. Hamburg 1978, S. 190. 199 a. a. O., S. 191. 200 a. a. O., S. 194. 201 a. a. O., S. 194. 202 a. a. O., S. 197 ff. 203 Flugblatt, Frankfurt a. M. 1973. 204 Simone de Beauvoir: *Das andere Geschlecht*. Reinbek 1968, S. 470. 205 a. a. O., S. 482. 206 a. a. O., S. 484. 207 a. a. O., S. 592. 208 a. a. O., S. 50. 209 a. a. O., S. 265. 210 a. a. O., S. 35. 211 a. a. O., S. 37. 212 a. a. O., S. 38. 213 a. a. O., S. 364. 214 a. a. O., S. 352. 215 a. a. O., S. 308 f. 216 a. a. O., S. 376. 217 a. a. O., S. 376 f. 218 a. a. O., S. 51. 219 a. a. O., S. 53. 220 a. a. O., S. 68. 221 a. a. O., S. 60. 222 Simone de Beauvoir, a. a. O., S. 61. 223 Sigmund Freud: *Vorlesungen zur Einführung in die Psychoanalyse*. Frankfurt a. M. 1970, S. 548. 224 Simone de Beauvoir a. a. O., S. 68. 225 a. a. O., S. 252. 226 a. a. O., S. 609. 227 a. a. O., S. 437. 228 a. a. O., S. 675. 229 a. a. O., S. 678. 230 Betty Friedan: *Der Weiblichkeitswahn*. Reinbek 1966, S. 158. 231 a. a. O., S. 172. 232 a. a. O., S. 169. 233 a. a. O., S. 170. 234 a. a. O., S. 171. 235 a. a. O., S. 178. 236 a. a. O., S. 183. 237 a. a. O., S. 179. 238 a. a. O., S. 185. 239 a. a. O., S. 72. 240 Sigmund Freud a. a. O., S. 547. 241 a. a. O., S. 562. 242 Betty Friedan, a. a. O., S. 81. 243 a. a. O., S. 78. 244 a. a. O., S. 240. 245 Kate Millett: *Sexus und Herrschaft*. München 1971, S. 186. 246 a. a. O., S. 33. 247 a. a. O., S. 65. 248 a. a. O., S. 140. 249 a. a. O., S. 211. 250 a. a. O., S. 213. 251 Sigmund Freud, a. a. O., S. 284. 252 Clara Bender (Hrsg.): *Frauengruppe im Revo-*

lutionären Kampf. Frankfurt a. M. 1973, S. 12. 253 a. a. O., S. 20. 254 a. a. O., S. 2. 255 a. a. O., S. 22. 256 a. a. O. S. 15. 257 Verena Stefan: *Häutungen*. München 1975, S. 11. 258 a. a. O., S. 85. 259 a. a. O., S. 37. 260 a. a. O., S. 85 f. 261 a. a. O., S. 21. 262 a. a. O., S. 26. 263 a. a. O., S. 86. 264 a. a. O., S. 37. 265 a. a. O., S. 72. 266 a. a. O., S. 116. 267 a. a. O., S. 72 f. 268 a. a. O., S. 107. 269 a. a. O., S. 119. 270 a. a. O., S. 124. 271 a. a. O., S. 38. 272 Francoise d'Eaubonne: *Feminismus oder Tod.* München 1975, S. 208. 273 Carla Lonzi, zit. n. Ulrike Heider in: *Psychologie Heute*, Spezial. Frankfurt a. M. 1987, S. 27. 274 Alice Schwarzer: *Der kleine Unterschied und seine großen Folgen.* Frankfurt a. M. 1975, S. 206. 275 a. a. O., S. 206. 276 Susan Brownmiller, zit. n. Ulrike Heider, a. a. O., S. 27. 277 Carla Lonzi, zit. n. Ulrike Heider, a. a. O., S. 29. 278 Volker Elis Pilgrim: *Manifest für den freien Mann.* Reinbek 1984, S. 28. 279 Klaus Theweleit: *Männerphantasien*, Bd. 2. Frankfurt a. M. 1978, S. 175. 280 a. a. O., S. 190. 281 a. a. O., S. 185. 282 a. a. O., S. 435. 283 Alfred Rosenberg, zit. n. Klaus Theweleit a. a. O., S. 14. 284 Klaus Theweleit: *Männerphantasien*, Bd. 1, S. 227. 285 a. a. O., S. 358. 286 a. a. O., S. 359. 287 a. a. O., S. 361. 288 a. a. O., S. 367. 289 a. a. O., S. 44. 290 Gernot Gailer, *Tageszeitung*, 12.09.1980, S. 9. 291 Judith Jannberg: *Ich bin eine Hexe.* Bonn 1983, S. 28. 292 Gernot Gailer, a. a. O. 293 *Tageszeitung*, 25.03.1985 294 Claudia Gehrke, in: *Das Jahrbuch der Erotik II, Mein Heimliches Auge.* Tübingen 1985, S. 12. 295 Simon Traston, in: *Mein heimliches Auge I.* Tübingen 1982, S. 60. 296 Ulrich Greiner, in: *Mein Heimliches Auge*, a. a. O., S. 100. 297 Michel Foucualt: *Sexualität und Wahrheit*, Frankfurt a. M. 1979, S. 78. 298 a. a. O., S. 91. 299 a. a. O., S. 17. 300 a. a. O., S. 147. 301 a. a. O., S. 174. 302 a. a. O., S. 126. 303 a. a. O., S. 65. 304 a. a. O., S. 92. 305 a. a. O., S. 149. 306 a. a. O., S. 47 f. 307 a. a. O., S. 77. 308 a. a. O., S. 79. 309 a. a. O., S. 189. 310 a. a. O., S. 36. 311 a. a. O., S. 126. 312 a. a. O., S. 57. 313 a. a. O., S. 179. 314 a. a. O., S. 80 f. 315 a. a. O., S. 28. 316 Michel Foucault: »Vorrede zur Überschreitung«. In: Walter Seitter (Hrsg.): *Von der Subversion des Wissens.* Frankfurt a. M. 1987, S. 32. 317 a. a. O., S. 190. 318 a. a. O., S. 189. 319 a. a. O., S. 187. 320 Michel Foucault, Interview mit James O'Higgins, in: Lawrence D. Kritzman (Hrsg.): *Politics, Philosophy, Culture.* New York 1988. 321 Michel Foucault, 1982, zit. n. *diskus* 3/99, S. 3. 322 Claudia Gehrke, in: Christoph Wulf (Hrsg.): *Lust und Liebe.* München 1985, S. 360. 323 Barbara Sichtermann: *Weiblichkeit.* Berlin 1983, S. 124. 324 Alice Schwarzer, in: *Emma*, Sonderband 3, Sexualität. Köln 1982/1983, S. 16. 325 Eberhard Schorsch, in: *Sexualität Konkret* 1985, Hamburg 1985, S. 10. 326 Gert Mattenklott, in: Christoph Wulf (Hrsg.): *Lust und Liebe.* München 1985, S. 217. 327 Claudia Gehrke: »Heimlichkeit – Geheimnis – Gewalt«, in: *Konkursbuch* 12. Tübingen 1984, S. 145. 328 Barbara Sichtermann, a. a. O., S. 86. 329 a. a. O., S. 119. 330 a. a. O., S. 35. 331 a. a. O., S. 37 f. 332 a. a. O., S. 35. 333 a. a. O., S. 39. 334 Cora Stephan, in: *Der Spiegel* 12.9. 1983, S. 196. 335 Cora Stephan: *Ganz entspannt im Supermarkt.* Berlin 1985, S. 104. 336 a. a. O., S. 94. 337 a. a. O., S. 118. 338 a. a. O., S. 119. 339 a. a. O., S. 120. 340 a. a. O., S. 120. 341 a. a. O., S. 121. 342 Oswald

Spengler: *Der Untergang des Abendlandes*. Wien 1978, S. 963. ₃₄₃ Jean Baudrillard, in: Christoph Wulf (Hrsg.): *Lust und Liebe*. München 1985, S. 407. ₃₄₄ a. a. O., S. 409. ₃₄₅ a. a. O., S. 408. ₃₄₆ Ulrich Greiner, in: *Die Zeit*, 16.09.1983, S. 45. ₃₄₇ Hellmuth Karasek, in: *Der Spiegel*, 12.09.1983, S.187. ₃₄₈ a. a. O., S. 200. ₃₄₉ Friedrich Nietzsche, zit. n. *Der Spiegel*, 12.09.1983, S. 188 u. 190. ₃₅₀ Jean Baudrillard: *Der symbolische Tausch und der Tod*. München 1982, S. 261. ₃₅₁ Georges Bataille: *Die Tränen des Eros*. München 1981, S. 246. ₃₅₂ Georges Bataille: *Das Blau des Himmels*. München 1989, S. 168 f. ₃₅₃ a. a. O., S. 177. ₃₅₄ Zit. n. Gerhard Hanloser, in: http://www.grundrisse.met/grundrisse 19/gerhard_hanloser.htm. ₃₅₅ Georges Bataille: *Der heilige Eros*, a. a. O., S. 10. ₃₅₆ Georges Bataille: *Die Tränen des Eros*, a. a. O., S. 68 u. 70. ₃₅₇ Georges Bataille: *Der heilige Eros*. a. a. O., S. 132. ₃₅₈ Georges Bataille: in: *Konkursbuch Nummer sechs Erotik*. Tübingen 1981, S. 12. ₃₅₉ Georges Bataille: *Der heilige Eros*, a. a. O., S. 86. ₃₆₀ a. a. O., S. 101. ₃₆₁ a. a. O., S. 76. ₃₆₂ a. a. O., S. 164. ₃₆₃ Georges Bataille: *Die Tränen des Eros*, a. a. O., S. 73. ₃₆₄ Zit. n. Ulrike Heider, a. a. O., S. 34 f. ₃₆₅ Georges Bataille: *Der heilige Eros*, a. a. O., S. 273. ₃₆₆ a. a. O., S. 142 f. ₃₆₇ *Schwuchtel*, Sondernummer 4. Berlin 1975, S. 2. ₃₆₈ a. a. O., S. 3. ₃₆₉ a. a. O., S. 5. ₃₇₀ a. a. O., S. 7. ₃₇₁ a. a. O., S. 207. ₃₇₂ a. a. O., S. 106. ₃₇₃ a. a. O., S. 205. ₃₇₄ a. a. O., S. 204. ₃₇₅ a. a. O., S. 113. ₃₇₆ Rainer Werner Fassbinder, Interview 1982, in: *Evangelischer Filmbeobachter* Nr. 17, September 1982, S. 1. ₃₇₇ zit. n. Monika Treut: *Female Missbehaviour*, 4 dokumentarische Kurzfilme. Deutschland 1992. ₃₇₈ Monika Treut, zit. n. Ulrike Heider: *Frauenbewegt zurück zum anderen Geschlecht*. In: *Psychologie Heute*, Spezial, 1987, S. 31. ₃₇₉ Marina Gambaroff: *Utopie der Treue*. Reinbek 1984, S. 187. ₃₈₀ a. a. O., S. 108. ₃₈₁ Barbara Sichtermann, a. a. O., S. 19. ₃₈₂ a. a. O., S. 29. ₃₈₃ a. a. O., S. 61. ₃₈₄ a. a. O., S. 28. ₃₈₅ Marina Gambaroff, a. a. O., S. 174. ₃₈₆ zit. n. *Frankfurter Rudschau*, 24.11.1983. ₃₈₇ *Der Stern*, 29.11.1984, S. 75 ff. ₃₈₈ Margrit Brückner: »Ariadne im Liebeslabyrinth«. In: Susan Heenen (Hrsg.): *Frauenstrategie*. Frankfurt a. M. 1984, S.12 f. ₃₈₉ a. a. O., S. 33. ₃₉₀ Roland Barthes: *Fragmente einer Sprache der Liebe*. Frankfurt a. M. 1984, S. 33. ₃₉₁ Elfriede Jelinek: *Die Klavierspielerin*. Reinbek 1986, S. 65. ₃₉₂ a. a. O., S. 245. ₃₉₃ a. a. O., S. 124. ₃₉₄ a. a. O., S. 175. ₃₉₅ a. a. O., S. 267. ₃₉₆ a. a. O., S. 187. ₃₉₇ a. a. O., S. 116. ₃₉₈ a. a. O., S. 214. ₃₉₉ a. a. O., S. 190. ₄₀₀ a. a. O., S. 199. ₄₀₁ a. a. O., S. 241. ₄₀₂ *Der Spiegel* 23, 1983, S. 147. ₄₀₃ a. a. O., S. 156. ₄₀₄ *Der Spiegel* 17 1987, S. 56. ₄₀₅ *Der Spiegel* 47 1987, S. 253. ₄₀₆ Cora Stephan: *Ganz entspannt im Supermarkt*. Berlin 1985, S. 8. ₄₀₇ a. a. O., S. 39. ₄₀₈ Reimut Reiche, in: *Die Früchte der Revolte*. Berlin 1988, S. 58. ₄₀₉ a. a. O., S. 57. ₄₁₀ a. a. O., S. 49. ₄₁₁ a. a. O., S. 68. ₄₁₂ a. a. O., S. 69. ₄₁₃ Cora Stephan, 1988, zit. n. http://www.cora-stephan.de. ₄₁₄ *Emma* Nr. 10, 1987. ₄₁₅ *Emma*, Dezember 1987. ₄₁₆ *Emma*, Oktober 1987. ₄₁₇ Madonna: *Sex*, zit. n. http://www.beautifulmadonna.com/madonnasex/madonna_sex_text.html, S. 1. ₄₁₈ a. a. O., S. 30. ₄₁₉ a. a. O., S. 7. ₄₂₀ a. a. O., S. 2. ₄₂₁ a. a. O. ₄₂₂ a. a. O., S. 6. ₄₂₃ a. a. O., S. 4. ₄₂₄ a. a. O., S. 5. ₄₂₅ a. a. O., S. 25.

[426] Madonna, zit. n. *Wikipedia*. [427] Camille Paglia, in: *Madonna Megastar*. München 1994, S. 7. [428] a.a.O., S. 11. [429] a.a.O., S. 8. [430] Camille Paglia: *Die Masken der Sexualität*. München 1992, S. 11. [431] a.a.O., S. 17. [432] a.a.O., S. 23. [433] a.a.O., S. 22. [434] a.a.O., S. 23. [435] a.a.O., S. 31. [436] a.a.O., S. 25. [437] a.a.O., S. 45. [438] a.a.O., S. 56. [439] a.a.O., S. 57. [440] a.a.O., S. 31. [441] a.a.O., S. 36. [442] a.a.O., S. 42. [443] a.a.O., S. 39. [444] a.a.O., S. 39. [445] a.a.O., S. 80. [446] a.a.O., S. 40. [447] a.a.O., S. 293. [448] a.a.O., S. 129. [449] a.a.O., S. 43. [450] Camille Paglia, Interview 1995, zit. n. http://www.skandalfilm.net/?p=62#more-62. [451] Cora Stephan: *Das Handwerk des Krieges*. Berlin 1998, S. 13. [452] a.a.O., S. 14. [453] a.a.O., S. 18. [454] a.a.O., S. 50. [455] a.a.O., S. 256. [456] a.a.O., S. 123. [457] a.a.O., S. 124. [458] a.a.O., S. 127. [459] Judith Butler: *Das Unbehagen der Geschlechter*. Frankfurt a. M. 1991, S. 18. [460] a.a.O., S. 21. [461] a.a.O., S. 33. [462] a.a.O., S. 67. [463] a.a.O., S. 125. [464] a.a.O., S. 137. [465] a.a.O., S. 167. [466] a.a.O., S. 27. [467] a.a.O., S. 215. [468] a.a.O., S. 184. [469] a.a.O., S. 12. [470] a.a.O., S. 39. [471] Judith Butler: *Die Macht der Geschlechternormen*. Frankfurt a. M. 2011, S. 340. [472] a.a.O., S. 358. [473] Judith Butler: *Das Unbehagen der Geschlechter*, a.a.O., S. 111 f. [474] a.a.O., S. 111. [475] a.a.O., S. 51. [476] Zit. n. a.a.O., S. 117. [477] a.a.O., S. 146. [478] Michel Foucault: *Introduction to Herculine Barbine*. New York 1980, S. xiv. [479] Judith Butler, a.a.O., S. 148. [480] a.a.O., S. 151. [481] Judith Butler: *Die Macht der Geschlechternormen*, a.a.O., S. 31 f. [482] Judith Butler: *Das Unbehangen der Geschlechter*, a.a.O., S. 57. [483] Affront (Hrsg.): *Darum Feminismus*. Münster 2011, S. 271. [484] Gudrun Perko: »Queer-Theorien als Denken der Pluralität«. In: Alice-Salomon-Fachhochschule (Hrsg.): *Queer. Lesen denken schreiben*, Nr. 12/06, Berlin 2006, S. 6. [485] a.a.O., S. 7. [486] Zit. n. http://www.queer-nations.de. [487] zit. n. Presseerklärung von *Suspect*, 19. Juni, 21. Juni 2010. [488] Urteil des Landessozialgerichts von 1981, zit. n. *Wikipedia*. [489] Judith Butler: *Die Macht der Geschlechternormen und die Grenzen des Menschlichen*. Frankfurt a. M. 2011, S. 18. [490] a.a.O., S. 25. [491] a.a.O., S. 20. [492] a.a.O., S. 125 f. [493] a.a.O., S. 165. [494] Stefan Hirschauer: *Die soziale Konstruktion der Transsexualität*. Frankfurt a. M. 1993, S. 286. [495] a.a.O., S. 293. [496] a.a.O., S. 330. [497] a.a.O., S. 338. [498] a.a.O., S. 352. [499] Udo Rauchfleisch: *Transsexualität – Transidentität*, Göttingen 2009, S. 193. [500] a.a.O., S. 194. [501] Jannik Brauckmann: *Die Wirklichkeit transsexueller Männer*. Gießen 2002, S. 52. [502] a.a.O., S. 53. [503] a.a.O., S. 37. [504] a.a.O., S. 507. [505] Sophinette Becker, in: Götz Kockott und Eva-Maria Fahrner: *Sexualstörungen*. Stuttgart 2004, S. 156. [506] a.a.O., S. 184. [507] Horst-Jörg Haupt, in: »Transsexualität, Altendorfer Empfehlungen«, o. a. 2011, S. 7 f. [508] a.a.O., S. 20. [509] a.a.O., S. 9. [510] a.a.O., S. 10. [511] a.a.O., S. 49. [512] Lynn Conway: *Vaginoplastik*. In: http:ai.eecs.umich.edu/people/conway/TS/DE/SRS-DE.html#lov, S. 28. [513] a.a.O., S. 32. [514] a.a.O., S. 32. [515] Walter H. Greiner: »Trans-Sexuell?«. In: http://www.genderwunderland.de/standpunkte/es/greiner1999.html, S. 10. [516] Gunter Schmidt, *Das Magazin*, 24.02.1996, zit. n. http://www.lukesch.ch/Text96_04.

html, S. 2. ⁵¹⁷ Volkmar Sigusch: *Neosexualitäten*. Frankfurt a. M. 2005, S. 39. ⁵¹⁸ a. a. O., S. 54. ⁵¹⁹ a. a. O., S. 78. ⁵²⁰ a. a. O., S. 79. ⁵²¹ a. a. O., S. 80. ⁵²² Peter Fiedler: *Sexualität*. Stuttgart 2010, S. 134. ⁵²³ a. a. O., S. 179. ⁵²⁴ Matthias T. J. Grimme: *Das SM-Handbuch*. Hamburg 1996, S. 28 f. ⁵²⁵ a. a. O., S. 43. ⁵²⁶ a. a. O., S. 201. ⁵²⁷ a. a. O., S. 205. ⁵²⁸ a. a. O., S. 183. ⁵²⁹ a. a. O., S. 183. ⁵³⁰ a. a. O., S. 184. ⁵³¹ a. a. O., S. 197. ⁵³² Kathrin Passig: *Die Wahl der Qual*. Reinbek 2009, S. 194. ⁵³³ a. a. O., S. 133 f. ⁵³⁴ Sina-Aline Geißler: *Lust an der Unterwerfung*. Rastatt 1990, S. 8. ⁵³⁵ a. a. O., S. 86. ⁵³⁶ a. a. O., S. 104. ⁵³⁷ a. a. O., S. 167. ⁵³⁸ a. a. O., S. 181. ⁵³⁹ a. a. O., S. 185. ⁵⁴⁰ a. a. O., S. 189. ⁵⁴¹ a. a. O., S. 202. ⁵⁴² E. L. James: *Shades of Grey*. München 2012, Widmung. ⁵⁴³ a. a. O., S. 39. ⁵⁴⁴ a. a. O., S. 429. ⁵⁴⁵ a. a. O., S. 383. ⁵⁴⁶ a. a. O., S. 311. ⁵⁴⁷ a. a. O., S. 139. ⁵⁴⁸ a. a. O., S. 110. ⁵⁴⁹ Milosz Matuschek, zit. n. http://www.welt.de/debatte/kommentare/article108365232/Die-weibliche-Sehnsucht-nach-Unterwerfung.html S. 2 ⁵⁵⁰ Cora Stephan: »Bücherwelten«. In: *Die Welt*, 30.03.2013, S. 2. ⁵⁵¹ Matthias T. J. Grimme, zit. n. http://www.stern.de/kultur/buecher/bestseller-shades-of-grey-die-macht-der-guten-alten-voegelei-1857254.html S. 2. ⁵⁵² Alice Schwarzer, zit. n. http://www.stern.de/kultur/buecher/bestseller-shades-of-grey-die-macht-der-guten-alten-voegelei-1857254.html S. 2 ⁵⁵³ Alice Schwarzer, zit. n. http://www.fr-online.de/literatur/shades-of-grey—alice-schwarzer, S. 1 ⁵⁵⁴ Eva Illouz: *Warum Liebe weh tut*. Frankfurt a. M. 2012, S. 117. ⁵⁵⁵ Eva Illouz: *Die neue Liebesordnung*. Frankfurt a. M. 2013, S. 23. ⁵⁵⁶ a. a. O., S. 39. ⁵⁵⁷ a. a. O., S. 68. ⁵⁵⁸ a. a. O., S. 74. ⁵⁵⁹ a. a. O., S. 77. ⁵⁶⁰ Eine Diskussion über, um und durch die Potentiale und Grenzen des »Kontrasexuellen Manifests« von Beatriz Preciado, zit. n. http://www.copyriot.com/diskus/05-3/texto2, S. 2. ⁵⁶¹ Beatriz Preciado: »Kontrasexuelles Manifest«, o. O. 2003, S. 10. ⁵⁶² a. a. O., S. 18. ⁵⁶³ a. a. O., S. 25. ⁵⁶⁴ a. a. O., S. 40. ⁵⁶⁵ a. a. O., S. 27. ⁵⁶⁶ a. a. O., S. 31. ⁵⁶⁷ a. a. O., S. 31. ⁵⁶⁸ a. a. O., S. 26. ⁵⁶⁹ Charlotte Roche: *Feuchtgebiete*. Köln 2009, S. 178. ⁵⁷⁰ Charlotte Roche, zit. n. http://www.spiegel.de/spiegel/a-537317-druck.html S. 2. ⁵⁷¹ Charlotte Roche: *Feuchtgebiete*, a. a. O., S. 194. ⁵⁷² Charlotte Roche, zit. n. http://www.spiegel.de/spiegel/a-537317-druck.html, S. 3 ⁵⁷³ Charlotte Roche, zit. n. http://www.playboy.de/stars-stories/interview/charlotte_roche, S. 2 ⁵⁷⁴ Charlotte Roche: *Feuchtgebiete*, a. a. O., S. 7. ⁵⁷⁵ *Der Stern*, 29.08.2013, S. 106. ⁵⁷⁶ Helene Hegemann: *Axolotl Roadkill*. Berlin 2010, S. 10. ⁵⁷⁷ a. a. O., S. 12. ⁵⁷⁸ a. a. O., S. 42. ⁵⁷⁹ a. a. O., S. 77. ⁵⁸⁰ a. a. O., S. 94. ⁵⁸¹ Maxim Biller, zit. n. http://www.faz.net/aktuell/feuilleton/buecher/helene-hegemanns-axolotl-roadkill-glauben-lieben-hassen-1911200.html S. 2. ⁵⁸² a. a. O., S. 3. ⁵⁸³ Ursula März, zit. n. http://www.zeit.de/2010/04/L-B-Hegemann, S. 2. ⁵⁸⁴ Peter Michalzik, zit. n. http://www.fr-online.de/literatur/hegemanns--axolotl-roadkill--ein-fall-finsterster-romantik, 1472266,2786888.html, S. 2 ⁵⁸⁵ Maria Delius, zit. n. http://www.faz.net/aktuell/feuilleton/buecher/rezensionen/belletristik/helene-hegemann-axolotl-roadkill-mir-zerfallen-die-worte-im-mund-wie-schlechte-pillen-1913572.html, S. 3 ⁵⁸⁶ a. a. O., S. 60. ⁵⁸⁷ a. a. O., S. 59. ⁵⁸⁸ a. a. O.,

S. 97. ⁵⁸⁹ a. a. O., S. 161. ⁵⁹⁰ Theodor W. Adorno: *Eingriffe*. Frankfurt a. M. 1968, S. 112 f. ⁵⁹¹ a. a. O., S. 115. ⁵⁹² Michel Foucault: *Sexualität und Wahrheit*. Frankfurt a. M. 1977, S. 44. ⁵⁹³ Katharina Rutschky: *Handbuch Sexueller Missbrauch*. Reinbek 1994, S. 19. ⁵⁹⁴ Klaus Mertes, zit. n. http://www.badische-zeitung.de/st-blasien/missbrauch-skandal, S. 1. ⁵⁹⁵ Bischof Mixa, zit. n. http://www,spiegel.de/panorama/katholische-kirche-bischof-mixa, S. 1. ⁵⁹⁶ Bischof Mixa, zit. n. http://www.spiegel.de/panorama/bischof-mixa-unter-druck-watsche, S. 1. ⁵⁹⁷ Tilman Jens: *Freiwild*. Gütersloh 2011, S. 27. ⁵⁹⁸ zit. n. a. a. O., S. 43. ⁵⁹⁹ Amelie Fried: *Die rettende Hölle*, zit. n. http://www.faz.net/aktuell/politik/inland/amelie-fried-ueber-die-odenwaldschule-die-rettende-hoelle-1953251-b2.html, S. 2. ⁶⁰⁰ Jürgen Dehmers: *Wie laut soll ich denn noch schreien?* Reinbek 2011, S. 69 f. ⁶⁰¹ a. a. O., S. 10. ⁶⁰² Tilman Jens, a. a. O., S. 48. ⁶⁰³ a. a. O., S. 49. ⁶⁰⁴ a. a. O., S. 181. ⁶⁰⁵ a. a. O., S. 72. ⁶⁰⁶ a. a. O., S. 100. ⁶⁰⁷ Christian Füller: *Sündenfall*. Köln 2001, S. 113. ⁶⁰⁸ a. a. O., S. 231. ⁶⁰⁹ a. a. O., S. 45. ⁶¹⁰ a. a. O., S. 248. ⁶¹¹ a. a. O., S. 92. ⁶¹² a. a. O., S. 93. ⁶¹³ a. a. O., S. 226. ⁶¹⁴ a. a. O., S. 96. ⁶¹⁵ Jürgen Oelkers: *Eros und Herrschaft*. Weinheim 2011, S. 130. ⁶¹⁶ a. a. O., S. 268. ⁶¹⁷ a. a. O., S. 248. ⁶¹⁸ Günter Amendt, zit. n. http://www.emma.de/artikel/wie-frei-macht-paedophilie-264316, S. 1. ⁶¹⁹ Gerhard Schröder, zit. n.http://www.spiegel.de/politik/deutschland/gerhard-schroeder-sexuelstraftäter …, S. 1. ⁶²⁰ Josef Haslinger, zit. n. http://www.welt.de/kultur/article6766594/Die-Macht-des-missbrauchten-Kindes.html, S. 3. ⁶²¹ a. a. O., S. 4. ⁶²² Gerhard Amendt, zit. n. http://www.welt.de/debatte/article6787419/Die-abnormen-Argumente-der-Paedophilie-Versteher.html, S. 2. ⁶²³ a. a. O., S. 1. ⁶²⁴ a. a. O., S. 4. ⁶²⁵ Gabriele Kuby, zit. n. http://www.jf-archiv/de/archivo7/200727062957.html, S. 2. ⁶²⁶ Siehe S. 41 in diesem Band. ⁶²⁷ *Express*, Ausgabe Düsseldorf, 23.03.2013. ⁶²⁸ Sonja Härdin, zit. n. http://www.morgenpost.de/printarchiv/seite3/article115552229/Wie-weit-darf-Aufklaerung-gehen.html#, S. 1 ⁶²⁹ *Bild*, Bundesausgabe, 09.04.2013. ⁶³⁰ Miriam Hollstein, a. a. O., S. 1. ⁶³¹ Daniel Cohn-Bendit: *Der große Basar*. München 1975, S. 143. ⁶³² zit. n. http://www.fr-online.de/politik/theodor-heuss-preis-an-daniel-cohn ⁶³³ Christian Füller, http://www.faz.net/aktuell/politik/die-gegenwart/theodor-heuss-preis-fuer-cohn-bendit-dany-im-kinderladen-12156195.html, S. 4. ⁶³⁴ Christian Füller 13.05.2013, zit. n. http://blog.apel-web.de/blog/2013/05/06/die-jagd-wie-der-jornalist. ⁶³⁵ Alexander Dobrindt, zit. n. http://www.spiegel.de/politik/deutschland/paedophilen-vorwurf-gruene-werfen-dobrindt-verleumdung-vor-a-899820.html ⁶³⁶ Christian Füller, *Freitag*, 29.04.2013. ⁶³⁷ Katja Tichomirowa, *Tageszeitung*, 15.05.2013. ⁶³⁸ Franz Walter und Stephan Klecha, *Frankfurter Allgemeine Zeitung*, 11.08.2013. ⁶³⁹ a. a. O. ⁶⁴⁰ Franz Walter und Stephan Klecha, *Tageszeitung*, 16.09.2013. ⁶⁴¹ Alexander Dobrindt, zit. n. *Tageszeitung*, 18.09.2013, S. 10. ⁶⁴² Clemens F. Hess, *Frankfurter Allgemeine Zeitung*, 16.09.2013.